Konzerninsolvenz

Schriften zum Verfahrensrecht

Herausgegeben von
Jens Adolphsen, Christoph Althammer, Peter Gottwald und Ulrich Haas

Band 60

PETER LANG

Felix Konold

Konzerninsolvenz

Zuständigkeitskonzentration zur Bewältigung von Insolvenzen innerhalb einer Unternehmensgruppe

PETER LANG

Bibliografische Information der Deutschen Nationalbibliothek
Die Deutsche Nationalbibliothek verzeichnet diese Publikation in der Deutschen Nationalbibliografie; detaillierte bibliografische Daten sind im Internet über http://dnb.d-nb.de abrufbar.

Zugl.: Regensburg, Univ., Diss., 2017

D 355
ISSN 1619-344X
ISBN 978-3-631-73601-2 (Print)
E-ISBN 978-3-631-73690-6 (E-PDF)
E-ISBN 978-3-631-73691-3 (EPUB)
E-ISBN 978-3-631-7369-2 (MOBI)
DOI 10.3726/b12109

Peter Lang – Berlin · Bern · Bruxelles · New York · Oxford · Warszawa · Wien

Diese Publikation wurde begutachtet.

www.peterlang.com

Meinen Eltern

Vorwort

Die vorliegende Arbeit wurde im Wintersemester 2016/2017 an der Fakultät für Rechtswissenschaft der Universität Regensburg als Dissertation angenommen. Die mündliche Prüfung fand am 13. Februar 2017 statt. Literatur und Rechtsprechung sind bis Mai 2016 berücksichtigt.

Nach Einreichung und Verteidigung der Dissertation hat der Deutsche Bundestag in seiner 221. Sitzung am 9. März 2017 in Zweiter und Dritter Lesung über den Entwurf eines Gesetzes zur Erleichterung der Bewältigung von Konzerninsolvenzen abgestimmt und diesem schließlich mit der notwendigen Mehrheit zugestimmt. Das „Gesetz zur Erleichterung der Bewältigung von Konzerninsolvenzen" wurde am 21. April 2017 im Bundesgesetzblatt veröffentlicht und tritt zum 21. April 2018 in Kraft. Damit geht ein ungewöhnlich langer Gesetzgebungsprozess zu Ende. Die innerhalb der Arbeit herausgearbeiteten Probleme des Entwurfs bleiben trotz vereinzelt noch vorgenommener Änderungen (dazu BT/Drucks. 18/11436) bestehen. Es bleibt daher abzuwarten, wie sich diese nach Inkrafttreten des Gesetzes auf die praktische Umsetzung auswirken. Es ist ein weiterer großer Schritt in die richtige Richtung gemacht; am Ziel dürfte die Entwicklung allerdings noch lange nicht sein.

Die Erstellung dieser Dissertation war für mich eine große persönliche Herausforderung und es erfüllt mich mit großer Freude und Genugtuung, allen Widrigkeiten zum Trotz nunmehr den Doktorgrad „errungen" zu haben. Ohne die Hilfe zahlreicher Unterstützer wäre dieses Ringen allerdings niemals erfolgreich gewesen.

Mein besonderer Dank gilt daher allen voran meinem Doktorvater Prof. Dr. Dr. h. c. Peter Gottwald, der sich bereits im Jahre 2012 bereit erklärt hat, mich als Doktoranden anzunehmen. Auch nachdem erste Arbeiten – damals noch mit Focus auf einen „Reformbedarf der EuInsVO" – für die Zeit des Referendariats ruhten, war er ohne Zögern bereit, mich weiterhin und stets mit viel Engagement zu betreuen. Ebenfalls herzlich bedanken möchte ich mich bei Prof. Dr. Heese für die Übernahme der Zweitkorrektur und Prof. Dr. Althammer für sein Mitwirken im Prüfungsausschuss.

Nach der Konkretisierung des Themas entstand die eigentliche Arbeit in den Jahren 2014–2016 während meiner Zeit am Lehrstuhl für Bürgerliches Recht, Zivilprozess- und Handelsrecht von Prof. Dr. Caroline Meller-Hannich an der Martin-Luther-Universität Halle-Wittenberg, bei der ich mich ebenfalls herzlichst bedanken möchte.

Mein weiterer Dank gilt meinem Kollegen Christian Häntschel, der mich in (auch) fachlichen Diskussionen beim regelmäßigen „KZM" (Kaffee zum Mittag) und „KZK" (Kaffee zum Kaffee) stets dazu anhielt, meine Überlegungen kritisch zu hinterfragen. Weiter gilt mein großer Dank allen übrigen Kollegen und Freunden, die mich während dieser Zeit großer Herausforderungen stets unterstützt haben. Namentlich meinem Bruder Florian Konold, meiner Patentante, Anne-Marie (Anima) Wilczynski, die sich mit großer Aufopferung dem Korrekturlesen gewidmet hat, Dr. Michael Woiton, der mir mit seinen unerschöpflichen Word-Kenntnissen ermöglichte, die Formatierung in den Griff zu bekommen und Samantha Kius, die mir geholfen hat, so manche Durststrecke zu meistern und dabei stets großes Verständnis aufbringen konnte.

Schließlich gilt großer Dank meiner Mutter, Ulla Konold, und meinem verstorbenen Vater Prof. Dr. Wulf Konold, die mich während meines gesamten Lebensweges vorbehaltlos und mit viel Liebe und Hingabe unterstützt haben und ohne die ich niemals die Möglichkeit gehabt hätte, es bis hierhin zu bringen. Ihnen widme ich diese Arbeit.

München, im Juli 2017
Dr. Felix Konold

Inhaltsverzeichnis

Die verwendeten Abkürzungen richten sich nach *Kirchner*, Abkürzungsverzeichnis der Rechtssprache, 8. Auflage, Berlin 2015.

Teil 1. Einleitung

I. Ausgangslage – Der Konzernverbund im Lichte des Insolvenzrechts

„Wäre (...) die Welt ein globales Dorf, so würde eine in diesem Dorf sich ereignende Insolvenz am besten abgewickelt, indem ein einheitliches Verfahren unter einer einzigen Rechtsordnung abgewickelt und durchgeführt würde.“[1]

Ungeachtet der stetig zunehmenden Globalisierung ist das Bild der Welt als *globales Dorf* weiterhin allenfalls Zukunftsmusik und es ist durchaus fraglich, ob man sich wünschen sollte, diese dereinst tatsächlich erklingen zu hören. Zu unterschiedlich und in dieser Einzigartigkeit erhaltenswert sind doch die verschiedenen (Rechts-) Kulturen. Gleichwohl bilden Staatsgrenzen immer seltener die Grenze wirtschaftlicher Tätigkeiten. Hinzu kommt, dass wirtschaftliche Ziele schon seit Langem[2] nicht mehr allein, sondern vermehrt, in vielen Bereichen inzwischen sogar überwiegend, im Verbund erreicht werden.[3] Dies gilt nicht etwa allein für große Industrieunternehmen, sondern findet mit stark zunehmender Tendenz auch im Bereich der kleinen und mittleren Unternehmen (KMU) bis hinab auf die Ebene kleiner Handwerksbetriebe Verbreitung.[4] Vielfach ist dabei festzustellen, dass einzelne Wirtschaftseinheiten für sich genommen überhaupt nicht mehr in der Lage sind, die notwendige Flexibilität und Ressourcenkapazität aufzubringen, um in Zeiten stetig fortschreitender Globalisierung am (Welt-)Markt konkurrenz- und damit überlebensfähig zu bleiben. Die unabhängige Einzelgesellschaft, auf die weite Teile der europäischen Rechtsordnungen weiterhin zugeschnitten sind, kommt in der Rechtwirklichkeit immer seltener vor.[5]

Im Zusammenhang mit den sich entwickelnden Unternehmensverbindungen entstehende betriebswirtschaftliche und juristische Fragestellungen sind dabei in

---

1 *Paulus*, NZI 2001, 505, 506.

2 Zur geschichtlichen Entwicklung der Konzernierung von Unternehmen in Deutschland vgl. *Emmerich/Habersack*, Konzernrecht, § 1 Rn. 5 ff.; auf europäischer Ebene *Steering Committee Forum Europaeum Konzernrecht*, ZGR 1998, 672, 674 f.

3 Dazu *Madaus*, ZRP 2014, 192, 193; *Decher/Kiefner*, in Münchner Handbuch des Gesellschaftsrechts, § 67 Rn. 1 m. w. N.; *Peter*, in ders./Jeandin/Kiborn, The Challenges of Insolvency Law Reform in the 21st Century, S. 199 f.; *Grau*, Konsolidierung von Rechtsträgern, S. 3 m. w. N.; *Becker*, Kooperationspflichten in der Konzerninsolvenz, S. 10 f. spricht vom *„Prototyp unternehmerischer Betätigung“*.

4 *Commandeur/Römer*, NZG 2014, 1414, 1416; *Graf-Schlicker*, ZInsO 2013, 1765, 1768; *Andres/Möhlenkamp*, BB 2013, 579, 579; dazu auch *Specovius/Kuske*, in Gottwald, Insolvenzrechts-Handbuch, § 95 Rn. 3.

5 *Hirte*, Kapitalgesellschaftsrecht, Rn. 8.1.

ihrer Komplexität von der Größenordnung des Verbundes und dessen Mitgliedern grds. erst einmal unabhängig.[6]

Genaue zahlenmäßige Angaben zur Bedeutung von Unternehmensverbünden – allgemeinsprachlich oft unter dem Begriff *Konzern* zusammengefasst[7] – sind dabei schwierig zu machen. Dies lässt sich zum einen darauf zurückführen, dass entsprechende Kennzahlen amtlich nicht erhoben werden[8] und zum anderen mit der im Einzelfall herangezogenen Definition des Unternehmensverbundes[9] untrennbar verknüpft sind. Gleichwohl lässt sich die erhebliche Bedeutung entsprechender Verbindungen für die Gesamtwirtschaft bereits durch die Betrachtung einzelner Gesellschaftsformen und deren Anteil in Verbundstrukturen im weiteren Sinne erkennen.

Allein von deutschen *Gesellschaften mit beschränkter Haftung* (GmbH), die mit über 500 000 Stück seit Langem die am weitesten verbreitete Gesellschaftsform in der Bundesrepublik darstellen, sind Schätzungen zufolge mehr als die Hälfte Teil eines Unternehmensverbundes.[10] Bei diesen Schätzungen werden Komplementär-GmbHs sogar noch ausgenommen, obgleich auch die GmbH & Co. KG letztlich einen Verbund mehrerer Unternehmensträger im weiteren Sinne darstellt und daher als Konzernbaustein eine wichtige Rolle spielen kann.[11] Bei deutschen *Aktiengesell-*

---

6 *Flöther*, in ders., Handbuch Konzerninsolvenz, § 1 Rn. 1.

7 Zur Terminologie vgl. sogleich Teil 2.

8 Bestehende Kontrollbeziehungen gehören nicht zu den Erhebungsmerkmalen gem. § 2 InsStatG (früher § 39 EGGVG). Sie werden, soweit möglich, durch das Statistische Bundesamt zur Erfüllung der Verpflichtungen aus der EU-Registerverordnung (Verordnung (EG) 177/2008 des Europäischen Parlaments und des Rates vom 20. Februar 2008 zur Schaffung eines gemeinsamen Rahmens für Unternehmens- register für statistische Zwecke und zur Aufhebung der Verordnung (EWG) 2186/93 des Rates, ABl. EU Nummer L 61 vom 5. März 2008) am Markt von privaten Anbietern erworben; dazu XVIII. Hauptgutachten der Monopolkommission 2008/2009, BT-Drucks. 17/2600, S. 78 und XX. Hauptgutachten der Monopolkommission 2012/2013, BT-Drucks. 18/2150, S. 207.; kritisch zur fehlenden amtlichen Erhebung entsprechender Daten vgl. *Görling*, AG 1993, 538, 538 m. w. N.

9 Dazu ausführlich Teil 2.

10 *Specovius/Kuske*, in Gottwald, Insolvenzrechts-Handbuch, § 95 Rn. 3 m. w. N; *Decher/Kiefner*, in Münchener Handbuch des Gesellschaftsrechts, Bd. 3, § 67 Rn. 1; *Theisen*, Der Konzern, S. 63; *Drygala*, in Oppenländer/Trölitzsch, GmbH-Geschäftsführung, § 41 Rn. 7 m. w. N. gehen unter Verweis auf das fehlen neuerer Erhebungen noch von etwa 40 % aus; s. auch *Becker*, Kooperationspflichten in der Konzerninsolvenz, S. 1 u. 12 m. w. N.; zur Bedeutung der GmbH als Konzernbaustein allgemein *Liebscher*, in MüKO GmbHG, § 13 – Anh. GmbH-Konzernrecht Rn. 1 ff.; *Decher/Kiefner*, in Münchener Handbuch des Gesellschaftsrechts, Bd. 3, § 67 Rn. 1; *Meyer*, GmbHR 2002, 177, 181 ff.

11 Dazu *Liebscher*, in MüKO GmbHG, § 13 – Anhang GmbH-Konzernrecht Rn. 1377 ff. m. w. N.; *ders.*, in Reichert, GmbH & Co. KG, § 51 Rn. 3 ff.; das BAG spricht im Zusammenhang mit der Durchgriffshaftung ganz offen vom „*GmbH & Co KG-Konzern*" BAG NZG 1999, 661, 661; zur Konzernrechnungslegungspflicht in der GmbH & Co.

schaften (AG) gehen die Schätzungen sogar soweit, dass 75–90 % der Gesellschaften in einen Verbund eingegliedert seien.[12]

Die Tendenz zur Organisation von Unternehmungen im Verbund ist auch ohne Zweifel anhaltend. Besonders im Zusammenhang mit grenzüberschreitender Unternehmenstätigkeit etablieren sich Konzernstrukturen zunehmend.[13] Unselbstständige Zweigniederlassungen sind hier inzwischen eher die Ausnahme denn die Regel.[14] Die Zahl der international agierenden Konzerne wird auf ca. 82 000 mit einer Gesamtbeschäftigtenzahl von rund 80 Millionen geschätzt.[15] Die größten unter ihnen erreichen Umsatzzahlen, die weit über der Wirtschaftsleistung vieler Staaten liegen.[16] Innereuropäisch kann inzwischen sogar davon gesprochen werden, dass die Unternehmensgruppe die am weitesten verbreitete Organisationsform dort ansässiger, grenzüberschreitend tätiger Unternehmen darstellt.[17]

Diese Entwicklungen führen zwangsläufig dazu, dass die Bedeutung von Unternehmensverbindungen auch im Zusammenhang mit der Insolvenz von an diesen beteiligten Unternehmen steigt. Schätzungen zufolge waren etwa 1 % aller Unternehmen, über die in den Jahren 2009 bis 2011 innerhalb der EU Insolvenzverfahren eröffnet wurden, Mitglieder einer multinationalen Unternehmensgruppe.[18] In absoluten Zahlen ausgedrückt waren dies rund 2 100 Fälle pro Jahr.[19] Die damit einhergehenden negativen Auswirkungen auf die Gesamtwirtschaft sind in diesem Zusammenhang besonders hoch,[20] da grenzüberschreitende Unternehmungen insb. von den „Big Playern" betrieben werden. Diese vereinen trotz der Tatsache, dass sie insgesamt nur etwa 0,2 % der gesamteuropäischen Unternehmen ausmachen,

---

KG *Altmeppen,* in Roth/Altmeppen, GmbHG, § 42 Rn. 33; *Marbler/Oser*, DStR 2014, 2474, 2474ff.; kritisch *Gummert,* in Münchener Handbuch des Gesellschaftsrechts, Bd. 2, § 50 Rn. 115f.

12 *Theisen*, Der Konzern, S. 21 (90 %); *Becker*, Kooperationspflichten in der Konzerninsolvenz, S. 1 u. 12 m. w. N.; *Saenger*, Gesellschaftsrecht, Rn. 923 (75 %); *Görling*, AG 1993, 538, 543 (75 %).

13 *Kalss/Klampfl*, in Dauses, EU-Wirtschaftsrecht, E.III.7. Rn. 453 m. w. N. sprechen insoweit von der Organisationsform schlechthin; ähnlich *Madaus*, IIlR 2015, 235, 235 m. w. N.; *Tollenaar*, IILR 2011, 252, 252; zur Bedeutung auslandskontrollierter Unternehmen in Deutschland *Nahm/Söllner*, WISTA 12/2014, 754, 754ff.; dazu auch bereits *Steering Committee Forum Europaeum Konzernrecht*, ZGR 1998, 672, 674f.

14 *Brünkmans*, Der Konzern 2013, 234, 234.

15 *Ipsen*, Völkerrecht, § 9 Rn. 16.

16 *Specovius/Kuske*, in Gottwald, Insolvenzrechts-Handbuch, § 95 Rn. 4.

17 *Wimmer*, in jurisPR-InsR 7/2015 Anm. 1, II. 9. a).

18 Council of the European Union, 17833/12 ADD 1, S. 17 mit Verweis auf Schätzungen von Creditreform.

19 Vgl. Council of the European Union, 17833/12 ADD 1, S. 17; dazu *Wimmer*, jurisPR-InsR 20/2013 Anm. 1.

20 Vgl. dazu *Graf-Schlicker*, in FS Kübler, S. 195, 196 m. w. N.; Becker, Kooperationspflichten in der Konzerninsolvenz, S. 2; Rühlemann, Verfahrenskonzentration in der Konzerninsolvenz, S. 12.

rund 30 % der Arbeitnehmer[21] auf sich und generieren etwa 41 % der Bruttowertschöpfung (BWS) innerhalb der EU.[22] Aber auch die Zahl der KMU mit grenzüberschreitender Tätigkeit nimmt stetig zu. Bereits 2012 gaben rund 5 % (bei den großen Unternehmen sind es rund 20 %) von ihnen an, ausländische Niederlassungen, Tochtergesellschaften oder Joint Ventures zu betreiben.[23]

Diese gesamte Entwicklung wirkt sich, wie bereits angesprochen, maßgeblich sowohl auf das nationale als auch das europäische Insolvenzgeschehen aus.[24] Verfahren, bei denen überhaupt eine beachtenswerte Insolvenzmasse zur Verfügung steht und bei denen es um die Erhaltung nennenswerter Zahlen von Arbeitsplätzen geht, betreffen zwischenzeitlich nahezu ausschließlich Unternehmensgruppen;[25] häufig solche mit grenzüberschreitendem Bezug.[26] Exemplarisch sei an die Insolvenz des Autobauers MG Rover[27] erinnert.

Ihren Anfang nahm die Welle der großen „Konzerninsolvenzen"[28] mit der spektakulären „Doppel"-Insolvenz des Holzmann-Konzerns in den Jahren 1999 und 2002. In jüngerer Zeit zeigten sich insb. in den Großverfahren des Arcandor-Konzerns, der Kirch-Gruppe, der PIN-Group und der Praktiker-Unternehmensgruppe die Schwierigkeiten, die derartige Verfahren für die Beteiligten bereithalten. Auch wenn die Zahl der Unternehmensinsolvenzen insgesamt rückläufig ist und in Deutschland derzeit den niedrigsten Stand seit Einführung der InsO erreicht hat, ist die Zahl der „Großverfahren" weiterhin alarmierend.[29]

Die Insolvenz einzelner oder mehrerer verbundener Unternehmen wird dabei oft zusammengefasst unter dem Stichwort der „Konzerninsolvenz". Bei genauerer

21 Schätzungen von Creditreform zufolge gingen allein in Deutschland im Jahr 2014 rund 264 000 Arbeitsplätze durch Unternehmensinsolvenzen verloren, dies entspricht einem Anteil von rund 8,7 % aller Arbeitsplatzverluste, Pressemitteilung VID vom 29.01.2015.

22 Council of the European Union, 17833/12 ADD 1, S. 17.

23 Council of the European Union, 17833/12 ADD 1, S. 17 f. m. w. N.

24 So auch Bericht des Rechtsausschusses über den Vorschlag für eine Verordnung des Europäischen Parlaments und des Rates zur Änderung der Verordnung (EG) Nr. 1246/2000 des Rates über Insolvenzverfahren, A7-0481/2014, S. 50; *Pannen*, ZInsO 2014, 222, 222.

25 *Westphal/Janjuah*, Beilage 3 zu ZIP 2008, 1, 4; *Graeber*, NZI 2007, 265, 265; zur Bedeutung von Unternehmensgruppen in wirtschaftlicher und arbeitspolitischer Sicht vgl. auch XVIII. Hauptgutachten der Monopolkommission, BT-Drucks. 17/2600, S. 79 f., wonach lediglich 6,3 % der erfassten Unternehmen gruppenzugehörig waren, diese aber 70 % des Gesamtumsatzes und 53 % der Gesamtbeschäftigtenzahl auf sich vereinten.

26 *Westphal/Janjuah*, Beilage 3 zu ZIP 2008, 1, 4; *Bufford*, IILR 2012, 341, 356.

27 Dazu High Court of Justice Birmingham, NZI 2005, 467, 467 ff.

28 Zur Problematik dieses Begriffes vgl. Teil 2.II.

29 *Fröhlich*, ZInsO 9/2015, S. III ff.; wobei auch hier im Jahr 2015 ein Rückgang zu verzeichnen war, Pressemitteilung der Bürgel Wirtschaftsinformationen v. 14.1.2016, ZInsO 2016, Heft 4, III.

Betrachtung ist diese Terminologie jedoch verfehlt, da über den Konzern als solchen kein Verfahren eröffnet wird.[30] *K. Schmidt* weist zutreffend darauf hin, dass zwar von Insolvenzen „im" Konzern, nicht jedoch von einer Insolvenz „des" Konzerns gesprochen werden kann.[31] Darüber hinaus verliert die Begrifflichkeit dadurch erheblich an Schärfe, dass bereits der Begriff des Konzerns keinesfalls eindeutig definiert und demzufolge teils sehr unterschiedlich verwendet wird.[32] Trotz dieser Ungenauigkeit soll im Folgenden an dieser Terminologie zumindest bis zur konkreten Auseinandersetzung mit der dahinterstehenden Definitionsproblematik festgehalten werden.

II. Problemstellungen und Ziele der Arbeit

Die Beherrschung von Insolvenzen innerhalb eines Konzerns beschäftigt Rechtsprechung und Literatur bereits seit Jahrzehnten.[33] Zu ihrer Bewältigung wurden und werden dabei unterschiedlichste Ansätze diskutiert,[34] bis heute konnte sich jedoch kein überzeugendes Grundkonzept endgültig durchsetzen.

Die frühesten für die vorliegende Untersuchung relevanten Regelungswerke stammen aus der Feder der *United Nations Commission on International Trade Law* (UNCITRAL).[35] Daran angelehnt wurde mit der Reform der EuInsVO[36] auf europäischer und dem Entwurf eines Gesetzes zur Erleichterung der Bewältigung von Konzerninsolvenzen[37] auf deutscher Ebene die Entwicklung in jüngster Vergangenheit vorangetrieben.

Ziel dieser Arbeit ist es, in einem ersten Schritt die unterschiedlichen Grundkonzepte darzustellen und zu bewerten, die zur Bewältigung von Konzerninsolvenzen diskutiert werden. Hierdurch kann aufgezeigt werden, dass der Schlüssel zu einer erfolgreichen Beherrschung von Insolvenzen im Zusammenhang mit Unternehmensverbindungen allem voran in einer möglichst umfassenden Zuständigkeitskonzentration liegt.

Unter Zuständigkeitskonzentration ist dabei zum einen eine Konzentration der örtlichen Zuständigkeit auf Ebene der Gerichte, kombiniert mit einer funktional-personellen Konzentration bei einem einzelnen Insolvenzrichter und, auf der anderen Seite, im Optimalfall eine weitere möglichst weitreichende personelle Konzentration in Gestalt eines einheitlichen Insolvenzverwalters zu verstehen.

Sofern eine solche Konzentration im Einzelfall nicht erreicht werden kann, sind die daraus resultierenden Nachteile durch eine möglichst starke Koordinations- und

---

30 Vgl. *Vallender/Deyda*, NZI 2009, 825, 825.
31 *K. Schmidt*, ZIP 2012, 1053, 1056.
32 Dazu ausführlich unter Teil 2.
33 Vgl. bereits *Kübler*, ZGR 1984, 560, 562.
34 Dazu Teil 4.
35 Dazu Teil 6.
36 Dazu Teil 7.
37 BT-Drucks 18/407; ausführlich dazu Teil 8.

Kooperationsverpflichtung der betroffenen Gerichte und eingesetzten Verwalter bestmöglich zu kompensieren.

Ein derartiges Konzentrationskonzept lässt sich relativ unproblematisch auf die bestehenden Verfahrensordnungen „aufpfropfen" und ermöglicht gleichzeitig auch eine maßgeblich verbesserte Beherrschung grenzüberschreitender Insolvenzgeschehen.

Das Konzept der konzentrierten Zuständigkeit mit dem Ziel einer Spezialisierung der Gerichte hat sich zudem in anderen Bereichen bereits vielfach bewährt[38] und ermöglicht eine signifikante Steigerung der Verfahrenseffektivität. Dies muss gerade im Bereich des Insolvenzrechts eine maßgebliche Bestrebung sein, um die Verschwendung von in der Krise ohnehin knappen Ressourcen zu verhindern. Darüber hinaus ergeben sich weitere erhebliche Vorteile in Form einer Erleichterung der Zuständigkeitsbestimmung und einer Verringerung der Gefahr nationalen Forum Shoppings.

Im Falle grenzüberschreitender Konzerninsolvenzen ist eine Zuständigkeitskonzentration über die nationalen Grenzen hinweg hingegen nicht anzustreben. Vielmehr gilt es, das Konzept der nationalen Zuständigkeitskonzentration durch Schaffung bzw. Stärkung rechtlicher Grundlagen zur grenzüberschreitenden Zusammenarbeit zu ergänzen, um die mit der Aufspaltung der materiellen Rechtsanwendung einhergehenden Reibungs- und Effizienzverluste so weit wie möglich abzumildern.

Darüber hinausgehende, insb. das materielle Insolvenzrecht im klassischen Sinne modifizierende Bemühungen sind erst nach Etablierung einheitlicher Verfahrensregelungen denkbar und sollten daher in einer zeitlich erheblich nachgelagerten Reformstufe angegangen werden. Entsprechende Überlegungen[39] sollen daher aus der vorliegenden Arbeit ausgenommen werden. Dies gilt insb. für die Regelungen zur Insolvenzanfechtung[40] und zur besseren Verzahnung von Insolvenz- und Steuerrecht,[41] da diese Themenbereiche zwar durchaus im Konzernzusammenhang von Bedeutung sein können, letztlich aber unabhängig davon bestehen und gesondert auf ihre Reformbedürftigkeit hin zu untersuchen sind. Aus Platzgründen ebenfalls nicht Gegenstand dieser Bearbeitung können Lösungsansätze für die im Zusammenhang mit den Verhältnissen zu Drittstaaten auftretenden Probleme sein, wobei auch

---

38 Vgl. dazu unter Teil 5.

39 Vgl. bspw. die Vorschläge zur Einführung eines Sachwalterverfahrens zur Verhinderung von Domino-Effekten *Siemon/Frind*, NZI 2013, 1, 3 ff.; *Siemon*, NZI 2014, 55, 56 ff.

40 Zur Insolvenzanfechtung im Konzern *Thole*, in Flöther, Handbuch Konzerninsolvenz, § 4 Rn. 402 ff.

41 Dazu im Konzernkontext *Kahlert*, Stellungnahme, S. 3 ff.; *Niering*, Stellungnahme VID, S. 2, 7 f.; „Berliner Erklärung zu Sanierung und Insolvenz", ZInsO 2011, 2077; vertiefend auch *Telke*, Die Anforderungen an ein wettbewerbsfähiges Konzerninsolvenzrecht für den Wirtschaftsstandort Deutschland, S. 43 ff. m. w. N.

insoweit das Konzept einer gestärkten Zusammenarbeit den Schlüssel zum Erfolg darstellen dürfte.[42]

III. Gang und Ziel der Untersuchungen

Die vorliegende Untersuchung beginnt mit der Fragestellung, was unter „Konzern" und „Konzerninsolvenzrecht" konkret zu verstehen ist und welche Probleme das Fehlen einer einheitlichen Konzerndefinition in diesem Zusammenhang bereitet (Teil 1). Daran anschließend werden überblicksartig die Ziele und Grundprinzipien eines jeden Insolvenzverfahrens im Allgemeinen herausgearbeitet und dargestellt, inwieweit diese als Grundlage für die Überlegungen zur Bewältigung von Insolvenzen innerhalb einer Konzernstruktur tauglich sind bzw. wie diese sich auf derartige Bemühungen auswirken (Teil 3). In Teil 4 werden die vier zur Lösung konzernbezogener Insolvenzen vorgeschlagenen Grundmodelle analysiert und bewertet. Dabei wird gezeigt, warum einzig das Prinzip der verfahrensmäßigen Koordinierung flexibel genug ist, um den vielfältigen Ausprägungen denkbarer Konzernstrukturen angemessen Rechnung zu tragen. Um auf die Darstellung der diesseits favorisierten Ergänzung dieses Grundprinzips durch eine möglichst weitreichende Zuständigkeitskonzentration überzuleiten, schließt sich eine Analyse bestehender Erfahrungen mit derartigen Zuständigkeitskonzentrationen aus deutscher Sicht an (Teil 5).

Im Anschluss daran werden Reformbemühungen und -erfolge auf dem Gebiet des Konzerninsolvenzrechts dargestellt und analysiert. Dabei sollen zuvörderst die grundlegenden Arbeiten der UNCITRAL zu diesem Aspekt untersucht werden (Teil 6), da diese Ausgangspunkt für die anschließend dargestellte und bewertete Reform der EuInsVO (Teil 7) sowie den deutschen Entwurf eines Gesetzes zur Erleichterung der Bewältigung von Konzerninsolvenzen (KIG) (Teil 8) waren.

Um eine verbesserte Verknüpfung der europäischen Regelungen mit den nationalen Insolvenzordnungen zu ermöglichen, erscheint es zudem notwendig, durch Harmonisierungsmaßnahmen das Konzept der Zuständigkeitskonzentration auf nationaler Ebene in seinen Grundzügen unionseinheitlich zu verwirklichen. Hierzu erscheint die Verabschiedung einer die EuInsVO ergänzenden *„Richtlinie zur Konzentration der Zuständigkeit zur Eröffnung von Insolvenzverfahren über das Vermögen von Mitgliedern einer Unternehmensgruppe"* (InsZuK-RL) angezeigt. Vorschläge dazu werden unter Berücksichtigung der bisherigen Erkenntnisse in Teil 9 gemacht.

Abschließend erfolgt eine Gesamtbewertung unter zusammenfassender Darstellung der erarbeiteten Lösungsvorschläge zur effizienten Bewältigung von Konzern-

---

42 Vgl. hierzu bspw. *Gruber*, in Flöther, Handbuch Konzerninsolvenz, § 8 Rn. 123 ff.; *Bufford*, IILR 2012, 342, 348 ff.; *Vormstein*, Zuständigkeit bei Konzerninsolvenzen, S. 288 ff. Ein Beispiel für eine erfolgreiche internationale Zusammenarbeit liefert der Fall In re Maxwell Communications, dazu ausführlich *Göpfert*, ZZPInt 1 (1996), 269, 269 ff., insb. 278 f.; ebenfalls dazu und zu weiteren Praxisbeispielen auch *Mohrs*, Die konzerngebundene Kapitalgesellschaft im Anwendungsbereich der EuInsVO, S. 188 ff.

insolvenzen auf der Basis einer umfassenden Zuständigkeitskonzentration (Teil 10), die mit einer thesenförmigen Schlussbemerkung (Teil 11) endet.

Im Anhang finden sich schließlich die erarbeiteten Vorschläge bezogen auf eine weitere Reformstufe der EuInsVO (Anhang I) sowie für notwendig erachtete Änderungsvorschläge für den deutschen Reformentwurf (Anhang II), jeweils in synoptischer Gegenüberstellung, und schließlich eine Übersicht über den Optimalfall der Abwicklung grenzüberschreitender Insolvenzverfahren innerhalb einer Unternehmensgruppe (Anhang III).

Teil 2. Konzerninsolvenzrecht – Definitionsversuch eines Anwendungsbereichs

I. Der Konzern, seine rechtlichen Ausprägungen und die Problematik einer einheitlichen Definition

„Der Konzern ist mehr Phänomen denn ein eigenständiges Gebilde.“[43]

1. Der Konzern im deutschen Recht

a. Die Konzerndefinition in § 18 AktG

> *„Sind ein herrschendes und ein oder mehrere abhängige Unternehmen unter der einheitlichen Leitung des herrschenden Unternehmens zusammengefasst, so bilden sie einen Konzern; die einzelnen Unternehmen sind Konzernunternehmen.“*

So lautet § 18 Abs. 1 Satz 1 des deutschen Aktiengesetzes. Eine auf den ersten Blick klare Definitionsnorm. Wesentliches Element der Definition des § 18 AktG ist, wie sich im Zusammenspiel mit dessen Abs. 2 zeigt, dass in seinem konkreten Verständnis allerdings höchst umstrittene Prinzip der *einheitlichen Leitung*.[44] So bilden rechtlich selbstständige Unternehmen nämlich auch dann einen Konzern im aktienrechtlichen Sinne, wenn zwar kein Abhängigkeitsverhältnis gegeben ist, sie jedoch gleichwohl unter einheitlicher Leitung zusammengefasst sind.

Verschiedene deutsche Rechtsnormen[45] verweisen bei Konzernbezug auf § 18 AktG,[46] obgleich der Terminus Konzern, entgegen dem allgemeinen Sprachgebrauch,[47] nach dem deutschen AktG keinesfalls den Oberbegriff aller denkbaren Unternehmensverbünde darstellt.[48] Vielmehr ist die Definition des § 18 AktG praktisch

---

43 *Thole*, in Flöther, Handbuch Konzerninsolvenz, § 2 Rn. 1.

44 *Schall*, in Spindler/Stilz, AktG, § 18 Rn. 8 ff.; *Emmerich*, in Emmerich/Habersack, Aktien- und GmbH-Konzernrecht, § 18 AktG Rn. 1; *Bayer*, in MüKO AktG, § 18 Rn. 28 ff. jeweils m. w. N.

45 Z. B. § 2 DrittelbG; § 5 MitbestG; § 21 SprAuG; § 54 f. BetrVG.

46 Zur vergleichsweise geringen Bedeutung von § 18 AktG innerhalb des AktG selbst vgl. bspw. *Emmerich*, in Emmerich/Habersack, Aktien- und GmbH-Konzernrecht, § 18 AktG Rn. 1, 9.

47 Vgl. dazu *Emmerich*, in Emmerich/Habersack, Aktien- und GmbH-Konzernrecht, § 15 Rn. 1; *Hirte*, Kapitalgesellschaftsrecht, Rn. 8.27.

48 Dazu *K. Schmidt*, Gesellschaftsrecht, § 31 II 2 a) *Emmerich/Habersack*, Konzernrecht, § 2 Rn. 2 ff.

von eher geringer Bedeutung.[49] Den tatsächlichen Oberbegriff enthält vielmehr § 15 AktG: die *verbundenen Unternehmen.*[50] Der Konzern stellt dabei neben *im Mehrheitsbesitz stehenden Unternehmen und mit Mehrheit beteiligten Unternehmen* (§ 16 AktG), *abhängigen und herrschenden Unternehmen* (§ 17 AktG), *wechselseitig beteiligten Unternehmen* (§ 19 AktG) oder *Vertragsteilen eines Unternehmensvertrages* (§§ 291, 292 AktG) lediglich eine Teilmenge der *verbundenen Unternehmen* dar. Die meisten Rechtsfolgen innerhalb, aber auch außerhalb des AktG knüpfen daher auch bereits an das wesentlich weitere Kriterium der Abhängigkeit (§ 17 AktG) an.[51] Damit stellt *de facto* nicht der Konzern, sondern die Abhängigkeit den *„Zentralbegriff des Konzernrechts“*[52] dar. Gleichwohl hat sich die Begrifflichkeit des Konzerns – *pars pro toto* – als Haupttterminus eingeschliffen.[53]

b. Der Konzern im Rahmen der deutschen Rechnungslegungsvorschriften

Die Definitionsproblematik verdeutlicht sich bei einem Blick auf die Rechnungslegungsvorschrift des § 290 des deutschen Handelsgesetzbuches (HGB).[54] Nach dieser Vorschrift werden die gesetzlichen Vertreter einer Kapitalgesellschaft mit Sitz im Inland verpflichtet, in den ersten fünf Jahren des *Konzern*geschäftsjahres einen *Konzern*abschluss und einen *Konzern*lagebericht aufzustellen, wenn diese (gemeint ist die als Mutterunternehmen bezeichnete Kapitalgesellschaft) auf ein anderes Unternehmen (Tochterunternehmen) unmittel- oder mittelbar einen beherrschenden Einfluss ausüben kann. Eine Bezugnahme auf § 18 AktG fehlt. Die Terminologie „Konzern“[55] wird hier also nicht in Übereinstimmung mit dem aktienrechtlichen Verständnis verwendet. Insb. erfasst § 290 HGB den Gleichordnungskonzern nach § 18 Abs. 2 AktG nicht.[56] Dieser fehlende Gleichlauf der HGB-Regelung mit dem Aktiengesetz ist darauf zurückzuführen, dass die Regelung des § 290 HGB europäische

---

49 *Emmerich*, in Emmerich/Habersack, Aktien- und GmbH-Konzernrecht, § 18 AktG Rn. 2.

50 *Hirte*, Kapitalgesellschaftsrecht, Rn. 8.27.

51 So z. B. § 56 Abs. 2, § 71d S. 2 und 4, §§ 311 ff., aber auch § 18 Abs. 1 S. 3 AktG selbst. Außerhalb des AktG vgl. bspw. § 36 Abs. 2 Satz 1 GWB; zur Bedeutung der einzelnen Definitionsnormen der Art. 15 ff. AktG vgl. *Hirte*, Kapitalgesellschaftsrecht, Rn. 8.27 ff.; *Krieger*, in Münchener Handbuch des Gesellschaftsrechts, Bd. 4, § 69 Rn. 3 f.

52 *Emmerich*, in Emmerich/Habersack, Aktien- und GmbH-Konzernrecht, § 17 AktG Rn. 2.

53 Dazu statt vieler *Bayer*, in MüKO AktG, § 15 AktG Rn. 6.

54 Vgl. dazu *Merkt*, in Baumbach/Hopt, HGB, § 290 Rn. 1, 6; *Busse/von Colbe*, in MüKO HGB, § 290 Rn. 6 ff.; *Thole*, in Flöther, Handbuch Konzerninsolvenz, § 2 Rn. 17 ff.; ausführlich dazu auch *Grau*, Konsolidierung von Rechtsträgern, S. 70 ff. m. w. N.

55 In § 290 HGB a. F. wurde der Begriff Konzern sogar noch als Bezeichnung einer agierenden Einheit (*Busse von Colbe*, in MüKO HGB, §290 Rn. 9) verwendet.

56 Dies obgleich dem deutschen Gesetzgeber bei der Umsetzung der 7. EG-Richtlinie (83/349/EWG) vom 13. Juni 1983 (dazu sogleich) gem. Art. 12 der Richtlinie dies-

Wurzeln hat. Sie basiert auf der 7. EG-Richtlinie (83/349/EWG) vom 13. Juni 1983, bei deren Ausarbeitung eine allseits akzeptierte Konzerndefinition nicht gefunden werden konnte, obgleich eine solche, die sich stark an den § 18 dt. AktG angelehnt hatte, in den Vorentwürfen noch enthalten war.[57]

Nicht zuletzt im Hinblick auf das Bedürfnis einer Annäherung an die internationalen Rechnungslegungsvorschriften des IFRS hat der deutsche Gesetzgeber zudem im Rahmen des Bilanzrechtsmodernisierungsgesetzes (BilMoG) das frühere, aus § 18 AktG bekannte Kriterium der einheitlichen Leitung zur Definition des Konzerns aufgegeben und stellt nunmehr in diesem Zusammenhang auf einen unmittel- oder mittelbar beherrschenden Einfluss ab.[58] Wann ein solcher Einfluss besteht, wird in § 290 Abs. 2 HGB näher ausgeführt und entspricht Art. 1 der 7. EG-Richtlinie (83/349/EWG).

Obwohl die nach § 290 Abs. 2 HGB aufgestellten Anforderungen zur Begründung der Pflicht zur Erstellung von Konzernabschluss und Konzernlagebericht keinesfalls lediglich eine Teilmenge der unter § 18 AktG fallenden Unternehmensverbindungen[59] beschreiben, nutzt der Gesetzgeber den Begriff des Konzerns weiterhin auch im Rahmen dieser Rechnungslegungsvorschriften. Eine einheitliche Definition des Konzerns ist im deutschen Recht damit letztlich bewusst – um diesen je nach Bezugspunkt anpassungsfähig zu gestalten[60] – nicht enthalten.[61]

c. *Versuche einer einheitlichen Konzerndefinition*

Vor diesem Hintergrund verwundert es nicht, dass vielfach versucht wird, den „Konzernbegriff" losgelöst von gesetzlichen Verankerungen zu definieren. Ausgangspunkt dafür ist der Antagonismus zwischen Einheit und Vielfalt.[62] Der Konzern stellt sich danach als betriebswirtschaftliche Einheit oder doch zumindest

---

bezüglich ein Wahlrecht zugestanden hätte, dazu statt vieler *Busse von Colbe*, in MüKO HGB, § 290 Rn. 10; *Eble*, NZI 2016, 115, 120.

57 Vgl. Vorschlag der Kommission für eine 7. Richtlinie vom 04.05.1976, Amtsblatt EG Nr. C 121/2; dazu *Buse von Colbe*, in MüKO HGB, § 290 Rn. 8 m. w. N.; zur Heranziehung der IFRS-Regelungen bei der Auslegung vgl. auch *Grottel/Kreher*, in Beck BilKO, § 290 HGB Rn. 21.

58 BT-Drucks. 16/12407, S. 89; dazu *Merkt*, in Baumbach/Hopt, HGB, § 290 Rn. 6.

59 Die ihrerseits nur einen Teilbereich der „Verbundenen Unternehmen" i. S. d. § 15 AktG darstellen.

60 *Verhoeven*, Die Konzerninsolvenz, S. 18 m. w. N.

61 *Leutheusser-Schnarrenberger*, ZIP 2013, 97, 98; *Frind*, Stellungnahme, S. 3; dazu auch *Thole*, in Flöther, Handbuch Konzerninsolvenz, § 2 Rn. 9ff.

62 Vgl. bereits *Raiser*, in Raiser/Sauermann/Schneider, Das Verhältnis der Wirtschaftswissenschaft zur Rechtswissenschaft, Soziologie und Statistik, S. 51, 54ff.; dazu *Bälz*, in FS Raiser, S. 287, 288; ebenso *Emmerich/Habersack*, Konzernrecht, § 4 Rn. 6ff.; *K. Schmidt*, Gesellschaftsrecht, § 17 I 2 b); *Theisen*, Der Konzern, S. 25, 685ff.; *Becker*, Kooperationspflichten in der Konzerninsolvenz, S. 18ff.

Gesamtheit[63] bei rechtlicher Vielfalt dar. Eine Konzernunternehmung soll danach jede Mehrheit juristisch selbstständiger Unternehmen und Betriebe darstellen, die als wirtschaftliche Einheit in personeller, institutioneller, funktioneller oder struktureller Hinsicht mindestens vorübergehend ein gemeinsames wirtschaftliches Ziel verfolgen.[64] Dieses Verständnis verknüpft die vornehmlich von Wirtschaftswissenschaftlern betonte unternehmerische Einheitskomponente mit der aus der Rechtswissenschaft herrührenden Fokussierung auf die rechtliche Selbstständigkeit der einzelnen Konzernglieder.[65] Es zeigt jedoch in seiner Unschärfe deutlich, dass eine abschließende Erfassung sämtlicher denkbarer Konstellationen von Unternehmensverbindungen nicht möglich ist und damit eine klassische Definition letztlich zwangsläufig ausscheidet.[66]

Es gilt also, sich dem Problem auf andere Weise zu nähern. Betrachtet man die Intention derer, die sich „Konzernstrukturen" bedienen, kann diese im Regelfall so zusammengefasst werden, dass durch den gezielten Einsatz rechtlich selbstständiger Gesellschaften ein Vorteil generiert werden soll.[67] Meist wird dieser Vorteil ein Gesamtvorteil sein („*Ausrichtung auf das Konzerninteresse*"[68]), der u. U. sogar zum Preis des (kompensierbaren) Nachteils einzelner Beteiligter generiert wird. Damit lässt sich ein derartiges Vorgehen unter dem Schlagwort „*Unternehmensleitung mit gesellschaftsfremden Zielen*"[69] zusammenfassen. Abgesehen von einigen Konstellationen des in der Praxis weniger relevanten[70] Gleichordnungskonzerns geht es nämlich zumeist darum, dass eine Gesellschaft auf der Grundlage von Mehrheitsverhältnissen (gem. § 17 Abs. 2 AktG wird bei einem in Mehrheitsbesitz stehenden Unternehmen vermutet, dass es von dem an ihm mit Mehrheit beteiligten Unternehmen abhängig ist) und/oder vertraglicher Vereinbarungen (Beherrschungsvertrag gem. § 291 AktG) faktisch die Leitung einer anderen Gesellschaft übernimmt und in Ausübung dieser Leitungsmacht nicht etwa, wie es grds. gem. § 93 AktG/§ 43 GmbHG Aufgabe der Geschäftsleitung im Rahmen ordnungsgemäßer Geschäftsführung wäre, primär das Interesse des beherrschten Unternehmens, sondern vielmehr davon zu unterscheidende Eigen- oder Gesamtinteressen in den Vordergrund stellt. Diese Intention ist weder *per se* schädlich noch rechtlich zu missbilligen.[71] Vielmehr sind die erheblichen ökonomischen Vorteile bereits seit jeher anerkannt.[72] Gleichwohl bedarf es jedoch eines Korrektivs für die Ausrichtung der Geschäftsleitung an

---

63 So bspw. *Adam/Poetzgen*, ZInsO 2008, 281, 281 m. w. N.

64 *Binder*, Beteiligungsführung in der Konzernunternehmung, S. 11.

65 Dazu auch *Emmerich*, in Emmerich/Habersack, Aktien- und GmbH-Konzernrecht, § 18 AktG Rn. 5 f.; *Theisen*, Der Konzern, S. 24, 685 ff. u. 690 ff.

66 So auch *K. Schmidt*, KTS 2010, 1, 6.

67 *Madaus*, ZRP 2014, 192, 192.

68 *Hirte*, Kapitalgesellschaftsrecht, Rn. 8.12.

69 *Servatius*, in BeckOK GmbHG, Konzernrecht Rn. 1.

70 *Römermann*, in Münchener Anwaltshandbuch GmbH-Recht, § 20 Rn. 17.

71 *Servatius*, in BeckOK GmbHG, Konzernrecht Rn. 3.

72 Vgl. dazu *Kirchner*, in ZGR 1985, 214, 214 ff.

Fremdinteressen und dem damit einhergehenden gesteigerten Risiko für das beherrschte Unternehmen und insb. dessen Gläubiger (regelmäßig als Konzernrisiko oder Konzernkonflikt bezeichnet[73]).

Hier einen sinnvollen Ausgleich zu finden ist letztlich Hauptaufgabe eines Konzernrechts.[74] Es kann sich dabei grds. an bestehenden Regelungen, insb. dem Auftragsrecht in §§ 683, 670 BGB, orientiert werden. Hier wie dort gilt es denjenigen, der im fremden Interesse handelt, von negativen Auswirkungen dieses Handelns für sich selbst freizuhalten.[75] Wesentliches Element im Bereich des deutschen Konzernrechts ist dabei die Verlustübernahmepflicht des § 302 AktG[76] zur Sicherung der Gesellschaft und ihrer Gläubiger gegen den Verlust ihrer bilanzmäßigen Vermögenssubstanz[77] in Folge der Suspendierung des gesetzlichen Kapitalschutzes (Art. 291 Abs. 3 AktG) und zum Ausgleich für die soeben dargestellte Neuausrichtung der Interessen des beherrschten durch die Eingriffsbefugnisse des herrschenden Unternehmens.[78]

Stellt sich nunmehr die Frage, ob sich daraus der Rückschluss ziehen lässt, dass immer dann, wenn aus der Verbindung mehrerer, an sich selbstständiger Unternehmen ein gesteigertes Risiko für eines der Unternehmen und dessen Gläubiger resultiert bzw. zumindest theoretisch resultieren könnte, diese Verbindung als Konzern zu bezeichnen ist.

Bereits ein einfaches Beispiel macht jedoch deutlich, dass eine derartige Verallgemeinerung nicht möglich ist bzw. das Problem lediglich auf die Fragestellung verschiebt, unter welchen Voraussetzungen von einem *gesteigerten* Risiko gesprochen werden kann. Führt man sich vor Augen, dass jede vertragliche Verbindung zwischen Unternehmen, sei sie auf einen Güteraustausch gerichtet oder jeden beliebigen anderen Inhaltes, das Risiko birgt, von einer der Parteien nicht oder zumindest nicht ordnungsgemäß erfüllt zu werden und damit die Möglichkeit eines Forderungsausfalls, der sich auch zu Lasten der Gläubiger der Parteien in Folge der über den Vertrag vermittelten Verbindung auswirken kann, besteht, zeigt sich die Unzulänglichkeit eines solchen Kriteriums. Es bleibt vielmehr dabei, dass nur dann, wenn das gesteigerte Risiko aus der Tatsache resultiert, dass die Entscheidungsträger sich von Fremdinteressen haben leiten lassen, von einem spezifischen (Konzern-) Risiko gesprochen werden kann. Da dieses Fremdinteresse jedoch nicht nur durch

---

73 Vgl. statt vieler *Maier*, in Henssler/Strohn, Gesellschaftsrecht, § 15 AktG Rn. 3; *Bayer*, in MüKO AktG, § 15 Rn. 7 m. w. N.

74 Es darf nicht alleiniges Ziel sein, den Konzern als solchen im Sinne eines bloßen Organisationsrechts zu regeln. Allg. dazu *K. Schmidt*, KTS 2010, 1, 6 f.; *ders.*, Gesellschaftsrecht, § 17 *passim*.

75 *Altmeppen*, in MüKO AktG, § 302 Rn. 12 f. m. w. N.

76 Diese wurde zwar erst im AktG 1965 kodifiziert, war jedoch bereits zuvor auf Basis allgemeiner Rechtsgedanken teilweise anerkannt. Vgl. dazu *Altmeppen*, in MüKO AktG, § 302 Rn. 4 m. w. N.

77 *Altmeppen*, in MüKO AktG, § 302 Rn. 2.

78 *Altmeppen*, in MüKO AktG, § 302 Rn. 9 ff. m. w. N.

eine einheitliche Leitungsstruktur, sondern auch durch Beteiligungsverhältnisse oder rein faktische Abhängigkeiten vermittelt werden kann, ist eine umfassende Definition nicht zu finden bzw. wäre eine solche von derart unbestimmten Rechtsbegriffen geprägt, dass es sich bei genauerer Betrachtung – wie dargestellt – letztlich überhaupt nicht um eine echte Definition handeln würde.

Die Einschätzung bestätigt sich bei einem Blick auf das betriebswirtschaftliche Konzernverständnis.[79] Zutreffend geht man hier davon aus, dass oftmals erst der Gesamtverbund „Konzern" als Ganzes überhaupt ein „Unternehmen" im klassischen Sinne darstellt. Dieses Verständnis drückt *Theisen* in dem Versuch einer umfassenden Definition der „Konzernunternehmung" aus. Er beschreibt darin selbige als autonome Entscheidungs- und Handlungseinheit, die mehrere juristisch selbstständige und/oder unselbstständige Unternehmen und Betriebe umfasst, die als wirtschaftliche Einheit in personeller, institutioneller und/oder funktioneller Hinsicht vorübergehend oder dauerhaft im Rahmen entsprechender Planungen ein gemeinschaftliches wirtschaftliches Ziel verfolgen.[80] Die einzelnen Gesellschaften erfüllen nach einem solchen Verständnis jeweils nur bestimmte, lediglich innerhalb der Gemeinschaft funktionierende Aufgaben, zusammengehalten durch die Konzernleitungsmacht. Sie sind für sich genommen nicht lebensfähig, sodass das tatsächliche „Unternehmen" auch im Falle einer Insolvenz aller oder einzelner Konzernglieder letztlich nur insgesamt fortgeführt werden kann.[81] Die Frage einer individuellen Überlebensfähigkeit der Unternehmen der einzelnen Rechtsträger im Falle einer Insolvenz ist jedoch keine taugliche Anknüpfung für eine Definition der Verbindung dieser Rechtsträger als Konzern. Regelmäßig werden nämlich in Konzernstrukturen durchaus einzelne Bereiche existieren, die auch unabhängig von der Gesamtstruktur lebensfähig sind und daher auch im Rahmen einer Insolvenz individuell fortgeführt werden können.

Insgesamt bleibt daher festzuhalten, dass der Begriff des Konzerns ein „*nicht mehr greifbares Potential der Ausweitung*"[82] in sich trägt und eine exakte Definition somit unmöglich ist; der Konzern ist so vielfältig wie die Gründe seiner Entstehung, die sich ihrerseits einer Generalisierung entziehen.[83]

---

79 Ausführlich dazu *Theisen*, Der Konzern, S. 690ff.; *Emmerich/Habersack*, Konzernrecht, § 4 Rn. 7; *Brünkmans*, Die Koordinierung von Insolvenzverfahren, S. 27ff.; *ders.*, Der Konzern 2013, 234, 235 m. w. N.; *Rühlemann*, Verfahrenskonzentration in der Konzerninsolvenz, S. 173ff.

80 *Theisen*, Der Konzern, S. 18.

81 Dazu *Brünkmans*, Die Koordinierung von Insolvenzverfahren, S. 82.

82 So bereits *Druey*, in Lutter, Konzernrecht im Ausland, S. 341.

83 Dazu ausführlich *Verhoeven*, Die Konzerninsolvenz, S. 2, 31ff.; zu den mannigfaltigen Gründen einer Konzernierung auch UNCITRAL Legislative Guide on Insolceny Law – Part Three, S. 11ff.; *Specovius/Kuske*, in Gottwald, Insolvenzrechts-Handbuch, § 95 Rn. 3; *Hirte*, Kapitalgesellschaftsrecht, Rn. 8.5ff.; *Ehricke*, ZGR 1996, 300, 322; *Telke*, Die Anforderungen an ein wettbewerbsfähiges Konzerninsolvenzrecht für den Wirtschaftsstandort Deutschland, S. 11ff.; *Bezelgues*, Konzerninsolvenzen in der

2. Der Konzern in anderen europäischen Rechtsordnungen und im europäischen Recht

Der Blick über den heimischen Tellerrand offenbart, dass die Probleme bei der Auffindung eines einheitlichen Konzerntatbestandes unabhängig von der konkreten Ausgestaltung der nationalen (Gesellschafts-)Rechtsordnung sind. In den meisten Mitgliedstaaten der Europäischen Union existieren überhaupt keine Regelungen zum Konzernrecht.[84] Soweit Regelungen vorhanden sind, unterscheiden diese sich in Art und Umfang erheblich.[85]

Auch im europäischen Gesellschaftsrecht fehlt es bisher an einer einheitlichen Definition des Konzerns,[86] die unmittelbar für ein harmonisiertes Begriffsverständnis fruchtbar gemacht werden könnte. Hinzu kommt das diesbezüglich teils erhebliche Auseinanderfallen von nationalem und europäischem Grundverständnis.[87]

In der Vergangenheit sind daher zahlreiche Versuche der Kodifizierung eines umfassenden und einheitlichen europäischen Konzernrechts gescheitert.[88] In Ansehung der unterschiedlichen Vorstellungen waren derartige Ansätze schlicht zu ambitioniert. Auch weiterhin kann nicht davon ausgegangen werden, dass derartige Bemühungen kurz oder mittelfristig erfolgversprechend umgesetzt werden.[89]

Demgegenüber stehen die durchaus umfangreichen Entwicklungen in einzelnen Teilbereichen, insb. z. B. im Bereich der Rechnungslegung. Maßgeblich durch die

---

Europäischen Union, S. 76 f.; *Theisen*, Der Konzern, S. 91 ff.; *Becker*, Kooperationspflichten in der Konzerninsolvenz, S. 11.

84 *Altmeppen*, in MüKO AktG, Anhang Konzernrecht der Europäischen Aktiengesellschaft, Art. 1 SE-VO Rn. 1 m. w. N.; *Emmerich/Habersack*, Konzernrecht, § 1 Rn. 42; erst recht fehlt es an international gültigen Regelungen zum Konzern, dazu *Altmeppen*, MüKO AktG, Einleitung Vor. § 291 Rn. 35; UNCITRAL WorkingPaper A/CN.9/WG.V/WP.90, S. 11 f.

85 Dazu ausführlich bereits *Steering Committee Forum Europaeum Konzernrecht*, ZGR 1998, 672, 672 ff.; *Veelken*, in Mestmäcker/Behrens, Gesellschaftsrecht der Konzerne, S. 505 ff.; ebenda *Schneider*, S. 563 ff.; Mohrs, Die konzerngebundene Kapitalgesellschaft im Anwendungsbereich der EuInsVO, S. 31; *Wolf*, Der europäische Gerichtsstand bei Konzerninsolvenzen, S. 57 f.

86 *Mohrs*, Die konzerngebundene Kapitalgesellschaft im Anwendungsbereich der EuInsVO, S. 31; dazu auch *Grundmann*, Europäisches Gesellschaftsrecht, Rn. 978 f.

87 Dazu *Undritz*, in Flöther, Handbuch Konzerninsolvenz, § 8 Rn. 4; *Mohrs*, Die konzerngebundene Kapitalgesellschaft im Anwendungsbereich der EuInsVO, S. 64 f.

88 Zu den gescheiterten Plänen einer 9. gesellschaftsrechtlichen Richtlinie (Konzernrichtlinie), abgedruckt bei *Lutter*, Europäisches Unternehmensrecht, S. 279 ff., siehe *Wendt*, in Spahlinger/Wegen, Internationales Gesellschaftsrecht, Rn. 1068 ff.; *Wolf*, Der europäische Gerichtsstand bei Konzerninsolvenzen, S. 56 f.; allg. dazu auch *Emmerich/Habersack*, Konzernrecht, § 1 Rn. 44 ff.

89 So auch *Veil*, in Spindler/Stilz, Aktiengesetz, Vorb. § 291 Rn. 55; zur den gescheiterten Versuchen vgl. bspw. *Altmeppen*, in MüKO AktG, Anhang Konzernrecht der Europäischen Aktiengesellschaft, Art. 1 SE-VO Rn. 2 ff.

bereits angesprochene 7. EG-Richtlinie (83/349/EWG) über den konsolidierten Abschluss vom 13. Juni 1983 wird hier ein sehr weitreichendes Konzernverständnis geprägt. Dies beruht auf der Erkenntnis, dass eine bedeutsame Anzahl von Gesellschaften Unternehmenszusammenschlüssen angehört[90] und eine reine Zusammenfassung der Einzelabschlüsse der einzelnen Mitglieder derartiger Zusammenschlüsse nicht geeignet ist, die tatsächliche Vermögens-, Finanz- und Ertragslage darzustellen.[91] Die Notwendigkeit eines konsolidierten Abschlusses wurde dabei innerhalb eines breiten Spektrums an Unternehmenszusammenschlüssen festgestellt, sodass der Anwendungsbereich der Richtlinie in deren Art. 1 umfassend ausgedehnt wird. Der Begriff „Konzern" taucht dabei in der Endfassung der 7. Richtlinie jedoch überhaupt nicht mehr auf. In den Vorentwürfen waren Konzerne noch als „*Wirtschaftseinheiten, bei denen eine Gesamtheit von Konzerngesellschaften und -unternehmen einheitlich entsprechend den Interessen des Konzerns geführt*"[92] wird verstanden worden und daher in Art. 3 Abs. 1 des Richtlinienentwurfes folgende Definition vorgesehen:

> *„Ein herrschendes und ein oder mehrere von ihm abhängige Unternehmen bilden einen Konzern im Sinne dieser Richtlinie, wenn das herrschende Unternehmen tatsächlich einen beherrschenden Einfluss derart ausübt, dass die beteiligten Unternehmen der einheitlichen Leitung des herrschenden Unternehmens unterstehen."*

Darüber hinaus sollte gemäß Art. 4 des Richtlinienvorschlages aber auch unabhängig von einem Abhängigkeitsverhältnis ein Konzern vorliegen, wenn die Unternehmen einer einheitlichen Leitung unterstehen.

Es kann festgehalten werden, dass das im europäischen Bilanzrecht entwickelte Verständnis des Konzerns in erheblichem Maße Vorbildcharakter für andere europäische Rechtsakte hat und damit eine hervorragende Stellung einnimmt.[93] Da es sich bei den daran anknüpfenden Rechtsakten vielfach um Richtlinien handelt, dringt das europäisch-bilanzrechtliche Konzernverständnis auf dem Wege der Richtlinienumsetzung auch immer stärker in die nationalen Rechtsordnungen der Mitgliedstaaten vor.[94] Gleichwohl bleibt es dabei, dass auch seitens des europäischen Gesetzgebers die Konzerndefinition vielfach bereichsspezifisch ausgestaltet wird, sofern dies im Einzelfall für sachdienlich erachtet wird und daher auch hier eine übergreifende einheitliche Definition weder existiert noch zukünftig zu erwarten ist.

---

90 Erwägungsgründe zur 7. EG-Richtlinie (83/349/EWG).

91 Erwägungsgründe zur 7. EG-Richtlinie (83/349/EWG); dazu auch *Schwarz*, Europäisches Gesellschaftsrecht, S. 305.

92 Vorschlag der Kommission für eine 7. Richtlinie vom 04.05.1976, Amtsblatt EG Nr. C 121/2, S. 3.

93 Vor diesem Hintergrund plädiert bspw. *Schmollinger*, Der Konzern in der Insolvenz, S. 320 für eine Anknüpfung an diese Begrifflichkeit.

94 Vgl. dazu bereits die Ausführungen zu § 290 HGB als deutschem Beispiel unter Teil 2.I.1.b; dazu auch *Beck*, DStR 2013, 2468, 2472.

3. Phänotypen des „Konzerns"

Ungeachtet der Tatsache, dass eine einheitliche Definition des Konzernbegriffes letztlich ausscheiden muss, lassen sich jedoch verschiedene Phänotypen des Konzerns unterscheiden.[95] So wird in der rechts- und wirtschaftswissenschaftlichen Diskussion regelmäßig nach dem Grad der organisatorischen und leistungswirtschaftlichen Verflechtung sowie unter Berücksichtigung des Integrationsniveaus zwischen *zentralen* und *dezentralen* respektive *horizontalen* und *vertikalen* Konzernstrukturen differenziert.[96]

Bei ersterer Unterscheidung gibt die Frage der Leitungsdichte den entscheidenden Ausschlag, also die Frage, in welchem Umfang die Konzernmutter Einfluss auf die Tochtergesellschaften ausübt. Kurz gesagt: *„Sind die Zügel locker, liegt eine dezentrale Struktur vor"*[97] und umgekehrt.

In der Praxis ähnlich unscharf fällt die Differenzierung zwischen horizontal und vertikal organisierten Konzernstrukturen aus. Hier finden sich überwiegend Mischformen.[98] Beim eher „klassischen", vertikal organisierten Konzern zeichnet die Konzernstruktur die einzelnen Produktionsstufen[99] vor, wohingegen im horizontal organisierten Konzern keine oder jedenfalls nur eine geringe Überschneidung der verschiedenen Konzernprodukte besteht und sich die Konzernierung im Wesentlichen auf die Erzielung von Synergieeffekten im Bereich Finanzierung, Verwaltung, EDV, etc. beschränkt.[100]

Bereits die hohe Anzahl an unbestimmten Begrifflichkeiten zeigt die Schwächen derartiger Gruppierungsversuche, die an der Realität regelmäßig vorbeigehen. Gelebte Konzernstrukturen verbinden Elemente sämtlicher Konzerntypen. In Reinform wird es derartige Konstrukte nur in Ausnahmefällen geben. Damit zeigt sich, dass, auch wenn einzelne insolvenzrechtliche Probleme möglicherweise häufiger in bestimmten, den genannten Phänotypen zuzuordnenden Konzernstrukturen auftreten als in anderen,[101] für die vorliegend relevanten Fragestellungen nach einer Verbesserung der Abwicklung von Insolvenzen innerhalb einer Konzernstruktur eine derartige Einteilung keinerlei Mehrwert bringen kann. Konkrete insolvenzrechtliche Rechtsfolgen knüpfen sich an eine Zuordnung zu einem bestimmten Konzerntyp

---

95 *Thole*, in Flöther, Handbuch Konzerninsolvenz, § 2 Rn. 2.; *Emmerich/Habersack*, Konzernrecht, § 4 Rn. 3 f.

96 Dazu *Lutter/Scheffler/Schneider*, Handbuch Konzernfinanzierung, Rn. 1.8 f.; *Brünkmans*, Die Koordinierung von Insolvenzverfahren, S. 31 f., jeweils mit zahlreichen m. w. N.

97 *Thole*, in Flöther, Handbuch Konzerninsolvenz, § 2 Rn. 3.

98 *Thole*, in Flöther, Handbuch Konzerninsolvenz, § 2 Rn. 4.

99 Der Begriff „Produkt" ist hier im weitesten Sinne zu begreifen. Gemeint sind insb. nicht nur die Produkte herstellender Unternehmern, sondern bspw. auch Finanz- oder Dienstleistungsprodukte.

100 *Thole*, in Flöther, Handbuch Konzerninsolvenz, § 2 Rn. 4 f.

101 Vgl. dazu *Thole*, in Flöther, Handbuch Konzerninsolvenz, § 2 Rn. 7 f.

nämlich nicht und sollten im Hinblick auf die in der Praxis vorherrschenden Mischformen auch *de lege ferenda* nicht geknüpft werden.

4. Die Unternehmensgruppe als insolvenzspezifische neue Einheit

Vor dem Hintergrund der dargestellten Definitionsunsicherheit erscheint die Möglichkeit, sich durch Schaffung einer völlig neuen, insolvenzspezifischen Einheit der aufgezeigten Probleme zu entledigen, geradezu bestechend, um die Vielfältigkeit möglicher Erscheinungsformen pragmatisch zu erfassen.[102] So verwundert es nicht, dass sich die Überlegungen der UNCITRAL[103] und in deren Folge die Reform der EuInsVO[104] sowie die deutschen Reformüberlegungen zur Bewältigung von Konzerninsolvenzen[105] von der Terminologie *Konzern* abwenden und eine andere Begrifflichkeit einführen: Die *Unternehmensgruppe*. Diese Bezeichnung findet sich bereits in zahlreichen europäischen Rechtsakten und infolge dessen in deren nationalen Umsetzungsgesetzen.[106] Letztlich setzt sich hier das bereits beschriebene bereichsspezifische Konzernverständnis auf begrifflicher Ebene fort. Oft wird dabei der Begriff der Unternehmensgruppe nunmehr als Oberbegriff verstanden, wobei der Konzern, unabhängig vom konkreten Verständnis der Begrifflichkeit, einen Unterfall darstellen soll.

Bedauerlich, wenn auch letztlich nicht verwunderlich, ist, dass es jedoch auch in Bezug auf den Begriff der Unternehmensgruppe an einer einheitlichen Definition fehlt, wie einige Beispiele belegen:

Die UNCITRAL-Überlegungen zur Konzerninsolvenz[107] beziehen sich auf eine Unternehmensgruppe (*Enterprise Group*), die als

> *„Two or more enterprises that are interconnected by control or significant ownership"*[108]

definiert wird.

Auf europäischer Ebene[109] wurde im Rahmen der aktuellen Reformentwicklung die *Group of companies* in Art. 2 lit. i) EuInsVO-E zuerst als

> *„Anzahl von Unternehmen bestehend aus Mutter- und Tochtergesellschaften"*,

---

102 Vgl. dazu die ausführliche Darstellung von unterschiedlichen Gruppenstrukturen und deren Hintergründen in UNCITRAL WorkingPaper A/CN.9/WG.V/WP.90, S. 5 ff.

103 Vgl. dazu ausführlich unter Teil 6.

104 Vgl. dazu ausführlich unter Teil 7.

105 Vgl. dazu ausführlich unter Teil 8.

106 Bspw. Verordnung (EG) Nr. 1126/2008; Verordnung (EU) Nr. 648/2012; Verordnung (EU) Nr. 549/2013; Verordnung (EU) Nr. 575/2013; u. v. m.; weitere Nachweise bei *Kalss/Klampfl*, in Dauses, EU-Wirtschaftsrecht, E.III.7. Rn. 459.

107 Vgl. dazu ausführlich unter Teil 6.I.

108 UNCITRAL Legislative Guide Part Three, S. 8.

109 Vgl. dazu ausführlich unter Teil 7.II.

wobei die Muttergesellschaft in Art. 2 lit. j) EuInsVO-E als

> *„(...) eine Gesellschaft, die*
> *i) in einer anderen Gesellschaft (Tochtergesellschaft) über die Mehrheit der Stimmrechte der Aktionäre oder Gesellschafter verfügt oder*
> *ii) Aktionär oder Gesellschafter der Tochtergesellschaft ist und das Recht hat,*
> *aa) die Mehrheit der Mitglieder des Verwaltungs-, Geschäftsführungs- oder Aufsichtsorgans dieser Tochtergesellschaft zu ernennen oder abzuberufen oder*
> *bb) auf der Grundlage eines mit dieser Tochtergesellschaft geschlossenen Vertrags oder einer Bestimmung in deren Satzung einen beherrschenden Einfluss auf diese Tochtergesellschaft auszuüben"*

definiert. Nach Vorstellung des Kompromissvorschlages des Europäischen Rates[110] ist die Unternehmensgruppe die Gesamtheit eines

> *„Mutterunternehmens und alle seine Tochterunternehmen".*[111]

Diese Formulierung fand letztlich in Art. 2 Nr. 3 EuInsVO n. F. Verwendung, wobei das „Mutterunternehmen" gem. Art. 2 Nr. 14 InsO-E n. F. als

> *„ein Unternehmen, das ein oder mehrere Tochterunternehmen entweder unmittelbar oder mittelbar kontrolliert"*

definiert ist. Dabei wird ergänzend darauf hingewiesen, dass ein Unternehmen, das einen konsolidierten Abschluss gemäß der Bilanz-Richtlinie[112] erstellt, als Mutterunternehmen anzusehen ist (Art. 2 Nr. 14 EuInsVO n. F. a. E.).[113]

Der deutsche Gesetzgeber definiert die Unternehmensgruppe im Rahmen seines aktuellen Reformvorschlages in § 3e InsO-E[114] hingegen wie folgt:

> *„Eine Unternehmensgruppe besteht aus rechtlich selbstständigen Unternehmen, die den Mittelpunkt ihrer hauptsächlichen Interessen im Inland haben und die unmittelbar oder mittelbar miteinander verbunden sind durch*
> *1. die Möglichkeit der Ausübung eines beherrschenden Einflusses oder*
> *2. eine Zusammenfassung unter einheitlicher Leitung."*

---

110 Vgl. dazu ausführlich unter Teil 7.I.2.

111 10284/14 ADD 1, S. 9.

112 Richtlinie 2013/34/EU des Europäischen Parlaments und des Rates vom 26. Juni 2013 über den Jahresabschluss, den konsolidierten Abschluss und damit verbundene Berichte von Unternehmen bestimmter Rechtsformen und zur Änderung der Richtlinie 2006/43/EG des Europäischen Parlaments und des Rates und zur Aufhebung der Richtlinien 78/660/EWG und 83/349/EWG des Rates (ABl. L. 182 vom 29.5.2013, S. 19).

113 Vertiefen dazu unter Teil 7.II.4.a.

114 Dazu ausführlich unter Teil 8.III.1.

In anderen Bereichen, insb. im Rahmen europarechtlicher Umsetzungsgesetze, definiert er hingegen die Unternehmensgruppe als

> *„eine Gruppe besteh[end] aus dem übergeordneten Unternehmen und seinen nachgeordneten Unternehmen."*[115]

Die Monopolkommission hat in ihrem XVIII. Hauptgutachten 2008/2009 wiederum ausgeführt:

> *„Eine Unternehmensgruppe besteht aus genau einer unabhängigen rechtlichen Einheit (Gruppenoberhaupt), die mindestens eine andere rechtliche Einheit kontrolliert.*
> *Kontrolle [ist dabei] als bestimmender Einfluss auf die mittel- und langfristigen Strategien eines Unternehmens definiert."*[116]

Beim Vergleich der hier beispielhaft[117] dargestellten unterschiedlichen Ansätze wird deutlich, dass sich diese stets im Spannungsfeld zwischen größtmöglicher Regelungsklarheit und notwendiger Flexibilität angesichts der vielfältigen Erscheinungsformen von Unternehmensgruppen bewegen.[118] Vor diesem Hintergrund weist die UNCITRAL zutreffend darauf hin, dass mittels einer offenen Formulierung eine *„working definition"* geschaffen werden sollte.[119] Eine solche (insolvenzspezifische) Definition, die sich auf die tatsächliche oder zumindest doch mögliche Kontrolle einer Gesellschaft über eine andere zurückziehen sollte, bietet zudem die höchste Kompatibilität zu den unterschiedlichen nationalen Verfahrensordnungen.[120]

---

115 § 2 Abs. 3 Nr. 28 SAG-E, Entwurf eines Gesetzes zur Umsetzung der Richtlinie 2014/59/EU des Europäischen Parlaments und des Rates vom 15.05.2014 zur Festlegung eines Rahmens für die Sanierung und Abwicklung von Kreditinstituten und Wertpapierfirmen und zur Änderung der Richtlinie 82/891/EWG des Rates, der Richtlinien 2001/24/EG, 2002/47/EG, 2004/25/EG, 2005/56/EG, 2007/36/EG, 2011/35/EU, 2012/30/EU und 2013/36/EU sowie der Verordnungen (EU) Nr. 1093/2010 und (EU) Nr. 648/2012 des Europäischen Parlaments und des Rates, BT-Drucks. 18/2575.

116 XVIII. Hauptgutachten der Monopolkommission 2008/2009, BT-Drucks. 17/2600, S. 78. Vgl. auch zu den Problemen dieses Ansatzes ebenda S. 79.

117 Weitere teils abweichende Definitionen finden sich in den Überlegungen des International Insolvency Institute (III), Judicial Guidelines for Coordination of Multinational Enterprise Group Insolvencies, S. 6 und INSOL Europe, Revision of the European Insolvency Regulation, S. 30.

118 So auch UNCITRAL Legislative Guide Part Three, S. 15; dazu *Undritz*, in Flöther, Handbuch Konzerninsolvenz, § 8 Rn. 4.

119 UNCITRAL Legislative Guide Part Three, S. 5 ff., 14 ff.; UNCITRAL WorkingPaper A/CN.9/WG.V/WP.90, S. 4.

120 *Holzer*, ZIP 2011, 1894, 1896.

5. Überlegungen zu einem vollständigen Verzicht einer Anknüpfung an bestimmte Verbundsdefinitionen

Trotz dieser Erkenntnis soll vor dem Hintergrund der verbleibenden Unsicherheiten an dieser Stelle die Frage aufgeworfen werden, ob nicht vielleicht ein vollständiger Verzicht auf die Anknüpfung an bestimmte Verbundsdefinitionen eine Lösung der damit zusammenhängenden Probleme ermöglichen kann.[121]

Bei den Versuchen, eine einheitliche Definition aller denkbaren Unternehmensverknüpfungen zu finden, wird stets darauf abgezielt, durch diese einen Anwendungsbereich zu bestimmen, an den die gewünschten Rechtsfolgen geknüpft werden können. Wendet man sich von dieser, im Zusammenhang mit der Schaffung gesetzlicher Regelungen sicherlich üblichen Herangehensweise einmal gedanklich ab und stellt die angestrebten Rechtsfolgen in den Vordergrund, lässt sich ein weiterer denkbarer Ansatz erkennen.

Geht man nämlich davon aus, dass zu kodifizierendes *Konzern*insolvenzrecht zumindest derzeit primär verfahrensrechtliche Optimierung leisten soll, scheint auf den ersten Blick kein Grund ersichtlich, der eine Einschränkung des Anwendungsbereichs derartiger Regelungen rechtfertigen kann. Verfahrensoptimierung ist vielmehr ein übergeordnetes Ziel, das unabhängig von bestimmten Verbundstrukturen anzustreben ist.

Diese Einschätzung scheint sich zu bestätigen, wenn man Fälle betrachtet, in denen nach keinem der bestehenden Ansätze eine rechtlich relevante Verbindung zwischen den beteiligten Gesellschaften vorliegt, rein faktisch aber eine elementare Abhängigkeit besteht. Als Beispiel sei hier das Verhältnis eines kleineren Zulieferbetriebes zu einem großen Autobauer bemüht.[122] Befinden sich keine Anteile des Zulieferbetriebes in der Hand des Autobauers und liegt auch kein Vertragskonzern vor, hat dieser also rein gesellschaftsrechtlich keine Möglichkeit, auf die Geschäftspolitik Einfluss zu nehmen, gilt ersterer nach den dargestellten Ansätzen als unabhängig. Blickt man dagegen den Tatsachen ins Auge und akzeptiert, dass der Autobauer im Beispiel maßgeblich, wenn nicht gar allein verantwortlich für den gesamten Umsatz und letztlich die wirtschaftliche Existenz des Zulieferers ist und überdies meist im Rahmen von Just-in-Time-Vereinbarungen[123] Umfang und Zeitpunkt der Produktion direkt vorgeben kann,[124] liegt eine zwar nicht gesellschaftsrechtlich,

---

121 In diese Richtung tendieren zumindest mit Blick auf die Bildung eines Konzerngerichtsstandes *Knof/Mock*, ZInsO 2008, 499, 500; kritisch *Frind*, ZInsO 2008, 614, 614.

122 Zum „*Faktischen Just-in-Time-Konzern*" in der Automobilindustrie bereits *Nagel/Riess/Theis*, DB 1989, 1505, 1505ff.

123 Dazu *Emmerich/Habersack*, Konzernrecht, § 3 Rn. 21; *Nagel/Riess/Theis*, DB 1989, 1505, 1505ff.

124 Dazu *Nagel/Riess/Theis*, DB 1989, 1505, 1506ff., insb. 1508.

wohl aber schuldvertraglich vermittelte *tatsächliche Abhängigkeit*[125] unzweifelhaft vor.[126] Gleiches gilt für viele Franchiseverträge[127] (bspw. im Einzelhandel[128] und in der System-Gastronomie[129]) und bei komplexen Langzeitverträgen (bspw. bei der Realisierung von Infrastruktur-Projekten[130]). Die in derartigen Fällen ausgeübte Einflussnahme ist oft weitaus größer, als es in eher „lockeren" gesellschaftsrechtlich untermauerten Gruppenstrukturen der Fall ist.[131] So werden u. a. Informationen über die Abläufe innerhalb des „beherrschten" Unternehmens regelmäßig genutzt, um vertraglich vorbehaltene Rationalisierungsvorschläge zu unterbreiten. Derartige „Vorschläge" haben dabei regelmäßig die Qualität konkreter finanz- und produktionspolitischer Weisungen.[132]

Auch wenn die Einbeziehung derartiger tatsächlicher Abhängigkeiten in den Anwendungsbereich von § 17 des deutschen Aktiengesetzes spätestens seit der „BuM"-Entscheidung des BGH vom 26. März 1984[133] weitgehend abgelehnt wird,[134]

---

125 Zur Begrifflichkeit vgl. *Emmerich*, in Emmerich/Habersack, Aktien- und GmbH-Konzernrecht, § 17 AktG Rn. 15 m. w. N.; *Emmerich/Habersack*, Konzernrecht, § 3 Rn. 21 ff.

126 Ausführlich zur Problematik bei Zulieferverträgen siehe *Saxinger*, Zulieferverträge im deutschen Recht, S. 82 ff.

127 Dazu bereits früh *Ehricke*, ZGR 1996, 300, 319 m. w. N. In der Bundesrepublik gab es im Jahr 2014 1 075 Franchisegeber und 72 384 Franchisenehmer, die insgesamt 541 040 Mitarbeiter beschäftigten und einen Umsatz von 73,4 Mrd. Euro erwirtschafteten. Auf Gastronomie und Handel entfielen dabei rund 36 %, auf den Dienstleistungssektor 38 %, dazu Pressemitteilung des Deutschen Franchiseverbandes e. V. vom 29.04.2015.

128 So werden z. B. naherzu alle Telefonshops der großen Netzanbieter durch Franchisenehmer betrieben.

129 So sind z. B. McDonald's, BurgerKing, Subway, Nordsee, Backwerk, ServiceStore DB und viele andere „Ketten" in Franchise-Systemen organisiert, erscheinen dem Rechtsverkehr jedoch als „Scheinauslandszweigstellen" internationaler Konzerne, wie es *Schall* in Spindler/Stilz, AktG, § 17 Rn. 21 zutreffend ausdrückt.

130 Zu den dort auftretenden Problemen insb. im Zusammenhang mit der Einflussnahme einzelner Projektbeteiligter auf Verträge Dritter *Nicklisch/Weick*, VOB B, Einleitung §§ 4–13 Rn. 124 ff., insb. 128.

131 So regelt bspw. das umfangreiche Richtlinienwerk in Franchiseverträgen der Burgerkette McDonald's u. a. die konkreten Grilltemperaturen, Verstöße rechtfertigen eine Kündigung, dazu BGH NJW 1985, 1894, 1894 ff.

132 *Ochseler*, ZGR 1997, 464, 470; *Emmerich*, in Emmerich/Habersack, Aktien- und GmbH-Konzernrecht, § 291 AktG Rn. 24 m. w. N.; zurückhaltend insoweit *Saxinger*, Zulieferverträge im deutschen Recht, S. 84 f.

133 BGH NJW 1984, 1893.

134 Vgl. dazu *Bayer*, in MüKO AktG, § 17 Rn. 21; *Emmerich*, in Emmerich/Habersack, Aktien- und GmbH-Konzernrecht, § 17 AktG Rn. 15; *Hirschmann*, in Hölters, AktG, § 17 Rn. 5; *Saxinger*, Zulieferverträge im deutschen Recht, S. 86 f.; kritsch *Schall*, in Spindler/Stilz, AktG, § 17 Rn. 20 ff. jeweils m. w. N.

kann die dahinterstehende Diskussion[135] im Zusammenhang mit der Frage nach der Schaffung eines „Konzerninsolvenzrechts" u. U. fruchtbar gemacht werden. Dies vor allem deshalb, weil die die genannte Entscheidung tragenden Gründe auf die insolvenzspezifische Problematik nicht ohne Weiteres übertragen werden können. So hat der BGH eine tatsächliche Einflussmöglichkeit gerade deshalb als nicht alleinig[136] ausreichend angesehen, weil die an § 17 AktG geknüpften Rechtsfolgen spezifisch gesellschaftsrechtlicher Natur seien und allesamt den Zweck verfolgten, Minderheitsaktionäre der abhängigen Gesellschaft gegen nachteilige Einwirkungen auf deren Geschäftsführung zu schützen.[137] Nicht hingegen gehe es um die Bekämpfung allgemeiner Risiken marktwirtschaftlicher Betätigung. Dies sei vielmehr Aufgabe des Zivilrechts, des Wettbewerbsrechts und des Rechts der allgemeinen Geschäftsbedingungen.[138] Darüber hinaus aber eben auch des Insolvenzrechts.

Auch wenn Überlegungen zur Anerkennung rein wirtschaftlich vermittelter Abhängigkeiten daher sicherlich einiges für sich haben, stoßen diese doch im Hinblick auf die damit verbundene Gefahr einer Ausuferung[139] schnell an ihre Grenzen. Zudem lässt auch ein weites Verständnis davon, was im Einzelfall eine Abhängigkeit zu vermitteln in der Lage ist, das Bedürfnis nach einer dieses Verständnis widerspiegelnden und zusammenfassenden Definition nicht entfallen. Vielmehr geht es hierbei letzten Endes „einzig" um die Auslegung hierzu herangezogener unbestimmter Rechtsbegriffe.

Ein Verzicht auf eine Anknüpfung von Regelungen zur (verfahrensmäßigen) Erleichterung der Bewältigung von Insolvenzen innerhalb einer Gruppenstruktur kann zudem schon deshalb nicht losgelöst von einer entsprechenden Gruppendefinition ausgestaltet werden, weil derartige Vorschriften trotz der übergeordneten Bedeutung der Zielsetzung „Verfahrensoptimierung" gerade die Besonderheiten zu berücksichtigen haben, die aus der Einbettung der einzelnen Rechtsträger in einer Gruppenstruktur resultieren.

Daher verbleibt es bei der Erkenntnis, dass eine – wenn auch möglichst weitreichende und insolvenzspezifische – Gruppendefinition unerlässlich ist.

---

135 Dazu *Oechsler*, ZGR 1997, 464 m. w. N.

136 Als Verstärkung einer bereits gesellschaftsrechtlich (durch Beteiligungen) vermittelten Einflussmöglichkeit hin zu einer Abhängigkeit i. S. d. § 17 AktG werden diese auch vom BGH berücksichtigt, dazu BGH NJW 1984, 1893, 1896 mit Verweis auf BGH NJW 1974, 855 und NJW 1978, 104; dazu auch *Emmerich*, in Emmerich/Habersack, Aktien- und GmbH-Konzernrecht, § 17 AktG Rn. 16 m. w. N.; *Emmerich/Habersack*, Konzernrecht, § 3 Rn. 21 u. 23.

137 BGH NJW 1984, 1893, 1896; kritisch *Schall*, in Spindler/Stilz, AktG, § 17 Rn. 21.

138 BGH NJW 1984, 1893, 1897.

139 Davor warnend am Beispiel des Autozulieferers bspw. *Frind*, ZInsO 2008, 614, 614.

II. Definition und Aufgabe eines Konzerninsolvenzrechts

„Konzerninsolvenzrecht ist die Summe der rechtlichen Regeln, d. h. das rechtliche ‚Instrumentarium', das es ermöglicht, bei einer in einem Konzern auftretenden Insolvenz – Muttergesellschaft und/oder Tochtergesellschaft(en) – die Ziele des Konzerns im Sinne einer bestmöglichen Gesamtreorganisation oder -liquidation auch gegen divergierende Einzelinteressen von Konzerngliedern durchzusetzen."[140]

Diese – im Ergebnis viel zu enge – Definition entstammt einem viel beachteten Aufsatz *Küblers* aus dem Jahre 1984, der vielfach als Ausgangspunkt einer ernsthaften Diskussion zum Thema „Konzern und Insolvenz"[141] angesehen wird, obgleich Kübler selbst das Phänomen der Konzerninsolvenz damals noch als eher fernliegend bezeichnet.[142] Sowohl auf deutscher als auch auf europäischer Ebene fehlte es bislang (zur Neufassung der EuInsVO vgl. Teil 7) an konzernspezifischen Insolvenzregelungen.[143] Dies wurde in der Literatur stets weit überwiegend bedauert.[144] *Römermann* führt insoweit zutreffend aus, dass *„ein marktwirtschaftlich orientiertes Insolvenzrecht die Realität am Markt mit einer Vielzahl von verbundenen Unternehmen nicht negieren kann"*[145]. In anderen Rechtsordnungen[146] finden sich bereits mehr oder weniger ausgeprägte Kodifikationen zur Behandlung von Insolvenzen innerhalb eines Konzernverbundes.

Befasst man sich mit diesen Regelwerken und der umfangreichen wissenschaftlichen Debatte um das „Konzerninsolvenzrecht", zeigt sich, dass bereits das Grundverständnis, also die Frage, welche Zielsetzung hierunter zu fassende Vorschriften

---

140 *Kübler*, ZGR 1984, 560, 562.

141 So der Titel des Aufsatzes; vgl. dazu auch *K. Schmidt*, in FS Kübler, S. 633.

142 *Kübler*, ZGR 1984, 560, 562ff.

143 Vgl. dazu ausführlich unter Teil 7.I zum europäischen und unter Teil 8.I zum deutschen Recht.

144 Siehe dazu bspw. *Braun*, in Braun/Uhlenbruck, Unternehmensinsolvenz, S. 521; *ders.*, in Nerlich/Römermann, InsO, Vor. §§ 217–269 Rn. 140; *Liebscher*, in MüKO GmbHG, § 13 – Anh. GmbH-Konzernrecht Rn. 1280ff., insb. 1291 m. w. N.; *Timm*, ZIP 1983, 225; *Kort*, ZIP 1988, 681, 681ff.; *Uhlenbruck*, GmbHR 1989, 101, 113; *ders.*, NZI 1999, 41, 41ff.; *Rotstegge*, Konzerninsolvenz, S. 30, 466; *Becker*, Kooperationspflichten in der Konzerninsolvenz, S. 3f. m. w. N.; *Vormstein*, Zuständigkeit bei Konzerninsolvenzen, S. 18ff.

145 *Römermann*, in Nerlich/Römermann, InsO, Vor. §§ 217–269 Rn. 140.

146 So allen voran im amerikanischen Recht. Ausführlich dazu *Scheel*, Konzerninsolvenzrecht, *passim*. Im französischen Rechtsraum besteht die auf richterrechtlicher Rechtsfortbildung basierende und schließlich mit der Insolvenzreform 2005 durch Art. 621–2 Abs. 2 C.com kodifizierte Möglichkeit der Erstreckung eines Insolvenzverfahrens auf weitere, sogar auf solvente Personen, dazu *Degenhardt*, NZI 2014, 433, 439; *Robbe-Grillet*, Planmäßige Sanierung nach französischem und nach deutschem Insolvenzrecht, S. 117f.

haben sollten, erheblich divergiert.[147] Im Wesentlichen werden zwei unterschiedliche, sich in Teilen wiederum überschneidende Grundkonzepte mit dem Begriff assoziiert. Eine frühe, inzwischen eher zurückgehende Ansicht versteht darunter primär konzernspezifische Haftungsansprüche der beherrschten Gesellschaften gegen das Mutterunternehmen.[148] Demgegenüber muss nach neuerer Auffassung ein Konzerninsolvenzrecht vorrangig verfahrensrechtliche Instrumentarien zur Beherrschung mehrerer Insolvenzverfahren innerhalb eines Unternehmensverbundes bereitstellen.[149] Dieser Wandel des Grundverständnisses ist auf die im Laufe der Zeit veränderten gesamtwirtschaftlichen Umstände zurückzuführen. Galten Konzernstrukturen früher noch als unerschütterliche Größen des Wirtschaftslebens,[150] in deren Reihen Insolvenzverfahren, wenn überhaupt, als Instrument betriebswirtschaftlichen Kalküls vorkamen, sah man sich gerade im Zusammenhang mit der weltweiten Finanz- und Wirtschaftskrise vermehrt mit dem Kollaps ganzer Konzernstrukturen konfrontiert.

Die beiden Ansichten, die letztlich Konsequenz der bereits im Zusammenhang mit der Zielsetzung des Konzernrechts im Allgemeinen[151] auftretenden Fragen sind, können jeweils gute Argumente für sich reklamieren. So spielen konzernspezifische Haftungsansprüche zwischen den beteiligten Unternehmen gerade in der Krise eine elementare Rolle; allerdings eben nicht nur dort. Auch außerhalb eines Insolvenzszenarios sind Regelungen, die durch eine Unternehmensverbindung entstehende Nachteile bei beherrschten Unternehmen ausgleichen können, existenziell. Ihnen innerhalb der Insolvenz vollumfängliche Geltung zu verschaffen, ist hingegen vornehmlich Aufgabe insolvenzspezifischer Regelungen, die auf eine verfahrensmäßige Optimierung ausgerichtet sind.

Letztlich ist, will man von einer Definition des Konzerninsolvenzrechts nicht vollständig absehen – was durchaus einen gewissen Reiz hätte und anders als im Zusammenhang mit dem Konzernbegriff als solchem auch möglich wäre, da sie nicht maßgeblich für eine Anknüpfung spezifischer Regelungen ist – einzig eine sehr grundlegende und weite Definition denkbar, etwa in Anlehnung an die von *Karsten Schmidt* im Rahmen seines Gutachtens zum 54. DJT vorgeschlagenen Definition des Insolvenzrechts im Allgemeinen.[152] Danach ist

---

147 Allg. dazu vgl. bspw. *Wolf*, Der europäische Gerichtsstand bei Konzerninsolvenzen, S. 62 ff. mit zahlreichen Nachweisen.

148 *K. Schmidt* KTS 2010, 1, 9; *Ehricke*, Das abhängige Konzernunternehmen in der Insolvenz, S. 383 ff. m. w. N.; *Scheel*, Konzerninsolvenzrecht, S. 327 ff., insb. 415.

149 Dazu *Brünkmans*, in MüKO InsO, Konzerninsolvenzrecht Rn. 2; *Telke*, Die Anforderungen an ein wettbewerbsfähiges Konzerninsolvenzrecht für den Wirtschaftsstandort Deutschland, S. 61 ff.

150 *Peltzer*, AG 1975, 309, 310, wenn auch bereits mit ersten Zweifeln.

151 Vgl. dazu *Emmerich/Habersack*, Konzernrecht, § 1 Rn. 17 f.

152 *K. Schmidt*, Möglichkeiten der Sanierung von Unternehmen durch Maßnahmen im Unternehmens-, Arbeits-, Sozial- und Insolvenzrecht, in Verhandlungen des vierundfünfzigsten Deutschen Juristentages, Band I, D 1, D 17.

„Konzerninsolvenzrechtrecht der Inbegriff aller Rechtsvorschriften, die den finanziellen existenzbedrohenden Zustand (Insolvenz) eines oder mehrerer Konzernglieder und die Abwendung oder Abwicklung der finanziellen Krisensituation regeln.“[153]

Folge einer derartigen Definition ist, dass sich die darunter zu verstehenden Regelungen über sämtliche Rechtsbereiche hinaus erstrecken können und keinesfalls einzig in den „Insolvenzordnungen“ zu suchen sind.

III. Die Notwendigkeit eines kodifizierten Konzerninsolvenzrechts

Bereits die grundsätzliche Frage, ob überhaupt eine Notwendigkeit für die Kodifizierung eines konzernspezifischen Insolvenzrechts besteht, ist indes teils heftig umstritten.[154]

1. Die unterschiedlichen Ansichten zur Notwendigkeit eines kodifizierten Konzerninsolvenzrechts

Insb. von *Frind* wird die Ansicht vertreten, ein spezifisches Konzerninsolvenzrecht sei nicht notwendig, da dem rein wirtschaftlichen Phänomen des Konzerns durchaus bereits mit Hilfe der bestehenden Regelungen (sowohl auf nationaler als auch auf europäischer respektive internationaler Ebene) ausreichend Rechnung getragen werden könne.[155] Gerade Kooperations- und Koordinationsansätze lehnen die Vertreter dieser Ansicht als überflüssig und wenig zielführend ab. Allenfalls sei eine Kodifizierung spezifischen Konzerninsolvenzrechts dann nötig, wenn man materiell-rechtlich neue Wege gehen wolle.[156]

Nach anderer, demgegenüber vorherrschender Ansicht besteht grds. auch unterhalb der Schwelle materiell-rechtlicher Modifikationen ein Bedürfnis nach konzernspezifischen Regelungen, und zwar sowohl auf nationaler als auch auf internationaler, insb. europäischer Ebene.[157] Letztlich ist eine strikte Trennung zwi-

---

153 So *Vormstein*, Zuständigkeit bei Konzerninsolvenzen, S. 5.

154 Vgl. dazu bspw. die Darstellungen bei *Wiebusch*, Internationales Konzerninsolvenzrecht, S. 32 f.; *Becker*, Kooperationspflichten in der Konzerninsolvenz, S. 84 ff., jeweils mit zahlreichen Nachweisen.

155 *Frind*, Stellungnahme, S. 1 f.; *ders.*, ZInsO 2014, 927, 928; insg. dazu *Bezelgues*, Konzerninsolvenzen in der Europäischen Union, S. 77 m. w. N.

156 I. d. S. bspw. *Graeber*, ZInsO 2013, 409, 413 (zum DiskE).

157 *V. Wilcken*, in Flöther, Handbuch Konzerninsolvenz, § 4 Rn. 32; *Emmerich/Habersack*, Konzernrecht, § 1 Rn. 4; *Braun*, in ders./Uhlenbruck, Unternehmensinsolvenz, S. 521 f.; *Flöther*, NVwZ 2014, 1497, 1498; zur Situation auf europäischer Ebene: *Undritz*, in Flöther, Handbuch Konzerninsolvenz, § 8 Rn. 5; *Eble*, NZI 2016, 115, 115 ff.; *Wimmer*, DB 2013, 1343, 1343 f.; *ders.*, jurisPR-InsR 13/2012 Anm. 1; *Reinhart*, NZI 2012, 304, 311; INSOL Europe, Revision of the European Insolvency

schen rein formellen und materiell-rechtlichen Regelungen auch überhaupt nicht möglich.[158] Dabei wird die Notwendigkeit vor allem im Hinblick auf die Sanierung von Konzernstrukturen betont.[159] *Brünkmans* weist zutreffend darauf hin, dass bei rein auf Liquidation ausgerichteten Verfahren eine Koordinierung der konzernzugehörigen Verfahren noch entbehrlich sein mag, eine Sanierung jedoch nach aktueller Rechtslage regelmäßig gerade an der Zersplitterung der Verfahren, bedingt durch die fehlende Konzentration und Koordination, scheitert.[160]

Dies gilt insgesamt nicht nur im Hinblick auf die nationalen Insolvenzgesetze, sondern – da, wie bereits eingangs ausführlich dargestellt, die Geschäftstätigkeit von Unternehmen zunehmend die einzelstaatlichen Grenzen überschreitet und diesbezügliche Insolvenzverfahren negative Auswirkungen auf die Funktionalität des Binnenmarktes haben können – auch auf europäischer Ebene.[161]

2. Stellungnahme

Auch nach Überzeugung des Verfassers besteht ein grundlegendes Bedürfnis für eine Kodifizierung konzernspezifischen Insolvenzrechts.

Auch wenn es zutrifft, dass Gerichte, Verwalter und Unternehmenslenker in der Vergangenheit Konzerninsolvenzen auf Basis bestehender Regelungen in den Griff bekommen haben,[162] lässt dies gerade nicht den Schluss darauf zu, dass es spezifischer Regelungen nicht bedarf. Selbst unter Berücksichtigung des begrüßenswerten Verlangens, eine unnötige Regelungsflut und damit einhergehende Überbürokratisierung einzudämmen, kann nicht von der Hand gewiesen werden, dass die in der Vergangenheit bemühten „Tricks"[163] teilweise weit davon entfernt waren, Rechtssicherheit und Rechtsklarheit, geschweige denn eine verlässliche Vorhersehbarkeit für die Beteiligten zu ermöglichen.[164] Darunter hatten die betroffenen Gläubiger, unter diesen insb. die Kleingläubiger, erheblich zu leiden.

Auch die Tatsache, dass neue Regelungen u. U. lediglich bereits praktizierte Methoden aufgreifen, ist kein Argument gegen deren Kodifizierung; im Gegen-

---

Regulation, S. 91; *Ehricke*, in Gottwald, Europäisches Insolvenzrecht – Kollektiver Rechtschutz, S. 127 u. 135.

158 So auch *Bezelques*, Konzerninsolvenzen in der Europäischen Union, S. 7.; *Wiebusch*, Internationales Konzerninsolvenzrecht, S. 39.

159 *Brünkmans*, Der Konzern 2013, 234, 235; dazu *Specovius/Kuske*, in Gottwald, Insolvenzrechts-Handbuch, § 95 Rn. 7 m. w. N.; kritisch zu dieser Argumentation *Frind*, ZInsO 2008, 363, 366 f.

160 *Brünkmans*, Der Konzern 2013, 234, 235.

161 Vgl. dazu Erwägungsgründe 4, 51, 54, 86 EuInsVO n. F.

162 Dies stetig betonend *Frind*, ZInsO 2014, 927, 927 f.; *ders.*, Stellungnahme, S. 1 f., 18.

163 Vgl. dazu unter Teil 7.I.2 und Teil 8.II.

164 In diesem Sinne auch *Brünkmans*, ZIP 2013, 193, 194 m. w. N.; *Undritz*, in Flöther, Handbuch Konzerninsolvenz, § 8 Rn. 43; *Wiebusch*, Internationales Konzerninsolvenzrecht, S. 170.

teil. Es ist durchaus sinnvoll, die in der Praxis entwickelten und sich bewährenden Vorgehensweisen soweit gesetzlich festzuzurren, als dies sinnvoll und mit den Grundgedanken des Insolvenz- und Gesellschaftsrechts vereinbar erscheint.[165] Nur so kann die Essenz dessen, was sich als zielführend erwiesen hat, bewahrt werden und gleichzeitig eine Ausuferung der unterschiedlichen Auslegungs- und Anwendungsvarianten verhindert werden. Damit ist – um dies an dieser Stelle bereits klar zum Ausdruck zu bringen – nicht gesagt, dass die derzeit vorliegenden Regelungen und Entwürfe diesem Ziel bereits umfassend gerecht werden. Vielmehr gilt es im weiteren Verlauf zu analysieren, wo dieses Ziel bereits erreicht ist und wo noch Nachbesserungsbedarf besteht.

IV. Zwischenfazit

Im Zusammenhang mit der Thematik *Konzern* und *Konzerninsolvenz* herrscht rege Begriffsunsicherheit. Weder auf nationaler noch auf europäischer Ebene finden sich einheitliche Definitionen. Ursache hierfür ist die Vielschichtigkeit denkbarer Gruppenstrukturen und in diesem Zusammenhang auftretender insolvenzrechtlicher Fragestellungen. Die Problematik ist jedoch keinesfalls auf das Insolvenzrecht beschränkt, sondern findet sich in allen tangierten Regelungsbereichen wieder. Die sich daraus ergebenden bereichsspezifischen Definitionsversuche lassen sich auch unter Berücksichtigung übergeordneter Zielsetzungen nicht sinnvoll harmonisieren. Daher bleibt für die weiteren Überlegungen festzuhalten, dass der Konzernbegriff als solcher nicht nur umstritten, sondern einer einheitlichen Definition letztlich schlichtweg entzogen ist. Es bedarf daher im Hinblick auf die Regelung gruppenspezifischer Insolvenzregelungen einer hierauf bezogenen eigenständigen Begriffsbestimmung. Diese ist möglichst weit zu fassen, um die genannte Vielschichtigkeit bestehender und denkbarer Gruppenkonstellationen möglichst vollständig zu erfassen.

Über diese Schwierigkeiten hinaus besteht die Notwendigkeit zur Kodifizierung von auf die Besonderheiten von Insolvenzen innerhalb einer Gruppenstruktur zugeschnittenen Regelungen, um bereits entwickelte Konzepte auf eine tragfähige Basis zu stellen und fortzuentwickeln. Nur so lässt sich ein erhöhtes Maß an Rechtssicherheit gerade in Zeiten der Krise für Gläubiger, aber auch für die Schuldner herstellen.

165 So auch *Madaus*, ZRP 2014, 192, 193.

Teil 3. Ziele des Insolvenzverfahrens als Grundlage jeder Reform

Jedwede Reformüberlegungen haben sich an den grundlegenden Zielsetzungen des Insolvenzrechts[166] zu orientieren. Daher ist es unumgänglich, sich dieser bewusst zu werden, bevor der Versuch unternommen werden kann, die im Zusammenhang mit der Insolvenz innerhalb einer Unternehmensgruppe auftretenden Probleme unter geltendem Recht zu betrachten und Anpassungsmöglichkeiten auszuloten. Im Folgenden soll daher zuerst ein Überblick über die tragenden Grundsätze der deutschen Insolvenzordnung als Beispiel nationalen Insolvenzrechts erfolgen. Viele der hier vorherrschenden Grundsätze finden sich auch in anderen europäischen nationalen Insolvenzgesetzen.[167] Daran anschließen wird sich die Darstellung der grundlegenden Zielsetzungen der Europäischen Insolvenzverordnung. Hierdurch kann deutlich gemacht werden, dass es sich um derart fundamentale Zielsetzungen handelt, dass diese in ihren Grundformen grenzüberschreitende Geltung innerhalb der gesamten Europäischen Union beanspruchen und damit auch Basis für sämtliche weitere Überlegungen sein können und müssen.

I. Zielsetzung aus Sicht der deutschen Insolvenzordnung

1. Der Grundsatz der Gläubigergleichbehandlung

Ist der Insolvenzfall eingetreten, stellt sich die grundlegende Frage, nach welchem Prinzip das vorhandene, zur Deckung sämtlicher Gläubigerforderungen definitionsgemäß nicht länger ausreichende Schuldnervermögen unter den Gläubigern zu verteilen ist und wie dabei die insoweit kollidierenden Gläubigerinteressen zu berücksichtigen sind. Das deutsche Insolvenzrecht folgt dabei dem Grundsatz des

166 Ausführlich dazu bspw. *Wiebusch*, Internationales Konzerninsolvenzrecht, S. 44 ff. m. w. N.

167 So liegt bspw. der Grundsatz der Gläubigergleichbehandlung auch den Insolvenzgesetzen in Österreich § 1 Abs. 2 öster. KO, dazu *Duursma-Kepplinger*, in Kindler/Nachmann, Handbuch Insolvenzrecht in Europa, Länderberichte, Österreich Rn. 195.; England, so etwa S. 107 IA und S. 328(3) IA, dazu *Schillig*, in Kindler/Nachmann, Handbuch Insolvenzrecht in Europa, Länderberichte, England und Wales Rn. 487; Italien, Art. 2741 codice civile, dazu *Santonocioto/Mare-Ehlers*, in MüKO InsO, 2. Auflage 2008, Länderberichte, Italien Rn. 51 und Polen, dazu *Barlowski*, in Kindler/Nachmann, Handbuch Insolvenzrecht in Europa, Länderberichte, Polen Rn. 161 zugrunde. Grundlegend dazu *Flessner*, ZEuP 2004, 887, 892 ff.

par conditio creditorum,[168] welcher das außerhalb der Krisensituation geltende Prioritätsprinzip der Einzelzwangsvollstreckung verdrängt.[169]

a. Die Entstehung des par conditio creditorum-*Grundsatzes*

Zuvörderst dient das Insolvenzverfahren nach der deutschen InsO dazu, die Gläubiger des Schuldners gemeinschaftlich zu befriedigen (§ 1 InsO). Unter gemeinschaftlicher Befriedigung in diesem Sinne ist, wie sich vor allem aus dem in §§ 89, 294 InsO statuierten Verbot der Einzelzwangsvollstreckung, aber auch z. B. aus den Regelungen der §§ 38, 188, 195, 196 und 294 InsO entnehmen lässt, in erster Linie die gleichmäßige Befriedigung im Sinne einer an der Höhe der jeweiligen Einzelforderungen bemessenen Verteilungsquote (*pro portione*) zu verstehen.[170]

Das Prinzip der *par conditio creditorum* lässt sich in der Geschichte des Insolvenzrechts weit zurückverfolgen. Seine Wurzeln liegen, wie die des Insolvenzrechts als Teil der europäischen Rechtskultur insgesamt, im römischen Recht.[171] Er wird zu Recht als tragendes und beherrschendes Prinzip der Insolvenzordnung angesehen.[172] Auch, wenn es erst in der am 01.01.1999 in Kraft getretenen InsO an derart prominenter Stelle (§ 1 InsO)[173] zu finden ist, durchzieht es die Geschichte der deutschen Insolvenzgesetzgebung wie ein roter Faden. Gemäß § 3 der bereits 1877 in Kraft getretenen Konkursordnung (KO) galt das Ziel der gemeinschaftlichen Befriedigung

---

168 Zu anderen Prinzipien, insb. verschiedenen Spielarten von Prioritätsmodellen, vgl. *Schäfer/Ott*, Lehrbuch der ökonomischen Analyse des Zivilrechts, S. 636 ff. Zu den unterschiedlichen dogmatischen Begründungsansätzen vgl. *Weidmüller*, Die Rückschlagsperre als Instrument zur gemeinschaftlichen Haftungsverwirklichung, S. 33 ff.; kritisch *Knospe*, ZInsO 2014, 861, 861 ff.; zur Bedeutung des Gleichbehandlungsgrundsatzes weltweit vgl. *Kodek*, KTS 2014, 216, 216 ff.

169 Durch Instrumentarien wie die Rückschlagsperre des § 88 InsO und die Regelungen zur Insolvenzanfechtung (§§ 129 ff. InsO) wird die zeitliche Grenze zwischen der Geltung des Prioritätsprinzips und dem Grundsatz der *par condicio creditorum* teilweise verwischt. Zum Prioritätsprinzip und dessen Grundlagen vgl. *Gaul/Schilken/Becker-Eberhard*, Zwangsvollstreckungsrecht, § 5 Rn. 84 ff.; *Knospe*, ZInsO 2014, 861, 865 jeweils mit zahlreichen weiteren Nachweisen.

170 Insgesamt sind die Verfahrensziele neben den einzelnen Vorschriften im Wesentlichen der Begründung des Regierungsentwurfes zu entnehmen, *Pape*, in Uhlenbruck, InsO, § 1 Rn. 5; dazu auch *Prütting*, in Kölner Schrift zum Insolvenzrecht, Kap. 1 Rn. 61 ff.; kritisch *Knospe*, ZInsO 2014, 861, 863 f.; allg. zu den Rechtsgrundlagen vgl. auch *Becker*, Kooperationspflichten in der Konzerninsolvenz, S. 244 ff.

171 *Gottwald*, in ders., Insolvenzrechts-Handbuch, § 1 Rn. 1.

172 In der Begründung zum RegE ist vom „*einheitlichen Hauptziel*“ die Rede, welches das „*gesamte Insolvenzverfahren prägt*“, BT-Drucks. 12/2443, S. 108; allg. dazu *Prütting*, KSzW 03.2012, 255, 256; *ders.*, in Kölner Schrift zur Insolvenzordnung, Kap. 1 Rn. 61; kritisch *Knospe*, ZInsO 2014, 861, 861 ff.

173 Diese wurde ganz bewusst als Hervorhebung gewählt, um die Wichtigkeit dieses Grundsatzes zu verdeutlichen, RegE InsO, BT-Drucks. 12/2443, S. 108.

aller Gläubiger als wesentliches Ziel der Masseverteilung, wenngleich es durch zahlreiche Konkursvorrechte (§ 61 KO) in weiten Teilen ausgehöhlt wurde; einer der Hauptkritikpunkte an der KO.[174] Aber auch bereits im Rahmen des maßgeblich durch die sog. Zwölf-Tafel-Gesetzgebung aus dem Jahre 451 v. Chr. geprägten frühen römischen Rechts finden sich Ansätze des *par conditio creditorum*-Grundsatzes.[175] Zwar galt damals vorrangig das sog. Prinzip der Personalexekution, die Gläubiger waren jedoch auch berechtigt, dem Schuldner im Rahmen einer Schuldknechtschaft die Verringerung seiner Schuld zu ermöglichen. Die dabei erwirtschafteten Werte waren zwischen den beteiligten Gläubigern quotal zu verteilen.[176]

Die gerade in der frühen römischen Rechtsgeschichte[177] noch vorrangige Bestrafung des Schuldners für das Nichtbegleichen der eingegangenen Verbindlichkeiten ist im Laufe der Entwicklungsgeschichte des Insolvenzrechts mehr und mehr in den Hintergrund getreten. Zwar bestehen mit den §§ 263, 264, 265b, 266, 266a, 283–283d StGB sowie § 15a Abs. 4 und 5 InsO auch heute teils explizit auf die Insolvenz bezogene Strafvorschriften, diese unterliegen jedoch allesamt dem Schuldprinzip, sodass nicht die – etwa auch die unverschuldet erlittene – finanzielle Schieflage als solche strafbares Verhalten bedingt. Gerade die sog. Insolvenzdelikte der §§ 283f. StGB dienen gezielt dem Schutz des Gläubigerinteresses an einer größtmöglichen (gleichmäßigen) Befriedigung ihrer Ansprüche.[178] Sie flankieren damit die Regelungen der InsO und verleihen ihnen durch die Strafbewährung verstärkte Geltung.[179] Die früher angenommene Strafbarkeit jedweder Nichterfüllung begründeter Verbindlichkeiten ist indes jeder modernen westlichen Rechtsordnung fremd.

Ebenfalls dem Wandel der Zeit angepasst hat sich das Verständnis davon, was letzten Endes unter der bestmöglichen Gläubigerbefriedigung zu verstehen ist. Zwar ist seit jeher die auf rein mathematischen Überlegungen gründende Einsicht gleich geblieben, dass die für die Gläubiger optimale Befriedigung in der vollständigen Befriedigung sämtlicher bestehender Verbindlichkeiten zu sehen ist. In Fällen, in denen eine solche möglich ist, besteht jedoch kein Bedürfnis für ein gesondertes Verfahren in

---

174 Zum „Konkurs des Konkurses“ bereits *Kilger*, KTS 1975, 142, 142ff.; allg. dazu *Kodek*, KTS 2014, 216, 221f.

175 *Meier*, Die Geschichte des deutschen Konkursrechts, S. 17 m. w. N.

176 *Meier*, Die Geschichte des deutschen Konkursrechts, S. 6 m. w. N.; *Uhlenbruck*, FS Einhundert Jahre Konkursordnung, S. 3, 6ff.

177 Nach Tab. III 6 der Zwölf-Tafel-Gesetzgebung waren die Gläubiger berechtigt, den Schuldner, sofern er seine Verbindlichkeiten nicht erfüllte, am dritten Markttage in Teile zu zerschneiden; ob es dazu jemals tatsächlich kam oder ob es sich sogar lediglich um eine falsche geschichtliche Übermittlung des Textes handelt, ist allerdings ungeklärt. Dazu *Vallender*, NZI 2010, 838, 839; *Meier*, Die Geschichte des deutschen Konkursrechts, S. 3 m. w. N.

178 *Radtke/Petermann*, in MüKO StGB, Vorb. § 283 Rn. 1 und § 283 Rn. 2.

179 *Radtke/Petermann* sprechen in MüKO StGB, Vorb. § 283 Rn. 8 zutreffend von der „*Übereinstimmung der Zielrichtung der zivil- und strafrechtlichen Regelungsbereiche*“.

Form eines Insolvenzverfahrens. Vielmehr kommen insolvenzrechtliche Regelungen regelmäßig erst dann zum Tragen, wenn das vorhandene Schuldnervermögen gerade nicht länger ausreicht, sämtliche Gläubiger vollumfänglich zu befriedigen. Anders als noch zu Zeiten römischer Personalexekution oder Schuldknechtschaft verliert nach heutigem Verständnis der Schuldner durch die Insolvenz jedoch nicht sämtliche Rechte. Zwar wurde der noch im RegE-InsO[180] enthaltene § 1 Abs. 2 InsO-RegE, nach welchem – trotz der Ausrichtung auf die bestmögliche Gläubigerbefriedigung[181] – die Interessen des Schuldners und seiner Familie sowie der Arbeitnehmer zu berücksichtigen seien, letztlich nicht Gesetz. Aus den gemäß § 36 InsO auch im Rahmen der Insolvenz geltende Regelungen über das pfändungsfreie Vermögen (§§ 850 ff. ZPO) und die Möglichkeiten zur Erlangung einer Restschuldbefreiung (§§ 286 ff. InsO) wird jedoch deutlich, dass insb. dem redlichen Schuldner eine Chance gegeben werden soll, einen „*Ausweg aus dem modernen Schuldturm*“[182] zu finden.[183]

Der in Reinform harte Grundsatz des *par conditio creditorum* mit dem alleinigen Ziel der Haftungsverwirklichung wurde im Laufe der Entwicklung des Insolvenzrechts in vielerlei Hinsicht und unter unterschiedlichsten Gesichtspunkten aufgeweicht. Neben der zwischen dem Schuldner und seinen Gläubigern abzuwickelnden Haftungsrealisierung soll das Insolvenzverfahren nicht erst seit Einführung der InsO immer mehr auch sozialstaatlichen Zielen gerecht werden.[184] So spielt allem voran der Erhalt von Arbeitsplätzen eine zunehmend wichtigere Rolle,[185] insgesamt soll mit Hilfe einer geordneten Verfahrensabwicklung die unnötige Wertevernichtung durch Liquidation verhindert werden. Ob, wie *Pape* meint, das Prinzip der gleichmäßigen Gläubigerbefriedigung inzwischen zum reinen „*Lippenbekenntnis*“ verkommen ist,[186] mag zwar bezweifelt werden, die Insolvenzkultur hat sich jedoch ohne Frage gewandelt.[187]

b. Die Bedeutung des par conditio creditorum-Grundsatzes heute – ökonomische Betrachtungen zum Insolvenzrecht

Trotz der dargestellten Berücksichtigung abweichender Interessen ist das Ziel der gleichmäßigen Gläubigerbefriedigung weiterhin tragender Grundsatz des Insolvenzrechts[188] und muss dies auch bleiben. Er wird dabei jedoch immer stärker unter

180 BT-Drucks. 12/2443.
181 BT-Drucks. 12/2443, S. 108.
182 *Balz*, ZRP 1986, 12; *Gottwald*, in ders., Insolvenzrechts-Handbuch, § 1 Rn. 61.
183 *Pape*, in Uhlenbruck, InsO, § 1 Rn. 16; kritisch dazu *Ganter/Lohmann*, in MüKO InsO, § 1 Rn. 3, die von einer mit der Streichung einhergehenden Verschlechterung der Schuldnersituation ausgehen. I. d. S. auch *Sternal*, in HK-InsO, § 1 Rn. 1.
184 Kritisch dazu *Brehm*, in FS Jelinek, 2002, S. 15, 24 m. w. N.
185 Dazu auch unter Teil 3.I.5.
186 *Pape*, ZInsO 2016, 125, 125.
187 Dazu *Vallender*, NZI 2010, 838, 838 ff.
188 Statt vieler *Prütting*, in Kölner Schrift zur Insolvenzordnung, Kap. 1 Rn. 61.

dem Blickwinkel ökonomischer und betriebswirtschaftlicher Ansätze gesehen.[189] Dies galt bisher insb. im Zusammenhang mit den Insolvenzplanverfahren[190] und ist insgesamt zu begrüßen, ist doch die gesamte InsO vornehmlich betriebswirtschaftlich ausgerichtet.[191] So kommt es entscheidend darauf an zu erkennen, dass nicht allein die gleichmäßige Vermögens*um*verteilung, sondern (auch) die Massemaximierung zur Optimierung der Haftungsrealisierung Ergebnis eines konsequent gelebten *par conditio creditorum*-Grundsatzes sein muss. Zwar ist eine Verbesserung der individuellen Befriedigung in gewissen Grenzen durch Umverteilung auch bei konstanter Insolvenzmasse möglich,[192] dabei darf es jedoch nicht sein Bewenden haben. Vielmehr muss die Insolvenzabwicklung auf die unter betriebswirtschaftlichen Gesichtspunkten bestmögliche Verwendung des beim Schuldner vorhandenen Vermögens ausgerichtet sein.[193] Dies wird durch die grundsätzliche Gleichrangigkeit der unterschiedlichen Verwertungsarten (Sanierung, Übertragende Sanierung, Liquidation; § 1 InsO) bestätigt.[194] Zur Umsetzung dieser Verpflichtung gehört es daher auch, einen vorhandenen Konzernmehrwert in der Insolvenz soweit wie möglich zu erhalten.[195]

Derartige, als „ökonomische Analyse des Rechts" bezeichnete Überlegungen, deren Ziel es ist, rechtliche Rahmenbedingungen optimal an ökonomische Modelle, insb. des Wettbewerbs und der marktwirtschaftlichen Effizienz, anzupassen, finden sich verstärkt in der (internationalen) Literatur ab den 1970/80er Jahren.[196] Bedingt durch ihren Modellcharakter, der es ihnen versagt, die vielgestaltigen Besonderheiten der (Rechts-)Wirklichkeit immer ausreichend zu erfassen, werden sie teilweise als zwar interessante, aber praxisuntaugliche „*Gedankenspiele*"[197] abgetan.

---

189 *Pape*, in Uhlenbruck, InsO, § 1 Rn. 1 m. w. N.; *Schäfer/Ott*, Lehrbuch der ökonomischen Analyse des Zivilrechts, S. 638 ff.; allg. zur steigenden Bedeutung der ökonomischen Analyse des Rechts *F. Kübler*, in FS Steindorff, S. 687 ff.; *Baumann*, RNotZ 2007, 297, 297 ff.

190 Dazu *Eidenmüller*, in MüKO InsO, 3. Auflage 2014, Vorb. §§ 217–269 Rn. 23 ff. m. w. N.

191 So auch *Pape/Uhlenbruck/Voigt-Salus*, Insolvenzrecht, Kap. 3 Rn. 4.; *Beck/Depré*, in dies., Praxis der Insolvenz, Einleitung 3. c.

192 Dazu *Schäfer/Ott*, Lehrbuch der ökonomischen Analyse des Zivilrechts, S. 16.

193 BT-Drucks. 12/2443, S. 77.

194 Zu den Verwertungsarten sogleich unter Teil 3.I.4.

195 I. d. S. auch *Telke*, Die Anforderungen an ein wettbewerbsfähiges Konzerninsolvenzrecht für den Wirtschaftsstandort Deutschland, S. 99.

196 Grundlegend *Bebchuk*, Harward Law Review Vol. 101, S. 775 ff.; allg. dazu *K. Schmidt*, Möglichkeiten der Sanierung von Unternehmen durch Maßnahmen im Unternehmens-, Arbeits-, Sozial- und Insolvenzrecht, in Verhandlungen des vierundfünfzigsten Deutschen Juristentages, Band I, D 1, D 27 m. w. N.; *Becker*, Kooperationspflichten in der Konzerninsolvenz, S. 182 ff. m. w. N.; konkret im Hinblick auf die Zuständigkeitsordnung der dt. InsO *Rühlemann*, Verfahrenskonzentration in der Konzerninsolvenz, S. 123 ff.

197 Dazu *Förster*, in FS Kirchhof, S. 85, 86 m. w. N.

Es ist jedoch nicht von der Hand zu weisen, dass betriebswirtschaftliche Überlegungen bei der Zielbestimmung insolvenzrechtlicher Normen zu jeder Zeit eine ganz erhebliche Rolle spielten und auch in Zukunft spielen werden, auch wenn dabei insb. in Deutschland dem grundgesetzlich postulierten Sozialstaat und den damit verbundenen Einschränkungen Rechnung zu tragen ist.[198]

Eine besondere Bedeutung im Rahmen der ökonomischen Betrachtungen des Insolvenzrechts[199] erlangt das sog. Pareto-Prinzip, auch Allokationseffizienz genannt. Das Erreichen eines allokationseffizienten Zustandes ist gerade im Insolvenzkontext besonders erstrebenswert, da auf Basis eines solchen die bestmögliche gleichmäßige Befriedigung der Gläubiger möglich wird. Dabei ist jedoch zu beachten, dass Paretoeffizienz und Verteilungsgerechtigkeit nicht automatisch übereinstimmen, wohl aber gleichzeitig vorliegen können.[200]

Das Pareto-Prinzip geht zurück auf den Ökonomen und Soziologen Vilfredo Pareto (1848–1923) und beschreibt vereinfacht ausgedrückt einen Zustand, in dem es nicht mehr möglich ist, die Position eines Einzelnen zu verbessern, ohne gleichzeitig die eines Anderen verschlechtern zu müssen.[201] Wie ein solcher Zustand konkret aussieht, hängt wesentlich von der Anfangsverteilung der Güter ab, sodass es in Abhängigkeit davon eine Vielzahl von paretoeffizienten Zuständen geben kann;[202] gerade auch im Insolvenzfall. Zwar steht hier theoretisch die Insolvenzmasse zur gleichmäßigen Verteilung für alle Gläubiger bereit, durch zahlreiche „Sonderrechte" wie Ab- und Aussonderungsrecht, Rangrücktrittsvereinbarungen u. ä. kommt es jedoch tatsächlich zu einer ungleichen „Verteilung" der Ausgangspositionen.[203]

Nichtsdestotrotz erlangt das Pareto-Prinzip tragende Bedeutung im Zusammenhang mit der Frage, ob und unter welchen Voraussetzungen Einzelinteressen einem übergeordneten Gruppen- oder Konzerninteresse untergeordnet werden können. Dies ist, und darin zeigt sich die Bedeutung der Allokationseffizienz, immer dann und solange denkbar, als die für die Einzelinteressen entstehenden Nachteile im Vergleich zu dem für die Gesamtgruppe erzielten Mehrwert derart gering sind, dass auch nach einer durchgeführten Kompensation ein Rest-Mehrwert verbleibt. Dieser „Überschuss" ist dann wiederum gleichmäßig zu verteilen; Paretoeffizienz und Verteilungsgerechtigkeit liegen dann gleichermaßen vor. Ist dies jedoch nicht der Fall, kann die entsprechende Maßnahme nicht gerechtfertigt werden.

---

198 Dazu *Förster*, in FS Kirchhof, S. 85, 90.
199 Allg. dazu *Becker*, Kooperationspflichten in der Konzerninsolvenz, S. 185 ff.
200 *Schäfer/Ott*, Lehrbuch der ökonomischen Analyse des Zivilrechts, S. 18 ff.
201 Ausführlich statt vieler *Schäfer/Ott*, Lehrbuch der ökonomischen Analyse des Zivilrechts, S. 13 f.
202 *Schäfer/Ott*, Lehrbuch der ökonomischen Analyse des Zivilrechts, S. 17.
203 Dazu sogleich unter Teil 3.I.1.c.

c. *Die Einschränkung des par conditio creditorum-Grundsatzes durch „Sonderrechte“*

„Dann machen wir einen kleinen Bankerott, ein höchst spaßhaftes Bankeröttchen, mein Lieber! Das ficht mich gar nicht an, nicht im allermindesten! Ich bin durch die Zinsen, die Sie hie und da zusammengekratzt haben, schon ungefähr auf meine Kosten gekommen ... und bei der Konkursmasse habe ich die Vorhand, mein Teurer...!“[204]

Mehr oder weniger weitreichende Insolvenzvorrechte haben den Grundsatz des *par conditio creditorum* seit jeher begleitet, vielfach sogar erheblich infrage gestellt. So ist es nicht verwunderlich, dass die Streichung der besonders komplizierten und weitreichenden Sonderrechte innerhalb der Konkursordnung[205] die wohl elementarste Forderung im Zusammenhang mit der Schaffung der neuen Insolvenzordnung gewesen ist.[206] Durch die Abschaffung von Einzelprivilegien sollte eine größere Verteilungsgerechtigkeit und damit einhergehend eine Stärkung der Gläubigergleichbehandlung erreicht werden. Trotz entsprechender Bemühungen kam es nicht zu einer vollständigen Beseitigung sämtlicher Vorrechte. Im Zuge der Weiterentwicklung der InsO in den Folgejahren kam es vielmehr teilweise sogar zu deren Wiedereinführung,[207] da erkannt wurde, dass in bestimmten Bereichen berechtigte Sicherungsinteressen auch im Rahmen der Insolvenz gewährleistet werden müssen.[208] So finden sich denn sowohl innerhalb[209] als auch außerhalb[210] der InsO Regelungen, die in einzelnen Sonderkonstellationen diese Interessen berücksichtigende Ungleichbe-

---

204 *Thomas Mann*, Buddenbrooks, S. 208 (Grünlichs Insolvenz aus der Sicht des Bankiers Kesselmeyer).

205 Dabei war bereits bei Schaffung der KO die Abschaffung von Privilegien eine der erklärten Zielsetzungen gewesen, dazu *Brehm*, in FS Jelinek, S. 15, 23 f. mit Darstellung teilweise obskurer Vorrechte aus der Zeit davor, bspw. für bayerische Bierbrauer oder Lösegeld aus Sklaverei.

206 BT-Drucks. 12/2443, S. 81; dazu *Gottwald*, in ders., Insolvenzrechts-Handbuch, § 1 Rn. 53 m. w. N.; *Pape/Uhlenbruck/Voigt-Salus*, Insolvenzrecht, Kap. 27 Rn. 22; *Ganter/Lohmann*, in MüKO InsO, § 1 Rn. 83 f.

207 Kritisch zur (verdeckten) Einführung von Fiskusprivilegien im Zusammenhang mit den neusten Überlegungen zur Reform des Anfechtungsrechts *Brinkmann/Jacoby/Thole*, ZIP 2015, 2001 ff.; allg. kritisch auch *Pape*, ZInsO 2016, 125, 125 ff.

208 Dazu *Stürner*, NZI 2005, 597, 597 f.; *Gottwald*, in ders., Insolvenzrechts-Handbuch, § 1 Rn. 54 f.; *Henckel*, in FS Uhlenbruck, S. 19 ff.; zur Vorsicht mahnen *Uhlenbruck*, ZInsO 2005, 505, 505 ff. und *Vallender*, NZI 2005, 599, 599 ff. jeweils m. w. N.

209 So bspw. in §§ 26, 207 InsO, dazu *Haarmeyer*, in MüKO InsO, § 26 Rn. 1; *Knospe*, ZInsO 2014, 861, 864 sowie in § 39 InsO, dazu *Pape/Uhlenbruck/Voigt-Salus*, Insolvenzrecht, Kap. 27 Rn. 23 f.; *Hirte*, in Uhlenbruck, InsO, § 39 Rn. 1 bzw. § 55 Abs. 4 InsO, dazu *Sinz*, in Uhlenbruck, § 55 Rn. 105 m. w. N. und den §§ 47 ff. InsO, dazu *Knospe*, ZInsO 2014, 861, 864 f.

210 So bspw. in § 32 Abs. 1 DepotG, dazu *Knof/Sinz*, in Uhlenbruck, InsO, § 38 Rn. 95; *Böttcher*, Depotgesetz, § 32 Rn. 1 ff.; weitere (teilweise inzwischen wieder beseitigte) Beispiele bei *Stürner*, NZI 2005, 597, 598; *Uhlenbruck*, ZInsO 2005, 505, 506.

handlungen ermöglichen. Eine umfassende Darstellung derartiger Privilegierungen, deren Rechtfertigung und der damit verbundenen Gefahren kann und soll an dieser Stelle nicht erfolgen. Vielmehr soll lediglich für die weiteren Überlegungen daran erinnert werden, dass auch ein so grundlegendes Prinzip wie der Grundsatz der Gläubigergleichbehandlung nicht uneingeschränkt gelten kann und soll; puristische Prinzipientreue wäre hier in jedem Fall fehl am Platze.

d. Zwischenergebnis

Der Grundsatz der *par conditio creditorum* stellt zweifelsohne den fundamentalsten Grundsatz des deutschen Insolvenzrechts dar. Dies bedeutet jedoch keinesfalls, dass er uneingeschränkte Geltung beanspruchen kann. Vielmehr ist es seiner Rechtfertigung auf Grundlage von Art. 3 Abs. 1 GG bzw. – lehnt man eine solche ab – nach dem allgemeinen Prinzip der Gleichbehandlung als Grundsatz jedweden Gemeinschaftsverhältnisses geschuldet, dass sachgerechte Differenzierungen (Ungleichbehandlungen) zulässig und u. U. auch notwendig sind. Ungeachtet dessen sind künftige Anpassungen der deutschen InsO in Bezug auf Insolvenzen innerhalb einer Unternehmensgruppe dem Grundsatz der Gläubigergleichbehandlung verpflichtet. Dabei ist zu bedenken, dass sich die Bedeutung dieses Grundsatzes nicht in der gleichmäßigen Befriedigung im Sinne einer an der Höhe der jeweiligen Einzelforderungen bemessenen Verteilungsquote erschöpft, sondern darüber hinaus aus ökonomischen Erwägungen heraus auch die Massemaximierung zur Optimierung der Haftungsrealisierung Ausfluss dieses Prinzips ist und diese – gerade vor dem Hintergrund der Insolvenz innerhalb einer Unternehmensgruppe – ggf. auch durch Eingriffe in die Rechte Einzelner erzielt werden kann, sofern dadurch erlittene Nachteile an anderer Stelle wieder ausgeglichen werden.

2. Der Grundsatz „ein Schuldner, ein Vermögen, eine Insolvenz“

Der Grundsatz „ein Schuldner, ein Vermögen, eine Insolvenz“ gehört ebenfalls zu den grundlegenden Prinzipien des deutschen, aber auch des europäischen Insolvenzrechts.[211] Er folgt aus dem im Gesellschaftsrecht herrschenden Prinzip der Vermögenstrennung und beschränkten Haftung (für das deutsche Recht bspw. in § 1 Abs. 1 AktG, § 13 Abs. 1 und 2 GmbHG verankert).[212]

Folge dieses Grundsatzes ist es, dass im Insolvenzfall für jedes Konzernmitglied ein gesondertes Verfahren eröffnet werden muss. Dabei ist in jedem Fall gesondert festzustellen, ob die Voraussetzungen für eine Verfahrenseröffnung (insb. ein Insolvenzgrund) vorliegen.[213] Die Insolvenzmassen sind dann getrennt zu ermitteln, zu verwalten und schließlich zu verwerten. *Rühlemann* spricht insoweit zutreffend

211 *J. Schmidt*, KTS 2015, 19, 19 ff. m. w. N.; *Prütting*, KSzW 03.2012, 255, 256.
212 Dazu statt vieler *Michalski/Funke*, in Michalski, GmbHG, § 13 Rn. 305 f.
213 Dazu statt vieler *Hirte*, in Uhlenbruck, InsO, § 11 Rn. 394.

vom Risiko *„suboptimaler Mikrostrategien“*[214] zu Lasten eines konzernbedingten Mehrwerts.

In der Insolvenz wird das gesellschaftsrechtliche Trennungsprinzip auf eine harte Probe gestellt. Inwieweit es im Einzelfall gerechtfertigt sein kann, von der dargestellten strikten Geltung dieses Grundprinzips abzuweichen, ist seit Langem[215] Gegenstand lebhafter Diskussion in allen Jurisdiktionen, in denen es Geltung beansprucht. Besondere Bedeutung erlangt der Grundsatz im Zusammenhang mit den Überlegungen zur Einführung eines auf materielle Konsolidierung gerichteten Konzepts zur Bewältigung von Konzerninsolvenzen und soll daher in diesem Zusammenhang vertieft werden.[216]

3. Schuldnerschutz

Obgleich ein Insolvenzverfahren in erster Linie die Positionen der betroffenen Gläubiger zu berücksichtigen hat, kann es nicht ausschließlich an deren Interessen ausgerichtet werden.[217] Vielmehr existieren auch schutzwürdige Interessen des Schuldners, die es zu wahren gilt. So bezog denn auch die erste Fassung von § 1 Abs. 2 Satz 1 RegE zur dt. InsO die Berücksichtigung der *„Interessen des Schuldners und seiner Familie“*[218] in die Verfahrensziele mit ein. Zur Begründung wurde lediglich pauschal ausgeführt, dass *„trotz der Ausrichtung des Insolvenzverfahrens an der bestmöglichen Befriedigung der Gläubiger die Interessen des Schuldners (...) nicht vernachlässigt werden“*[219] dürften.[220] Zwar beschränkte sich diese Aussage grds. auf natürliche Personen als Schuldner, gleichwohl wird man den Aspekt des Schuldnerschutzes als Verfahrensziel im Allgemeinen auch für juristische Personen anerkennen müssen. Zwar gelten die spezifischen Regelungen zur Restschuldbefreiung gem. § 286 InsO nur für natürliche Personen, stellen indes auch lediglich eine besondere Ausprägung des Schuldnerschutzes dar. Der derzeitige Wortlaut von § 1 Satz 2 InsO hingegen differenziert in Bezug auf die Möglichkeiten des redlichen Schuldners, sich von seinen Verbindlichkeiten zu befreien, nicht zwischen natürlichen und juristischen Personen.[221] Ein solches Grundverständnis dient der Begrenzung unternehmerischer Risiken mit dem Ziel der Innovationsförderung.

---

214 *Rühlemann*, Verfahrenskonzentration in der Konzerninsolvenz, S. 531.

215 Vgl. bspw. bereits *Wormser*, Columbia Law Review Vol. 12 (1912), S. 496 ff.

216 Siehe dazu Teil 4.I.2.

217 *Ganther/Lohmann*, in MüKO InsO, § 1 Rn. 97.

218 BT-Drucks. 12/2443, S. 9.

219 BT-Drucks. 12/2443, S. 108.

220 Noch heute finden sich Anhaltspunkte für eine Berücksichtigung der Schuldnerinteressen bspw. in § 305 Abs. 1 Nr. 4 InsO, dazu statt vieler *Pape*, in Uhlenbruck, InsO, § 1 Rn. 1 oder § 158 Abs. 2 InsO, dazu statt vieler *Balthasar*, in Nerlich/Römermann, InsO, § 158 Rn. 19 f.

221 So auch *Niering*, in Flöther, Handbuch Konzerninsolvenz, § 4 Rn. 16; zur umstrittenen Einordnung der Restschuldbefreiung als Verfahrensziel vgl. statt vieler

Einen angemessenen Ausgleich zwischen Schuldner- und Gläubigerinteressen[222] zu finden stellt damit einen wesentlichen Aspekt insolvenzrechtlicher Regelungen und somit eine weitere Grundvoraussetzung für die Schaffung einer soliden Basis zur Bewältigung von Insolvenzverfahren, gerade auch innerhalb einer Konzernstruktur, dar. Die unterschiedlichen Interessen sind dabei insb. im Rahmen der Frage zu berücksichtigen, welche konkreten Verwertungsoptionen im Einzelfall (auch langfristig) angemessen erscheinen.

4. Verwertungsoptionen nach der deutschen InsO

Nach der deutschen Insolvenzordnung gilt der Grundsatz der Geldliquidation.[223] Es besteht jedoch kein Typenzwang hinsichtlich der Verwertung des schuldnerischen Vermögens. Liquidation, übertragende und fortführende Sanierung stehen gleichberechtigt nebeneinander.[224] Dabei darf aber bei allem „Sanierungseifer" nicht übersehen werden, dass Insolvenzrecht dem Grunde nach Vollstreckungsrecht ist und bleibt.[225] Im jeweiligen Einzelfall[226] obliegt es daher dem Verwalter auf Grundlage der Entscheidung der Gläubiger (§§ 1, 157, 159 InsO), deren Vermögenspositionen hier letztlich auf dem Spiel stehen,[227] das zur bestmöglichen Befriedigung führende Vorgehen – regelmäßig bestehend aus einer Mischform, innerhalb derer erhaltenswerte Unternehmens- respektive Konzernteile (vorübergehend[228]) fortgeführt, andere wiederum liquidiert werden – auszuloten und umzusetzen.[229] Die verschiedenen Verwertungsoptionen stehen gewissermaßen in einem Wettbewerb um die bestmögliche Umsetzung des *par conditio creditorum*-Grundsatzes dergestalt, dass sich die Option durchsetzt, die die größtmögliche Massegenerierung verspricht. Grds. ist daher eine Liquidation, zumindest aus ökonomischen Gesichtspunkten, immer dann geboten, wenn die im Unternehmen gebundenen Ressourcen zukünftig außer-

---

Ganther/Lohmann, in MüKO InsO, § 1 Rn. 97 ff.; bejahend BGH NJW 2000, 1869, 1870.

222 Vgl. dazu *Niering*, in Flöther, Handbuch Konzerninsolvenz, § 4 Rn. 18 ff.

223 *Prütting*, KSzW 03.2012, 255, 256; *ders.*, in Kölner Schrift zum Insolvenzrecht, Kap. 1 Rn. 72.

224 BT-Drucks. 12/2443, S. 77 f.; dazu auch *Pape/Uhlenbruck/Voigt-Salus*, Insolvenzrecht, Kap. 2 Rn. 4.

225 *Gerhardt*, in Jaeger, InsO, § 2 Rn. 11 f.; *Pape/Uhlenbruck/Voigt-Salus*, Insolvenzrecht, Kap. 10 Rn. 5; *Prütting*, in Kölner Schrift zur Insolvenzordnung, Kap. 1 Rn. 65; *Niering*, in Flöther, Handbuch zur Konzerninsolvenzrecht, § 4 Rn. 2.

226 So bereits Begründung zum RegE InsO BT-Drucks. 12/2443, S. 77.

227 Begründung zum RegE InsO BT-Drucks. 12/2443, S. 80; dazu auch *Zipperer*, in Uhlenbruck, InsO, § 157 Rn. 1 m. w. N.

228 Zum langsamen Marktaustritt in Form einer sog. Beendigungsschrumpfung vgl. *Voigt-Salus*, in Mohrbutter/Ringstmeier, Handbuch der Insolvenzverwaltung, § 22 Rn. 66 f.

229 Dazu *Eidenmüller*, Unternehmenssanierung zwischen Markt und Gesetz, S. 45 f.; *Niering*, in Flöther, Handbuch Konzerninsolvenz, § 4 Rn. 7 f.

halb des Unternehmens produktiver genutzt werden können.[230] Eine Sanierung und damit die Möglichkeit einer Fortführung ist hingegen dann anzustreben, wenn die fortgesetzte Nutzung der vorhandenen Ressourcen innerhalb des Unternehmens einen höheren Nutzen verspricht, als deren externe Verwendung.[231] Letzteres ist regelmäßig dann gegeben, wenn bestimmte Vermögenswerte im Liquidationsfall erheblich entwertet würden, da diese außerhalb des konkreten Unternehmens nutzlos sind (z. B. spezifisches Know-how, Patente, nicht anderweitig nutzbare Produktionsanlagen etc.). Diese, in der Praxis im Hinblick auf andere als rein ökonomische Anreize und Gläubigerinteressen in derartiger Reinform ohnehin nicht durchführbare Grundentscheidung,[232] birgt im Konzernkontext zusätzliches Konfliktpotential, da nunmehr auch die Umverteilung vorhandener Ressourcen innerhalb einer Gruppenstruktur ebenso an Relevanz gewinnt wie die sonst im Zusammenhang mit der übertragenden Sanierung bedeutsame Frage der Möglichkeiten zur verbesserten Ausnutzung von Synergieeffekten.

5. Volkswirtschaftliche und soziale Zielsetzungen

Nicht explizit als Verfahrensziele genannt sind in der InsO volkswirtschaftliche und soziale Zielsetzungen wie bspw. der Erhalt von Arbeitsplätzen[233]. Gleichwohl ergibt sich aus dem Ineinandergreifen der insolvenz-, arbeits-, und sozialrechtlichen Regelungen, dass zur Erzielung einer bestmöglichen Gläubigerbefriedigung regelmäßig die Berücksichtigung derartiger Aspekte unerlässlich ist.[234] So führen insolvenzbedingte Werkschließungen und der damit verbundene Abbau von Arbeitsplätzen zu hohen Massekosten in Folge von Auslauflöhnen und Sozialplänen. Diese Kosten wiederum wirken sich direkt auf die Befriedigungsquote der Gläubiger aus. Finden vor diesem Hintergrund erfolgreiche Sanierungsbemühungen statt, sichern diese nicht nur den Erhalt der Arbeitsplätze, sondern fördern darüber hinaus weitere volkswirtschaftliche Aspekte. Dies können u. U. auch indirekte, bspw. mit einem Standorterhalt einhergehende Vorteile (Sicherung von Gewerbesteuereinnahmen etc.) sein.[235] Vor diesem Hintergrund ist es verwunderlich, dass die Auswirkungen von Insolvenzen auf die Volkswirtschaft bisher nur vereinzelt untersucht werden.[236] Als zu berücksichtigende Kriterien werden derartige Überlegungen indes im Zusammenhang mit der vorliegenden Untersuchung zumindest nicht unerwähnt bleiben können. Insb. große Gruppenstrukturen haben erhebliche volkswirtschaftliche Bedeutung.[237] Der

230 *Schäfer/Ott*, Lehrbuch der ökonomischen Analyse des Zivilrechts, S. 637.
231 *Schäfer/Ott*, Lehrbuch der ökonomischen Analyse des Zivilrechts, S. 637, 642ff.
232 Dazu *Schäfer/Ott*, Lehrbuch der ökonomischen Analyse des Zivilrechts, S. 644f.
233 *Smid*, NZA 2000, 113, 114; unklar, insoweit jedoch bspw. BVerfG, Beschl. v. 12.01.2016–1 BvR 3102/13 Tz. 43.
234 Dazu *Beck/Depré*, in dies., Praxis der Insolvenz, Einleitung 3. b., 4.b.cc.
235 So auch *Niering*, in Flöther, Handbuch Konzerninsolvenz, § 4 Rn. 25.
236 *Pape/Uhlenbruck/Voigt-Salus*, Insolvenzrecht, Kap. 6 Rn. 1f. m. w. N.
237 *Spevocius/Kuske*, in Gottwald, Insolvenzrechts-Handbuch, § 95 Rn. 4.

Einfluss einer Insolvenz in diesem Bereich hat nicht nur erheblichen Einfluss auf den Arbeitsmarkt, sondern kann im schlimmsten Fall auch eine weitreichende Kettenreaktion weiterer Insolvenzen auslösen (sog. Domino-Effekt), wie das Beispiel der Lehman Brothers-Insolvenz im Jahr 2008 anschaulich bewiesen hat.[238]

II. Ziele des Insolvenzrechts aus europäischer Sicht

Das europäische Insolvenzrecht regelt seiner Grundintention nach kein Insolvenz*sach*recht,[239] sondern befasst sich mit den Themenbereichen Zuständigkeit, anwendbares Recht und Anerkennung ausländischer Verfahren im Inland.[240] Dabei stehen folgende grundlegende[241] Ziele im Vordergrund:

1. Modifizierte Universalität des Verfahrens und Einheit des Verfahrens

Eine der grundsätzlichen Fragen des internationalen Insolvenzrechts ist die Entscheidung zwischen Universalität oder Territorialität des Verfahrens.[242] Also die Frage, ob ein Insolvenzverfahren sich unabhängig von der jeweiligen Belegenheit auf sämtliche Vermögensgegenstände des Schuldners beziehen soll, oder aber eine lediglich auf die im Staat der Verfahrenseröffnung befindlichen Vermögenswerte beschränkte Wirkung entfaltet.[243]

Auf europäischer Ebene hat man sich im Rahmen der Einführung der EuInsVO für eine modifizierte[244] Form der Universalität entschieden.[245] So entfaltet das in einem Mitgliedstaat eröffnete Verfahren grds. seine Wirkung auch auf solche Ver-

---

238 Dazu *Pape/Uhlenbruck/Voigt-Salus*, Insolvenzrecht, Kap. 6 Rn. 3 m. w. N.; *Madaus*, NZI 2008, 715, 715 ff.; allg. dazu auch *Adam/Poetzgen*, ZInsO 2008, 281, 281 ff.

239 Dazu *Reinhart*, NZI 2012, 304, 311; schon im Hinblick auf die Regelungen zur Zuständigkeit wird teilweise angemerkt, es handle sich im Ergebnis sehr wohl um materielles Insolvenzrecht, gleiches gelte in besonderem Maße für die Regelungen zur Kommunikation, Forderungsanmeldung und dem neuen Gruppen-Verfahrensrecht, so *Prager/Keller*, WM 2015, 805, 812. *Kim*, in FS Gottwald, S. 327, 334, spricht insoweit vermittelnd von *„punktuellen Ausnahmen"*.

240 *Kindler*, in Kindler/Nachmann, Handbuch Insolvenzrecht in Europa, § 1 Rn. 1.; *ders.*, in MüKO BGB, Internationales Insolvenzrecht, Einleitung Rn. 1.

241 Zu weiteren Zielsetzungen und Prinzipien vgl. *Duursma-Kepplinger*, in Duursma-Kepllinger/Duursma/Chalupsky, EuInsVO, Einleitung Rn. 18 ff.; insg. dazu auch *Wiebusch*, Internationales Konzerninsolvenzrecht, S. 44 ff.

242 Allg. dazu *Vormstein*, Zuständigkeit bei Konzerninsolvenzen, S. 61 ff.

243 Vgl. dazu *Pannen/Riedemann*, in Pannen, EuInsVO, Einleitung Rn. 32 f.; *Kindler*, in MüKO BGB, Internationales Insolvenzrecht, Einleitung Rn. 5 ff. jeweils m. w. N.

244 Teilweise wird in diesem Zusammenhang auch von „gemäßigter" oder „kontrollierter" Universalität gesprochen.

245 Ausführlich dazu *Duursma-Kepplinger*, in Duursma-Kepplinger/Duursma/Chalupsky, EuInsVO, Einleitung Rn. 43 mit zahlreichen Nachweisen; *Balz*, ZIP 1996,

mögensgegenstände, die in einem anderen Mitgliedstaat belegen sind (Artt. 3 Abs. 1, 16, 17 EuInsVO a. F./Artt. 3 Abs. 1, 19, 20 EuInsVO n. F.).[246] Eine Erstreckung auf das Vermögen anderer Rechtsträger hingegen ist ausgeschlossen, es gilt auch hier das bereits erläuterte Prinzip „ein Schuldner, ein Vermögen, eine Insolvenz".[247] Bezogen auf das Verfahren über das Vermögen des einzelnen Schuldners kommt es jedoch zu zahlreichen Durchbrechungen des Universalitätsgrundsatzes, da davon ausgegangen wird, dass die ausnahmslose Anwendung der *lex fori concursus* im Hinblick auf die erheblichen Unterschiede der verschiedenen nationalen Rechtsordnungen der Mitgliedstaaten anderenfalls zu unüberwindbaren Schwierigkeiten führen würde.[248]

Die wohl einschneidenste Form dieser Durchbrechungen liegt in der Zulassung territorial begrenzter Sonderverfahren (Partikularverfahren/Sekundärverfahren), da in diesem Fall die *lex fori concursus* des Hauptverfahrens weitestgehend verdrängt wird (Artt. 4, 28 EuInsVO a. F./Artt. 7, 35 EuInsVO n. F.).[249] Damit kommt es zwangsläufig auch zu einem Bruch mit dem Prinzip der Einheit des Verfahrens, wie es sich insb. aus Artt. 3, 4, 32, 39 EuInsVO a. F. (Artt. 3, 7, 45, 53 EuInsVO n. F.) als grundlegendes Element der Universalität ergibt.[250] Weitere partielle Einschränkungen ergeben sich auch außerhalb von zusätzlichen Territorialinsolvenzverfahren durch die verschiedenen Sonderanknüpfungen bspw. für dingliche Rechte (Art. 5 EuInsVO a. F./Art. 8 EuInsVO n. F.) oder im Bereich des Arbeitsrechts (Art. 10 EuInsVO a. F./ Art. 13 EuInsVO n. F.).

Soweit *Duursma-Kepplinger* vor dem Hintergrund dieser Durchbrechungen davon ausgeht, man müsse statt von einer modifizierten Universalität vielmehr von einer *„kontrollierten Territorialität"*[251] sprechen, ist dem nicht zuzustimmen. Trotz der weitreichenden Einschnitte ist zu erkennen, dass sich die EuInsVO gerade auch durch die neueste Reform und die dort getroffenen Regelungen zur Verhinderung von Sekundärverfahren (Art. 36 EuInsVO n. F.) dem Prinzip der Universalität als Ideal verpflichtet sieht und die bestehenden Durchbrechungen einzig den gegebenen Umständen in den Mitgliedstaaten geschuldet sind.

948, 948 ff.; *Wiebusch*, Internationales Konzerninsolvenzrecht, S. 49 ff.; *Vormstein*, Zuständigkeit bei Konzerninsolvenzen, S. 111 ff.

246 Allg. dazu bereits *Gottwald*, Grenzüberschreitende Insolvenzen, S. 26 (noch zum EuInsÜ).

247 Dazu *Adam/Poetzgen*, ZInsO 2008, 281, 281 ff.; Vgl. auch bereits Teil 3.I.2.

248 Erwägungsgrund 11 EuInsVO (a. F.)/Erwägungsgrund 22 EuInsVO (n. F.); dazu *Virgos/Schmit*, Erläuternder Bericht, Rz. 12 ff.

249 Dazu *Huber*, in Haß/Huber/Gruber/Heiderhoff, EuInsVO, Einleitung Rn. 4 und Art. 4 Rn. 2, jeweils m. w. N.; *Pannen/Riedemann*, in Pannen, EuInsVO, Art. 4 Rn. 4, 7 und Art. 28 Rn. 1 f.; *Duursma-Kepplinger*, in Duursma-Kepplinger/Duursma/ Chalupsky, EuInsVO, Einleitung Rn. 13.

250 Zum Zusammenspiel des Prinzips der Einheit des Verfahrens und der Universalität vgl. *Hanisch*, ZIP 1994, 1, 1 ff.

251 *Duursma-Kepplinger*, in Duursma-Kepplinger/Duursma/Chalupsky, EuInsVO, Einleitung Rn. 13.

Im Zusammenhang mit der Frage nach der Schaffung von Regelungen zur Insolvenz innerhalb von Gruppenstrukturen spielt die Entscheidung für eine Universalität des Verfahrens eine maßgebliche Rolle. Auch wenn Gruppenstrukturen vielfach gerade in Ansehung grenzüberschreitender Tätigkeit entstehen und daher die einzelnen Vermögenswerte oftmals ohnehin den einzelnen „nationalen" Konzernteilen zugeordnet werden können, ist diese zum einen keinesfalls zwingend, zum anderen erschöpfen sich die Eröffnungswirkungen keinesfalls auf derartige Fragestellungen, was eine grds. universelle Geltung des Verfahrens auch im Gruppenkontext zwingend erforderlich macht.

2. Automatische Anerkennung

Besondere Bedeutung erlangt im Zusammenhang mit der modifizierten Universalität der Grundsatz der automatischen Anerkennung.[252] Nach diesem in Art. 16 EuInsVO a. F. (Art. 19 EuInsVO n. F.) festgeschriebenen Grundsatz werden in einem Mitgliedstaat eröffnete Insolvenzverfahren in anderen Mitgliedstaaten automatisch anerkannt und können ihre Wirkungen entfalten, ohne dass es einer gesonderten Anerkennungsentscheidung im Rahmen eines vorgeschalteten Exequaturverfahrens durch die nationalen Gerichte oder einer sonst hierfür zuständigen Stelle bedürfe (Verbot der *Révision au fond*[253]).[254] Die einzige Grenze dieses Automatismus findet sich im sog. *Ordre Public*-Vorbehalt des Art. 26 EuInsVO a. F. (Art. 33 EuInsVO n. F.), wonach eine Anerkennung ausnahmsweise versagt werden kann, wenn diese zu einem Ergebnis führen würde, das offensichtlich mit der öffentlichen Ordnung, insb. den Grundprinzipien oder verfassungsmäßig garantierten Rechten und Freiheiten im jeweiligen Mitgliedstaat, nicht zu vereinbaren ist.[255]

Das Prinzip der automatischen Anerkennung gewinnt gerade auch im Gruppen-Kontext an Bedeutung, insb., wenn es um gruppeninterne Rechtsbeziehungen geht.

3. Verfahrenseffizienz durch Kommunikation und Koordination

Insb. im Zusammenhang mit der Situation von Haupt- und Sekundärverfahren verfolgt die EuInsVO zudem das Prinzip der Verfahrenseffizienz durch Kommunikation und Koordination (Erwägungsgrund 20 EuInsVO a. F./Erwägungsgrund 48 EuInsVO

---

252 *„Basic principle der EuInsVO" Pannen/Riedemann*, in Pannen, EuInsVO, Art. 16 Rn. 1 m. w. N.

253 *Gruber*, in Haß/Huber/Heiderhoff, EuInsVO, Art. 16 Rn. 1 ff.

254 Dazu *Virgos/Schmit*, Erläuternder Bericht, Rz. 143 ff.; *Pannen/Riedemann*, in Pannen, EuInsVO, Art. 16 Rn. 9; *Gottwald*, Grenzüberschreitende Insolvenzen, S. 16 (noch zum EuInsÜ).

255 Vertiefend statt vieler *Pannen/Riedemann*, in Pannen, EuInsVO, Art. 26 Rn. 4 ff. mit zahlreichen weiteren Nachweisen.

n. F.), wo eine Verfahrenseinheit nicht erzielt werden kann.[256] Dieses Prinzip setzt sich in Ansehung der Verfahren über das Vermögen von Mitgliedern einer Unternehmensgruppe in der Neufassung der EuInsVO fort (Erwägungsgründe 49 und 50 EuInsVO n. F.).

4. Gläubigergleichbehandlung

Auch im Rahmen der EuInsVO findet der Grundsatz der Gläubigergleichbehandlung Beachtung,[257] wenn auch in Ansehung des Regelungsbereiches vornehmlich im Rahmen verfahrensrechtlicher Erwägungen. Gemäß Erwägungsgrund 21 EuIns-VO a. F. (Erwägungsgrund 63 EuInsVO n. F.) soll jeder betroffene Gläubiger das Recht haben, seine Forderungen in jedem in der Europäischen Union anhängigen Insolvenzverfahren über das Vermögen des Schuldners anzumelden (Art. 32 Abs. 1 EuInsVO a. F./Art. 45 Abs. 1 EuInsVO n. F.).[258] Um dabei eine Ungleichbehandlung der Gläubiger durch ungleichmäßige Erlösverteilung in den einzelnen Verfahren zu verhindern, soll jeder Gläubiger zwar behalten dürfen, was er im Rahmen eines Insolvenzverfahrens erlangt hat, an der Verteilung der Masse in einem anderen Verfahren jedoch erst dann teilnehmen können, wenn die Gläubiger gleichen Ranges die gleiche Quote auf ihre Forderung erhalten haben.[259] Überdies findet der Grundsatz der Gläubigergleichbehandlung auch an anderer Stelle Beachtung, so bspw. in den Artt. 4, 20 und 35 EuInsVO a. F. (Artt. 7, 23, 49 EuInsVO n. F.).[260]

III. Zusammenfassung der Erkenntnisse als Basis für die weiteren Überlegungen

Zutreffend weist *Brünkmans* darauf hin, dass sich jedwede Regelungen zur Insolvenz innerhalb einer Unternehmensgruppe zur Vermeidung von Friktionen am Prinzip der Gläubigergleichbehandlung orientieren müssen.[261] Das Ziel der Haftungsverwirklichung steht auch bzw. gerade in diesem Zusammenhang im Vordergrund. Gleichzeitig gilt es jedoch, im Interesse dieses Grundsatzes alle Maßnahmen darauf auszurichten, dass es nicht nur zu einer gleichmäßigen, sondern auch zu einer größtmöglichen Masseverteilung kommt. Dazu gilt es, die insgesamt verfügbare

---

256 *Pannen/Riedemann*, in Pannen, EuInsVO, Art. 31 Rn. 1 m. w. N.; *Virgos/Schmit*, Erläuternder Bericht, Rz. 229.

257 *Leible/Staudinger*, KTS 2000, 533, 563 f.; *Kodek*, KTS 2014, 216, 235 f. m. w. N.; ausführlich dazu auch *Wiórek*, Das Prinzip der Gläubigergleichbehandlung im Europäischen Insolvenzrecht (2005), *passim*.

258 Siehe auch Art. 39 EuInsVO a. F./Art. 53 EuInsVO n. F.

259 Erwägungsgrund 21 EuInsVO a. F./Erwägungsgrund 63 EuInsVO n. F.

260 Dazu *Kolmann/Keller*, in Gottwald, Insolvenzrechts-Handbuch, § 131 Rn. 128.

261 *Brünkmans*, in MüKO InsO, Konzerninsolvenzrecht Rn. 9; ebenso *Leithaus/Schäfer*, KSzW 03.2012, 272, 273.

Insolvenzmasse optimal zu maximieren und dann unter Wahrung des *par conditio creditorum*-Grundsatzes zu verteilen.

Vor diesem Hintergrund bleibt festzuhalten, dass die zur Bewältigung von Insolvenzen innerhalb einer Unternehmensgruppe zu schaffenden Regelungen darauf ausgerichtet sein müssen, durch möglichst hohe Verfahrenseffizienz die anfallenden Kosten gering zu halten und gleichzeitig größtmögliche Massemaximierung zu gewährleisten. Nur auf diese Weise kann für alle beteiligten Gläubiger unter Wahrung des Gleichbehandlungsgrundsatzes eine bestmögliche Befriedigung gewährleistet werden. Dieses Ziel kann dabei sowohl im Rahmen von Liquidations- als auch von Sanierungsverfahren erreicht werden, wobei die Entscheidung der Verwertungsform durchaus auch an einem Gesamtgläubigerinteresse auszurichten sein kann. Zur Wahrung von Minderheitsrechten ist dann jedoch sicherzustellen, dass kein Gläubiger durch die ergriffenen Maßnahmen schlechter gestellt wird, als er bei einer „Einzel-“Verwertung unter Außerachtlassung der Gruppenstruktur stehen würde. Dies ist ggf. durch Kompensationszahlungen sicherzustellen. Nur so kann gewährleistet werden, dass sämtliche Wertschöpfungspotentiale genutzt und nicht durch einzelne Gläubiger(-gruppen) torpediert werden können.

Teil 4. Die verschiedenen Grundansätze zur Bewältigung von Konzerninsolvenzen

Wurde im vorhergehenden Teil der Arbeit ein Überblick über die grundlegenden Zielsetzungen, an denen sich jedwede Bemühungen zur Bewältigung von Insolvenzen innerhalb einer Unternehmensgruppe messen lassen müssen, gegeben, gilt es nunmehr ein tragfähiges Grundkonzept für die Umsetzung derartiger Bemühungen zu finden.

I. Die vier Grundmodelle

Im Wesentlichen haben sich in der Diskussion zur Frage, welches die optimale Strategie zur Bewältigung von Insolvenzen innerhalb einer Unternehmensgruppe ist, vier[262] Grundmodelle herauskristallisiert. Diese verschieben in unterschiedlicher Weise die Grenze zwischen wirtschaftlicher Einheit und rechtlicher Vielfalt[263] und durchbrechen damit in unterschiedlicher Intensität den Grundsatz „ein Schuldner, ein Vermögen, eine Insolvenz".[264]

Neben den Extrempositionen einer völlig isolierten Betrachtung der einzelnen Verfahren (1) auf der einen und einer vollständigen Zusammenfassung der betroffenen Vermögensmassen (materiellen Konsolidierung) (2) auf der anderen Seite, sind dabei die rein verfahrensrechtliche Konsolidierung (3) und eine auf Kommunikation und Koordination basierende Kooperationslösung (4) zu nennen.

Die einzelnen Ansätze sollen im Folgenden dargestellt und auf ihre Tauglichkeit zur Bewältigung von Insolvenzen innerhalb einer Unternehmensgruppe hin überprüft werden.

1. Völlig isolierte Verfahren

Relativ kurz ausfallen kann diese Darstellung in Hinblick auf die Überlegung, etwaige Konzernszenarien im Insolvenzkontext vollständig unberücksichtigt zu lassen. Nach dieser zeitweise wohl von *Ehricke*[265] favorisierten Ansicht wird über jeden

---

262 Teilweise werden lediglich drei Modelle unterschieden, wobei die Möglichkeit der vollständig isolierten Verfahrensabwicklung nicht als eigenständiges Modell betrachtet wird, so bspw. *Brünkmans*, Der Konzern 2013, 169, 171; *Thole*, KTS 2014, 351, 352.

263 Dazu *Brünkmanns*, Der Konzern 2013, 169, 171; *ders.*, in MüKO InsO, Konzerninsolvenrecht Rn. 14ff.; *Eidenmüller/Frobenius*, Beilage 3 zu ZIP 2013, 1, 2f.

264 Dazu Teil 3.I.2.; allg. zur Diskussion in der Literatur vgl. bspw. die Darstellung bei *Mohrs*, Die konzerngebundene Kapitalgesellschaft im Anwendungsbereich der EuInsVO, S. 18f. mit zahlreichen Nachweisen.

265 Dieser plädiert in Kölner Schrift zur InsO, Kap. 32 Rn. 52ff. dafür, die Bemühungen zur Schaffung eines – wie auch immer gearteten – Konzerninsolvenzrechts ein-

konzernzugehörigen Schuldner ein „normales", eigenständiges Insolvenzverfahren eröffnet und abgewickelt; insb. wird in jedem Verfahren ein anderer Verwalter bestellt.

Ein derartiges Herangehen wahrt zwar die rechtliche Selbstständigkeit der einzelnen Unternehmensträger bestmöglich, verhindert jedoch den Erhalt bzw. die Realisierung des durch die Konzernierung geschaffenen Mehrwertes in der Insolvenz.[266] Ein solches Konzept negiert die tatsächlichen wirtschaftlichen Gegebenheiten und verhindert damit eine mögliche Massemehrung zu Lasten der Gläubigergesamtheit und scheidet damit als Grundlage für die weiteren Betrachtungen aus.

2. Materielle Konsolidierung

Einen ebenso weitreichenden, indes gerade konträr dazu ausgestalteten Ansatz stellt das Konzept der materiellen Konsolidierung (*substantive consolidation*) dar. Danach werden – vereinfacht ausgedrückt – die Insolvenzmassen konzernangehöriger Unternehmen in der Insolvenz zu einer Einheitsmasse verschmolzen.[267]

Auf den ersten Blick verspricht ein derartiges Konzept erhebliche Vorteile. Es käme zur Eröffnung eines einzigen Insolvenzverfahrens bei einem einzigen Gericht über das „Vermögen des gesamten Konzerns". Es käme also zu einer Überführung hin zum Grundsatz „eine Konzerneinheit, ein Konzernverfahren, eine Insolvenzmasse".[268] Die Verwaltungs- und Verfügungsbefugnis hierüber ginge auf einen einheitlichen Insolvenzverwalter über und die grundlegende Entscheidung über die Verwertungsstrategie würde einer einheitlichen Gläubigerversammlung obliegen.[269] Den Gläubigern einzelner Unternehmen wird es damit ermöglicht, auch auf das Vermögen anderer konzernverbundener Schuldner, ggf. sogar auf das solventer Konzernmitglieder,[270] zuzugreifen. Gleichzeitig käme es zu einem auto-

---

zustellen; offener für eine Kooperationslösung noch *ders.*, DZWiR 1999, 353, 353 ff.; *ders.* ZInsO 2002, 393, 393 ff.

266 Vgl. dazu bspw. *Telke*, Die Anforderungen an ein wettbewerbsfähiges Konzerninsolvenzrecht für den Wirtschaftsstandort Deutschland, S. 20 f.

267 Ausführlich dazu bspw. *Vormstein*, Zuständigkeit bei Konzerninsolvenzen, S. 31 ff.

268 *Kim*, in FS Gottwald, S. 327, 327.

269 Dazu *Brünkmans*, Die Koordinierung von Insolvenzverfahren, S. 92; *Verhoeven*, ZInsO 2012, 1757, 1758 f. jeweils m. w. N.

270 Die Meinungen darüber, ob eine Konsolidierung bereits bei der ersten Insolvenz innerhalb eines Konzerns herbeigeführt und damit auch solvente Gesellschaften einbezogen werden sollen oder sich die Konsolidierung nur auf die insolventen Konzernteile erstrecken soll, gehen bei den Verfechtern einer *substantive consolidation* auseinander, vgl. dazu die Ausführungen bei *Peter*, in Peter/Jeandin/Kiborn, The Challenges of Insolvency Law Reform in the 21st Century, S. 199, 205 ff. mit zahlreichen Nachweisen; dazu auch UNCITRAL Legislative Guide Part Three, S. 61.

matischen Erlöschen konzerninterner Forderungen (Konfusion)[271] und damit zu einem Wegfall aufwendiger und kostenträchtiger Anfechtungs- und Rückabwicklungsproblematiken.[272]

Die Rechtfertigung der mit einem solchen Vorgehen verbundenen Negierung der rechtlichen Selbstständigkeit der einzelnen Unternehmen sehen die Verfechter[273] dieses Konzepts daher auch in der dahinterstehenden wirtschaftlichen Betrachtungsweise.[274] Dabei verweisen sie auf die in anderen Bereichen wie dem Arbeits-[275], Bilanz-[276] und Beihilferecht[277] bereits gängige Praxis. Insgesamt streiten vor allem Wirtschaftswissenschaftler für ein derartiges Konzept, da die Gläubiger der verschiedenen Konzernteile letztlich betriebswirtschaftlich gesehen Gläubiger der wirtschaftlichen Einheit „Konzern" seien.[278] Im laufenden Geschäftsbetrieb vor der Insolvenz sei die Individualität der einzelnen Rechtsträger schließlich auch *de facto* ignoriert worden und das Gesamtkonstrukt Konzern als Unternehmen aufgetreten.[279] Diese Einschätzung trifft sicherlich vielfach, aber eben nicht in allen, ja nicht einmal nachweislich in einer Mehrzahl der Fälle zu. Die Vielfältigkeit bestehender und denkbarer Gruppenstrukturen verbietet hier eine derart pauschale Betrachtung.

a. Bestehende Regelungen zur materiellen Konsolidierung im Insolvenzfall

In einzelnen europäischen Insolvenzrechtsordnungen finden sich Regelungen, die eine Ausweitung der Haftungserstreckung in der Insolvenz durch materielle Konsolidierung vorsehen. So enthält bspw. Art. L 621–2 Abs. 2 des französischen Codes

---

271 *Paulus*, ZIP 2005, 1948, 1953; *Uhlenbruck*, NZI 1999, 41, 42; *Grau*, Konsolidierung von Rechtsträgern, S. 84 ff.; *Scheel*, Konzerninsolvenzrecht, S. 244.

272 *Peter*, in ders./Jeandin/Kiborn, The Challenges of Insolvency Law Reform in the 21st Century, S. 199, 201 f.; *Becker*, Kooperationspflichten in der Konzerninsolvenz, S. 126.

273 *Humbeck*, NZI 2013, 957, 957 ff.; *Paulus*, ZIP 2005, 1948, 1948 ff.; *Grau*, Konsolidierung von Rechtsträgern, S. 213 ff.; für eine abgeschwächte materielle Konsolidierung an der Grenze zur verfahrensmäßigen Konsolidierung (zu einer solchen allg. sogleich unter Teil 4.I.3) *Hirte*, ECFR 2008, 213, 224 ff.; *ders.*, in FS K. Schmidt, S. 641, 649 ff.

274 *Paulus*, ZIP 2005, 1948, 1953 f.; ähnlich *Verhoeven*, ZInsO 2012, 1757, 1758.

275 Vgl. § 2 DrittelbG und § 5 MitbestG, dazu allg. *Habersack*, AG 2007, 641, 641 ff.

276 Gem. §§ 290 ff. HGB und IFRS 10.4 ist unter bestimmten Voraussetzungen ein Konzernabschluss und Konzernlagebericht zu erstellen.

277 Bei der Rückforderung von Beihilfen setzt sich die EU-Kommission regelmäßig über die Trennung der einzelnen Konzernglieder hinweg, *Paulus*, EWS 2002, 497, 500 m. w. N.; vgl. dazu auch *Ehricke*, ZIP 2000, 1656, 1656 ff.

278 Grundlegend bereits *Albach*, ZfB (54) 1984, 773, 776 f.

279 Dazu *Peter*, in Peter/Jeandin/Kiborn, The Challenges of Insolvency Law Reform in the 21st Century, S. 199, 201, der eine in der Insolvenz vorgenommene Trennung als vor diesem Hintergrund „*schizophren*" bezeichnet.

de commerce[280] ebenso wie Section 141 Abs. 2 Companies Act (Irland) entsprechende Ansätze.[281]

Aber auch außereuropäisch finden sich Beispiele für materielle Konsolidierungsansätze im Zusammenhang mit der Insolvenz von Unternehmen.[282] Wesentliche Grundlage für die angestellten Überlegungen zur *substantive consolidation* bildet daher auch das amerikanische *Chapter 11*-Verfahren.[283] Im Rahmen dessen wird eine materielle Konsolidierung in besonders gelagerten Einzelfällen,[284] auch außerhalb eines Reorganisationsplans,[285] seitens der Gerichte für möglich gehalten. Entgegen eines offensichtlich weitverbreiteten Missverständnisses sieht das US-amerikanische Recht die *substantive consolidation* jedoch keinesfalls als Regelfall im Rahmen einer Konzerninsolvenz vor.[286] Eine ausdrückliche gesetzliche Regelung existiert vielmehr überhaupt nicht.[287] Und obgleich die Konzeption der *substantive consolidation* bereits vor der umfassenden Reform des US-amerikanischen Insolvenzrechts im Jahre 1978 bekannt war, wurde sie auch in diesem insoweit denkbar geeigneten Zusammenhang nicht kodifiziert.[288] Die für ein derartiges Vorgehen herangezogene Rechtsgrundlage in sec. 105 (a) B.C.[289] stellt vielmehr lediglich eine Generalklausel dar, wonach die Gerichte berechtigt sind, *jede Art von Maßnahmen* zu ergreifen, die der Durchsetzung des Bankruptcy Code förderlich sind. Vor diesem Hintergrund muss daher bereits bezweifelt werden, ob diese Vorschrift überhaupt taugliche Grundlage für eine *substantive consolidation* sein kann. Nach dem zwischenzeitlich bestehenden

---

280 Dazu vertiefend *Bezelgues*, Konzerninsolvenzen in der Europäischen Union, S. 25 ff., 32 ff.; *Ehricke*, Das abhängige Konzernunternehmen in der Insolvenz, S. 501 ff.; *Pannen*, ZInsO 2014, 222, 225 f.

281 Vgl. dazu die Erläuterungen bei *Pannen*, ZInsO 2014, 222, 226 f.; *Bezelgues*, Konzerninsolvenzen in der Europäischen Union, S. 42 ff., 48 f.

282 Insb. in den USA und Neuseeland. Dazu *Grau*, Konsolidierung von Rechtsträgern, S. 17 ff.; *Bezelgues*, Konzerninsolvenzen in der Europäischen Union, S. 15 ff., 42 ff.

283 Zum Ablauf vgl. bspw. *Gräwe*, ZInsO 2012, 158, 158 ff.; am Beispiel Lehman Brothers *Madaus*, NZI 2008, 715, 716 f.; allg. zu dessen Vorbildfunktion für die deutsche und europäische Entwicklung auch *Grau*, Konsolidierung von Rechtsträgern, S. 49 ff.; *Bezelgues*, Konzerninsolvenzen in der Europäischen Union, S. 9 ff.

284 In besonderen Einzelfällen soll sogar die Einbeziehung solventer Gesellschaften möglich sein. Ausführlich dazu *Scheel*, Konzerninsolvenzrecht, S. 306 ff. mit zahlreichen Nachweisen; *Tschernig*, Haftungsrechtliche Probleme der Konzerninsolvenz, S. 81 m. w. N.; *Bezelgues*, Konzerninsolvenzen in der Europäischen Union, S. 19 f.; kritisch *Grau*, Konsolidierung von Rechtsträgern, S. 59 ff.

285 Dazu *Scheel*, Konzerninsolvenzrecht, S. 321.

286 Dazu *Ehricke*, in Kölner Schrift zur InsO, Kap. 32 Rn. 14; zu einer anderen Einschätzung kommt *van Galen*, IILR 2012, 376, 384.

287 Vgl. dazu bspw. *Grau*, Konsolidierung von Rechtsträgern, S. 50 f.

288 Dazu *Westphal/Götker/Wilkens*, Grenzüberschreitende Insolvenzen, Rn. 1008.

289 Dazu und zu teilweise weiteren, durch die amerikanischen Gerichte herangezogenen Rechtsgrundlagen vgl. *Verhoeven*, Die Konzerninsolvenz, S. 128; grundlegend zur Entwicklung *Scheel*, Konzerninsolvenzrecht, S. 245 ff.

Grundverständnis bezogen auf die Voraussetzungen einer *substantive consolidation* seitens der US-Gerichte ist für eine solche jedenfalls eine besondere Ausgangssituation erforderlich und grundsätzliche Zurückhaltung bei der Anordnung zu wahren.[290] Eine solche liegt insb. in einer Vermögensvermengung, deren Auflösung nicht oder nur mit unverhältnismäßigem Aufwand möglich wäre, begründet.[291] Lediglich in Einzelfällen wird auch eine rein funktionale Verflechtung als Voraussetzung für ausreichend erachtet, sofern diese ein besonders hohes Maß erreicht[292] bzw. sich die Gläubiger nicht auf die einzelnen Konzernteile, sondern in gesteigertem Maße auf den Konzern als wirtschaftliche Einheit verlassen haben.[293] Überdies bedarf es grds. der Anhörung aller Konzerngläubiger.[294]

b. Substantive Consolidation nach den Vorstellungen von UNCITRAL

Auch die Vorschläge der UNCITRAL[295] befassen sich mit der Möglichkeit einer *substantive consolidation*, die nach dortigem Verständnis

> *„(...) the treatment of the assets and liabilities of two or more enterprise group members as if they were part of a single insolvency estate"*

darstellt.[296] Zwar beruhen auch die Überlegungen der UNCITRAL zur Konzerninsolvenz grds. auf der Akzeptanz der Selbstständigkeit der einzelnen Rechtsträger,[297] unter bestimmten Umständen wird jedoch die Bildung einer einheitlichen Gesamtmasse für sinnvoll erachtet.[298] Diese Umstände können sich nach Ansicht von UNCITRAL entweder aus einer nur mit unverhältnismäßigem Aufwand auf-

---

290 Dazu *Uhlenbruck*, NZI 1999, 41, 42 mit Verweis auf *Scheel*, Konzerninsolvenzrecht, S. 306 ff.; *Bezelgues*, Konzerninsolvenzen in der Europäischen Union, S. 17 ff.; *Grau*, Konsolidierung von Rechtsträgern, S. 50, 52 f., jeweils mit zahlreichen weiteren Nachweisen.

291 Vgl. dazu In re Chemical Bank N.Y. Trust Co. v. Kheel, 369 F.2d 845, 846 (2d Cir.1966); In re Mortgage Inv.Co of El Paso, Texas, 111 B.R. 604, 610 (W.D.Tex. 1990); In re 1438 Meridian Place, NW, Inc 15 B.R. 89, 92 f. (Bankr.D.D.C. 1981).

292 In re Standard Brand Paint Co. 154, B.R. 563, 574 (Bankr.C.D.Cal. 1993). Dazu vertiefend *Baird*, Boston College Law Review, Vol. 47 (2005), Issue 1, Article 2, S. 5 ff.

293 Vgl. dazu In re Standard Brand Paint Co. 154, B.R. 563, 574 (Bankr.C.D.Cal. 1993); Soviero v. Franklin Nat'l Bank, 328 F.2d 446 (2d Cir. 1988). Vertiefend *Baird*, Boston College Law Review, Vol. 47 (2005), Issue 1, Article 2, Substantive Consolidation, S. 5, 17 f.; *Grau*, Konsolidierung von Rechtsträgern, S. 52 ff.

294 *Scheel*, Konzerninsolvenzrecht, S. 304 mit Hinweis auf die geringe praktische Bedeutung des entsprechenden *Hearings*.

295 Dazu ausführlich unter Teil 6.

296 UNICTRAL Legislative Guide Part Three, S. 2; vgl. dazu *Telke*, Die Anforderungen an ein wettbewerbsfähiges Konzerninsolvenzrecht für den Wirtschaftsstandort Deutschland, S. 68.

297 UNCITRAL Legistlative Guide Part Three, S. 71.

298 UNICTRAL Legislative Guide Part Three, S. 59 ff.

zulösenden Vermengung der Vermögensgüter oder Verbindlichkeiten der Gesellschaften oder aber aus der Tatsache ergeben, dass die betroffenen Schuldner in betrügerischer Art und Weise zusammengewirkt haben und die Korrektur der daraus resultierenden negativen Auswirkungen für die Gläubiger nur durch eine Konsolidierung der Insolvenzmassen herbeizuführen ist.[299] Die Parallelen zu den bereits dargestellten Voraussetzungen für eine Konsolidierung im amerikanischen Chapter 11-Verfahren sind insoweit unverkennbar.

c. Die Vorschläge von INSOL Europe zur Aufnahme einer substantive consolidation in der EuInsVO

Auch im Zusammenhang mit der Reform der EuInsVO[300] wurden von verschiedener Seite Überlegungen zur Einführung eines materiellen Konsolidierungskonzeptes angestellt.[301] Exemplarisch sollen hier die Vorschläge von INSOL Europe und die darin enthaltenen Ansätze zur Einführung von Vorschriften zur materiellen Konsolidierung untersucht werden. INSOL Europe schlägt die Einführung des folgenden umfangreichen eigenständigen Artikels zur materiellen Konsolidierung vor:

> ***„Substantive consolidation***
> *1. In the event that the **assets and/or liabilities and or agreements of one or more group companies cannot be attributed to one company and consequently the insolvency proceedings with respect to these companies cannot be conducted in a meaningful way**, each creditor of such company or companies, each liquidator of insolvency proceedings of such companies and the liquidator of the group main insolvency proceedings may request the consolidation of the insolvency proceedings.*
> *2. If the consolidation is allowed and there is a parent company of the other company(ies), the main proceedings of such parent company will be the surviving main proceedings. If no such parent company can be identified, the main proceedings of the group company to which the greatest value can be attributed will be the surviving main proceedings. The debtor of the surviving main proceedings is the surviving company.*
> *3. **With respect to each company of which the main proceedings will not be the surviving main proceedings, the request for consolidation has to be made to the court that opened its main proceedings** or, if no main proceedings have been opened, to the court that opened proceedings under Article 3(2) or 3(5).*
> *4. If the consolidation is allowed, **any insolvency proceedings** with respect to the companies referred to in paragraph 3 which have been **opened in the same Member State where the surviving main proceedings have been opened will be terminated.** Any*

299 UNICTRAL Legislative Guide Part Three, S. 72 f., Recommendation 220 und Erläuterungen S. 62 f.; dazu auch UNCITRAL Report of Working Group V, A/CN.9/622, S. 14; A/CN.9/643 S. 12 f.; A/CN.9/647, S. 11 f.; A/CN.9/666, S. 9; vgl. allg. dazu *Holzer*, ZIP 2011, 1894, 1898; *Paulus*, ZGR 2010, 270, 277.

300 Dazu ausführlich unter Teil 7.

301 So etwa *Cherubini/Cooper/Fritz/*u. a., IILR 2010, 87, 105.

> ***main proceedings*** *with respect to such companies which have been opened* ***in another Member State than the Member State of the surviving main proceedings will be converted into secondary proceedings.*** *If the consolidation is allowed and in another Member State than the Member State of the surviving main proceedings there is more than one remaining secondary or territorial proceedings, these proceedings will be merged by the court in that Member State.*
> *5. For the purpose of the insolvency proceedings all group companies included in the consolidation will be treated as one single company. However* ***the courts in the Member State of the surviving main proceedings may take measures in order to compensate for any impairment of creditors or groups of creditors which result from the consolidation.***"[302]

Nach Vorstellung von INSOL Europe sollte demnach eine materielle Konsolidierung im Einzelfall auch im Anwendungsbereich der EuInsVO ermöglicht werden. Vorausgesetzt wird eine Situation, in der Vermögenswerte und/oder Verbindlichkeiten bzw. Vertragsgestaltungen zwischen mehreren gruppenangehörigen Schuldnern derart verstrickt sind, dass eine Trennung unmöglich ist; rein ökonomische Erwägungen insb. im Hinblick auf die mit der Trennung verbundenen Kosten sollen hingegen nicht ausreichen.[303] Der Antrag auf Durchführung der materiellen Konsolidierung soll nach den Vorstellungen von INSOLE Europe bei jedem Gericht gestellt werden, das im Falle einer Konsolidierung aus seiner Zuständigkeit verdrängt wird (Abs. 3).[304] Sämtliche Verfahren, die im selben Mitgliedstaat wie das letztlich verbleibende *surviving main proceeding* eröffnet wurden, sollen beendet werden; in anderen Mitgliedstaaten eröffnete (Haupt-)Verfahren hingegen in Sekundärverfahren umgewandelt und, sofern mehrere derartige Verfahren existieren, ebenfalls auf nationaler Ebene zusammengefasst werden (Abs. 4). Die durch die Zusammenfassung der Vermögensmassen entstehenden Nachteile, insb. in Ansehung gruppeninterner Forderungen, aber bspw. auch in Bezug auf Gläubiger, denen ursprünglich mehrere der nunmehr von der Konsolidierung betroffenen Rechtsträger als Gesamtschuldner gehaftet haben,[305] soll das Gericht das *surviving main proceeding* durch entsprechende Maßnahmen ausgleichen (Abs. 5). Die Frage, wie derartige Maßnahmen konkret aussehen könnten, lassen die Vorschläge indes leider unbeantwortet.

Unabhängig von den zahlreichen verbleibenden Fragestellungen ist in erster Linie zu erkennen, dass sich auch die Vorstellungen von INSOL Europe zu den Voraussetzungen einer materiellen Konsolidierung an den bereits dargestellten

302 INSOL Europe, Revision of the European Insolvency Regulation, S. 98f. Hervorhebungen durch den Verfasser. Dazu allg. *Bufford*, IILR 2012, 341, 358ff.

303 „*strictly limited*", INSOL Europe, Revision of the European Insolvency Regulation, S. 99f.

304 INSOL Europe, Revision of the European Insolvency Regulation, Commentary to Article 46, 46.3, S. 99f.

305 INSOL Europe, Revision of the European Insolvency Regulation, Commentary to Article 46, 46.4, S. 100.

Sonderkonstellationen orientieren, die von den amerikanischen Gerichten im Rahmen eines Chapter 11-Verfahrens an eine solche geknüpft werden. Eine Konsolidierung ist daher auch hier nur in besonderen Einzelfällen vorgesehen, in denen die Entwirrung der Vermögensverstrickungen *de facto* unmöglich ist. Eine Eignung als Grundkonzept zur Bewältigung von Insolvenzen innerhalb einer Unternehmensgruppe wird dem Konzept somit auch durch INSOL Europe nicht beigemessen.

d. Das Prinzip der Durchgriffshaftung als Vorbild

Ein mögliches Vorbild für die Konsolidierung von Vermögensmassen und damit die Durchbrechung des Trennungsprinzips findet sich in den Überlegungen zur sog. Durchgriffshaftung.[306] Im Hinblick auf bestehende Gläubigerschutzlücken werden in Literatur und Rechtsprechung Versuche unternommen, im Einzelfall trotz bestehender Trennung von Gesellschafts- und Gesellschaftervermögen einen Zugriff der Gesellschaftsgläubiger auf letzteres zu ermöglichen. Dieses seit jeher höchstumstrittene[307] Konzept stützte sich lange Zeit primär auf den allgemeinen Grundsatz, dass einer juristischen Gestaltung die rechtliche Anerkennung zu versagen sei, sofern diese in der konkreten Form rechtsmissbräuchlich ist.[308] Auf deutscher Ebene sieht der Bundesgerichtshof die Rechtfertigung für eine Durchgriffshaftung zwischenzeitlich in der Sittenwidrigkeit bestimmten Handelns begründet und leitete diese daher aus §§ 242, 826 BGB ab.[309] Dabei weist er aber seit jeher ausdrücklich darauf hin, dass sich über die Selbstständigkeit einer juristischen Person und die damit einhergehende Haftungssegmentierung nicht leichtfertig hinweggesetzt werden darf.[310] Der besondere Ausnahmecharakter eines auf die Negierung dieser Trennung abzielenden Institutes wird durch

---

306 *Peter*, in Peter/Jeandin/Kiborn, The Challenges of Insolvency Law Reform in the 21st Century, S. 199, 201 ff. m. w. N, der von materieller Konsolidierung als „*multi-party version of veil piercing*" spricht; *Bezelgues*, Konzerninsolvenzen in der Europäischen Union, S. 55 ff.

307 S. bereits *Haberlandt*, BB 1980, 847, 847 ff.; *Flume*, Allgemeiner Teil BGB, Die juristische Person, § 3; im Zusammenhang mit Konzernsachverhalten auch *Ehricke*, Das abhängige Konzernunternehmen in der Insolvenz, S. 145 ff., 361 ff.; *ders.*, AcP 199 (1999), 257, 257 ff.

308 Grundlegend bereits *Serick*, Rechtsform und Realität juristischer Personen, 1. Auflage 1955, S. 203 f.; allg. dazu *Altmeppen*, in Roth/Altmeppen, GmbHG, § 13 Rn. 128 f. m. w. N.; *ders.*, NJW 2007, 2657, 2657 ff.; *K. Schmidt*, Gesellschaftsrecht, S. 217 ff.; *Michalski/Funke*, in Michalski, GmbHG, § 13 Rn. 339 ff.

309 BGH Urt. v. 16.07.2007 – II ZR 3/04 – Trihotel = NZG 2007, 667; dazu *Altmeppen*, NJW 2007, 2657, 2657 ff.

310 BGH NJW 1956, 785; 1966, 1309; 1970, 2015; 1971, 799; 1974, 134; DB 1978, 1269.

die vorgenommene Fallgruppenbildung[311] unterstrichen. So wird nach deutschem Verständnis derzeit eine Durchgriffshaftung im Falle des Rechtsformmissbrauchs, des Existenzvernichtungseingriffs, der Unterkapitalisierung[312] und der sog. Vermögens- und Sphärenvermischung diskutiert.[313] Besondere Relevanz erlangt vor dem Hintergrund der vorliegenden Überlegungen die letztgenannte Fallgruppe. Unter einer derartigen Vermögens- und Sphärenvermischung werden Fälle verstanden, in denen Gesellschafts- und Gesellschaftervermögen nicht klar getrennt gehalten wurden.[314] In einer solchen Konstellation versagen die Instrumentarien der Kapitalerhaltungsvorschriften regelmäßig.

Diese Situationen weisen Ähnlichkeiten zum Fall der Insolvenz innerhalb einer Gruppenstruktur auf. Betrachtet man jedoch die hohen Anforderungen, die an die Anwendung der Prinzipien der Durchgriffshaftung in Ansehung des Ausmaßes der Sphären- und Vermögensvermischung gestellt werden, bestätigt sich erneut der absolute Ausnahmecharakter jeglichen Rechtsinstitutes, das zu einer Durchbrechung juristischer Selbstständigkeit führt. Zudem ist das Interesse an der Nutzung gesellschaftsrechtlicher Gestaltungsformen zur Herbeiführung einer Haftungsbeschränkung grds. legitim; allein die wirtschaftliche Beherrschung des Unternehmens kann daher keinesfalls einen Haftungsdurchgriff rechtfertigen.[315] Gleiches gilt nach zutreffender Ansicht des Bundesgerichtshofes auch für die Ausnutzung der juristischen Person zur Haftungs- bzw. Risikosegmentierung in Form eines Aufteilens einer Unternehmung auf mehrere selbstständige Rechtsträger.[316]

Vor diesem Hintergrund stellt sich der beste Schutz der Gesellschaft vor ihren eigenen Gesellschaftern (und Geschäftsführern) zugleich als der beste Gläubigerschutz dar. Die Bekämpfung auftretender Rechtsmissbräuche – denn unter Berücksichtigung der oben dargestellten Anforderungen an die Intensität der Sphären- und Vermögensvermischung liegen solche regelmäßig vor, wenn über einen Haftungsdurchgriff nachgedacht wird – ist demnach auch primär in der Haftung der handelnden Personen und nicht in einer Durchbrechung rechtlicher Selbstständigkeiten zu suchen.

---

311 Dazu *Altmeppen*, in Roth/Altmeppen, GmbHG, § 13 Rn. 135 ff.; *Hirte*, Kapitalgesellschaftsrecht, Rn. 5.163 ff.; *Bezelgues*, Konzerninsolvenzen in der Europäischen Union, S. 57 ff.; *Grau*, Konsolidierung von Rechtsträgern, S. 78 ff.

312 Sehr umstritten, vgl. dazu statt vieler *Altmeppen*, in Roth/Altmeppen, GmbHG, § 13 Rn. 142 ff.; *Grau*, Konsolidierung von Rechtsträgern, S. 79 ff., jeweils mit zahlreichen Nachweisen.

313 Dazu ausführlich *K. Schmidt*, Gesellschaftsrecht, S. 234 ff. m. w. N.; *Bezelgues*, Konzerninsolvenzen in der Europäischen Union, S. 57 ff.; aktueller *Altmeppen*, in Roth/Altmeppen, GmbHG, § 13 Rn. 136 ff. m. w. N.

314 Dazu BGH NJW 1986, 188; 1994, 1801; *Steffek*, JZ 2009, 77, 81 f.

315 *Altmeppen*, in Roth/Altmeppen, GmbHG, § 13 Rn. 134 mit Verweis auf BGH NJW 1977, 1449.

316 BGH NJW 1986, 188.

Auch aus den Überlegungen zur Durchgriffshaftung lässt sich daher keine Rechtfertigung für die Einführung einer materiellen Konsolidierung ableiten.

e. *Die Negierung der juristischen Selbstständigkeit in anderen Bereichen*

Aber auch in anderen Bereichen finden sich zahlreiche Beispiele für eine Negierung der juristischen Selbstständigkeit, die daraufhin zu überprüfen sind, ob sie übertragbare Argumentationsgrundlagen für eine *substantive consolidation* im Zusammenhang mit der Insolvenz gruppenzugehöriger Unternehmen enthalten. So finden sich bspw. im deutschen Arbeitsrecht entsprechende Regelungen, die zudem explizit auf die Besonderheiten einer Konzernsituation zugeschnitten sind. Gemäß § 5 Abs. 1 MitbestG und § 2 Abs. 1 DrittelbG werden im Konzernzusammenhang die bei abhängigen Unternehmen beschäftigten Arbeitnehmer in Ansehung bestimmter Mitbestimmungsrechte als Arbeitnehmer des herrschenden Unternehmens angesehen.[317] Durch diese Außerachtlassung der Trennung einzelner Rechtsträger soll – vereinfacht gesagt – verhindert werden, dass es durch die Aufteilung des Unternehmens auf mehrere verbundene Rechtsträger zu einer Umgehung der Beteiligungsrechte kommt.

Auf europäischer Ebene finden sich ebenfalls Beispiele, die belegen, dass sich über die juristische Selbstständigkeit einzelner Rechtsträger teilweise großzügig hinweggesetzt wird;[318] gerade auch im Zusammenhang mit der Insolvenz eines der Beteiligten. Zu nennen ist hier zuvörderst die Entscheidungspraxis der Europäischen Kommission zur Rückforderung unionswidriger Beihilfen. Rückzahlungsschuldner in einem derartigen Fall ist grds. der ursprüngliche Beihilfeempfänger (Art. 14 Abs. 1 Beihilfenverfahrensverordnung[319]). Problematisch gestaltet sich die Rückforderung jedoch, wenn der ursprüngliche Empfänger insolvent geworden ist und daher von diesem die (vollständige[320]) Rückzahlung nicht zu erlangen ist. Es liegt dann für den zur Rückforderung verpflichteten Staat ein Fall tatsächlicher Unmöglichkeit vor.[321] Sofern jedoch bspw. wesentliche Aktiva des Schuldners auf einen anderen Rechtsträger übertragen wurden und somit der tatsächliche Nutzen der Beihilfe bei einem Dritten zu verorten ist, kann nach Ansicht der Kommis-

---

317 *Oetker*, in Erfurter Kommentar zum Arbeitsrecht, § 2 DrittelbG Rn. 1 m. w. N.; *ders.*, ebenda § 5 MitbestG Rn. 1; *Gach*, in MüKO AktG, § 2 DrittelbG Rn. 1, 4f.; *ders.*, ebenda § 5 MitbestG Rn. 1, 6f.; *Habersack*, AG 2007, 641, 641ff.

318 Zu den Rechnungslegungsvorschriften (§ 290 HGB) siehe bereits unter Teil 2.I.1.b.

319 Verordnung (EG) Nr. 659/1999 des Rates vom 22. März 1999 über besondere Vorschriften für die Anwendung von Art. 108 des Vertrags über die Arbeitsweise der Europäischen Union, ABl. L 83 vom 27.3.1999, zuletzt geändert durch Verordnung (EU) Nr. 734/2013 des Rates vom 20.08.2013, ABl. L 204 vom 31.7.2013.

320 Bei den Rückforderungen handelt es sich um Insolvenzforderungen i. S. d. § 38 InsO, *Sinz*, in Uhlenbruck, InsO, § 38 Rn. 55; *Ehricke*, in MüKO InsO, § 38 Rn. 95 mit Hinweisen auf die vereinzelten Forderungen einer Priveligierung.

321 Dazu allg. *Ehricke*, ZIP 2000, 1656, 1656ff.

sion ohne Rücksicht auf dessen rechtliche Selbstständigkeit auch von diesem die Rückzahlung verlangt werden.[322] Hierdurch sollen insb. missbräuchliche Verschiebungen und Umverteilungen von Beihilfen kompensiert und so eine Umgehung der Rückzahlungsverpflichtungen verhindert werden.[323] Ihren Ursprung hat diese Entscheidungspraxis in der Rechtssache *Gröditzer Stahlwerke GmbH*.[324] Sie wird seitens des EuGH grds. akzeptiert.[325] Die genauen Kriterien, unter denen eine derartige Erweiterung des Adressatenkreises des Rückforderungsverlangens in Betracht kommt, sind bis heute jedoch nicht abschließend geklärt.[326] Sie ist jedoch weder auf Konzernsachverhalte beschränkt noch durch diese in besonderem Maße geprägt, weshalb eine Übertragbarkeit auf die Situation der Insolvenz innerhalb einer Gruppenstruktur ausscheidet.[327]

Die dargestellten Durchbrechungen der juristischen Selbstständigkeit können daher insgesamt nicht grds. auf die Insolvenz innerhalb einer Konzernstruktur übertragen und insoweit fruchtbar gemacht werden. Die Gründe hierfür liegen, wie bereits im Zusammenhang mit der Untersuchung der Durchgriffshaftung, darin begründet, dass die *ratio legis* der angeführten Regelungen/Entscheidungen stets in der Bekämpfung rechtsmissbräuchlichen Verhaltens liegt. Sowohl die deutschen arbeitsrechtlichen Beteiligungsvorschriften als auch die Grundsätze des europäischen Beihilferechts zielen darauf ab, Rechtsmissbrauch im Einzelfall vorzubeugen bzw. zu beseitigen.

f. Zwischenergebnis

Eine materielle Konsolidierung von Insolvenzmassen kann – wenn überhaupt – nur in besonders gelagerten Einzelfällen in Betracht kommen. Den daraufhin beispielhaft untersuchten Anwendungsfällen einer Durchbrechung juristischer Selbständigkeiten liegt im Wesentlichen das Bestreben nach effektiver Bekämpfung von vorhergehenden Rechtsmissbräuchen zugrunde. Derartige Überlegungen können daher gerade kein taugliches Grundkonzept zur Bewältigung von Insolvenzen innerhalb einer Unter-

---

322 Vgl. dazu Bekanntmachung der Kommission, ABl. 2007 Nr. C 272/4, Ziffer 31 ff.; allg. dazu *Cremer*, in Callies/Ruffert, EUV/AEUV, Art. 108 AEUV Rn. 33 m. w. N.; *Koenig/Paul*, in Streinz, EUV/AEUV, Art. 108 AEUV Rn. 25.

323 *Cremer*, in Callies/Ruffert, EUV/AEUV, Art. 108 AEUV Rn. 33.

324 KomE v. 8. 7. 1999, *Gröditzer Stahlwerke GmbH*, ABl. 1999 L 292/27; siehe aber auch bspw. KomE vom 2. 6. 1999, *Seleco*, ABl. 2000 Nr. L 227/24; KomE vom 22. 6. 2000, *CDA*, ABl. 2000 Nr. L 12/1.

325 Seit EuGH, Rs. C-390/98, *Banks*, Slg. 2001, I-6117, wobei seitens des Gerichts sehr enge Maßstäbe an die Voraussetzungen angelegt werden; dazu *Cremer*, in Callies/Ruffert, EUV/AEUV, Art. 108 AEUV Rn. 33; *Koenig/Paul*, in Streinz, EUV/AEUV, Art. 108 AEUV Rn. 25.; *Vormstein*, Zuständigkeit bei Konzerninsolvenzen, S. 195 f.

326 *Cremer*, in Callies/Ruffert, EUV/AEUV, Art. 108 AEUV Rn. 33 m. w. N.; Erwägungsgrund 18 EuInsVO n. F. verweist ausdrücklich auf diese Vorschriften und stellt klar, dass sie von der Verordnung unberührt bleiben sollen.

327 So i. E. auch *Rühlemann*, Verfahrenskonzentration in der Konzerninsolvenz, S. 94.

nehmensgruppe darstellen. Die rechtliche Selbstständigkeit der einzelnen Rechtsträger ist eine Grundfeste des Gesellschaftsrechts, an dieser mag man im Einzelfall rütteln können, niederreißen darf man sie jedoch auch in der Insolvenz nicht.

3. Verfahrensmäßige Konsolidierung

Einen weniger einschneidenden Lösungsansatz stellt das Konzept der verfahrensmäßigen Konsolidierung dar.[328] Dabei kommt es zur Eröffnung eines Einheitsverfahrens über sämtliche insolvente Konzernteile. Die einzelnen Haftungsmassen bleiben jedoch – anders als bei der materiellen Konsolidierung – innerhalb dieses Verfahrens getrennt. In Folge des Einheitsverfahrens gibt es denknotwendigerweise nur eine einheitliche Gerichtszuständigkeit und es wird ein einheitlicher Insolvenzverwalter bestellt. Der Vermeidung drohender Interessenskollisionen dient die Möglichkeit der Bestellung von Sonderverwaltern. Die Überlegungen zur verfahrensmäßigen Konsolidierung knüpfen im Wesentlichen an die in den USA vorgesehenen sog. *joint administrations* an.[329]

Dieses in Bankruptcy Rule 1015(b)(4) geregelte Verfahren setzt voraus, dass die Eröffnung eines Insolvenzverfahrens sowohl über das Vermögen des Hauptschuldners (*debtor*) als auch über das Vermögen mindestens einer rechtlich selbstständigen Tochtergesellschaft (*affiliate*) beantragt wurde. Unter einer Tochtergesellschaft ist dabei gemäß Sec. 101(2) des Bankruptcy Code ein Unternehmen zu verstehen, an dem der Hauptschuldner mit mindestens 20 % des stimmberechtigten Kapitals beteiligt ist.[330] Notwendig ist dabei die Zuständigkeit ein und desselben Gerichts für alle Verfahren, wobei 28 U.S.C. § 1408 insoweit eine ergänzende Zuständigkeitsregelung bereits hält.[331] Später anderweitig anhängig gemachte Verfahren desselben Unternehmensverbundes kann das mit der *joint administration* befasste Gericht gemäß Bankruptcy Rule 1014(b)(4) an sich ziehen.[332]

In Deutschland wäre eine vergleichbare Verknüpfung bei bestehender einheitlicher örtlicher Zuständigkeit nach § 4 InsO i. V. m. § 147 ZPO u. U. denkbar,[333] eine

---

328 Vgl. dazu ausführlich *Schmollinger*, Der Konzern in der Insolvenz, S. 292 ff. mit zahlreichen Nachweisen.

329 Vertiefend dazu *Scheel*, Konzerninsolvenrecht, S. 241 ff.; *Brünkmans*, Die Koordinierung von Insolvenzverfahren, S. 93 ff.; *Rühlemann*, Verfahrenskonzentration in der Konzerninsolvenz, S. 358 ff.; *Kort*, ZIP 1988, 681, 682 f.; *Uhlenbruck*, KTS 1986, 419, 428.

330 *„directly or indirectly owns, controls, or holds with power to vote, 20 percent"*; dazu *Haß/Herweg*, in Haß/Huber/Gruber/Heiderhoff, EuInsVO, Art. 3 Rn. 72.

331 Vgl. dazu *Eidenmüller*, ZHR 169 (2005), 528, 533; *Rühlemann*, Verfahrenskonzentration in der Konzerninsolvenz, S. 359.

332 *„If petitions (...) are filed in different districts (...) against (...) (4) a debtor and an affiliate, the court in the district in which the first-filed petition is pending may determine (...) the district or districts in which any of the cases should proceed."*

333 *Becker*, in Nerlich/Römermann, InsO, § 4 Rn. 19; *Eidenmüller*, ZHR 169 (2005), 528, 533; ablehnend hingegen bspw. *Sternal*, in HK-InsO, § 4 Rn. 30; *Ehricke*, DZWiR 1999, 353, 261; *Holzer*, NZI 2007, 432, 433.

besondere Zuständigkeitsbegründung fehlt jedoch *de lege lata*.[334] Insb. kann sie auch nicht über eine Entscheidung analog § 36 Abs. 1 Nr. 3 ZPO herbeigeführt werden.[335]

Der wesentliche Vorteil, den Verfechter des Konzepts der verfahrensmäßigen Konsolidierung zu deren Legitimation anführen, liegt darin, dass die Verfahrenskoordinierung vereinfacht, Kooperationsregelungen (weitgehend) obsolet und Strategiekonflikte von Anfang an vermieden werden. Zudem käme es zu einer Kostenreduktion[336] und es würde die Basis für einen echten gruppenweiten Insolvenzplan geschaffen.[337] Gestärkt werden soll das – nur auf Antrag aller einzubeziehenden Gesellschaften hin eröffnete[338] – Einheitsverfahren durch eine sanktionsbewehrte Verpflichtung der Gläubiger und Gesellschafter zur Koordination in Form eines Obstruktionsverbotes.[339]

4. Verfahrensmäßige Koordinierung

Einen weiteren denkbaren Ansatz zur Bewältigung von Insolvenzen innerhalb einer Gruppenstruktur stellt schließlich das Konzept der verfahrensmäßigen Koordinierung dar. Bei einer auf Koordinierung der unterschiedlichen Verfahren ausgerichteten Herangehensweise wird die rechtliche Selbstständigkeit der einzelnen Konzernteile gewahrt. Es wird lediglich durch Koordinierungs- und Kooperationsregelungen die Möglichkeit geschaffen, Wertschöpfungsmöglichkeiten zu erhalten bzw. freizusetzen und zusätzlich direkte und indirekte Insolvenzkosten einzusparen.[340] Entsprechend zielen derartige Überlegungen allem voran auf die Etablierung von Kooperationsverpflichtungen sowohl für die beteiligten Verwalter als auch die befassten Gerichte,[341] flankiert durch die Option einer Zuständigkeitskonzen-

334 So auch *Ehricke*, DZWiR 1999, 353, 361; *Eidenmüller*, ZHR 169 (2005), 528, 533; *Rotstegge*, ZIP 2008, 955, 956; ausführlich dazu *Rühlemann*, Verfahrenskonzentration in der Konzerninsolvenz, S. 360 ff.; *Holzer*, NZI 2007, 432, 432 ff.; zur Frage einer verfahrensmäßigen Konsolidierung als Bestandteil von Insolvenzplänen *Uhlenbruck*, NZI 1999, 41, 41 ff.

335 Dazu *Rühlemann*, Verfahrenskonzentration in der Konzerninsolvenz, S. 378 ff.

336 Dazu bspw. *Rühlemann*, Verfahrenskonzentration in der Konzerninsolvenz, S. 359 m. w. N.

337 *Eidenmüller/Frobenius*, Beilage 3 zu ZIP 2013, 1, 6.

338 *Eidenmüller/Frobenius*, Beilage 3 zu ZIP 2013, 1, 6.

339 *Eidenmüller/Frobenius*, Beilage 3 zu ZIP 2013, 1, 6 schlagen insoweit aus deutscher Sicht eine an die aus dem Planverfahren stammende Vorschrift des § 245 InsO angelehnte Regelung vor.

340 Vgl. dazu bspw. *Bezelgues*, Konzerninsolvenzen in der Europäischen Union, S. 67; *Wiebusch*, Internationales Konzerninsolvenzrecht, S. 62; *Grau*, Konsolidierung von Rechtsträgern, S. 188 ff.; *Becker*, Kooperationspflichten in der Konzerninsolvenz, S. 144 ff.; *Rühlemann*, Verfahrenskonzentration in der Konzerninsolvenz, S. 34 f.; allg. zu den Zielen einer Verfahrenskoordination *Ehricke*, WM 2005, 397, 399.

341 Zur Frage der in dieser Arbeit nicht näher zu betrachtenden Kooperationspflichten im Einzelfall für Konzerngläubiger, Konzerngesellschafter und Geschäftsleiter

tration auf gerichtlicher Ebene sowie dem Bestreben nach einer (weitgehenden) Personenidentität auf Verwalterseite im Einzelfall. Letzteres ermöglicht eine besonders weitreichende Koordinierung der Einzelverfahren und – soweit erforderlich – eine faktische Substitution der weggefallenen Konzernleitungsmacht.[342]

Ein Interesse, im Einzelfall sogar eine Pflicht zu einer solchen Zusammenarbeit ergibt sich für betroffene Verwalter bereits außerhalb ggf. neu zu schaffender Rechtssätze aus allgemeinen Grundsätzen.[343] Ziel einer jeden Insolvenzverwaltung ist grds. die optimale Masseverwertung und damit eine möglichst weitreichende Gläubigerbefriedigung; sei es durch Sanierung oder Liquidation. Bedarf es zur Erreichung dieses Ziels einer Zusammenarbeit mit anderen Beteiligten im eigenen Verfahren oder auch mit den Beteiligten anderer Verfahren, widerspräche eine Nichtaufnahme entsprechender Kooperationsbemühungen der Sorgfalt eines ordentlichen und gewissenhaften Insolvenzverwalters und damit der ordnungsgemäßen Erfüllung der Verwalterpflichten.[344] Die Grenze jeder Zusammenarbeit markiert dabei jedoch stets das Interesse der verfahrenseigenen Gläubiger an einer bestmöglichen Befriedigung ihrer Forderungen. Kooperation darüber hinaus ist nur denkbar, wenn entstehende Nachteile durch Ausgleichszahlungen aus an anderer Stelle realisiertem Mehrwert kompensiert werden.[345]

All dies kann durch die Flexibilität allgemeiner Kooperationsverpflichtungen grds. gewährleistet werden. Ein gewisser Nachteil liegt allerdings darin begründet, dass der Kooperationserfolg maßgeblich vom Willen der Beteiligten abhängig ist. Jede Form der Zusammenarbeit funktioniert nur solange effektiv, bis sie durch Unstimmigkeiten in Bezug auf die konkrete Ausgestaltung, die grundlegenden Ziele oder aber auch in Ansehung konkreter Einzelfallfragen gestört wird.[346] Die Entstehung derartiger Unstimmigkeiten stellt in der Praxis leider eher die Regel denn die Ausnahme dar. Kooperationssituationen unterliegen in hohem Maße dynamischer Entwicklung und sind weitreichenden äußeren wie inneren Störquellen ausgesetzt.[347] Hier einen sinnvollen Ausgleich zu schaffen ist schwierig, u. U. sogar unmöglich. Selbst die Klagbarkeit eines Anspruchs auf Zusammenarbeit vermag regelmäßig an diesem Dilemma faktisch nichts zu ändern. Eine gerichtliche Durchsetzung widerspricht nicht nur der Eilbedürftigkeit gerade in der entscheidenden Anfangsphase eines Insolvenzverfahrens, sondern trägt darüber hinaus zu einer (weiteren) *Vergiftung des Kooperationsklimas* bei. Darin wiederum liegt ein erhebli-

---

vgl. ausführlich *Becker*, Kooperationspflichten in der Konzerninsolvenz, S. 262 ff., 311 ff., 359 ff.

342 Dazu *Becker*, Kooperationspflichten in der Konzerninsolvenz, S. 144.

343 Vgl. dazu *Becker*, Kooperationspflichten in der Konzerninsolvenz, S. 244 ff.

344 Zur Schwierigkeit der Feststellbarkeit eines Kooperationsvorteils *ex ante Becker*, Kooperationspflichten in der Konzerninsolvenz, S. 252 ff.

345 Vgl. dazu bereits allg. unter Teil 3.I.1.b.

346 *Frege*, INDAT-Report, 4/2013, S. 18; *Ehricke*, WM 2005, 397, 399; dazu ausführlich auch *Becker*, Kooperationspflichten in der Konzerninsolvenz, S. 149 ff.

347 So auch *Ehricke*, WM 2005, 397, 399.

ches Drohpotential begründet, welches leicht zur Durchsetzung spezifischer Einzelinteressen missbraucht werden kann.

Entscheidend für den Erfolg eines auf Zusammenarbeit basierenden Grundkonzeptes ist es, den Beteiligten die grundsätzliche Verpflichtung zur selbigen aufzuerlegen und damit die Möglichkeit zu schaffen, über eine solche dem Ziel einer koordinierten Gruppen-Insolvenz gerecht zu werden. Die genaue Ausgestaltung der Zusammenarbeit kann bereits im Hinblick auf die Vielschichtigkeit der denkbaren Gruppenstrukturen indes nicht antizipiert werden.[348] Vielmehr obliegt es insoweit den Beteiligten, diese durch den Abschluss vertraglicher Kooperationsvereinbarungen[349] zu konkretisieren und dabei Möglichkeiten zu finden, die Zusammenarbeit auch im Falle einer Konfliktsituation aufrechtzuerhalten. In Betracht kommen dazu insb. haftungsrechtliche Vereinbarungen sowie die Unterwerfung unter (schieds-) gerichtliche Eilverfahren.

II. Erkenntnisse aus und Stellungnahmen zu den verschiedenen Ansätzen

Vergleicht man die unterschiedlichen Ansätze, wird schnell deutlich, dass lediglich ein auf der Kooperation und Koordination von Einzelverfahren beruhendes Konzept die notwendige Flexibilität mitbringt, die zur Bewältigung der vielschichtigen Einzelfallproblematiken einer Konzerninsolvenz notwendig ist. Dies gilt umso mehr, je weiter man den Anwendungsbereich der entsprechenden Regelungen fasst. Die vollständige Negierung der Konzernstrukturen hingegen führt zu vermeidbaren Verfahrenskosten und erschwert die Realisierung eines Konzernmehrwerts in der Insolvenz erheblich bzw. macht derartige Bemühungen sogar gänzlich unmöglich.

Die Überlegungen, das Konzept der materiellen Konsolidierung als Regelfall für die Bewältigung von Konzerninsolvenzen fruchtbar zu machen, sind daher vehement abzulehnen. Vielfach beruhen diese auf einer Fehlinterpretation der US-amerikanischen Rechtsprechung. Die Vermischung mehrerer Massen zu einer Einheitsmasse kann – wenn überhaupt – nur in besonders gelagerten Einzelfällen in Betracht kommen.[350] Sie stellt daher gerade kein taugliches Grundkonzept zur

348 I. d. S. auch *Becker*, Kooperationspflichten in der Konzerninsolvenz, S. 243.

349 Vgl. zu Insolvenzverwalterverträgen/Protocols bspw. *Reinhart*, in MüKO InsO, 2. Auflage 2008, Art. 31 EuInsVO Rn. 38 ff.; *Schultz*, in HK-InsO, Art. 31 EuInsVO Rn. 13; *Paulus*, ZIP 1998, 977, 977 ff.; *Becker*, Kooperationspflichten in der Konzerninsolvenz, S. 109 ff. zu den sog. Co-Co-Guidelines (für Gerichte) *Fletcher*, IILR 2013, 2, 2 ff.

350 *Eidenmüller/Frobenius*, Beilage 3 zu ZIP 2013, 1, 3 sprechen zutreffend von einer *„außergewöhnlichen Maßnahme für außergewöhnliche Fälle“*. *Peter*, in Peter/Jeandin/Kiborn, The Challenges of Insolvency Law Reform in the 21st Century, S. 199, 204 m. w. N. *„reserved for exceptional cases“*; zu diesem Ergebnis kommt bei grds. positiver Einstellung zu einer materiellen Konsolidierung auch *Verhoeven*, ZInsO 2012, 1757, 1764, und schlägt daher die Einbindung in das Planverfahren vor.

Bewältigung von Konzerninsolvenzen dar.[351] Haftungssegmentierung und Möglichkeiten einer belastbaren Risikoallokation sind elementare Grundintention jeder Konzernierung.[352] *Oberhammer* weist insoweit sehr eindrücklich darauf hin, dass *„durch den Gedanken einer substantive consolidation als Allheilmittel für die Konzerninsolvenz in Wahrheit vorgeschlagen (werde), das Haftungsrecht im Konzern just in jenem Fall zu ignorieren, auf welchen es seinem Zweck und Inhalt nach zugeschnitten ist.“*[353] Die Haftungstrennung muss sich gerade in der Insolvenz bewähren.[354] Würde diese Trennung in der Insolvenz vollständig aufgebrochen, verlöre das Modell *Konzern* insgesamt an Attraktivität[355] mit der Folge, dass Wachstum gerade in risikobehafteten Geschäftsbereichen mit weitaus höheren Finanzierungskosten als bereits derzeit ohnehin schon verbunden wäre und damit zu Lasten gesamtwirtschaftlich positiver Entwicklungen reduziert würde.[356] Dies gilt umso mehr, als eine Konsolidierung – vom ohnehin fragwürdigen Erlöschen konzerninterner Forderungen und der auch anderweitig realisierbaren Umsetzung einheitlicher Planverfahren

---

351 So auch *Thole*, KTS 2014, 351, 353; *Leithaus/Schäfer*, KSzW 03.2012, 272, 273; *Adam/Poertzgen*, ZInsO 2008, 347, 350 ff.; *Eidenmüller* ZHR 169 (2005), 528, 531 f.; *K. Schmidt*, KTS 2010, 1, 15; differenzierter *Hirte*, in FS K. Schmidt, S. 641, 644 ff.; *Humbeck*, NZI 2013, 957, 957 ff.; *Paulus*, ZGR 2010, 270, 281 f.; *ders.*, ZIP 2005, 1948, 1953 ff.; *Telke*, Die Anforderungen an ein wettbewerbsfähiges Konzerninsolvenzrecht für den Wirtschaftsstandort Deutschland, S. 82; ähnlich auch bereits *Mertens*, ZGR 1984, 542, 554 f.

352 I. d. S. auch *Schmollinger*, Der Konzern in der Insolvenz, S. 315.; *Bezelgues*, Konzerninsolvenzen in der Europäischen Union, S. 77; *Grau*, Konsolidierung von Rechtsträgern, S. 3 m. w. N.

353 *Oberhammer*, KTS 2009, 27, 64.

354 So auch *Brünkmans*, Die Koordinierung von Insolvenzverfahren, S. 101 mit Verweis auf Erster Bericht der Kommission für Insolvenzrecht, S. 290 ff.; *Thole*, in Flöther, Handbuch Konzerninsolvenz, § 2 Rn. 56; *L. Beck*, DZWiR 2014, 381, 384; *Sester*, ZIP 2005, 2099, 2100; *Becker*, Kooperationspflichten in der Konzerninsolvenz, S. 128; *Rühlemann*, Verfahrenskonzentration in der Konzerninsolvenz, S. 57; auch bereits *Lutter*, ZfB (54) 1984, 781, 784 und 786; kritisch *Albach*, ZfB (54) 1984, 773, 773 ff.; offener auch *Grau*, Konsolidierung von Rechtsträgern, S. 207 ff.

355 A. A. *Verhoeven*, ZInsO 2012, 1757, 1762, der jedoch insoweit lediglich auf den Fall der Totalinsolvenz des gesamten Konzerns abstellt und damit in seiner Argumentation letzlich zu kurz greift; ähnlich auch Vormstein, Zuständigkeit bei Konzerninsolvenzen, S. 34 f. der unter Verweis auf die Verlustausgleichspflicht innerhalb von Beherrschungsverträgen auch einen gewissen Präventionscharakter zu erkennen glaubt; insg. dazu *Bezelgues*, Konzerninsolvenzen in der Europäischen Union, S. 77 ff. m. w. N.

356 Die Situation ist insoweit vergleichbar mit den Problemen beim Haftungsdurchgriff, dazu unter Teil 4.I.2.d mit entsprechenden Nachweisen; zum englischen Recht *Dähnert*, NZG 2015, 258, 258 ff. *Lutter*, ZfB (54) 1984, 781, 781 ff. wirft insoweit die zutreffende Frage auf, welchen Nutzen anderenfalls die zahlreichen komplexen Vorschriften zur Stabilisierung der juristischen Person und ihres Vermögens überhaupt hätten.

einmal abgesehen zumeist nur im Zusammenhang mit einer Liquidierung, nicht jedoch auch im Rahmen von Sanierungsbemühungen maßgebliche Vorteile bringen könnte.[357] Ein modernes Konzerninsolvenzrecht hingegen sollte auf einem Grundkonzept basieren, das auf Sanierungs- und Liquidierungssachverhalte gleichermaßen angewendet werden kann.[358] Anderenfalls würde regelmäßig durch die sehr frühe Weichenstellung eine Reaktion auf sich verändernde Umstände im Verlauf des Verfahrens unnötig erschwert werden.

Darüber hinaus ist zu bedenken, dass eine Massekonsolidierung zu einer Schlechterstellung all jener führt, die als Gläubiger von vergleichsweise massereichen Einzelverfahren nunmehr in Folge einer konzernweiten *par conditio creditorum* eine geringere Quote erhalten.[359] Zudem kommt es zu einem Wegfall von konzerninternen gestellten Sicherheiten.[360] Insgesamt werden alle Gläubiger plötzlich mit einem neuen, bisher nicht existenten „Einheitsschuldner" konfrontiert; ein eklatanter Eingriff in die Privatautonomie.[361] Dies führt in der Praxis unweigerlich dazu, dass jedwede Kreditgewährung von einer Prüfung der Solvenz des Gesamtkonzerns abhängig würde. Eine solche ist regelmäßig jedoch im Hinblick auf die Möglichkeiten sich ständig verändernder Konzernstrukturen überhaupt nicht verlässlich möglich. In jedem Fall ist sie mit erheblichen Schwierigkeiten und Kosten, insb. höheren Delcredere-Zuschlägen, verbunden, was zu allgemein steigenden Finanzierungskosten führt.[362]

---

357 *Holzer*, ZIP 2011, 1894, 1898; dazu auch UNCITRAL Legislative Guide Part Three, S. 60; anders nach US-Recht. Dazu und zu den Unterschieden zum deutschen Recht *Brünkmans*, Die Koordinierung von Insolvenzverfahren, S. 106; *Scheel*, Konzerninsolvenzrecht, S. 244, 274 f. m. w. N.; differenzierend auch *Grau*, Konsolidierung von Rechtsträgern, S. 115 ff., 127 ff.

358 Zur Gleichberechtigung der Verwertungsmethoden vgl. bereits unter Teil 3.I.4.

359 Dazu *Westphal/Götker/Wilkens*, Grenzüberschreitende Insolvenzen, Rn. 1011; *Brünkmans*, Die Koordinierung von Insolvenzverfahren, S. 102 f. m. w. N.; *Paulus*, ZIP 2005, 1948, 1953; *Scheel*, Konzerninsolvenzrecht, S. 243; *Bezelgues*, Konzerninsolvenzen in der Europäischen Union, S. 79 ff.; *Grau*, Konsolidierung von Rechtsträgern, S. 83, 105 ff.; *Rühlemann*, Verfahrenskonzentration in der Konzerninsolvenz, S. 51; *Vormstein*, Zuständigkeit bei Konzerninsolvenzen, S. 39 f. jeweils m. w. N.

360 *Paulus*, ZIP 2005, 1948, 1953.

361 *Eidenmüller*, ZHR 169 (2005), 528, 532, der zu Recht auf die Gefahr der Förderung sozialschädlicher sog. *rent seeking investments* hinweist; *Sester*, ZIP 2005, 2099, 2100; *Flöther/Hoffmann*, in FS Kübler, S. 147, 148 m. w. N.; *Rühlemann*, Verfahrenskonzentration in der Konzerninsolvenz, S. 52 f.; *Vormstein*, Zuständigkeit bei Konzerninsolvenzen, S. 36.

362 Dazu *Sester*, ZIP 2005, 2099, 2100; *Eidenmüller*, ZZP 114 (2001), 3, 7; *ders.*, ZHR 169 (2005), 528, 532; *Thole*, KTS 2014, 351, 353; *ders.*, in Flöther, Handbuch Konzerninsolvenz, § 2 Rn. 64; *Grau*, Konsolidierung von Rechtsträgern, S. 112 m. w. N.; *Becker*, Kooperationspflichten in der Konzerninsolvenz, S. 129.

Die Tatsache, dass in der Praxis oftmals tatsächlich bereits eine derartige Prüfung der gesamten wirtschaftlichen Verhältnisse der Unternehmensgruppe bei der Kreditvergabe erfolgt[363] und die Gruppenmitglieder ggf. auch insgesamt für die Verbindlichkeiten haften, ist bei genauerer Betrachtung nicht geeignet, diese Argumentation zu erschüttern. Vermögen derartige Bedenken im Hinblick auf die Verpflichtungen von Kreditinstituten zur Prüfung des wirtschaftlichen Verhältnisses des Kreditnehmers gemäß § 18 KWG, wobei als Kreditnehmer insoweit nach § 19 Abs. 2 KWG auch gesamte Gruppenstrukturen gelten, noch in gewisser Weise zu überzeugen,[364] verlieren sie unterhalb der diese Pflichten auslösenden Schwelle von grds. 750.000,00 € vollständig an Bedeutung. Das Gros der Gläubiger, allen voran die Warenkreditgeber und Arbeitnehmer, ist weit unterhalb dieser Schwelle zu verorten und hat weder die strategischen noch die finanziellen Möglichkeiten, eine Prüfung der wirtschaftlichen Verhältnisse der gesamten Gruppenstruktur durchzuführen. Damit würden aber gerade Kleingläubiger zusätzlich benachteiligt.[365] Zudem ist eine eventuelle künftige Ausdehnung der Gruppenstruktur nicht vorhersehbar.

Schließlich ist, wie der EuGH in der Rechtssache *Rastelli*[366] zutreffend ausgeführt hat, gerade im Bereich grenzüberschreitender Sachverhalte eine materielle Konsolidierung abzulehnen, um zu verhindern, dass auf diese Weise nationale Rechtsvorschriften auch in Staaten Anwendung beanspruchen, zu denen der konkrete Schuldner keinerlei eigenständigen Bezug hat und damit internationales Zuständigkeits- und Kollisionsrecht durch rein nationale Regelungen unterwandert werden würde.

Somit ist die bereits seinerzeit von der deutschen Reformkommission getroffene Entscheidung[367] gegen die Einführung einer materiellen Konsolidierung weiterhin zu befürworten.[368] Dem *„Charme der vermeintlichen Einfachheit“*[369] darf man nicht erliegen. Ein tragfähiges Grundprinzip zur Bewältigung von Insolvenzen innerhalb einer Unternehmensgruppe kann ein derartiges Konzept keinesfalls darstellen, da

---

363 Dazu *Humbeck*, NZI 2013, 957, 958.

364 Dies betont insb. *Verhoeven*, ZInsO 2012, 1757, 1763.

365 A. A. *Verhoeven*, ZInsO 2012, 1757, 1763, der das Vertrauen der Kleingläubiger in die Finanzkraft des Gesamtkonzerns in den Vordergrund stellt. Dieses Vertrauen kann sich jedoch nur als zusätzliches Vertrauen in konzernrechtliche Sonderregelungen (Verlustausgleich etc.) und damit in Richtung eines Mehr an Haftungsmasse darstellen, das über die Situation des eigentlichen Schuldners hinausgeht. Als Mindeststandard muss es jedoch bei dem Vertrauen in die Haftung zumindest des Einzelschuldners ohne konzernbedingte Minderungen verbleiben.

366 EuGH NZI 2012, 147, 147 ff. mit Anm. *Mankowski*; dazu auch *Pannen*, ZInsO 2014, 222, 227 ff.; *Paulus*, EWIR 2012, 87, 87 ff.

367 Erster Bericht der Kommission für Insolvenzrecht, S. 291 f.

368 So auch *Lüer/Streit*, in Uhlenbruck, InsO, § 217 Rn. 33; *ders.*, ZIP 2008, 444, 449; *K. Schmidt*, KTS 2010, 1, 15; *Eidenmüller*, ZHR 169 (2005), 528, 531 f.; *Sester*, ZIP 2005, 2099, 2099 ff.

369 *Thole*, in Flöther, Handbuch Konzerninsolvenz, § 2 Rn. 63.

es mit elementaren Grundprinzipien unvereinbar ist.[370] Aber auch als zusätzliche Sonderoption ist eine materielle Konsolidierung letztlich nicht zu befürworten. Die Ausnahmefälle, in denen eine materielle Konsolidierung überhaupt erwogen wird, sind vielmehr – da es sich regelmäßig um Fälle eines vorhergehenden Rechtsmissbrauchs handelt – über allgemeine Haftungsregelungen abzuwickeln.[371] Ergänzend ist derartigen Fällen durch eine Stärkung bestehender Haftungssysteme gepaart mit strafrechtlicher Sanktionierung zukünftig vermehrt vorzubeugen.

Aber auch das Konzept der „lediglich" verfahrensmäßigen Konsolidierung kann im Ergebnis nicht überzeugen. Der wesentliche Nachteil liegt hier in dem damit einhergehenden erheblichen Verlust an Transparenz.[372] Innerhalb eines Einheitsverfahrens ist sowohl materiell-rechtlich, aber auch in Bezug auf einzelne Verfahrensfragen (z. B. bei der Feststellung von Forderungen bzw. dem Widerspruch gegen diese) danach zu unterscheiden, welche der erfassten Insolvenzmassen betroffen ist. Es besteht vor diesem Hintergrund die Gefahr, dass die Konsolidierung sich letztlich in einem gemeinsamen Aktenzeichen erschöpft und faktisch lediglich koordinierte Einzelverfahren unter einem solchen abgewickelt werden. Würde man die verfahrensmäßige Konsolidierung als obligatorisches Grundkonzept etablieren wollen, würde dies in Folge fehlender Flexibilität überdies vielfach zu einem gehäuften Auftreten ansonsten vermeidbarer Interessenskonflikte führen. Dass es vor diesem Hintergrund in der Praxis zu einer vermehrten Bestellung von Sonderinsolvenzverwaltern kommen würde, räumen sogar die Verfechter eines derartigen Ansatzes ein.[373] Es bleibt damit festzuhalten, dass eine verfahrensmäßige Konsolidierung im Ergebnis keine Vorteile bringen kann, die nicht auch im Rahmen einer deutlich flexibleren reinen Koordinierung von Einzelverfahren erzielt werden können.[374]

Der Schlüssel zur erfolgreichen Bewältigung von Insolvenzen innerhalb einer Konzernstruktur liegt damit in einer verfahrensmäßigen Koordinierung. Vor dem Hintergrund dieser Erkenntnis ist es zu begrüßen, dass sämtliche bereits angesprochene und im Folgenden einzeln untersuchte Reformbemühungen (UNCITRAL, EuInsVO, InsO) im Wesentlichen auf diesem Grundkonzept beruhen.

---

370 Zur dt. InsO *Ehricke*, in Kölner Schrift zur Insolvenzordnung, Kap. 32 Rn. 53; *Becker*, Kooperationspflichten in der Konzerninsolvenz, S. 174. Dies gilt gleichermaßen in Ansehung der dargestellten europäischen Prinzipien.

371 In diesem Sinne auch *Eidenmüller/Frobenius*, Beilage 3 zu ZIP 2013, 1, 3 mit zutreffendem Hinweis auf die Rechtsprechung des BGH zum Haftungsdurchgriff bei Vermögensvermischung, BGH ZIP 2006, 467; *Sester*, ZIP 2005, 2099, 2101; *Verhoeven*, Die Konzerninsolvenz, S. 127; *Telke*, Die Anforderungen an ein wettbewerbsfähiges Konzerninsolvenzrecht für den Wirtschaftsstandort Deutschland, S. 80.

372 In diesem Sinne auch *Thole*, KTS 2014, 351, 353; *ders.*, in Flöther, Handbuch Konzerninsolvenz, § 2 Rn. 72.

373 *Eidenmüller/Frobenius*, Beilage 3 zu Heft 2013, 1, 11.

374 I. d. S auch *Thole*, KTS 2014, 351, 354.

Teil 5. Erfahrungen mit der Zuständigkeitskonzentration in anderen Bereichen

Ausgehend von der bisher gewonnenen Erkenntnis, dass zur effizienten Bewältigung von Insolvenzen innerhalb einer Unternehmensgruppe neben einer verstärkten Kooperation vor allem eine Koordination durch Konzentration notwendig erscheint, soll im Folgenden geprüft werden, ob die Erfahrungen mit Zuständigkeitskonzentrationen auf anderen Gebieten insoweit fruchtbar gemacht werden können. Da nach hiesiger Auffassung eine Konzentration jeweils nur innerhalb der Staatsgrenzen zu erfolgen hat, während bei grenzüberschreitenden Sachverhalten die dann jeweils nationalen gebündelten Verfahren „einzig" durch Koordinierungs- und Kooperationspflichten verknüpft werden sollten, richtet sich der Fokus der folgenden Überlegungen exemplarisch auf die Erfahrungen mit einer Zuständigkeitskonzentration innerhalb der deutschen Rechtsordnung und dort auf den Bereich des Zivil(verfahrens)rechts. Auch bereits bestehende Regelungen innerhalb der InsO sind insoweit zu berücksichtigen. Trotz dieser nationalen Beschränkung ist im Hinterkopf zu behalten, dass viele der untersuchten deutschen Regelungen auf europäischen Vorgaben beruhen.

I. Zuständigkeitskonzentration und deren praktische Auswirkungen am Beispiel des deutschen Rechts

1. Allgemeine Zuständigkeitssituation

Die in der Praxis vorherrschende hohe Anzahl erstinstanzlich zuständiger Gerichte und die sich daraus ergebende ungleich höhere Anzahl potentiell berufener Spruchkörper sind großteils dem föderalistischen Aufbau der Bundesrepublik Deutschland geschuldet.[375] Aber auch die Ermöglichung eines effektiven Rechtsschutzes im Sinne der verfassungsmäßigen Gewährleistung in Art. 19 Abs. 4 GG verlangt eine gewisse räumliche Nähe zu den Gerichten.[376] Ein erheblicher Nachteil dieser für den Rechtssuchenden ansonsten durchaus positiven Ausgestaltung des Justizapparats liegt in der Gefahr begründet, dass sich die mit dem konkreten Verfahren betrauten Spruchkörper u. U. erstmals in die entsprechende Materie einarbeiten müssen. Gerade an kleinen Gerichtsstandorten treten besondere Fallgestaltungen möglicherweise nur sehr selten auf. Die in solchen Fällen mit der Aneignung notwendiger Spezialkenntnisse einhergehende (insb. zeitliche) Belastung steht dabei regelmäßig außer Ver-

---

375 So auch *Munzinger/Traub*, GRUR 2006, 33, 34.

376 *Wolf*, Gerichtsverfassungsrecht aller Verfahrenszweige, § 27 II. 1.; *Schilken*, Gerichtsverfassungsrecht, § 6 Rn. 93.

hältnis zum Ergebnis.[377] Damit ist klar, dass eine Allzuständigkeit jedes Gerichts sowohl aus Praktikabilitäts- als auch aus grundlegenden Gerechtigkeitserwägungen heraus nicht zweckmäßig ist.[378] Vielmehr ist eine Diversifizierung der Zuständigkeiten zwingend erforderlich. Hierbei kommen unterschiedlichste Anknüpfungsmerkmale in Betracht,[379] von denen das Prinzip der Verteilung nach spezifischem Sachverstand im Sinne einer *„Zuständigkeit kraft Kompetenz"*[380] für die vorliegenden Überlegungen von maßgeblichem Interesse ist.

Das Bestreben nach einer Spezialisierung stellt als solches ein zulässiges Anknüpfungsmerkmal für eine Verteilung und Konzentration der Zuständigkeit dar.[381] (Prozess-)ökonomische Argumente und das Ziel gesteigerter Rechtsprechungsqualität und -kontinuität bilden die hierfür notwendige Rechtfertigung. Verfassungsrechtliche Bedenken bestehen nach zutreffender Einschätzung des Bundesverfassungsgerichts nicht. Vielmehr ist *„die Zusammenfassung mehrerer Gerichtsbezirke für eine besondere Materie (...) aus Gründen der Zweckmäßigkeit"* grds. möglich und *„weder mit dem Wesen der Zivilgerichtsbarkeit unvereinbar, noch kann eine solche allgemeine organisatorische Regelung durch den Gesetzgeber einen Beteiligten seinem gesetzlichen Richter entziehen"*.[382]

2. Spezialmaterien als Hauptanwendungsbereich von Konzentrationsregelungen

In deutschen Vorschriften aller Bereiche finden sich daher Regelungen, die darauf abzielen, durch Zuständigkeitskonzentration die aufgezeigten Nachteile der weitläufigen Gerichtsorganisation zu beseitigen und damit auch eine Steigerung der Verfahrenseffizienz, wie sie Art. 19 Abs. 4 GG bis hin zu einem Beschleunigungsgebot einfordert,[383] herbeizuführen. Der Begriff der Zuständigkeitskonzentration ist in diesem Zusammenhang denkbar weit zu verstehen. Er bezieht sich zwar vielfach primär auf die örtliche Zuständigkeit, erfasst jedoch darüber hinaus sowohl die sachliche als auch die funktionale Zuständigkeit, was sich insb. am Beispiel der gerichtsinternen Geschäftsverteilung zeigt. Oftmals betrifft eine entsprechende Regelung sowohl die örtliche als auch die sachliche Zuständigkeit, so bspw. im Fall von § 2 InsO.[384]

---

377 *Ehricke*, NJW 1996, 812, 816 m. w. N.
378 *Ehricke*, NJW 1996, 812, 813 m. w. N.
379 Dazu *Rosenberg/Schwab/Gottwald*, Zivilprozessrecht, § 29 Rn. 19; *Patzina*, in MüKO ZPO, § 12 Rn. 2f.; *Heinrich*, in Musielak/Voit, ZPO, § 12 Rn. 1.
380 Begrifflichkeit bei *Ehricke*, NJW 1996, 812, 814.
381 *Munzinger/Traub*, GRUR 2006, 33, 34f. am Beispiel des Patent- sowie des Marken- und Geschmacksmusterrechts. So auch bereits der Gesetzgeber im Rahmen von § 51 PatentG 1936, Begründung abgedruckt in BlPMZ 1936, 103, 114.
382 BVerfG, Beschl. v. 23.02.1956–1 BvL 49/55 Rz. 62 = BVerfGE 4, 387ff.
383 Dazu *Schmidt-Aßmann*, in Maunz/Dürig, GG, Art. 19 Rn. 262ff.
384 Dazu ausführlich *Gerhardt*, in Jaeger, InsO, § 2 Rn. 42 m. w. N.

Bereits die verfassungsrechtlich durch Art. 95 Abs. 1 GG vorgegebene grundlegende Aufteilung der einzelnen Rechtswege (Verwaltungsgerichtsbarkeit, Finanzgerichtsbarkeit, Strafgerichtsbarkeit, Arbeitsgerichtsbarkeit etc.)[385] stellt für sich genommen eine erste Konzentration basierend auf einer fachlichen Spezifikation dar.[386]

Besondere Bedeutung erlangen Regelungen zur Zuständigkeitskonzentration jedoch vor allem im Zusammenhang mit immer häufiger werdenden Sondermaterien, in denen spezielle juristische, aber auch nichtjuristische Kenntnisse für eine sachgerechte Verfahrensabwicklung und Entscheidungsfindung vonnöten sind. Angefangen bei der Möglichkeit einer konzentrierten Zuständigkeit für Familien-, Vormundschafts-, Betreuungs-, Unterbringungs- und Handelssachen sowie für Angelegenheiten der freiwilligen Gerichtsbarkeit (§ 23d GVG) über die Zuständigkeit von Unterlassungsklagen nach dem Gesetz über Unterlassungsklagen bei Verbraucherrechts- und anderen Verstößen (§ 6 Abs. 2 UKlaG) sowie bei Marken- (§ 140 Abs. 2 MarkenG) und Urheberrechtsstreitigkeiten (§ 105 Abs. 2 UrhG) bis hin zu Baulandsachen (§ 219 Abs. 2 BauGB) wird eine „Zuständigkeit kraft besonderer Kompetenz" angestrebt.[387] Aber auch die Konzentration des Mahnverfahrens bei zentralen Mahngerichten (§ 689 Abs. 3 ZPO) ist von diesem Rechtsprinzip geprägt.[388] Diese Aufzählung ließe sich erheblich erweitern; bereits dieser kleine Ausschnitt belegt jedoch anschaulich die Bedeutung des Konzeptes der Konzentration zur Spezialisierung.

Die detailliertesten Bestrebungen zur Bildung fachspezifischer Spruchkörper finden sich schließlich im Bereich der gerichtsinternen Geschäftsverteilung. Im Rahmen der gemäß § 21e GVG durch die Präsidien aufgestellten Geschäftsverteilungspläne gilt der Grundsatz der gleichmäßigen und sachgerechten Verteilung.[389] Dieser verpflichtet zu einer bestmöglichen Ausnutzung bestehender Ressourcen, insb. durch Berücksichtigung bestehender Kenntnisse und Erfahrungen bei der Zuteilung.[390] Ihm wird durch die Bildung spezifischer, teilweise bereits durch Gesetz vorgegebener,[391] teilweise auf allgemeinen Spezialisierungserwägungen beruhen-

---

385 Zur Geltung von Art. 95 Abs. 1 GG auch auf Ebene der unter- und mittelinstanzlichen Gerichte vgl. statt vieler *Jachmann*, in Maunz/Dürig, GG, Art. 95 Rn. 110.

386 *Ehricke*, NJW 1996, 812, 814; *Gottwald*, in Gilles, Anwaltsberuf und Richterberuf, S. 225, 250.

387 Vgl. dazu auch Auflistung bei *Roth*, in Stein/Jonas, ZPO, Vor § 12 Rn. 16.

388 BT-Drucks. 7/2729, S. 97; *Ehricke*, NJW 1996, 812, 815. Zum europäischen Mahnverfahren und § 1087 ZPO auch unter insolvenzrechtlichen Gesichtspunkten vgl. *Niesert/Stöckel*, NZI 2010, 638, 638 ff.; allg. *Rellermeyer*, RPleger 2009, 11, 11 ff.

389 BVerfGE 17, 294, 301 = NJW 1964, 1020, 1021; BVerfGE 50, 11, 14 = NJW 1976, 1224, 1226; BVerfG NJW 1988, 1159, 1160.

390 *Jacobs*, in Stein/Jonas, ZPO, § 21e GVG Rn. 5 m. w. N.; *Kissel/Mayer*, GVG, § 21e Rn. 79, 85.

391 Bspw. § 93 ff. GVG – Kammer für Handelssachen (zur Frage einer Übertragung bestimmter Insolvenzverfahren auf selbige vgl. *Heyer*, ZInsO 2011, 1495, 1495 ff.);

der[392] Kammern oder Senate, in denen durch wiederholte und kanalisierte Befassung Spezialwissen geschaffen und erhalten werden kann, Rechnung getragen.

Die dargestellte Etablierung und stetige Erweiterung von Zuständigkeitskonzentrationen zum Zwecke der Spezialisierung einzelner Spruchkörper im deutschen Verfahrensrecht belegt die von *Ehricke* geäußerte Einschätzung, dass man insoweit von einem im deutschen Verfahrensrecht geltenden grundlegenden Rechtsprinzip sprechen kann.[393] Durch dieses Prinzip soll sichergestellt werden, dass sich stets dasjenige Gericht mit einer Sache befasst, das für die zu treffende Entscheidung insb. durch besondere Sachkunde und Sachnähe am besten berufen ist.[394] Ein Ansinnen, dem vor dem Hintergrund zunehmender Komplexität neuer Rechtsbereiche nachdrücklich zuzustimmen ist.

3. Wege der Umsetzung örtlicher Zuständigkeitskonzentration

Die Umsetzung der angestrebten Konzentrationswirkung variiert stark. Bei der für die weiteren Untersuchungen maßgeblich relevanten Konzentration der örtlichen Zuständigkeit kommen im Wesentlichen[395] zwei verschiedene Konzepte zur Anwendung. Zum einen existieren Vorschriften, die bereits *ipso jure* eine Konzentration der örtlichen Zuständigkeit enthalten.[396] Zum anderen wird in vielen Fällen durch eine entsprechende Verordnungsermächtigung den Landesgesetzgebern die Möglichkeit eingeräumt, eine Zuständigkeitskonzentration herbeizuführen. Dabei wird meist

---

dazu *Wolf*, Gerichtsverfassungsrecht aller Verfahrenszweige, § 14 II. 1. Siehe in diesem Zusammenhang auch Entwurf eines Gesetzes zur Einführung von Kammern für internationale Handelssachen (KfiHG) vom 30.04.2014, BT-Drucks. 18/1287. Zudem existieren zahlreiche zusätzliche landesrechtliche Vorschriften wie z. B. § 84 NJG (Spezialkammer für Vertragsarztrecht am Sozialgericht Hannover), § 19 JustG NRW (alleinige Zuständigkeit des FG Düsseldorf für Zoll- und Verbrauchsteuerangelegenheiten u. a. in NRW).

392 Dazu *Kissel/Mayer*, GVG, § 21e Rn. 81; *Schilken*, Gerichtsverfassungsrecht, § 16 Rn. 291.

393 *Ehricke*, NJW 1996, 812, 815; a. A. *Roth*, in Stein/Jonas, ZPO, Vor § 12 Rn. 15.

394 Vgl. zu dieser grundsätzlichen Zielsetzung die ständige Rechtsprechung des BGH, bspw. BGH NJW 1976, 1941, 1943; NJW 1984, 1820, 1820; NJW 1988, 1264, 1264 f. jeweils mit weiteren Nachweisen; dazu auch *Martens*, LKV 1991, 295, 297.

395 Eine weitere Spielart ist die Schaffung einer faktischen Zuständigkeitskonzentration durch Anknüpfung an einen speziellen Ort, bspw. § 48 BörsG a. F. mit einer Anknüpfung an den Ort der Börse, der zu einer primären Zuständigkeit des LG Frankfurt am Main in Verfahren über unrichtige Börsenprospekte führte. Kritisch zur Abkehr von diesem Konzept durch das KapMuG *Möllers/Weichter*, NJW 2005, 2737, 2739; *Plaßmeier*, NZG 2005, 609, 613 f.; für eine Beibehaltung sprach sich auch der Bundesrat aus, s. Stellungnahme des Bundesrates, BT-Drucks. 15/5091, S. 46.

396 Bspw. § 802k Abs. 1 ZPO; § 12 Abs. 1 IntFamRVG; § 5 Abs. 1 EUGewSchVG; § 28 Abs. 1 Satz 1 AUG, aber auch § 2 Abs. 2 InsO.

vorausgesetzt, dass eine solche entweder der sachlichen Förderung und/oder Beschleunigung der Verfahren,[397] oder aber zumindest anderweitig der Rechtspflege, z. B. durch Sicherung einer einheitlichen Rechtsprechung,[398] förderlich ist.[399] Hierbei handelt es sich um diejenigen grundlegenden Erwägungen, die auch der Bundesgesetzgeber in Fällen direkter Konzentration vor dem Hintergrund zunehmender Komplexität spezifischer Rechtsgebiete regelmäßig anstellt.[400]

Derartige Zuständigkeitskonzentrationen können sogar so weit gehen, dass einzelne Gerichte für mehrere Bundesländer zuständig sind[401] bzw. im Einzelfall auch nur ein einziges Gericht im gesamten Bundesgebiet zuständig ist.[402] Von den geschaffenen Möglichkeiten machen die Bundesländer, abhängig auch von der jeweiligen Materie, indes in ganz unterschiedlichem Umfang Gebrauch;[403] gerade der Verzicht auf eigene Kompetenzen bei landesübergreifender Konzentration fällt hier oft schwer[404] und verhindert damit u. U. sogar eine möglicherweise sinnvolle Konzentration.

4. Zuständigkeitskonzentration bei gleichartigen Begehren

Eine vor dem Hintergrund der vorliegenden Untersuchung ebenfalls interessante Möglichkeit stellt zudem die Konzentration der Zuständigkeit bei gleichartigen Rechtsbehelfen, die zeitgleich gegen ein und denselben Gegner zulässigerweise auch bei unterschiedlichen Gerichten[405] erhoben werden könnten, dar.

---

397 Bspw. § 2 Abs. 2 InsO; § 32b Abs. 2 ZPO; § 689 Abs. 3 ZPO; § 6 Abs. 2 UklaG; § 219 Abs. 2 BauGB; § 58 Abs. 1 GVG.

398 Bspw. § 13 Abs. 2 UWG; § 140 Abs. 2 MarkenG; § 105 Abs. 2 UrhG; § 89 Abs. 1 GWB; § 12 Abs. 2 AktG.

399 Konzentration ohne weitere Voraussetzungen bei OLG-Zuständigkeit in Ländern mit mehreren OLG, bspw. § 1062 Abs. 2 ZPO; § 6 Abs. 6 KapMuG.

400 Vgl. bspw. BT-Drucks. 15/3981, S. 22 zu § 12 IntFamRVG; BT-Drucks. 17/4887, S. 42 zu § 28 AUG.

401 Bspw. Zuständigkeit des OLG Hamburg in Staatsschutzsachen gem. § 120 GVG für die Länder Hamburg, Bremen, Schleswig-Holstein und Mecklenburg-Vorpommern.

402 So im Falle des § 1087 ZPO, wonach das AG Wedding (Berlin) im Bereich des europäischen Mahnverfahrens (Verordnung (EG) Nr. 1896/2006 des Europäischen Parlaments und des Rates vom 12.12.2006 zur Einführung eines Europäischen Mahnverfahrens, ABl. EU Nr. L 399 S. 1), ausschließlich zuständig ist. Gleiches gilt im Rahmen des alternativ weiterhin statthaften dt. Mahnverfahrens gem. § 689 Abs. 2 Satz 2 ZPO, sofern der Antragsteller im Inland keinen allgemeinen Gerichtsstand hat.

403 Dazu insb. im Zusammenhang mit § 2 Abs. 2 InsO *Becker*, KTS 2000, 157, 160.

404 In diesem Sinne auch *Munzinger/Traub*, GRUR 2006, 33, 34; *Paulus*, in FS Gottwald, S. 485, 493.

405 Nicht zu verwechseln mit der Konzentration am selben Gericht durch Prozessverbindung nach § 147 ZPO.

a. Bündelung von AGG-Klagen

So sind z. B. nach § 61b Abs. 2 ArbGG Klagen mehrerer Bewerber aus § 15 Abs. 2 AGG wegen Benachteiligung bei Begründung eines Arbeitsverhältnisses oder beim beruflichen Aufstieg auf Antrag des Arbeitgebers aus Zweckmäßigkeitserwägungen heraus[406] bei dem Arbeitsgericht zu verhandeln, bei dem die erste dieser Klagen erhoben wurde (Prioritätsprinzip). Dadurch sollen widersprüchliche Entscheidungen vermieden und die Rechtssicherheit gesteigert werden.[407]

b. Vorbildfunktion verschiedener Ansätze des kollektiven Rechtsschutzes

Eine ähnliche Grundintention verfolgen auch sog. Gruppenverfahren zur Gewährleistung kollektiven Rechtsschutzes. Neben den bereits seit Längerem etablierten Möglichkeiten sog. Verbandsklagen, bspw. im Bereich des UKlaG und des UWG, zielen vor allem das 2005 geschaffene Kapitalanleger-Musterverfahrensgesetz (KapMuG) und der in diesem Zusammenhang eingeführte § 32b ZPO auf eine konzentrierte Entscheidung über gleichgerichtete Ansprüche respektive Anspruchsvoraussetzungen[408] durch Bündelung der entsprechenden Verfahren ab.[409] Hierdurch verspricht sich der Gesetzgeber eine Steigerung der Verfahrenseffizienz.[410] Zwar konnte eine solche in zeitlicher Hinsicht vielfach nicht erreicht werden,[411] der Aspekt der Verfahrensdauer ist jedoch keinesfalls der einzige Gradmesser für die Effektivität eines Verfahrens.[412] Die Auswirkungen weiterer Anpassungen[413] zur Verfahrensbeschleunigung wie etwa die Einführung der Bekanntmachungshöchstfrist von sechs Monaten in § 3 Abs. 3 KapMuG sind überdies noch nicht abschließend erkennbar.

Auf Basis der im Übrigen weitgehend positiven Erfahrungen mit dem KapMuG beruht auch der seitens der Grünen erstmals am 05. Juni 2013 eingebrachte Ge-

---

406 *Hamacher*, in BeckOK ArbR, § 61b ArbGG Rn. 19.

407 *Hamacher*, in BeckOK ArbR, § 61b ArbGG Rn. 2; *Germelmann*, in Germelmann/Matthes/Prütting, ArbGG, § 61b Rn. 21.

408 Die Verfahrensbündelung beschränkt sich auf übereinstimmende Vorfragen, sog. Feststelllungsziele (§ 2 Abs. 1 KapMuG).

409 Kritisch zum mit der Einführung des § 32b ZPO aufgegebenen Gerichtsstand am Sitz der Börse gem. § 48 BörsG a. F. bzw. § 13 Abs. 2 VerkProspG a. F. *Möllers/Weichert*, NJW 2005, 2737, 2739.

410 BT-Drucks. 15/5091, S. 33; kritisch insoweit die Stellungnahme des Bundesrates, *ebenda*, S. 46.

411 *Stackmann*, NJW 2010, 3185, 3187; *Meller-Hannich*, ZBB 2011, 180, 190; *Wolf/Lange*, NJW 2012, 3751, 3751 ff.

412 So auch *Meller-Hannich*, ZBB 2011, 180, 190.

413 Vgl. Gesetz zur Reform des Kapitalanleger-Musterverfahrensgesetzes und zur Änderung anderer Vorschriften vom 19.10.2012, BGBl I, 2182; dazu *Wolf/Lange*, NJW 2012, 37581, 3751 ff.

setzesvorschlag zur Einführung von Gruppenverfahren in die ZPO.[414] Dieser auf Verallgemeinerung der Möglichkeiten des KapMuG abzielende Vorstoß soll gleichzeitig der Empfehlung der Europäischen Kommission zur Einführung kollektiver Rechtsschutzverfahren vom 11. Juni 2013[415] Rechnung tragen. Primäre Zielsetzung ist dabei die Erweiterung der Möglichkeit einer Bündelung individueller Ansprüche.[416] Hierzu sieht § 608 ZPO-E insb. eine Konzentration der örtlichen Zuständigkeit für entsprechende Verfahren am Sitz des Beklagten vor. Die dadurch im Einzelfall beeinträchtigten Interessen der betroffenen Kläger werden dabei bewusst den Bestrebungen nach einer effektiven Verfahrensführung untergeordnet.[417] § 608 Abs. 3 ZPO-E sieht unter dem Aspekt des Aufbaus von Spezialkompetenzen ergänzend eine Ermächtigung der Landesregierungen zur weiteren Zuständigkeitskonzentration vor.[418]

II. Zusammenfassung der Erkenntnisse und Prüfung der Übertragbarkeit auf die Konzerninsolvenz

Es kann festgehalten werden, dass die betrachteten Konzentrationskonzepte sich als Spezialisierungsbemühungen in Reaktion auf die sich stetig erweiternde Komplexität rechtlicher Materien in zunehmend schnelllebigeren Zeiten darstellen.[419]

Durch die Konzentration der gerichtlichen Zuständigkeiten in „*Rechtsprechungszentren*"[420] soll in allen betrachteten Fällen vorrangig dem allgemeinen Interesse an der Beschleunigung des Verfahrens durch spezialisierte Spruchkörper entsprochen und überdies eine Vereinheitlichung der Rechtsprechung gesichert werden.[421] Mehr als nur ein positiver Nebeneffekt ist dabei, dass mit zunehmender Konzentration der Zuständigkeit bereits rein faktisch die Vorhersehbarkeit des Gerichtsstandes und des konkreten berufenen Gerichts für die Betroffenen steigt. Dies führt zu einem erhöhten Maß an Rechtssicherheit und Rechtsklarheit[422] und folgt damit dem Leit-

---

414 Entwurf eines Gesetzes über die Einführung von Gruppenverfahren, BT-Drucks. 17/13756 und erneut am 21.05.2014 BT-Drucks. 18/1464; dazu *Montag*, ZRP 2013, 172, 174f.

415 2013/396/EU – ABlEU Nr. L 201/60 v. 26. 7. 2013.

416 BT-Drucks. 17/13756, S. 11; BT-Drucks. 18/1464, S. 16, dazu *Meller-Hannich*, ZZB 2011, 180, 180f.

417 BT-Drucks. 17/13756, S. 14; BT-Drucks. 18/1464, S. 20.

418 BT-Drucks. 17/13756, S. 14; BT-Drucks. 18/1464, S. 20.

419 So bereits *Gottwald*, in Gilles, Anwaltsberuf und Richterberuf, S. 225, insb. 250f.

420 Begrifflichkeit bei *Ehricke*, NJW 1996, 812, 815; grds. kritisch *Rasehorn*, JZ 1969, 651, 654, wobei auch dieser in besonderen, publikumsferneren Bereichen eine Spezialisierung durch Zuständigkeitskonzentration für möglich und sinnvoll hält.

421 Beispielhaft: zu § 2 Abs. 2 InsO *Becker*, in Nerlich/Römermann, InsO, § 2 Rn. 9 m. w. N.; zu § 140 Abs. 2 MarkenG, *Fezer*, NJW 1997, 2915, 2917.

422 *Ehricke*, NJW 1996, 812, 816; so auch im Zusammenhang mit § 1087 ZPO, BT-Drucks. 16/8839, S. 22.

gedanken des BVerfG in Ansehung der Anforderungen an den gesetzlichen Richter und dessen Vorhersehbarkeit.[423] Zudem verringert sich der zeitliche Aufwand durch effektive Nutzung von spezifischem Know-how erheblich und macht die Zuständigkeitskonzentration kraft Sachverstandes damit zu einem *„Zeit- und Geldsparer“*[424].

Alle diese Zielsetzungen beanspruchen grds. auch im Insolvenzverfahrensrecht Geltung. Dies gilt in Ansehung des Eilcharakters des Eröffnungsverfahrens in besonderem Maße für das Streben nach einer Verfahrensbeschleunigung. Aber auch die Möglichkeit, durch konzentrierte Befassung mit spezifischen Fallkonstellationen verstärkt Fachkenntnisse zu schaffen und nutzbar zu machen, ist ebenso wie die Einsparung in der Insolvenz ohnehin knapper Finanzmittel wie geschaffen für eine Übertragbarkeit auf (besondere) Insolvenzverfahren.[425] So verwundert es nicht, dass sich unter den beispielhaft untersuchten Regelungen auch Regelungen zum Insolvenzrecht befanden. § 2 InsO führt bereits in seinem Absatz 1 eine Zuständigkeitskonzentration *ipso jure* beim Amtsgericht am Sitz eines Landgerichtes herbei und ermöglicht in Absatz 2 den Landesregierungen nach pflichtgemäßem Ermessen zur sachdienlichen Förderung oder schnelleren Erledigung der Verfahren u. a. eine weitere Konzentration über den Bezirk eines Landgerichtes hinaus.[426] Hierbei darf es allerdings nicht verbleiben. Vielmehr bedarf es einer weiteren Aufspaltung in Ansehung unterschiedlicher Verfahrensarten. Eine solche wird bspw. bereits in Berlin praktiziert. Dort sind für Verbraucherinsolvenzverfahren und sonstige Kleinverfahren sämtliche zwölf Amtsgerichte zuständig. Für alle übrigen Verfahren hingegen ist ausschließlich die Zuständigkeit des AG Charlottenburg gegeben.[427] Eine derartige Aufspaltung erscheint zwar – ohne, dass dies an dieser Stelle weiter thematisiert werden könnte – *de lege lata* unzulässig.[428] Dies kann im Ergebnis aber für die vorliegenden Untersuchungen dahingestellt bleiben, da eine solche im Zusammenhang mit Konzerninsolvenzen *de lege ferenda* jedenfalls geschaffen werden könnte und sollte.[429] Regelungen zur Bewältigung von Insolvenzen gruppenangehöriger Unternehmen bilden eine in besonderem Maße komplexe Rechtsmaterie und sind daher prädestiniert für eine Flankierung durch eine von den übrigen Verfahrens-

---

423 BVerfG NJW 1964, 1020.

424 Begrifflichkeit bei *Ehricke*, NJW 1996, 812, 816 mit Verweis auf *Wassermann*, ZRP 1970, 5, 6.

425 Zu dieser Einschätzung kam auch bereits der InsO-Gesetzgeber bei der Schaffung von § 2 InsO, BT-Drucks. 12/2443, S. 109.

426 Statt vieler *Pape*, in Uhlenbruck, InsO, § 2 Rn. 9. So geschehen in Sachsen: bei sechs Landgerichtsbezirken existieren nur drei Insolvenzgerichte (Chemnitz, Dresden, Leipzig).

427 Vgl. Art. 1 VO vom 27.11.1998, GVBl. Berlin 1998, 397.

428 So auch *Pape*, in Uhlenbruck, InsO, § 2 Rn. 9; zweifelnd auch *Ganter/Lohmann*, MüKO InsO, § 2 Rn. 18; *Becker*, KTS 2000, 157, 174; AG Neukölln, DZWiR 1999, 371 ff. mit Anm. *Smid*; a. A. LG Berlin DZWiR 1999, 517 ff. mit Anm. *Müller-York*.

429 So vorgesehen im deutschen Entwurf zur Erleichterung der Bewältigung von Konzerninsolvenzen, dazu ausführlich unter Teil 8.III.2.

arten losgelösten Zuständigkeitskonzentration.[430] Unabhängig von der konkreten Ausgestaltung des Anwendungsbereiches gruppenspezifischer Insolvenzregelungen wird die Zahl derartiger Verfahren vergleichsweise gering ausfallen. Auf der anderen Seite verlangen derartige Gruppenverfahren besondere Sachkenntnis in gesteigertem Maße. Es bedarf bei deren Abwicklung nicht nur vertiefter Kenntnisse konzernspezifischen Insolvenz-, Gesellschafts- und Steuerrechts inklusive der dazu vielfach umfangreichen und komplexen Rechtsprechung. Auch umfassende betriebswirtschaftliche Kenntnisse sind, insb. wenn es darum geht, Sanierungskonzepte und Planvorlagen auf ihre Umsetzbarkeit hin zu überprüfen, unerlässlich. Vor diesem Hintergrund ist eine Spezialisierung einzelner Richter und Rechtspfleger zwingend erforderlich, einer sachdienlichen Förderung des Verfahrens dienlich und durch eine entsprechende Zuständigkeitskonzentration realisierbar.[431]

430 In diesem Sinne bereits *Mertens*, ZGR 1984, 542, 557.

431 So auch *Frind/Haarmeyer/Heyrath/Schmerbach/Schmidt*, „Hamburger Thesen", ZInsO 2005, 982, 982 ff.; ebenso *Brünkmans*, in MüKO InsO, Konzerninsolvenzrecht Rn. 33. Dazu vertiefend unter Teil 8.IV.2.

Teil 6. Die Vorreiterstellung der UNCITRAL

I. UNCITRAL Modell-Gesetz und Legislative-Guideline

1. Überblick – Entstehungsgeschichte

Die sich aus der grenzüberschreitenden Geschäftstätigkeit von Unternehmen im Falle einer Insolvenz ergebenden Probleme führten bereits Anfang der 1990er Jahre dazu, dass sich die *United Nations Commission on International Trade Law (UNCITRAL)*[432] mit der Suche nach einer Lösung zur Bewältigung derartiger Insolvenzverfahren beschäftigte.[433] Die Bemühungen mündeten am 15. Dezember 1997 in der Billigung des bereits im Mai desselben Jahres fertiggestellten „*Mustergesetzes der Kommission der Vereinten Nationen für internationales Handelsrecht über grenzüberschreitende Insolvenzen*", regelmäßig als UNCITRAL-Modellbestimmungen (kurz *Modell-Gesetz*) bezeichnet, durch die UN-Vollversammlung.[434] Die Regelungen des Modell-Gesetzes sind als solche nicht verbindlich, da es sich bei der UNCITRAL um einen der UN-Generalversammlung untergeordneten Ausschuss ohne eigene Rechtsetzungskompetenz handelt. Das Regelungswerk ist vielmehr – wie die Bezeichnung *Mustergesetz* bereits erkennen lässt – als Vorlage für nationale Rechtsetzung gedacht.[435]

Das Hauptaugenmerk der Bestimmungen richtet sich auf die Erleichterung der Anerkennung ausländischer Insolvenzverfahren und des Gerichtszugangs ausländischer Insolvenzverwalter sowie allgemein auf die Verbesserung der justiziellen Zusammenarbeit.[436] Zur Auslegung der UNCITRAL-Modellbestimmungen kann auf den erläuternden „*UNCITRAL Guide to Enactment and Interpretation of the UNCITRAL Model Law on Cross-Border Insolvency*" sowie den „*UNCITRAL Practice Guide on Cross-Border Insolvency Cooperation*" zurückgegriffen werden.

Ging man ursprünglich davon aus, dass die Modellbestimmungen primär Länder, die bisher kein nationales internationales Insolvenzrecht (IIR) kodifiziert hatten, an-

---

432 Zur UNCITRAL im Kurzüberblick vgl. *Holzer*, ZIP 2011, 1894, 1894 ff.

433 *Lüer*, in Uhlenbruck, InsO, Vorb. §§ 335–358 Rn. 15; *Wenner/Schuster*, in FK-InsO, Anhang 3 nach § 358 Rn. 1; *Wimmer*, ZIP 1997, 2220, 2220 ff.

434 Resolution 52/158 der Vollversammlung vom 15. 12. 1997; dazu allg. *Benning/Wehling*, EuZW 1997, 618, 618 ff.; *Kolmann*, Kooperationsmodelle, S. 413 ff.; *Vormstein*, Zuständigkeit bei Konzerninsolvenzen, S. 98 ff.

435 *Kammel*, in Beck/Depré, Praxis der Insolvenz, § 38 Rn. 7; *Lüer*, in Uhlenbruck, InsO, Vorb. zu §§ 335–358 Rn. 16; *Wimmer*, ZIP 1997, 2220, 2220 f.

436 *Wenner/Schuster*, in FK-InsO, Anhang 3 nach § 358 Rn. 3.; *Kolmann/Keller*, in Gottwald, Insolvenzrechts-Handbuch, § 135 Rn. 9 ff.; *Kammel*, in Beck/Depré, Praxis der Insolvenz, § 38 Rn. 8; *Bufford*, IILR 2012, 341, 344 m. w. N.

sprechen würden,[437] erwies sich diese Einschätzung schon bald als unzutreffend.[438] So haben bspw. die USA[439] und Großbritannien[440] die Modellbestimmungen in weiten Teilen in ihr nationales Recht übernommen.

Derzeit haben daneben auch Australien, Argentinien, die British Virgin Islands, Kolumbien, Eritrea, Japan, Mauritius, Mexiko, Montenegro, Neuseeland, Pakistan, Polen, Südkorea, Rumänien, Serbien, Slowenien und Südafrika die Modellbestimmungen übernommen.[441] Dies belegt eindrucksvoll die erhebliche Bedeutung des Mustergesetzes.

Über die Bestrebungen, einheitliche Regelungen zur Bewältigung grenzüberschreitender Insolvenzverfahren zu schaffen, hinaus beschäftigte und beschäftigt sich die Arbeitsgruppe V für Insolvenzrecht der UNCITRAL bereits seit Längerem intensiv mit dem Thema Konzerninsolvenzrecht.[442] Das vorläufige Ergebnis dieser Arbeit hat 2010 als *„Part Three: Treatment of enterprise groups in insolvency"* Eingang in den sog. *Legislative Guide on Insolvency Law*[443], einen 2004 geschaffenen und seitdem kontinuierlich erweiterten grundlegenden Leitfaden der UNCITRAL für die Insolvenzgesetzgeber dieser Welt, gefunden. Im Rahmen der Debatten zur Schaffung der UNCITRAL-Modellbestimmungen, die selbst keine konzernspezifischen Regelungen enthalten, wurden derartige Überlegungen noch als zu ehrgeizig angesehen[444] und, um ein Scheitern der Bemühungen zu verhindern, seinerzeit vorerst aufgeschoben.

Die nunmehr im dritten Teil des Legislative Guide[445] enthaltenen Überlegungen beziehen sich sowohl auf national begrenzte[446] als auch auf grenzüberschreitende[447] Insolvenzverfahren im Zusammenhang mit Unternehmensgruppen und bilden die Grundlage für die im weiteren Verlauf dieser Arbeit untersuchten Reformüberlegungen des europäischen und deutschen Gesetzgebers.

---

437 So bspw. *Wimmer*, ZIP 1997, 2220, 2224.

438 *Wenner/Schuster*, in FK-InsO, 6. Auflage, Anh. 3 nach § 358 Rn. 2.

439 Übernahme 2005, dazu *Utsch*, ZInsO 2006, 1305, 1305 ff.

440 Übernahme 2006 in Ansehung des Nicht-EU-Bezuges, Cross-Border Insolvency Regulations 2006.

441 *Kammel*, in Beck/Depré, Praxis der Insolvenz, § 38 Rn. 7. Zu den verschiedenen Herangehensweisen bei der Umsetzung vgl. *Wessels*, International Corporate Rescue Vol. 3 (2006), S. 200, 201 ff.

442 Dazu *Holzer*, ZIP 2011, 1984, 1985; *ders.*, in Wimmer/Dauernheim/Wagner/Gietl, Handbuch des Fachanwalts Insolvenzrecht, Kapitel 12 Rn. 93 ff.; *Telke*, Die Anforderungen an ein wettbewerbsfähiges Konzerninsolvenzrecht für den Wirtschaftsstandort Deutschland, S. 66 ff.

443 Abrufbar unter www.uncitral.org; vgl. dazu auch UNCITRAL WorkingPaper A/CN.9/WG.V/WP.90; allg. dazu *Wessels*, International Corporate Rescue Vol. 3 (2006), S. 200, 205 f.

444 *„a stage too far"*, s. dazu UNCITRAL Legislative Guide Part Three, S. 84.

445 Ausführlich dazu *Holzer*, ZIP 2011, 1894, 1894 ff.

446 UNCITRAL Legislative Guide Part Three, S. 19 ff.

447 UNCITRAL Legislative Guide Part Three, S. 83 ff.

2. Die Regelungen des Modellgesetzes zur Zusammenarbeit im Überblick

Für die vorliegende Untersuchung gewinnen primär die Regelungen zur Zusammenarbeit (Artt. 25–27 UNCITRAL-Modellgesetz) der beteiligten Gerichte und Verwalter an Bedeutung.[448] Dabei ist zu beachten, dass diese – wie bereits angesprochen – keine gruppenspezifischen Aspekte berücksichtigen und daher auf den Fall der Eröffnung mehrerer Verfahren über das Vermögen eines einzelnen Schuldners in unterschiedlichen Staaten zugeschnitten sind. Im Rahmen der Entwicklung des Modellgesetzes konnte die Arbeitsgruppe der UNCITRAL feststellen, dass in der Praxis die Zusammenarbeit der Beteiligten, wie sie die Regelungen der Artt. 25–27 vorsieht, oftmals der einzig mögliche Weg ist, um der Verschwendung von *Assets* vorzubeugen, massemaximierende Maßnahmen effektiv zu gestalten und Sanierungskonzepte erfolgreich umzusetzen.[449] Diese starke Betonung des Kooperationsaspekts fußt auf den Erfahrungen, die vor allem amerikanische Gerichte mit ihren in dieser Hinsicht weitreichenden Handlungsfreiheiten gegenüber insoweit eher restriktiv agierenden Gerichten in anderen Jurisdiktionen gesammelt haben.[450]

In Art. 25 sieht das UNCITRAL-Modellgesetz daher auch eine möglichst enge Zusammenarbeit der Gerichte sowohl untereinander[451] als auch im Verhältnis zu den Insolvenzverwaltern vor. Zu diesem Zweck räumt Abs. 2 den Gerichten die Befugnis ein, mit ausländischen Gerichten und Verwaltern unmittelbar zu verkehren, Informationen auszutauschen und sonstige Unterstützungshandlungen vorzunehmen.[452]

Parallel dazu bestimmt Art. 26 UNCITRAL-Modellgesetz, dass der befasste inländische Insolvenzverwalter zur Wahrnehmung seiner insolvenzrechtlichen Pflichten unter Aufsicht des Gerichtes so eng wie möglich mit den ausländischen Gerichten und Verwaltern zusammenzuarbeiten hat. Auch hier enthält Abs. 2 die korrespondierende Befugnis zur unmittelbaren Zusammenarbeit.

---

448 Einen Überblick über die weiteren Regelungen gibt *Wimmer*, ZIP 1997, 2220 ff.; siehe ebenfalls *Wenner/Schuster*, FK-InsO, Anhang 3 nach § 358 Rn. 4 ff.

449 UNCITRAL Model Law on Cross-Border Insolvency with Guide to Enactment and Interpretation, S. 95; vgl. dazu auch *Vallender*, IILR 2011, 309, 311.

450 *Wimmer*, ZIP 1997, 2220, 2223; *Hollander/Graham*, in Pannen, EuInsVO, Teil 4 – UNCITRAL Modellgesetz Rn. 258 m. w. N.

451 Ggf. mittels sog. Court-to-Court Guidelines, UNCITRAL Practice Guide on Cross-Border Insolvency-Cooperation, S. 21.

452 Vgl. dazu *Holzer*, in Wimmer/Dauernheim/Wagner/Gietl, Handbuch des Fachanwalts Insolvenzrecht, Kapitel 12 Rz. 86; *Hollander/Graham*, in Pannen, EuInsVO, Teil 4 – UNCITRAL Modellgesetz Rn. 258.

Mit der Statuierung derartiger Befugnisse zur unmittelbaren Zusammenarbeit sollte verhindert werden, dass Gerichte und Verwalter auf zeitintensive formelle Rechtshilfeersuche[453] oder „*diplomatische Kanäle*"[454] zurückgreifen müssen.

Art. 27 UNCITRAL-Modellgesetz schließlich stellt klar, dass die in Artt. 25 und 26 UNCITRAL-Modellgesetz vorgesehene Zusammenarbeit in allen denkbaren Formen erfolgen kann. Bei der Durchführung der Kommunikationsmaßnahmen sind jedoch angemessene Vorkehrungen zum Schutz der materiellen und prozessualen Rechte der Parteien zu ergreifen. Zur Wahrung der Transparenz und des Anspruchs auf rechtliches Gehör sollten sämtliche Maßnahmen öffentlich und in Anwesenheit der zuvor informierten Parteien erfolgen.[455] Als mögliche Maßnahmen werden die Bestellung einer durch das Gericht anzuweisenden Hilfsperson, bspw. als Mittelsmann zur Unterstützung bei der Überwindung von Sprachbarrieren,[456] die Informationsübermittlung auf allen für zweckmäßig erachteten Wegen[457] sowie die Koordinierung der Insolvenzverwaltung und Schuldnerüberwachung,[458] ggf. mit Hilfe gerichtlich gebilligter Vereinbarungen (Protokolle),[459] genannt.[460] Das Modellgesetz zeigt insoweit also nur gewisse Mindeststandards auf.[461] Durch diese weiten und flexiblen Regelungen soll insb. dem unterschiedlichen Selbstverständnis und den divergierenden Positionen der Gerichte innerhalb eines Insolvenzverfahrens in den verschiedenen Rechtsordnungen Rechnung getragen werden und vorrangig an den Sachverstand aller Beteiligten als Basis für eine effektive Verfahrensabwicklung appelliert werden.[462]

---

453 UNCITRAL Practice Guide on Cross-Border Insolvency-Cooperation, S. 19; UNCITRAL Legislative Guide Part Three, S. 90.

454 *Wenner/Schuster*, in FK-InsO, Anh. 3 nach § 358 Rn. 12; i. d. S. auch bereits *Wimmer*, ZIP 1997, 2220, 2223.

455 Zusammenfassend *Hollander/Graham*, in Pannen, EuInsVO, Teil 4 – UNCITRAL Modellgesetz Rn. 259.

456 UNCITRAL Practice Guide on Cross-Border Insolvency-Cooperation, S. 18 mit Beispielen aus der Praxis.

457 UNCITRAL Practice Guide on Cross-Border Insolvency-Cooperation, S. 19, mit dem besonderen Hinweis auf die Möglichkeiten moderner Kommunikationstechnologien.

458 UNCITRAL Practice Guide on Cross-Border Insolvency-Cooperation, S. 21.

459 UNCITRAL Practice Guide on Cross-Border Insolvency-Cooperation, S. 22, 27 ff. mit zahlreichen Beispielen aus der Praxis und Formulierungshilfen.

460 UNCITRAL Practice Guide on Cross-Border Insolvency-Cooperation, S. 17. Als weitere Kooperationsformen nennt der Practice Guide bspw. die Übertragung von Entscheidungen auf andere Gerichte, die Koordinierung von Forderungsanmeldung und deren Befriedigung, soweit dies nach den jeweiligen Rechtsordnungen möglich ist, S. 23 f.; dazu auch UNCITRAL Model Law an Cross-Border Insolvency with Guide to Enactment and Interpretation, S. 98 f.; dazu *Hollander/Graham*, in Pannen, EuInsVO, Teil 4 – UNCITRAL Modellgesetz Rn. 259.

461 So auch *Benning/Wehling*, EuZW 1997, 618, 622.

462 UNCITRAL Practice Guide on Cross-Border Insolvency-Cooperation, S. 20 f.; dazu *Kolmann/Keller*, in Gottwald, Insolvenzrechts-Handbuch, § 135 Rn. 17.

3. Zusammenfassung der relevanten Regelungen des Modellgesetzes

Das Modellgesetz beschränkt sich darauf, einen einheitlichen Rahmen zur Bewältigung grenzüberschreitender Insolvenzverfahren im Allgemeinen anzubieten, ohne dabei Vorgaben für einen Eingriff in das materielle Insolvenzrecht der Staaten zu entwickeln.[463]

Im Zusammenhang mit der Verfahrenspluralität in grenzüberschreitenden Sachverhalten wird die Notwendigkeit der Zusammenarbeit zwischen den Beteiligten zur effizienten Verfahrensabwicklung herausgestellt. Diese soll nach Vorstellung der UNCITRAL so eng wie möglich[464] erfolgen und hinsichtlich Form und Verfahren keinesfalls antizipiert, sondern im Einzelfall durch die Beteiligten festgelegt werden.

II. Die Empfehlungen zur Insolvenz innerhalb einer Unternehmensgruppe – Part Three Legislative Guideline

Die Empfehlungen zur Insolvenz innerhalb einer Unternehmensgruppe[465] haben bislang keinen Eingang in das Modellgesetz gefunden. Im Hinblick auf die langwierigen und schwierigen Verhandlungen bei der Ausarbeitung der entsprechenden Vorschläge im Rahmen des Legislative Guides ist damit auch zumindest mittelfristig nicht zu rechnen.[466]

Die gleichwohl bedeutenden Empfehlungen aus *Part Three* der Legislative Guideline sollen im Folgenden, nach einer Auseinandersetzung mit den durch die UNCITRAL in einem weltweiten Vergleich bestehender Insolvenzordnungen herausgearbeiteten Problemstellungen, dargestellt und bewertet werden. Neben der Einführung eines gemeinschaftlichen Eröffnungsantrages (dazu sogleich unter 2.) empfiehlt der Legislative Guide die Einführungen von Regelungen zur Koordinierung der unterschiedlichen Verfahren (3.), wozu ggf. eine einheitliche Verwalterbestellung vorzusehen ist sowie die Möglichkeit zur Ausarbeitung eines übergreifenden Insolvenzplanes[467] geschaffen werden sollte. Unter besonderen Umständen soll im Einzelfall auch eine materielle Konsolidierung möglich sein (4.).

---

463 *Kolmann/Keller*, in Gottwald, Insolvenzrechts-Handbuch, § 135 Rn. 8.
464 *„cooperate to the maximum extent possible“*, Art. 25 Abs. 1, Art. 26 Abs. 1 UNCITRAL-Modellgesetz.
465 Zur Definition im Rahmen des Legislative Guide vgl. bereits unter Teil 2.I.4.
466 *Holzer*, ZIP 2011, 1894, 1900.
467 Dazu UNCITRAL Practice Guide on Cross-Border Insolvency-Cooperation, S. 85 ff.

1. *Problemstellungen (grenzüberschreitender) Konzerninsolvenzen nach Einschätzung der UNCITRAL*

In Hinführung auf die konkreten Vorschläge der UNCITRAL zu Bewältigung von Konzerninsolvenzen legt diese zu Beginn von *Part Three* der Legislative Guideline anschaulich die Problemstellungen in diesem Kontext dar. Zutreffend wird darauf hingewiesen, dass trotz der globalen Existenz von Unternehmensgruppen die Mehrzahl der nationalen Rechtsordnungen keine Regelungen zur Insolvenz derartiger Zusammenschlüsse enthalten, und zwar unabhängig davon, ob die jeweiligen Rechtsordnungen im Übrigen – bspw. auf den Gebieten des Gesellschaftsrechts oder der Rechnungslegungs- und Steuerbestimmungen – Regelungen in Bezug auf Unternehmensgruppen beinhalten oder nicht.[468] Auf Basis der bestehenden Rechtssetzung ist es derzeit, so die zutreffende Einschätzung der UNCITRAL Working Group, daher nicht möglich, die lebenswichtige Interaktion der einzelnen Gruppen-Unternehmen, die vormals zum Erfolg der Unternehmensgruppe geführt hat, im Falle einer Insolvenz zu erhalten.[469]

Dies führt zu dem bereits mehrfach angesprochenen Grundsatz „ein Unternehmen, ein Insolvenzverfahren, ein Verwalter" und damit regelmäßig zu suboptimalen Ergebnissen für alle Beteiligten. Im schlimmsten Fall kommt es zu einer gruppenweiten Insolvenz in Folge des sog. „Domino-Effekts".[470] Die Folgen fehlender Regelungen zur effektiven Bewältigung von Insolvenzen innerhalb einer Unternehmensgruppe potenzieren sich dabei nach zutreffender Einschätzung von UNCITRAL in Fällen mit grenzüberschreitendem Bezug zusätzlich, da hier bereits auf nationaler Ebene auftretende Probleme im Spannungsfeld der tangierten Rechtsordnungen ungleich schwieriger einer erfolgreichen Lösung zugeführt werden können. Mögen die auftretenden Probleme in reinen Liquidationsverfahren noch handhabbar sein, scheint eine Umsetzung mit dem Ziel der Sanierung hingegen von Anfang an zum Scheitern verurteilt.[471] Dies ist nach Ansicht der UNCITRAL im Wesentlichen auf die erheblichen Unterschiede der verschiedenen nationalen Verfahrensarten zurückzuführen. So unterscheiden sich die nationalen Verfahrensordnungen bspw. erheblich in der Ausgestaltung vorgesehener Reorganisations- und Eigenverwaltungsverfahren. Aber auch bereits die teilweise gravierend unterschiedlichen Grundkonzepte machen eine erfolgreiche Umsetzung von Gesamtsanierungsstrategien in Fällen mit grenzüberschreitendem Bezug faktisch unmöglich; so z. B. dann, wenn für derartige Bestrebungen wesentliche Elemente wie Verfahrens- oder Verwertungsaussetzung mangels deren Anerkennung im Ausland nicht über die nationalen Grenzen hinweg verwirklicht werden können.[472]

---

468 UNCITRAL Legislative Guide Part Three, S. 19.
469 UNCITRAL Legislative Guide Part Three, S. 85.
470 UNCITRAL Legislative Guide Part Three, S. 20.
471 UNCITRAL Legislative Guide Part Three, S. 83.
472 UNCITRAL Legislative Guide Part Three, S. 83 f.

2. Gemeinschaftlicher Eröffnungsantrag

Zur Überwindung der dargestellten Problematiken empfiehlt der Legislative Guide auf nationaler Ebene[473] die Einführung eines gemeinschaftlichen Eröffnungsantrages. Es soll die Möglichkeit geschaffen werden, mehrere Anträge über gruppenangehörige Unternehmen in einem gemeinschaftlichen Antrag zusammenzufassen. Das Antragsrecht soll dabei sowohl den betroffenen gruppenangehörigen Schuldnern als auch solchen Gläubigern, die in allen vom Antrag erfassten Verfahren eine Gläubigerstellung innehaben, zustehen. Die allgemeinen Eröffnungsvoraussetzungen der nationalen Verfahrensordnungen werden dabei nicht verändert, sondern müssen bei allen einzubeziehenden Gruppenmitgliedern vorliegen.[474]

Dieses als *„joint application"* bezeichnete Vorgehen orientiert sich am US-amerikanischen Recht und hat den Vorteil, dass das befasste Gericht schon mit Antragsstellung über die bestehende Gruppenstruktur informiert wird.[475]

Paulus[476] vermisst an dieser Stelle eine Empfehlung zur Schaffung einer mit dieser Antragsvariante korrespondierenden gemeinschaftlichen Zuständigkeit, kann nach seinem Dafürhalten ein gemeinschaftlicher Eröffnungsantrag doch nur dann den gewünschten Effizienzgewinn bringen, wenn das angerufene Gericht auch für alle betroffenen Gruppenmitglieder örtlich zuständig ist.

Die Verfahrensbündelung durch eine Zuständigkeitskonzentration, die der Legislative Guide als Koordinationsmaßnahme grds. durchaus für sinnvoll erachtet, überlässt dieser jedoch – wenig konsequent – den allgemeinen nationalen Insolvenzregelungen.[477]

3. Verfahrenskoordination

Die Empfehlungen 202–210 des Legislative Guide beschäftigen sich mit der Koordination der verschiedenen Verfahren innerhalb einer Unternehmensgruppe.[478] Sie werden ergänzt durch die auf grenzüberschreitende Fälle bezogenen Empfehlungen 240–254.[479]

Das Ziel einer Verfahrenskoordination liegt nach Ansicht von UNCITRAL vornehmlich sowohl in der Erleichterung der Verfahrensabwicklung unter Beachtung der rechtlichen Selbstständigkeit der einzelnen gruppenangehörigen Schuldner als

---

473 Diese Beschränkung ergibt sich aus der systematischen Stellung in Abschnitt II, *„domestic issues"*.

474 Empfehlungen 199–201, UNCITRAL Legislative Guide Part Three, S. 26.

475 *Paulus*, ZGR 2010, 270, 274.

476 So auch *Paulus*, ZGR 2010, 270, 274f.

477 UNCITRAL Legislative Guide Part Three, S. 27.

478 UNCITRAL Legislative Guide Part Three, S. 27, 32f.

479 UNCITRAL Legislative Guide Part Three, S. 100ff.

auch in einer Erhöhung der Kosteneffizienz und damit verbunden einer höheren Befriedigungsquote.[480]

Zu diesem Zweck wird die Einführung rechtlicher Grundlagen für eine Zusammenarbeit der Verfahrensbeteiligten empfohlen, die auf Antrag oder auch von Amts wegen verbindlich gerichtlich angeordnet werden kann. Dabei sollte die konkrete Art und Weise der Koordination in das Ermessen der Gerichte im Einzelfall gestellt werden. Als mögliche Maßnahmen der Koordination werden insoweit die Bestellung eines einheitlichen Verwalters, die Einrichtung eines einheitlichen Gläubigerausschusses, die Kooperation zwischen den beteiligten Organen, Verfahren zur koordinierten Forderungsanmeldung, eine koordinierte Informationsbereitstellung sowie eine Koordinierung der Anfechtungsprozesse angesprochen.[481]

4. *Materielle Konsolidierung im Einzelfall*

Wie bereits dargestellt[482] enthält der Legislative Guide auch Empfehlungen zu einer materiellen Konsolidierung von Insolvenzmassen im Einzelfall (Empfehlungen 219–231).[483] Auch, wenn das Prinzip der juristischen Selbstständigkeit nach Ansicht der UNICTRAL im Insolvenzfall grds. unangetastet bleiben soll (*basic principle*[484]), wird unter besonderen Umständen die Bildung einer einheitlichen Masse durchaus für sinnvoll erachtet; ggf. sogar unter Einbeziehung solventer Gruppenmitglieder.[485]

Derartige Umstände können sich nach Einschätzung der UNCITRAL entweder aus einer nur unter unverhältnismäßigem Aufwand aufzulösenden Vermengung der Vermögensgüter oder Verbindlichkeiten der Gesellschaften, oder aber aus der Tatsache ergeben, dass die betroffenen Schuldner in betrügerischer Art und Weise zusammengewirkt haben und die Korrektur der daraus resultierenden negativen Auswirkungen für die Gläubiger nur durch eine Konsolidierung der Insolvenzmassen herbeizuführen ist.[486]

---

480 UNCITRAL Legislative Guide Part Three, S. 27 f., 32.

481 Empfehlung 204 UNCITRAL Legislative Guide Part Three, S. 32 f.

482 Vgl. dazu die Ausführungen unter Teil 4.I.2.b.

483 UNICTRAL Legislative Guide Part Three, S. 71 ff.

484 UNICTRAL Legislative Guide Part Three, S. 72 f., Purpose of legislative provisions, Recommendation 219–231.

485 UNICTRAL Legislative Guide Part Three, S. 61.

486 UNICTRAL Legislative Guide Part Three, S. 72 f., Recommendation 220 und Erläuterungen S. 62 f.; dazu auch Report of Working Group V, A/CN.9/622, s. 14; A/CN.9/643, s. 12 f.; A/CN.9/647, s. 11 f.; A/CN.9/666, s. 9; vgl. allg. dazu *Holzer*, ZIP 2011, 1894, 1898; *Paulus*, ZGR 2010, 270, 277.

III. Zusammenfassung der Erkenntnisse

Die Überlegungen der UNCITRAL zur Bewältigung der im Zusammenhang mit der Insolvenz innerhalb einer Konzernstruktur auftretenden Probleme begründen sich auf eine umfassende Analyse der bis dahin geführten nationalen und internationalen Diskussion. Die Arbeiten stellen daher einen Meilenstein in der Entwicklung konzerninsolvenzrechtlicher Regelungen dar.

Konzeptionell beruhen die Vorschläge der UNCITRAL weitgehend auf dem Prinzip der verfahrensmäßigen Koordinierung. Dies ist erfreulich, bestätigt es doch die diesseits vertretene Auffassung, dass dieses Konzept als einziges geeignet ist, eine solide Grundlage für konzerninsolvenzrechtliche Regelungen zu bilden. Überdies ermöglicht es das Bekenntnis der UNCITRAL-Regelungen zu diesem Prinzip und damit zur Achtung der rechtlichen Selbstständigkeit der einzelnen Rechtsträger auch in der Insolvenz, für die weitere Bearbeitung auf diese Überlegungen zurückzugreifen. Durch die erhebliche Bedeutung, die die UNCITRAL-Bestimmungen für die (Insolvenz-)Gesetzgebung zahlreicher Länder hatte und weiterhin hat, zeigt sich, dass dieses Grundprinzip grundsätzliche Anerkennung erfährt. Daher verwundert es auch nicht, dass sich sowohl der europäische als auch der deutsche Gesetzgeber bei den im Folgenden näher zu untersuchenden Reformbemühungen an den (Vor-) Arbeiten der UNCITRAL orientiert hat.

Zur Erreichung des Ziels einer geordneten Abwicklung von Insolvenzverfahren innerhalb einer Konzernstruktur ist nach zutreffender Einschätzung von UNICTRAL ein Konzept zu wählen, das auf den Sachverstand und die Kompetenz der Beteiligten vertraut und lediglich bestimmte Mindeststandards etabliert, um die Bemühungen im Einzelfall auf grob vorbezeichneten Wegen zu leiten. Mittel zum Zweck ist dabei auf nationaler Ebene die Einführung eines gemeinschaftlichen Eröffnungsantrages (*joint application*), wobei auf die Schaffung einer damit verbundenen Zuständigkeitskonzentration bedauerlicherweise verzichtet wird. Ergänzt wird dieses Instrument, insb. auch im Hinblick auf grenzüberschreitende Sachverhalte, durch die Regelung einer engen Zusammenarbeit aller Beteiligten, wobei die konkrete Ausgestaltung hierbei nicht strikt vorgegeben wird, sondern – und hier zeigt sich das Vertrauen darauf, dass die Beteiligten im Einzelfall die notwendigen Maßnahmen am besten einschätzen können und dies auch tun werden – nur durch beispielhaftes Aufzeigen denkbarer Maßnahmen angeregt wird.

Dieses offene und auf Vertrauen basierende Konzept der Kooperation ist zu begrüßen. Gleichwohl ist berechtigterweise Kritik daran geäußert worden, dass der angestrebte gemeinschaftliche Eröffnungsantrag nicht von einer korrespondierenden Zuständigkeitskonzentration flankiert wird. Zwar ergäbe sich ein gewisser Informationsvorteil auch noch dann, wenn das angerufene Gericht den Antrag, soweit es nicht selbst zuständig ist, von Amts wegen an die zuständigen Gerichte weiterleiten würde. Dies brächte jedoch einen erheblichen Prüfungsaufwand für das zuerst angerufene Gericht mit sich, müsste es doch nicht nur die eigene Zuständigkeit prüfen, sondern überdies noch ein oder gar mehrere zuständige Gerichte ermitteln. Ein derartiges Vorgehen wäre mit dem Ziel einer Effizienzsteigerung nicht zu vereinbaren. Zudem ist die Zurückhaltung an dieser Stelle auch nicht nachvollziehbar, gehen die Empfehlungen doch von einer national beschränkten Konzeption der *application* aus. Sofern sich ein nationaler Gesetzgeber mit der Schaffung neuer Insolvenzgesetze auf Basis entsprechender Empfehlungen und Vorarbeiten von UNCITRAL beschäftigt, kämen konkrete Vorschläge für eine Etablierung gebündelter Zuständigkeiten bei Gruppenstrukturen durchaus gelegen.

Die vorgeschlagenen Regelungen zur materiellen Konsolidierung sind unter Berücksichtigung der bereits dargelegten Argumentation abzulehnen.[487] Auch bzw. gerade in besonderen Situationen hat sich das Prinzip der juristischen Selbstständigkeit als Grundlage der Haftungstrennung zu bewähren. Rechtsmissbräuchliches Verhalten im Vorfeld einer Insolvenz ist nicht geeignet, eine Durchbrechung dieser Grundprinzipien zu rechtfertigen. Vielmehr ist hier auf die effektive Umsetzung von Haftungskonzepten zu setzen. Eine *substantive consolidation* ist daher weder als Grundprinzip noch als ergänzende Maßnahme im Einzelfall geeignet.

Damit bleibt für die weitere Bearbeitung festzuhalten, dass sich die vorläufige Einschätzung, bei dem Konzept der verfahrensmäßigen Koordinierung handle es sich um das optimale Konzept zur Bewältigung von Insolvenzen innerhalb einer Unternehmensgruppe, zu bestätigen scheint. Dabei ist insb. eine zwar in ihrer konkreten Ausgestaltung offen ausgestaltete, jedoch in ihrem Pflichtencharakter eindeutige Regelung zur umfassenden Zusammenarbeit aller Beteiligten notwendig. Zudem hat sich gezeigt, dass die Vorteile, die mit einer nationalen Zuständigkeitskonzentration einhergehen würden, durch andere Maßnahmen wie bspw. eine *joint application* nicht in gleichem Maße erreicht werden können. Derartige Instrumente können eine Zuständigkeitskonzentration allenfalls ergänzen.

487 Vgl. dazu ausführlich unter Teil 4.II.

Teil 7. Das europäische Konzept zur Konzerninsolvenz

I. Geschichtliche Entwicklung – Das frühere „Nein" zum Konzerninsolvenzrecht

1. Die Entstehung der EuInsVO

Die Entstehungsgeschichte der Europäischen Insolvenzverordnung (EuInsVO) reicht zurück bis ins Jahr 1959.[488] Gleichsam als Geburtsstunde der Idee europaweit geltender Regelungen auf dem Gebiet des Insolvenzrechts gilt die Schaffung von Art. 220 Spiegelstrich 4 EWGV a. F., der die Mitgliedstaaten der Europäischen Gemeinschaften[489] dazu verpflichtete, „*Verhandlungen einzuleiten, um zugunsten ihrer Staatsangehörigen die Vereinfachung der Förmlichkeiten für die Anerkennung und Vollstreckung richterlicher Entscheidungen (...) sicherzustellen*".[490] Damit sollte Rechtssicherheit auf der Ebene des gemeinsamen Marktes hergestellt werden.[491] Bereits im Folgejahr wurde mit der Arbeit zur Schaffung eines europäischen Übereinkommens über die gerichtliche Zuständigkeit in Zivil- und Handelssachen (EuGVÜ)[492] begonnen. Aus diesen Bemühungen wurde drei Jahre später der Regelungsbereich des Konkursrechts herausgelöst, da sich dieser als besonders komplex erwiesen hatte und verhindert werden sollte, dass sich die Arbeiten am Gesamtwerk unnötig in die Länge zögen.[493] Der von diesem Zeitpunkt an mit der gesonderten Bearbeitung des Konkursrechts betreute Ausschuss legte im Jahre 1970 den Vorentwurf eines „*Übereinkommens über den Konkurs, Vergleiche und ähnliche Verfahren*" vor.[494] Dieser

---

488 Ausführliche Darstellung der gesamten Entwicklungsgeschichte bspw. bei *Mohrs*, Die konzerngebundene Kapitalgesellschaft im Anwendungsbereich der EuInsVO, S. 40 ff.

489 Die Europäische Union, wie wir sie heute kennen, besteht erst seit dem Vertrag von Maastricht 1992/93

490 Art. 220 Spiegelstrich 4 EWGV a. F.

491 *Paulus*, EuInsVO, Einl. Rn. 2; zu den Vorbildern für das Bemühen eines einheitlichen Wirtschaftsraumes, ein einheitliches Insolvenzrecht zu schaffen *ders.*, EWS 2002, 497, 497 f.

492 Heute EuGVVO vom 22.12.2000, ABlEG L 12/1 vom 16.01.2001.

493 *Wimmer*, NJW 2002, 2427, 2427. Die EuGVÜ wurde letztlich am 28.09.1968 in Brüssel unterzeichnet und schloss in Art. 1 II lit. b) EuGVÜ explizit „*Konkurse, Vergleiche und ähnliche Verfahren*" aus ihrem Anwendungsbereich aus; insg. dazu *Gottwald*, in MüKO ZPO, Vorb. Art. 1 EuGVO Rn. 1 sowie *ebenda*. Art. 1 EuGVO Rn. 18 f. zum Ausschluss von Insolvenzverfahren.

494 Kommission der Europäischen Gemeinschaften, Vorentwurf eines Übereinkommens über den Konkurs, Vergleiche und ähnliche Verfahren vom 16.02.1970, EG-Dok-3327/XIV/1/70-D, abgedruckt in *Kegel/Thieme*, Vorschläge und Gutachten,

sah ein Einheitsverfahren vor, das der Eröffnung eines jeden anderen (Konkurs-)Verfahrens in einem anderen Vertragsstaat entgegenstehen[495] und universale Geltung entfalten sollte.[496] Um der daraus resultierenden Probleme beim Zusammenspiel mit den nationalen Insolvenzregelungen Herr zu werden, sah der Vorentwurf zahlreiche materielle Sonderregelungen sowie die Bildung von Untermassen vor.[497] Dies führt zu einem höchst komplexen Regelungswerk, welches aus diesem Grund letztlich verworfen wurde.[498]

Eine überarbeitete Fassung wurde erst zehn Jahre später veröffentlicht.[499] Auch diese ging weiterhin von der Einheit des Verfahrens und der Universalität aus und setzte auf rechnerische Untermassen.[500] Man ging zu diesem Zeitpunkt gleichwohl davon aus, lediglich einige offene Fragestellungen klären zu müssen und in Kürze einen unterzeichnungsreifen Entwurf vorlegen zu können.[501] Im Wesentlichen ausgelöst durch eine „Allgemeine Stellungnahme“[502] der Bundesrepublik Deutschland, in welcher auf die weiterhin bestehenden erheblichen Unzulänglichkeiten hingewiesen wurde, entbrannte eine mehrere Jahre andauernde Grundsatzdiskussion. Diese bezog sich insb. auf das Für und Wider eines Einheitsverfahrens und mündete schließlich 1984 in der Vorlage eines weiteren Entwurfs.[503] Auch mit diesem konnte jedoch die anhaltende Diskussion nicht beendet werden, sodass schließlich im März 1986 der Ausschuss der Ständigen Vertreter beschloss, das Projekt bis auf weitere Veranlassung ruhen zu lassen.[504]

S. 3ff.; dazu *Nerlich*, in ders./Römermann, Vorb. EuInsVO Rn. 4; *Reinhardt*, in MüKO InsO, 2. Auflage 2008, Vorb. Art. 1 EuInsVO Rn. 3.

495 Art. 2 Vorentwurf eines Übereinkommens über den Konkurs von 1970.

496 Art. 33 Vorentwurf eines Übereinkommens über den Konkurs von 1970. Vgl. dazu *Nerlich*, in Nerlich/Römermann, InsO, Vorb. EuInsVO Rn. 4f.

497 Art. 35ff. und Art. 41 Vorentwurf eines Übereinkommens über den Konkurs von 1970.

498 *Virgos/Schmit*, Erläuternder Bericht, Rz. 5; *Kolmann/Keller*, in Gottwald, Insolvenzrechts-Handbuch, §131 Rn. 1; *Wimmer*, NJW 2002, 2427, 2427.

499 Kommission der Europäischen Gemeinschaften, Entwurf eines Übereinkommens über den Konkurs, Vergleich und ähnliche Verfahren, EG-Dok-III/D/72/80-DE, abgedruckt in ZIP 1980, 582, 582ff. und *Kegel/Thieme*, Vorschläge und Gutachten, S. 45ff.; Erläuternder Bericht von *Jaques Lemontey*, ebenfalls abgedruckt in *Kegel/Thieme*, Vorschläge und Gutachten, S. 93ff.

500 Art. 2 und Art. 34 Entwurf eines Übereinkommens über den Konkurs von 1980; dazu *Wenner/Schuster*, in Wimmer, FK-InsO, Vorb. EuInsVO Rn. 7 m. w. N.

501 *Duursma*, in Duursma-Kepplinger/Duursma-Chalupsky, EuInsVO, Geschichte der EuInsVO, Rn. 5.

502 EG-Dok-4640/82 DRS 9 (CFC).

503 Entwurf eines Übereinkommens der Mitgliedstaaten der Europäischen Gemeinschaften über den Konkurs, Vergleiche und ähnliche Verfahren, Text der Ad-hoc-Gruppe beim Rat der EG nach zweiter Lesung, abgedruckt in *Kegel/Thieme*, Vorschläge und Gutachten, S. 417ff.

504 Vgl. *Kegel/Thieme*, Vorschläge und Gutachten, S. 476.

Einen großen Schritt nach vorn machte die Entwicklung daraufhin erst wieder Anfang der 1990er Jahre,[505] als die Ad-hoc-Arbeitsgruppe „Konkursübereinkommen" unter dem Vorsitz des deutschen Manfred Balz[506] unter teilweiser Aufgabe des bisher favorisierten Einheitsprinzips durch Einführung von Haupt- und Sekundärverfahren schlussendlich[507] das Europäische Insolvenzübereinkommen (EuInsÜ) erarbeitete. Das Inkrafttreten des EuInsÜ scheiterte im Jahre 1995 lediglich an der – vielfach als sachgrundlos kritisierten – fehlenden Zustimmung Großbritanniens.[508]

Auf Grundlage des 1999 in Kraft getretenen Vertrags von Amsterdam und der damit geschaffenen Möglichkeit des Erlasses europäischer Maßnahmen auf dem Gebiet der justiziellen Zusammenarbeit (Art. 65 EGV a. F. heute Art. 81 AEUV) wurde die Kommission durch das Europäische Parlament schließlich aufgefordert, ausgehend von dem gescheiterten Entwurf von 1995/96 einen Vorlageentwurf für eine europäische Verordnung oder Richtlinie auszuarbeiten.[509] Daraufhin wurde, vorangetrieben vor allem wiederum von Seiten Deutschlands, Ende Mai 1999 ein Verordnungsvorschlag auf Grundlage von Art. 65 lit. a) 3. Spiegelstrich, Art 67 Abs. 1 und Abs. 2 EGV a. F. vorgelegt, der inhaltlich im Wesentlichen dem EuInsÜ von 1995 entsprach.[510] Dieser Vorschlag wurde am 02. Dezember 1999 im Rat für Justiz und Inneres gebilligt und am 29. Mai 2000 als Verordnung Nr. 1346/2000/EG des Rates über Insolvenzverfahren (EuInsVO) erlassen. Die Verordnung trat schließlich am 31. Mai 2002 in Kraft (Art. 47 EuInsVO a. F.[511]) und wird zutreffend als „*Meilenstein*" in der Entwicklung des europäischen Insolvenzrechts bezeichnet.[512]

---

505 Die Entscheidung fiel auf einer informellen Tagung der Justizminister der Gemeinschaft in San Sebastian im Mai 1989, vgl. dazu *Leible/Staudinger* KTS 2000, 533, 535.

506 Zu dieser Zeit Chefsyndikus der Treuhandanstalt Berlin, später Vorstandsmitglied der Telekom AG und heute Rechtsanwalt in Frankfurt.

507 Zwischenzeitliche Entwürfe von 1992 (abgedruckt in ZIP 1992, 1197, 1197 ff.) und 1993 (dazu *Strub*, EuZW 1994, 424, 426) wurden erneut überarbeitet

508 *Balz*, ZIP 1996, 948, 948; *Kolmann/Keller*, in Gottwald, Insolvenzrechts-Handbuch, §131 Rn. 2 m. w. N.; *Wenner/Schuster*, in Wimmer, FK-InsO, Vorb. EuInsVO Rn. 1 f. m. w. N.; *Prütting*, KSzW 03.2012, 255, 257 *„am britischen Rinderwahnsinn gescheitert"*.

509 Europäisches Parlament, Entschließung zum Übereinkommen über Insolvenzverfahren, Protokoll der Sitzung vom 07.05.1999, Teil II, Punkt 6; zu dem Für und Wider zwischen Verordnung und Richtlinie vgl. vertiefend *Wimmer*, ZInsO 2001, 97, 97 ff.

510 *Wimmer*, ZInsO 2001, 97, 97; auch die EuInsÜ enthielt insb. keine Regelungen zur Konzerninsolvenz, vgl. *Gottwald*, Grenzüberschreitende Insolvenzen, S. 21.

511 Zum Zeitpunkt der Erstellung dieser Arbeit ist die Neufassung der EuInsVO bereits in Kraft getreten, sie gilt jedoch gem. Art. 92 Abs. 2 EuInsVO n. F. erst ab dem 26. Juni 2017. Daher wird im Folgenden trotz der Bezeichnung als a. F. die unter der EuInsVO von 2002 geltende Rechtslage im Präsens erläutert.

512 *Pannen/Riedemann*, in Pannen, EuInsVO, Einleitung Rn. 1.

Die EuInsVO übte bereits während ihrer Entstehungsphase erheblichen Einfluss auf andere Verfahrensordnungen sowie die Entwicklung der UNCITRAL-Modellbestimmungen[513] aus.[514] Sie zielt darauf ab, Insolvenzverfahren automatisch EU-weite Wirkung zu verleihen.[515] Dies soll primär über eine einheitliche Regelung der internationalen Zuständigkeit und einer daran anknüpfenden Bestimmung des anwendbaren Rechts erreicht werden. Die Verordnung folgt damit dem Prinzip der begrenzten Universalität,[516] indem sie die Eröffnung von Sekundärverfahren in den einzelnen Mitgliedstaaten ermöglicht und bzgl. besonders sensibler Materien Sonderanknüpfungen bereithält (Artt. 5 ff. EuInsVO a. F./Artt. 8 ff. EuInsVO n. F.).[517]

Auf eine Harmonisierung des materiellen Insolvenzrechts wurde verzichtet, da angeblich die beträchtlichen Unterschiede der einzelnen Rechtsordnungen entgegenstehen.[518] Ob diese Annahme gerechtfertigt ist, wird indes teilweise bezweifelt.[519]

2. Die Bedeutung der EuInsVO in der insolvenzrechtlichen Praxis und das Fehlen konzernspezifischer Regelungen

Die EuInsVO a. F. spielt in der insolvenzrechtlichen Praxis eine wesentliche Rolle und wurde stets, trotz der anhaltenden Diskussion über bestehende Reformbedürfnisse, grds. als „Erfolgsgeschichte" angesehen.[520] Die besondere Bedeutung der Ver-

---

513 Vgl. dazu unter Teil 6.I.

514 *Paulus*, EWS 2002, 497, 497 ff.

515 *Kolmann/Keller*, in Gottwald, Insolvenzrechts-Handbuch, § 131 Rn. 4; *Wimmer*, NJW 2002, 2427, 2427.

516 *Virgos/Schmit*, Erläuternder Bericht, Rz. 12; *Reinhardt*, in MüKO InsO, 2. Auflage 2008, Vorb. Art. 1 EuInsVO Rn. 18 f.; *Nerlich*, in Nerlich/Römermann, InsO, Vorb. EuInsVO Rn. 11.

517 *Kolmann/Keller*, in Gottwald, Insolvenzrechts-Handbuch, § 131 Rn. 4 f. und 137; *Nerlich*, in Nerlich/Römermann, InsO, Vorb. EuInsVO Rn. 10; *Martini*, ZInsO 2002, 905, 910 f. mit Hinweisen auf die bereits früh geäußerte Kritik an diesen Sonderanknüpfungen.

518 Siehe dazu Erwägungsgrund 11 EuInsVO a. F.; vgl. auch *Virgos/Schmit*, Erläuternder Bericht, Rz. 12; *Martini*, ZInsO 2002, 905, 906.

519 *Paulus* weist in ders. EuInsVO Kommentar, Einl. Rn. 26 dort Fn. 73 m. w. N zutreffend darauf hin, dass sowohl in der Richtlinie 2001/24/EG über die Sanierung und Liquidation von Kreditinstituten als auch in der Richtlinie 2001/17/EG über die Sanierung und Liquidation von Versicherungsunternehmen ausschließlich ein Einheitsverfahren vorgesehen ist. Zutreffend ist auch sein in NZI 2001, 505, 508 unter Verweis auf *Ehricke*, ZIP 2000, 1656, 1656 ff. und ZIP 2001, 489, 489 ff. geäußerter Hinweis darauf, dass der europäische Gesetzgeber bspw. im Bereich der Rückforderung von Beihilfen die Trennung einzelner Unternehmensträger im Konzern bewusst übergeht. In EWS 2002, 497, 498 schließlich bezeichnet er das uneingeschränkte Einheitsverfahren jedenfalls als zukünftig anzustrebendes Ziel der EuInsVO.

520 Siehe nur *Wimmer*, jurisPR-InsR 7/2015 Anm. 1, III.; *Albrecht*, ZInsO 2013, 1876, 1786; *Paulus*, NZI 2012, 297, 297 f.; *Reinhart*, NZI 2012, 304, 311; *Tollenaar*, IILR 2011, 252, 252.

ordnung spiegelt sich jedoch nicht nur in der soeben dargestellten anhaltenden Diskussion im Zusammenhang mit deren Einführung und Reformierung wieder, sondern wird auch durch aktuelle Zahlen eindrucksvoll belegt. Zwischen 2009 und 2011 sind innerhalb der Europäischen Union durchschnittlich 200 000 Unternehmen pro Jahr in Konkurs gegangen, wobei rund ein Viertel davon eine länderübergreifende Dimension aufwies.[521] Dies bedeutet, dass täglich über 130 Fälle auftreten, in denen die Anwendung der EuInsVO zumindest in Betracht zu ziehen ist. Auch wenn diese Zahlen erheblich durch die Weltwirtschaftskrise geprägt sind, ist das Ergebnis nicht nur angesichts der Bedeutung für die Betroffenen beachtlich.

Besondere Bedeutung erlangen auch im Anwendungsbereich der EuInsVO Verfahren über gruppenangehörige Unternehmen. Dies verwundert nicht, da gerade grenzüberschreitende Unternehmungen regelmäßig nicht lediglich durch die Eröffnung einer Niederlassung, sondern aus unterschiedlichsten Gründen heraus (Haftungssegmentierung, Steuererwägungen etc.) durch die Gründung oder den Ankauf einer Tochtergesellschaft realisiert werden.[522]

Die EuInsVO von 2002 enthält gleichwohl – bewusst[523] – keine Regelungen über Konzerninsolvenzen.[524] Sie ist vielmehr *„auf dem konzernrechtlichen Auge blind“*.[525] Die mit diesem Thema verbundenen spezifischen Schwierigkeiten sollten im Rahmen der erstmaligen Schaffung einer derartigen Verordnung nicht zu einem Scheitern der langjährigen Bemühungen führen. Gleichzeitig wurde die Insolvenz innerhalb großer Konzerne zur damaligen Zeit als eher seltenes Phänomen betrachtet und waren die einzelnen nationalen Insolvenzordnungen noch verstärkt auf Liquidation ausgerichtet. Im Liquidationsfall sind gesonderte Regelungen für den

---

521 Mitteilung der Kommission an das Europäische Parlament, den Rat und den Europäischen Wirtschafts- und Sozialausschuss – Ein neuer europäischer Ansatz zur Verfahrensweise bei Firmenpleiten und Unternehmensinsolvenzen COM(2012)742 final; dazu *Albrecht*, ZInsO 2013, 1876, 1877.

522 Dazu bereits unter Teil 1.I.

523 *Wimmer*, jurisPR-InsR 13/2012 Anm. 1; *Virgos/Schmit*, Erläuternder Bericht, Rz. 76 verweisen insoweit darauf, dass – vorbehaltlich noch zu schaffender europäischer Regelungen für Unternehmenszusammenschlüsse – für jeden einzelnen Rechtsträger die Zuständigkeit nach der Verordnung gegeben sein muss. Dass sich die EuInsVO bewusst konzernspezifischen Regelungen enthält, ergibt sich zum einen aus dem Liquidationsgebot des Art. 3 Absatz 3 Satz 2 EuInsVO, zum anderen aus der fehlenden Erstreckung der Kooperationspflichten des Art. 31 EuInsVO auf Hauptverfahren konzernzugehöriger Unternehmen (*Paulus*, ZIP 2005, 1948, 1950 dort Fn.15). Zu den Hintergründen vgl. auch Europäische Kommission, SWD(2012) 416 final, S. 16f.; *Bezelques*, Konzerninsolvenzen in der Europäischen Union, S. 121ff.; *Vormstein*, Zuständigkeit bei Konzerninsolvenzen, S. 160ff.

524 *Gottwald*, in ders., Insolvenzrechts-Handbuch, § 1 Rn. 96; ebenda *Kolmann/Keller*, § 131 Rn. 47 m. w. N.; *Oberhammer*, in Hess/Oberhammer/Pfeiffer, Heidelberg-Vienna-Report, S. 221; *Vallender*, ZInsO 2015, 57; *Undritz*, in Flöther, Handbuch Konzerninsolvenz, § 8 Rn. 3 m. w. N.

525 *Thole/Swieczok*, ZIP 2013, 550, 556 m. w. N.

Fall der Konzerninsolvenz aber nicht in dem Maße erforderlich, wie es im Rahmen von Sanierungsbemühungen der Fall ist.[526]

Das Fehlen konzernspezifischer Regelungen wurde ungeachtet dieser Argumentation bereits früh als *Auslassungssünde* bezeichnet, da die Verordnung damit ihren eigentlichen Hauptanwendungsfall[527] ausschließen würde.[528]

Gleichwohl hatte, wie *Oberhammer* im Rahmen des sog. Heidelberg-Vienna-Reports zutreffend feststellt, die EuInsVO a. F. seit ihrem Inkrafttreten erheblichen Einfluss auf die Insolvenz grenzüberschreitend organisierter Unternehmensgruppen.[529] Unter Geltung der EuInsVO a. F. gestaltet sich die Abwicklung von grenzüberschreitenden Insolvenzen gruppenangehöriger Unternehmen wie folgt:[530]

Für jedes gruppenangehörige Unternehmen ist der gem. Art 3 Abs. 1 Satz 1 EuInsVO maßgebliche Mittelpunkt der hauptsächlichen Interessen („*centre of main interests*" – COMI) zu ermitteln und am dortigen Gerichtsstand ein individuelles Hauptverfahren zu eröffnen. Die Selbstständigkeit der Rechtsträger innerhalb des Konzernverbundes ist, wie der EuGH[531] wiederholt bestätigt hat, anzuerkennen und zu wahren, sodass es eine „*eigene gerichtliche Zuständigkeit für jeden Schuldner gibt, der eine rechtlich selbstständige Einheit darstellt*"[532]. Es kommt mithin grds. zur Eröffnung einer Vielzahl unabhängiger Verfahren.[533]

---

526 Vgl. dazu *Virgos/Schmit*, Erläuternder Bericht, Rz. 76; *J. Schmidt*, KTS 2015, 19, 33; Europäische Kommission, SWD(2012) 416 final, S. 16 f.

527 *Oberhammer* spricht von einem „*Kernproblem des internationalen Insolvenzrechts*", KTS 2009, 27, 63; *Undritz* in Flöther, Handbuch Konzerninsolvenz, § 8 Rn. 3 vom „*Prototyp der grenzüberschreitenden Insolvenz*"; *Bufford* geht in IILR 2012, 341, 356 sogar davon aus, dass „*virtually every reported international insolvency case involves a group of companies*".

528 *Pannen*, in ders. EuInsVO, Art. 1 Rn. 133; *Kindler*, in Kindler/Nachmann, Handbuch Insolvenzrecht in Europa, § 2 Rn. 42; *Paulus*, EuInsVO, Einl. Rn. 43; *ders.*, ZIP 2005, 1948, 1950; *ders.*, EWS 2002, 497, 500; *ders.*, NZI 2001, 505, 508; *Oberhammer*, KTS 2009, 27, 62 ff.; *Vormstein*, Zuständigkeit bei Konzerninsolvenzen, S. 4; kritisch auch *Balz*, The American Bankruptcy Law Journal Vol. 70 (1996), 485, 503 f.; *Cherubini/Cooper/Fritz/*u. a., IILR 2010, 87, 104 f.; *McCormack*, IILR 2011, 121, 125.

529 *Oberhammer*, in Hess/Oberhammer/Pfeiffer, Heidelberg-Vienna-Report, S. 221; so auch *Siemon/Frind*, NZI 2013, 1, 1 f.; *Mohrs*, Die konzerngebundene Kapitalgesellschaft im Anwendungsbereich der EuInsVO, *passim*.

530 Vgl. dazu auch die Darstellung bei *Telke*, Die Anforderungen an ein wettbewerbsfähiges Konzerninsolvenzrecht für den Wirtschaftsstandort Deutschland, S. 69 ff.

531 Insb. in den Entscheidungen „Eurofood", EuGH, Urt. v. 2.5.2006 – C-341/04 Eurofood IFSC Ltd. = NZI 2006, 360 = EuZW 2006, 337 und „Rastelli", EuGH, Urt. v. 15.12.2011 – C 191/10 Rastelli Davide e C. Snc/Jean-Charles Hidoux in seiner Eigenschaft als Insolvenzverwalter der Gesellschaft Médiasucre international = NZI 2012, 147 = ZIP 2012, 183.

532 EuGH NZI 2012, 147, 149.

533 *Kolmann/Keller*, in Gottwald, Insolvenzrechts-Handbuch, § 131 Rn. 47; *Verhoeven*, ZInsO 2012, 2369, 2370; *Tollenaar*, IILR 2011, 252, 253.

Eine Verknüpfung der einzelnen Verfahren ist bisher nicht vorgesehen,[534] insb. erfüllt eine Tochtergesellschaft nicht die Voraussetzungen einer Niederlassung i. S. d. Art. 2 lit. h) EuInsVO a. F., sodass es nicht möglich ist, über eine solche ein Sekundärverfahren zu eröffnen.[535] Dies hätte den Vorteil, dass Regelungen der Artt. 28ff. EuInsVO a. F. und insb. die Kooperationsvorschrift des Art. 31 EuInsVO a. F. zur Anwendung kämen. Allerdings wurde auch eine analoge Anwendung der Regelungen über das Sekundärverfahren zu Recht überwiegend abgelehnt.[536] Zum einen postuliert Art. 2 lit. h) EuInsVO a. F. eindeutig die Unselbstständigkeit der Niederlassung, zum anderen wäre eine konzernweite Sanierung wegen des zwingenden Liquidationscharakters des Sekundärverfahrens (Art. 3 Abs. 3 Satz 2 EuInsVO a. F.) unmöglich. Gleichwohl ist eine Kooperation auf freiwilliger Basis durch die EuInsVO keinesfalls ausgeschlossen und seit jeher für den Erfolg grenzüberschreitender (Sanierungs-)Verfahren unerlässlich.[537] Um die bestehenden Unsicherheiten zu beseitigen und eine tatsächliche Verpflichtung zu erreichen, wurde bereits seit Langem eine gesetzliche Normierung gefordert.[538]

Nachdem die Verordnung von 2002 also selbst keinen Spielraum für die bedarfsgerechte Abwicklung von Insolvenzen innerhalb eines Unternehmensverbundes enthielt, befleißigte sich die Praxis der Einführung eines *„faktischen Konzerninsol-*

---

534 Die im deutschen Recht vorgesehene Möglichkeit, Verfahren im Anwendungsbereich der EuInsVO durch landesrechtliche Rechtsverordnung zu bündeln (Art. 102 § 1 III 2 EGInsO), wurde bisher nicht genutzt. Gleiches gilt auch in Ansehung von grenzüberschreitenden Verfahren außerhalb der EuInsVO (§ 348 Abs. 3 InsO). Insg. dazu *Madaus*, in BeckOK InsO, § 3 Rn. 32; *Reinhart*, in MüKO InsO, Art. 102 § 1 EGInsO, Rn. 17.

535 Zu derartigen Überlegungen vgl. *Paulus*, NZI 2001, 505, 508, *ders.*, EWS 2002, 497, 500f.; *ders.*, ZIP 2002, 729, 730; *Ehricke*, in Gottwald, Europäisches Insolvenzrecht – Kollektiver Rechtsschutz, S. 127, 152ff.; *ders.*, EWS 2002, 101, 104ff.; *Gottwald*, Grenzüberschreitende Insolvenzen, S. 21f. mit Überlegungen, dies für den Sonderfall der Vermögensvermischung anders zu bewerten. Grundlegend dazu auch *Adam*, Zuständigkeitsfragen bei der Insolvenz internationaler Unternehmensverbindungen, S. 135ff.; *Bezelques*, Konzerninsolvenzen in der Europäischen Union, S. 213ff.; *Wolf*, Der europäische Gerichtsstand bei Konzerninsolvenzen, S. 94ff.; *Vormstein*, Zuständigkeit bei Konzerninsolvenzen, S. 164ff.

536 *Lüer*, in Uhlenbruck, InsO, § 348 Rn. 6 m. w. N.; *Commandeur*, in Nerlich/Römermann, InsO, Art. 31 EuInsVO Rn. 28; *Ehricke*, in Gottwald, Europäisches Insolvenzrecht – Kollektiver Rechtsschutz, S. 127, 153f.; *ders.*, ZIP 2005, 1104, 1112 m. w. N.; *Vallender*, in FS Lüer, 2008, S. 479, 480; *ders.*, KTS 2008, 59, 66f.; a. A. OLG Wien, NZI 2005, 56, 56ff. mit zustimmender Anm. *Paulus*.

537 *Gottwald*, in Nagel/Gottwald, Internationales Zivilprozessrecht, § 30 Rn. 102 m. w. N.; *Nerlich* in Nerlich/Römermann, Art. 3 EuInsVO Rn. 34; *Vallender*, IILR 2011, 309, 309.

538 *Paulus*, ZIP 2002, 729, 736; *ders.*, EWS 2002, 497, 505; *Leible/Staudinger*, KTS 2000, 533, 569; *Vallender*, KTS 2005, 283, 320ff.

venzrechts, gleichsam durch die Hintertür"[539]. Zu diesem Zweck legten allen voran englische Gerichte[540] die Regelung zur Bestimmung des COMI als Anknüpfungspunkt für die internationale Zuständigkeit denkbar weit aus[541] und erreichten so, im Wesentlichen unter besonderer Betonung der vom Mutterunternehmen ausgehenden Leitungsmacht (sog. *Mind-of-Management-Theorie* oder *head office functions doctrine)*[542], die Eröffnung sämtlicher Verfahren am Gerichtsstand des Mutterunternehmens.[543] Diesem zwar vielfach kritisierten „*Insolvenzimperialismus*"[544] folgten bald auch andere europäische Gerichte.[545] Die notwendige Kooperation zwischen den Verwaltern wurde auf privatautonomer Basis durch Insolvenzverwalterverträge

539 *Verhoeven*, ZInsO 2012, 2369, 2370 m. w. N.; *ders.*, Die Konzerninsolvenz, S. 158.

540 Zuletzt etwa High Court London, Entsch. vom 22.1.2015–2015 EWHC 121 (Ch) (Re Northsea Base Investment), dass den COMI eines zypriotischen Reederei-Konzerns am Sitz eines in London ansässigen unabhängigen Dienstleisters annahm, der das operative Geschäft in Vertretung ausführte, dazu Anm. *Schulz*, NZI 2015, 338; s. auch ISA Daisytek SAS, High Court of Justice Leeds, Urteil vom 16.05.2003 – Re Daisytek-ISA Limited & Ors = NZI 2004, 219; Collins & Aikmann, dazu AG Köln, ZIP 2005, 1566; insgesamt dazu *Mohrs*, Die konzerngebundene Kapitalgesellschaft im Anwendungsbereich der EuInsVO, S. 112 ff.; *Oberhammer*, ZInsO 2004, 761, 776 f.; *Pannen/Riedemann*, NZI 2004, 646, 646; *Tirado*, GPR 2005, 39, 45 f. mit zahlreichen Beispielen auch aus Irland und Italien; *Kammel*, NZI 2006, 334, 334; *Vallender/Deyda*, NZI 2009, 825, 829 f., jeweils mit zahlreichen Nachweisen.

541 *J. Schmidt* spricht in KTS 2015, 19, 33 insoweit zutreffend davon, dass es teilweise zu einem „*Hinbiegen*" des bestehenden Rechtsrahmens durch „*kreative*" Gerichte kam. Ausführlich dazu *Bezelques*, Konzerninsolvenzen in der Europäischen Union, S. 144 ff.; *Mohrs*, Die konzerngebundene Kapitalgesellschaft im Anwendungsbereich der EuInsVO, S. 94 ff.

542 Ausführlich statt vieler *Reinhart*, in MüKO InsO, 2. Auflage 2008, Art. 3 EuInsVO Rn. 8 ff.; *Wiebusch*, Internationales Konzerninsolvenzrecht, S. 97 ff.

543 So bspw. in den Verfahren MG Rover I [2005] EWHC 874 (Ch); Re Collins & Aikmann Corp. Group [2006] B.C.C. 606; Re BRAC Rent-A-Car International Inc. [2003] 2 All ER 201; Re AIM Underwriting Agencies (Ireland) Limited [2005] I.L.Pr. 22; Re Parkside Flexibles SA [2006] B.C.C. 589.; weitere Beispiele mit ausführlicher Darstellung bei *Mevorach*, The Road to Suitable and Comprehensive Global Approach to Insolvencies within Multinational Corporate Groups, S. 22 ff. bei *Undritz*, in HambKomm InsO, Art. 3 EuInsVO Rn. 7 und bei *Pannen/Riedemann*, NZI 2004, 646, 646 ff.

544 *Mankowski*, EWiR 2003, 1239, 1239 Anm. zu CA Versaille, Urt. v. 4.9.2003–05038/03 (ISA-Gruppe); zustimmend *Weller*, ZHR 169 (2005), 570, 581; allg. dazu *Becker*, Kooperationspflichten in der Konzerninsolvenz, S. 51; kritisch *Wiebusch*, Internationales Konzerninsolvenzrecht, S. 104 f.

545 Vgl. dazu Tribunale di Parma, Urteil vom 19.02.2044–53/04 = ZIP 2004, 1220; AG München, ZIP 2004, 962; dazu *Mankowski*, NZI 2004, 450, 450 ff.; AG Siegen, NZI 2004, 673; AG Offenburg, NZI 2004, 673; allg. dazu auch *Tirado*, GPR 2005, 39, 39 ff.

(Protokolle) sichergestellt.[546] Die Zusammenarbeit der Gerichte gelang dabei, nicht zuletzt sicherlich vor dem Hintergrund fehlender Klarheit über die Befugnisse und Verpflichtungen, teilweise vorbildlich,[547] teilweise jedoch mit erheblichen negativen Folgen überhaupt nicht.[548] Der exzessiven Auslegung der COMI-Vorschriften hin zu einem faktischen Konzerngerichtsstand am Sitz des Mutterunternehmens hat der EuGH in den Entscheidungen Eurofood[549], Interedil[550] und Rastelli[551] eine Absage erteilt. Zutreffend hat *Lüer* festgehalten, dass *„eine gesetzliche Grundlage für ein europäisches Konzerninsolvenzrecht gegenwärtig schlichtweg nicht existiert und ein solches auch nicht durch eine unzulässige direkte oder analoge Anwendung der Vorschriften der EuInsVO geschaffen werden kann.“*[552]

3. Die neuen Reformbemühungen

Unabhängig von den fehlenden Regelungen zur Konzerninsolvenz konnte die Entwicklung des europäischen Insolvenzrechts mit Einführung der EuInsVO 2002 nicht als abgeschlossen betrachtet werden,[553] vielmehr galt es auf der damit geschaffenen Grundlage aufzubauen.[554] Dies hat auch der Verordnungsgeber selbst erkannt und

546 Dazu *Undritz*, in Flöther, Handbuch Konzerninsolvenz, § 8 Rn. 79f.; *Schmollinger*, Der Konzern in der Insolvenz, S. 148ff.; *Mohrs*, Die konzerngebundene Kapitalgesellschaft im Anwendungsbereich der EuInsVO, S. 186ff.

547 So bspw. im Verfahren der PIN-AG, dazu *Busch/Remmert/Rüntz/Vallender*, NZI 2010, 417, 420 mit Hinweisen auf weitere Beispiele auch zur Kommunikation der Gerichte mit den Verwaltern.

548 So bspw. im Verfahren Hans Brochiert Ltd., dazu *Busch/Remmert/Rüntz/Vallender*, NZI 2010, 417, 420; zum Sachverhalt vgl. *Andres/Grund*, NZI 2007, 137, 139f.

549 EuGH, Urt. v. 2.5.2006 – C-341/04 Eurofood IFSC Ltd. = NZI 2006, 360 = EuZW 2006, 337; dazu *Lüer*, in Uhlenbruck, InsO, Art. 3 EuInsVO Rn. 32; *Kammel*, NZI 2006, 334, 334ff.; *Bezelques*, Konzerninsolvenzen in der Europäischen Union, S. 165ff.

550 EuGH, Urt. v. 20.10.2011 – C-396/09 Interedil Srl i.L./Fallimento Interedil Srl. u. a. = EuZW 2011, 912 = ZIP 2011, 2153; dazu *Lüer*, in Uhlenbruck, InsO, Art. 3 EuInsVO Rn. 33; *Mankowski*, NZI 2011, 990, 994.

551 EuGH, Urt. v. 15.12.2011 – C 191/10 Rastelli Davide e C. Snc/Jean-Charles Hidoux in seiner Eigenschaft als Insolvenzverwalter der Gesellschaft Médiasucre international = NZG 2012, 150 = ZIP 2012, 183; dazu *Lüer*, in Uhlenbruck, InsO, Art. 3 EuInsVO Rn. 34; *Mankowski*, NZI 2012, 147, 147ff.

552 *Lüer*, in FS Greiner, S. 201, 212f.

553 Dies kann eigentlich, bedingt durch den ständigen Wandel in unserer Gesellschaft, auf den das Recht reagieren muss, ohnehin nie der Fall sein, so auch Bundesministerin der Justiz *Leutheusser-Schnarrenberger* in ihrer Rede beim Deutschen Insolvenzverwalterkongress 2011 am 28.10.2011 (abgedruckt in ZInsO 2011, 2078ff.)

554 Bundesministerin *Leutheusser-Schnarrenberger* führt dazu in ihrer Rede (ZInsO 2011, 2078, 2078) aus, es sei Aufgabe der Gesetzgebung, *„für die allgemein als notwendig erachteten Änderungen zwischen Praxis und Rechtspolitik, zwischen den Interessen von Gläubigern und Schuldnern einen gangbaren Weg zu finden.“*

daher in Art. 46 EuInsVO a. F. die Kommission verpflichtet, dem Europäischen Parlament, dem Rat und dem Wirtschafts- und Sozialausschuss erstmalig bis zum 01. Juni 2012 und danach im Fünfjahresintervall einen Bericht über die Anwendung der Verordnung sowie hinsichtlich ggf. erforderlich erscheinender Anpassungen vorzulegen.[555]

Diesem Bericht kam das Europäische Parlament mit einer auf Art. 225 AEUV gestützten Entschließung im November 2011 zuvor. Die Kommission wurde darin aufgefordert, *„einen oder mehrere Vorschläge zur Frage eines EU-Rahmens zur Unternehmensinsolvenz zu unterbreiten", wobei diese auf „einer gründlichen Analyse aller praktikablen Alternativen basieren"* sollten.[556]

Im März 2012 fordert die Europäische Kommission daher die Öffentlichkeit, insb. Richter, Anwälte und Rechtswissenschaftler, auf, Erfahrungen im Zusammenhang mit der Anwendung der EuInsVO mitzuteilen sowie etwaige Reformvorschläge zu unterbreiten.[557] Daneben wurden mehrere Studien zur Evaluierung der Verordnung in Auftrag gegeben.[558]

Auf Basis der so gewonnenen Erkenntnisse erstellte die Kommission den gem. Art. 46 EuInsVO a. F. geforderten Bericht[559] und leitete diesen schließlich, etwas verspätet, am 12. Dezember 2012 dem Europäischen Parlament, dem Rat und dem Europäischen Wirtschafts- und Sozialausschuss zu. In diesem Bericht fasst die Kommission die bisherige Situation der Insolvenz grenzüberschreitender Unternehmensgruppen durch exzessive Auslegung der Zuständigkeitsvorschriften und Bestellung einheitlicher Verwalter als in erheblichem Maße von den Umständen des Einzelfalls, insbesondere der Kooperationsbereitschaft der Beteiligten, abhängig, ein.[560] Das Fehlen spezifischer Rahmenregelungen für die Gruppeninsolvenz verhindere nach Ansicht der Kommission zudem regelmäßig eine effiziente Abwicklung. Vor diesem Hintergrund sei eine Reform der EuInsVO geboten.[561]

Zeitgleich mit diesem Bericht legte die Kommission einen Vorschlag für eine *„Verordnung des Europäischen Parlaments und des Rates zur Änderung der Verordnung*

555 In der EuInsÜ war in Art. 53 sogar noch vorgesehen, dass auf Antrag eines Vertragsstaates (oder, wenn ein solcher innerhalb von zehn Jahren nicht erfolgte, durch Einberufung durch den Präsidenten des Rates der Europäischen Union) eine Konferenz zur Revision oder Evaluierung abgehalten werden sollte, vgl. dazu *Virgos/Schmit*, Erläuternder Bericht, Rz. 318.

556 Entschließung des Europäischen Parlaments vom 15.11.2011 mit Empfehlungen an die Kommission zu Insolvenzverfahren im Rahmen des EU-Gesellschaftsrechts (2011/2006(INI)), P7_TA(2011)0484, S. 5.

557 Vgl. dazu *Undritz*, in HambKomm InsO, Art. 1 EuInsVO Rn. 10.

558 External Evaluation of Regulation No. 1346/2000/EC on Insolvency Proceedings, JUST/2011/JCIV/PR/0049/A4 der Universitäten Heidelberg und Wien vom 10.01.2013 (Heidelberg-Vienna-Report); Studie zur Folgenabschätzung der Arbeitsgemeinschaft aus GHK und Milieu.

559 COM(2012)743 final.

560 COM(2012)743 final, S. 17 f.

561 COM(2012)743 final, S. 18.; ebenso SWD(2012)416 final, S. 15 f.

(EG) 1346/2000 des Rates über Insolvenzverfahren" vor,[562] in welchem die wesentlichen Kritikpunkte aufgegriffen wurden.[563]

Im weiteren Verfahrensgang kam es wie im Rahmen eines Gesetzgebungsverfahrens üblich und zu erwarten zu zahlreichen Änderungen unterschiedlichster Couleur.[564] Besonders zu erwähnen ist hierbei die ursprünglich nicht vorgesehene Aufnahme eines Koordinationsverfahrens für den Fall der Insolvenz innerhalb einer Unternehmensgruppe.[565]

Schlussendlich wurde, in Ansehung der unzähligen Änderungen und zur Vermeidung der Einführung zahlreicher Unterparagraphen und -erwägungsgründe, eine komplette Neufassung verabschiedet. Die neue EuInsVO wurde am 17. März 2015 vom Parlament angenommen[566] und schließlich am 05. Juni 2015 im Amtsblatt der Europäischen Union als Verordnung (EU) 2015/848 des Europäischen Parlaments und des Rates vom 20. Mai 2015 über Insolvenzverfahren veröffentlicht. Sie ist gem. Art. 92 Abs. 1 EuInsVO n. F. am 26. Juni 2015 in Kraft getreten und gilt, mit Ausnahme der Artt. 86, 24 Abs. 1 und 25 EuInsVO n. F. gem. Art. 92 Abs. 2 EuInsVO n. F., ab dem 26. Juni 2017.

II. Die Reform der EuInsVO

Die Reformbemühungen waren in jüngster Zeit bis hin zur aktuellen Neufassung der EuInsVO erheblichen Schwankungen hinsichtlich Regelungskonzept und -intensität in Bezug auf die Berücksichtigung von Unternehmensgruppen unterworfen.[567] Aus diesem Grund erscheint es zielführend, die einzelnen Ansätze zumindest überblicksartig darzustellen, um aufzuzeigen, welche unterschiedlichen Lösungskonzepte zur Bewältigung der Insolvenz innerhalb einer Unternehmensgruppe verfolgt wurden.

1. Die Empfehlungen des Europäischen Parlaments vom 15. November 2011

Seiner bereits angesprochenen Entschließung vom 15. November 2011 fügte das Europäische Parlament im Anhang konkrete Empfehlungen an die Kommission bei.

---

562 COM(2012)744 final.

563 Vgl. dazu ausführlich sogleich unter Teil 7.II.2.

564 Vgl. Bericht des Rechtsausschusses vom 20.12.2013, A7-0481/2013; Entschließung des Parlaments vom 05.02.2014 COM(2012)0744-C/-0413/2012–2012/0360(COD) und P7_TA-PROV(2014)0093; Kompromissvorschlag des Rates vom 03.06.2014 10284/14 ADD 1; weiterer Vorschlag des Rates vom 20.11.2014 15414/14 ADD; Erster Überblick über den Verfahrensgang auch bei *Kindler/Sakka*, EuZW 2015, 460, 460 f.

565 Erstmals in Bericht des Rechtsausschusses vom 20.12.2013, A7-0481/2013, Änderungsantrag 11, S. 12 f.

566 PE 31 2015 INIT DE.

567 Allg. zu den Reformentwicklungen bspw. *Graf-Schlicker*, in FS Kübler, S. 195, 196 ff.

Diese gliederten sich in insgesamt vier Teile. In Teil 1 ging das Europäische Parlament neue Wege, indem es eine Harmonisierung nationaler Insolvenzregelungen in Ansehung bestimmter Aspekte der Eröffnung von Insolvenzverfahren,[568] der Forderungsanmeldung,[569] des Anfechtungsrechts,[570] der Anforderungen an den Verwalter[571] sowie der Erstellung, Wirkung und Inhalt von Restrukturierungsplänen[572] mittels einer Richtlinie empfahl.[573]

In Teil 2 gab das Europäische Parlament konkrete Empfehlungen hinsichtlich der Überarbeitung der EuInsVO. So sollten die Einbeziehung von Verfahren in Eigenverwaltung sowie Verfahren mit einem vorläufigen Verwalter,[574] die Aufnahme einer Definition des *Center of Main Interests*[575] sowie des Niederlassungsbegriffes[576] und die Einführung einer Kooperationspflicht zwischen beteiligten Gerichten[577] erfolgen. Überdies sollte das Recht der Insolvenzanfechtung insb. dahingehend überarbeitet werden, als Anfechtungsklagen zukünftig nicht mehr zur Insolvenz

---

568 Anhang zur Entschließung des Europäischen Parlaments vom 15. November 2011 mit Empfehlungen an die Kommission zu Insolvenzverfahren im Rahmen des EU-Gesellschaftsrechts (2011/2006(INI)), P7_TA(2011)0484, Teil 1, 1.1.

569 Anhang zur Entschließung des Europäischen Parlaments vom 15. November 2011 mit Empfehlungen an die Kommission zu Insolvenzverfahren im Rahmen des EU-Gesellschaftsrechts (2011/2006(INI)), P7_TA(2011)0484, Teil 1, 1.2.

570 Anhang zur Entschließung des Europäischen Parlaments vom 15. November 2011 mit Empfehlungen an die Kommission zu Insolvenzverfahren im Rahmen des EU-Gesellschaftsrechts (2011/2006(INI)), P7_TA(2011)0484, Teil 1, 1.3.

571 Anhang zur Entschließung des Europäischen Parlaments vom 15. November 2011 mit Empfehlungen an die Kommission zu Insolvenzverfahren im Rahmen des EU-Gesellschaftsrechts (2011/2006(INI)), P7_TA(2011)0484, Teil 1, 1.4.

572 Anhang zur Entschließung des Europäischen Parlaments vom 15. November 2011 mit Empfehlungen an die Kommission zu Insolvenzverfahren im Rahmen des EU-Gesellschaftsrechts (2011/2006(INI)), P7_TA(2011)0484, Teil 1, 1.5.

573 Anhang zur Entschließung des Europäischen Parlaments vom 15. November 2011 mit Empfehlungen an die Kommission zu Insolvenzverfahren im Rahmen des EU-Gesellschaftsrechts (2011/2006(INI)), P7_TA(2011)0484, Teil 1

574 Anhang zur Entschließung des Europäischen Parlaments vom 15. November 2011 mit Empfehlungen an die Kommission zu Insolvenzverfahren im Rahmen des EU-Gesellschaftsrechts (2011/2006(INI)), P7_TA(2011)0484, Teil 2, 2.1.

575 Anhang zur Entschließung des Europäischen Parlaments vom 15. November 2011 mit Empfehlungen an die Kommission zu Insolvenzverfahren im Rahmen des EU-Gesellschaftsrechts (2011/2006(INI)), P7_TA(2011)0484, Teil 2, 2.2.

576 Anhang zur Entschließung des Europäischen Parlaments vom 15. November 2011 mit Empfehlungen an die Kommission zu Insolvenzverfahren im Rahmen des EU-Gesellschaftsrechts (2011/2006(INI)), P7_TA(2011)0484, Teil 2, 2.3.

577 Anhang zur Entschließung des Europäischen Parlaments vom 15. November 2011 mit Empfehlungen an die Kommission zu Insolvenzverfahren im Rahmen des EU-Gesellschaftsrechts (2011/2006(INI)), P7_TA(2011)0484, Teil 2, 2.4.

ansonsten gesunder Tochtergesellschaften im Unternehmensverbund führen sollen (Verhinderung des sog. Domino-Effekts).[578]

Der damit bereits angesprochene Komplex der Unternehmensgruppen wurde dann in Teil 3 unter dem Titel *„Empfehlungen zur Insolvenz von Unternehmensgruppen"* weiter vertieft. Das Parlament sprach hier einleitend das unterschiedliche Integrationsniveau, das in einer Unternehmensgruppe vorhanden sein könne, als wesentliches Grundproblem der Schaffung von einheitlichen Regelungen zu Insolvenzen im Unternehmensverbund an.[579] In Reaktion auf die vielfältigen Ausprägungen von Konzernstrukturen enthalten die Empfehlungen dann auch eine Zweiteilung. So sollten nach Ansicht des Europäischen Parlaments zwei grundlegende Gruppenstrukturen unterschieden werden.[580]

Auf der einen Seite wurde empfohlen, *„wann immer die Organisations-/Eigentümerstruktur es erlaubt"*, die Eröffnung eines Hauptverfahrens am Ort der Hauptverwaltung der Unternehmensgruppe zu ermöglichen, welches zur Aussetzung sämtlicher ggf. bereits laufender Verfahren über Gruppenmitglieder auch in anderen Mitgliedstaaten führen solle (Konzerngerichtsstand).[581] Zwar sollte die Möglichkeit zur Eröffnung von Nebenverfahren[582] in den Mitgliedstaaten gegeben sein, es sollte jedoch in jedem Fall nur ein einziger Insolvenzverwalter ernannt werden.[583] Für den speziellen Fall, dass nicht ermittelt werden könne, welche Vermögenswerte welchem Schuldner zuzuordnen sind, oder eine Bewertung der gruppeninternen Forderungen nicht möglich ist, sollte die Möglichkeit geschaffen werden, die Ver-

578 Anhang zur Entschließung des Europäischen Parlaments vom 15. November 2011 mit Empfehlungen an die Kommission zu Insolvenzverfahren im Rahmen des EU-Gesellschaftsrechts (2011/2006(INI)), P7_TA(2011)0484, Teil 2, 2.5.

579 Anhang zur Entschließung des Europäischen Parlaments vom 15. November 2011 mit Empfehlungen an die Kommission zu Insolvenzverfahren im Rahmen des EU-Gesellschaftsrechts (2011/2006(INI)), P7_TA(2011)0484, Teil 3, Vorb.; *Oberhammer* formuliert insoweit im Heidelberg-Vienna-Report, S. 222 treffend: *„Groups of companies come in all shapes and sizes"*.

580 Vgl. dazu *Leithaus/Schäfer*, KSzW 03.2012, 272, 276.

581 Anhang zur Entschließung des Europäischen Parlaments vom 15. November 2011 mit Empfehlungen an die Kommission zu Insolvenzverfahren im Rahmen des EU-Gesellschaftsrechts (2011/2006(INI)), P7_TA(2011)0484, Teil 3, 1.A und B.

582 Ob es sich bei dem Nebenverfahren um Sekundärverfahren i. S. d. Art. 3 Abs. 2 EuInsVO handeln oder diese als neue Verfahrensart eingeführt werden sollten, wird nicht ersichtlich. Nach Ansicht des Europäischen Parlaments sollte im Rahmen eines jeden Nebenverfahrens jedoch ein Ausschuss geschaffen werden, der die Interessen der lokalen Gläubiger und Arbeitnehmer zu verteidigen und zu vertreten hätte, was den Schluss darauf zulässt, dass in dem Nebenverfahren kein eigenständiger (Sekundär-)Verwalter bestellt werden und es sich daher um eine neue Art von Territorialverfahren handeln sollte.

583 Anhang zur Entschließung des Europäischen Parlaments vom 15. November 2011 mit Empfehlungen an die Kommission zu Insolvenzverfahren im Rahmen des EU-Gesellschaftsrechts (2011/2006(INI)), P7_TA(2011)0484, Teil 3, 1.C.

mögensmassen zusammenzufassen (Materielle Konsolidierung).[584] Eine konkrete Antwort auf die Frage, unter welchen Voraussetzungen die Organisations- bzw. Eigentümerstruktur ein derartiges Vorgehen zulasse, blieb die Empfehlung indes schuldig; augenscheinlich ging man davon aus, dass dies insb. bei stark zentralisierten Konzernstrukturen der Fall sei.

In allen anderen Fällen, die in den Empfehlungen folglich auch als Verfahren über *„dezentralisierte Gruppen"*[585] bezeichnet werden, wurde empfohlen, ein auf obligatorischer Kooperation zwischen Gerichten und Verwaltern beruhendes Verfahren zu schaffen.[586] Dabei sollte die Möglichkeit der Bestellung eines einzelnen Verwalters als Hauptverwalter für sämtliche Verfahren vorgesehen werden, wobei dieser von lokalen Verwaltern unterstützt werden solle,[587] welche demnach offensichtlich weiterhin einzusetzen seien. Schließlich wurde die *„Ermöglichung und Förderung grenzüberschreitender Verwaltervereinbarungen"*[588] empfohlen, mithin die Schaffung einer gesetzlichen Grundlage für die in der Praxis bereits vielfach verwendeten sog. Protokolle.

Abschließend befasste sich Teil 4 mit der Einrichtung eines EU-Insolvenzregisters, dessen Einführung nach Ansicht des Europäischen Parlaments im Rahmen des Europäischen Justizportals erfolgen sollte und für jedes eröffnete, grenzüberschreitende Verfahren mindestens sämtliche Gerichtsbeschlüsse- und urteile, Verwalterbestellungen und die Fristen für Forderungsanmeldungen enthalten sollte.[589]

---

584 Anhang zur Entschließung des Europäischen Parlaments vom 15. November 2011 mit Empfehlungen an die Kommission zu Insolvenzverfahren im Rahmen des EU-Gesellschaftsrechts (2011/2006(INI)), P7_TA(2011)0484, Teil 3, 1.E. Zur materiellen Konsolidierung siehe ausführlich unter Teil 4.I.2.

585 Anhang zur Entschließung des Europäischen Parlaments vom 15. November 2011 mit Empfehlungen an die Kommission zu Insolvenzverfahren im Rahmen des EU-Gesellschaftsrechts (2011/2006(INI)), P7_TA(2011)0484, Teil 3, 2.

586 Anhang zur Entschließung des Europäischen Parlaments vom 15. November 2011 mit Empfehlungen an die Kommission zu Insolvenzverfahren im Rahmen des EU-Gesellschaftsrechts (2011/2006(INI)), P7_TA(2011)0484, Teil 3, 2.A, D-F.

587 Anhang zur Entschließung des Europäischen Parlaments vom 15. November 2011 mit Empfehlungen an die Kommission zu Insolvenzverfahren im Rahmen des EU-Gesellschaftsrechts (2011/2006(INI)), P7_TA(2011)0484, Teil 3, 1.E.

588 Anhang zur Entschließung des Europäischen Parlaments vom 15. November 2011 mit Empfehlungen an die Kommission zu Insolvenzverfahren im Rahmen des EU-Gesellschaftsrechts (2011/2006(INI)), P7_TA(2011)0484, Teil 3, 1.F.

589 Anhang zur Entschließung des Europäischen Parlaments vom 15. November 2011 mit Empfehlungen an die Kommission zu Insolvenzverfahren im Rahmen des EU-Gesellschaftsrechts (2011/2006(INI)), P7_TA(2011)0484, Teil 4.

2. Entwurf der Europäischen Kommission vom 12. Dezember 2012

Am 12. Dezember 2012 legte die Kommission einen ersten Entwurf zur Reform der EuInsVO vor (EuInsVO-E).[590] Darin führte sie aus, dass die bereits erwähnten Studien zur Anwendung der EuInsVO in der Praxis im Wesentlichen fünf Kritikpunkte zu Tage gefördert hätten, derentwegen ein Reformbedürfnis zu bejahen sei.[591]

Zum einen bedürfe der Anwendungsbereich im Hinblick auf neuartige Sanierungsverfahren im Vorfeld einer Insolvenz sowie auf Verfahren mit Eigenverwaltung (hybride Verfahren) durch den Schuldner eine Erweiterung.[592] Auch sieht die Kommission, bestätigt durch das Resultat der Evaluierungen, Nachholbedarf bei den Regelungen zur Bestimmung der Zuständigkeit,[593] der Annexverfahren[594] sowie den Bestimmungen zur Durchführung von Sekundärinsolvenzverfahren, wobei sich in letzterem Fall vor allem der zwingende Liquiditätscharakter (Art. 3 Abs. 3 Satz 2 EuInsVO a. F.) als Sanierungshindernis erwiesen habe.[595] Zudem sei eine bessere Publizität der Verfahren durch entsprechende Insolvenzregister sicherzustellen, um grenzübergreifende Forderungsanmeldungen zu erleichtern und gerichtliche Entscheidungen in Unkenntnis bereits eröffneter Verfahren zu verhindern.[596]

Schließlich, und für die vorliegende Arbeit entscheidend, sei zu konstatieren, dass durch das Fehlen von Regelungen zur Insolvenz grenzüberschreitender Unternehmensgruppen deren Sanierungschancen erheblich geschmälert würden.[597]

Der Reformentwurf sah daher konkrete Vorschläge zur Beseitigung dieser Kritikpunkte vor. Im Hinblick auf die Zielsetzung der vorliegenden Arbeit werden im Folgenden lediglich die konkreten Vorschläge in Bezug auf die Insolvenz von grenzüberschreitenden Unternehmensgruppen betrachtet, obgleich gerade die Er-

---

590 Vorschlag für eine Verordnung des Europäischen Parlaments und des Rates zur Änderung der Verordnung (EG) Nr. 1346/2000 des Rates über Insolvenzverfahren, COM(2012) 744 final; vgl. dazu bspw. *Telke*, Die Anforderungen an ein wettbewerbsfähiges Konzerninsolvenzrecht für den Wirtschaftsstandort Deutschland, S. 71 ff.; *Rühlemann*, Verfahrenskonzentration in der Konzerninsolvenz, S. 508 ff.

591 COM(2012) 744 final, S. 2 f.

592 COM(2012) 744 final, S. 2 f.; dazu *Thole/Swierczok*, ZIP 2013, 550, 551; *Reuß*, EuZW 2013, 165, 166 m. w. N.

593 COM(2012) 744 final, S. 3; dazu *Thole/Swierczok*, ZIP 2013, 550, 551 f.

594 COM(2012) 744 final, S. 7.

595 COM(2012) 744 final, S. 3; dazu *Thole/Sweirczok*, ZIP 2013, 550, 554; kritisch zur Beschränkung auf Liquidationsverfahren nach alter Fassung *Paulus*, EWS 2002, 497, 502; *Reinhardt*, in MüKO InsO, 2. Auflage 2008, Art. 27 EuInsVO Rn. 20; *Duursma*, in Duursma-Kepplinger/Duursma/Chalupsky, Art. 27 Rn. 77 mit zahlreichen weiteren Nachweisen.

596 COM(2012) 744 final, S. 2 f.

597 COM(2012) 744 final, S. 3 f.

weiterung des Anwendungsbereiches auf Vorinsolvenzverfahren[598] und hybride Verfahren auch oder gerade im Kontext einer Unternehmensgruppe von weitreichender Bedeutung sein können.[599]

Die geplanten Änderungen des Kommissionsentwurfes vom 12. Dezember 2012 in Bezug auf die Insolvenz von gruppenzugehörigen Unternehmen erfolgten unter Beibehaltung des *Grundsatzes der Einzelinsolvenz* eines jeden Rechtsträgers.[600] Der durch das Europäische Parlament geforderten Aufnahme von Elementen der materiellen Konsolidierung im Einzelfall wurde damit nicht entsprochen. Gleiches galt für die ebenfalls angeregte Zweiteilung des Gruppenbegriffes und die daran anknüpfende Kodifizierung eines einheitlichen Konzerninsolvenzgerichtsstandes für bestimmte Gruppenstrukturen.[601]

Ausgehend von der „Unternehmensgruppe", definiert in Art. 2 lit. i) EuInsVO-E, bemühte sich der Reformentwurf vielmehr um die Gewährleistung effizient geführter Insolvenzverfahren über das Vermögen verbundener Unternehmen mittels weitreichender Kommunikations- und Kooperationsverpflichtungen.[602] Diese sah der Entwurf sowohl für die Verwalter als auch für die beteiligten Gerichte vor (Art. 42a-c EuInsVO-E),[603] wobei ausdrücklich auf die Erfahrungen der bereits bestehenden Kooperationspflichten im Verhältnis Haupt- zu Sekundärverfahren[604] nach Art. 31 ff. EuInsVO a. F. zurückgegriffen wurde.[605] Gestärkt werden sollte die so geschaffene Zusammenarbeit durch Regelungen zur Einflussnahmemöglichkeit der verschiedenen Verwalter auf die anderen gruppenangehörigen Verfahren (Art. 42d EuInsVO-E). In diesem Zusammenhang sollte insb. die Möglichkeit bestehen, die Aussetzung von Verfahren als Ganzes zu beantragen (Art. 42d Nr. 1 lit. b) EuInsVO-E), sofern dies den betroffenen Gläubigern nachweislich zugutekommen würde.[606]

In Erwägungsgrund 20b verwies der Entwurf explizit darauf, dass durch die neuen Vorschriften keinesfalls die Möglichkeit der Eröffnung mehrerer oder aller

---

598 Zur in diesem Zusammenhang angestrebten weiteren Harmonisierung siehe Empfehlung der Kommission vom 12.03.2014, C(2014) 1500 final; dazu *Kolmann/Keller*, in Gottwald, Insolvenzrechts-Handbuch, § 131 Rn. 5; *Prager/Keller*, WM 2015, 805, 811.

599 Insgesamt zum Entwurf und der Erweiterung des Anwendungsbereichs vgl. *Thole/Swierczok*, ZIP 2013, 550, 550 ff.; *Prager/Keller*, NZI 2013, 57, 57 ff.; *Reuß*, EuZW 2013, 165, 165 ff.; *Brünkmans*, Der Konzern 2013, 234, 234 ff.

600 COM(2012) 744 final, S. 10.

601 COM(2012) 744 final, S. 10.; zu den Problemen derartiger Differenzierungen allg. *McCormack*, IILR 2011, 121, 127.

602 Erwägungsgrund 20a EuInsVO-E.

603 Vgl. dazu sogleich unter Teil 7.II.4.b.

604 Vgl. dazu *Staak*, NZI 2004, 480, 480 f.; *Ehricke*, ZIP 2005, 1104, 1106 f.; *Pogacar*, NZI 2011, 46, 47 f.

605 Neuer Erwägungsgrund 20a.

606 COM(2012) 744 final, S. 10; dazu *Undritz*, in Flöther, Handbuch Konzerninsolvenz, § 8 Rn. 102; *Brünkmans*, ZInsO 2013, 797, 803 ff.; *Thole/Swierczok*, ZIP 2013, 550, 557.

Verfahren an ein und demselben Gerichtsstand eingeschränkt werden solle, sofern die hierfür notwendigen Voraussetzungen tatsächlich vorlägen, also sich der COMI mehrerer oder aller gruppenzugehöriger Schuldner am selben Ort befände.[607] In diesem Fall sollte nach dem Dafürhalten der Kommission ggf. dieselbe Person als Verwalter in mehreren Verfahren bestellt werden.[608]

3. Die Vorschläge des Europäischen Rates vom 03. Juni 2014 und 20. November 2014

Im Juni 2014 legte der Europäische Rat in Reaktion auf den Vorschlag der Kommission vom 12. Dezember 2013 seinerseits einen Kompromissvorschlag vor.[609]

Dieser enthielt zahlreiche, im Wesentlichen eher kleinere Anpassungsvorschläge. Diese bezogen sich auch auf den Bereich der Regelungen zur Insolvenz innerhalb einer Unternehmensgruppe. So wurden insb. die umfangreichen Befugnisse der Verwalter in den anderen Verfahren als zu weitgehend angesehen und beschränkt. Eine Änderung größeren Umfanges stellte die erstmals vorgesehene Einführung eines Gruppen-Koordinationsverfahrens (Artt. 42d1–d17 EuInsVO-Kompromissvorschlag) dar.

Weitere Anpassungsvorschläge wurden durch den Rat am 20. November 2014 eingebracht.[610] Insb. wurden darin die Regelungen des Gruppen-Koordinationsverfahrens durch erläuternde Erwägungsgründe (Nr. 48–58) ergänzt.

Von einer Darstellung der einzelnen Änderungsvorschläge soll an dieser Stelle abgesehen werden, da diese teils ohnehin rein redaktionellen Anpassungen im Wesentlichen Eingang in die schlussendlich verabschiedete Neufassung der EuIns-VO gefunden haben und in diesem Zusammenhang sogleich ausführlich erörtert werden. Soweit erforderlich, soll dort auf Änderungen im Laufe des Gesetzgebungsprozesses hingewiesen werden.

4. Die Regelungen zu Insolvenzen innerhalb einer Unternehmensgruppe nach der neuen EuInsVO

Am 17. März 2015 wurde die neue EuInsVO als VO (EU) 2015/848 vom Parlament angenommen und am 05. Juni 2015 im Amtsblatt der Europäischen Union veröffentlicht.[611] Im Folgenden sollen die Regelungen der Neufassung der EuInsVO insoweit, als sie sich mit der Insolvenz innerhalb einer Unternehmensgruppe befassen, im

---

607 So auch ausdrücklich COM(2012) 744 final, S. 10; vgl. dazu auch *Vallender*, ZInsO 2015, 57, 58.

608 Erwägungsgrund 20b EuInsVO-E.

609 Rat der Europäischen Union, 10284/14 ADD 1, dazu Korrigendum vom 04.06.2014 10284/14 COR 1 und 10284/14 ADD 1 COR 1.

610 Rat der Europäischen Union, 15414/14 ADD 1.

611 Abl. EU vom 05.06.2015 L 141, S. 19.

Einzelnen dargestellt und anschließend (unter III.) bewertet werden.[612] Dabei wird sich zeigen, dass bereits jetzt zahlreiche Aspekte erkennbar sind, die zu erheblichen Problemen bei der praktischen Anwendung führen können und somit Raum für weiteren Reformbedarf erkennen lassen.

Auch den Regelungen der Neufassung der EuInsVO liegt das Konzept der Verfahrensmäßigen Koordinierung zugrunde. Der europäische Gesetzgeber spricht sich nunmehr eindeutig gegen sämtliche anderen Konzeptionen, in denen Konsolidierungsmöglichkeiten vorgesehen sind, aus. Diese Ablehnung gilt unabhängig davon, ob es um eine Konsolidierung der Verfahren oder der Insolvenzmassen geht und erstreckt sich auch auf Maßnahmen im Rahmen eines Gruppen-Koordinationsplanes (Art. 72 Abs. 3 EuInsVO n. F.).

a. Die Unternehmensgruppe

Ausgangspunkt der Regelungen zur Insolvenz innerhalb einer Unternehmensgruppe ist die Aufnahme einer entsprechenden Gruppendefinition in Art. 2 Nr. 13 und Nr. 14 EuInsVO n. F.[613] Danach stellt eine Unternehmensgruppe eine Anzahl von Unternehmen bestehend aus Muttergesellschaft und deren Tochtergesellschaften dar. Eine Beschränkung auf Kapitalgesellschaften als „Unternehmen" i. S. d. neuen Vorschriften ergibt sich auch aus dem Bezug auf die Bilanzrichtlinie weder für die Mutter- noch die Tochtergesellschaft.[614]

Art. 2 Nr. 14 EuInsVO n. F. enthält hierzu die Definition des Mutterunternehmens. Ein Mutterunternehmen ist demnach ein Unternehmen, das ein oder mehrere Tochterunternehmen entweder unmittelbar oder mittelbar kontrolliert. Nach Satz 2 gilt ein Unternehmen, das einen konsolidierten Abschluss gemäß der Richtlinie 2013/34/EU des Europäischen Parlaments und des Rates vom 26. Juni 2013 (Bilanz-Richtlinie)[615] erstellt, unwiderlegbar als Mutterunternehmen im Sinne der EuInsVO. Dies gilt indes nur, wenn die Erstellung auf einer bestehenden Konsolidierungspflicht beruht, nicht hingegen bei unabhängig von einer solchen erstellten Konzernabschlüssen,[616] da anderenfalls die Vermutungswirkung manipulativ herbeigeführt werden könnte.

Erforderlich, aber auch ausreichend ist damit ein Verbund von zwei Unternehmen, sofern eines der beiden das andere kontrolliert. Dabei soll jedwede Kontrollmöglich-

612 Zu den weiteren Änderungen s. bspw. *Albrecht*, ZInsO 2015, 1077, 1077 ff.; *Parzinger*, NZI 2016, 63, 63 ff.

613 Diese beruht auf dem Vorschlag des Europäischen Rates, 10284/14 ADD 1, S. 9.

614 Dazu ausführlich *Eble*, NZI 2016, 115, 120 f.

615 Richtlinie 2013/34/EU des Europäischen Parlaments und des Rates vom 26. Juni 2013 über den Jahresabschluss, den konsolidierten Abschluss und damit verbundene Berichte von Unternehmen bestimmter Rechtsformen, zur Änderung der Richtlinie 2006/43/EG des Europäischen Parlaments und des Rates und zur Aufhebung der Richtlinien 78/660/EWG und 83/349/EWG des Rates, ABl. vom 29.06.2013 L 182/19.

616 *Eble*, NZI 2016, 115, 116 f.

keit ausreichend sein. Auf die noch bis zuletzt vorgesehenen[617] Anknüpfungen an Mehrheits- und Stimmrechte, wie sie aus dem Konzernbilanz-[618] und Kapitalmarktrecht[619] bekannt sind, bzw. auf die Möglichkeit zur Benennung und Abberufung von Organträgern[620] wurde damit verzichtet.[621]

b. Die Kooperations- und Kommunikationsvorschriften

Die Kooperations- und Kommunikationsvorschriften, die sich an den bestehenden Regelungen zur Kooperation im Verhältnis Haupt- zu Sekundärverfahren orientieren, sind in den Artt. 56ff. EuInsVO n. F. enthalten und stellen den Schwerpunkt der neuen Regelungen zur Bewältigung von Insolvenzverfahren über das Vermögen von Mitgliedern einer Unternehmensgruppe dar. Sie finden ausweislich des neuen Erwägungsgrundes 62 allerdings nur insoweit Anwendung, als Verfahren über das Vermögen verschiedener Mitglieder derselben Unternehmensgruppe in mindestens zwei verschiedenen Mitgliedstaaten eröffnet wurden (Erforderlichkeit des grenzüberschreitenden Bezugs).

Die Bestellung eines einheitlichen Verwalters wird im Rahmen der Vorschriften über die Zusammenarbeit der beteiligten Gerichte nicht ausgeschlossen, vielmehr haben die Gerichte gerade auch bei der koordinierten Bestellung von Verwaltern zusammenzuarbeiten (Art. 57 Abs. 3 lit. a) EuInsVO n. F.). Explizit angesprochen wird die Bestellung eines einheitlichen Verwalters überdies in den Erwägungsgründen 50 und 53. Danach ist die Bestellung eines einheitlichen Verwalters (auch grenzüberschreitend) möglich, steht jedoch unter dem Vorbehalt nationaler Regelungen. Auf nationaler Ebene sollte nach Ansicht des Verordnungsgebers dann, wenn mehrere Verfahren an einem Gerichtsstand eröffnet werden, in diesen Verfahren ein einheitlicher Verwalter bestellt werden. Im grenzüberschreitenden Kontext geht die Verordnung hingegen vom Grundsatz der Bestellung einzelner Verwalter für die unterschiedlichen gruppenangehörigen Verfahren aus.

Im Rahmen der Vorschriften über die Zusammenarbeit unterscheidet die EuInsVO drei verschiedene Beziehungen. Art. 56 EuInsVO n. F. regelt die Kooperations- und Kommunikationsverpflichtungen der Verwalter untereinander, Art. 57 EuInsVO n. F. die der Gerichte untereinander und Art. 58 EuInsVO n. F. diejenigen zwischen Verwaltern auf der einen und den Gerichten auf der anderen Seite. Die entsprechenden Verpflichtungen stehen allesamt unter dem Vorbehalt, dass sie geeignet sind, eine effektive Verfahrensabwicklung zu fördern, mit den innerhalb der jeweiligen Ver-

---

617 Art. 2 lit. j) in der Fassung des Kommissionsentwurfes COM(2012) 744 final, dort S. 21; dazu *Kindler*, KTS 2014, 25, 39f.

618 Vgl. Art. 22 Abs. 1 Konzernbilanzrichtlinie (2013/34/EU).

619 Vgl. Art. 2 Abs. 1 lit. f) i) Transparenzrichtlinie (2004/109/EG).

620 Art. 2 lit. j) EuInsVO-E, COM(2012) 744 final, S. 23.

621 Dazu *Prager/Keller*, NZI 2013, 57, 63; *Undritz*, in Flöther, Handbuch Konzerninsolvenz, § 8 Rn. 89ff.; *Kindler/Sakka*, EuZW 2015, 460, 465.

fahren geltenden (nationalen) Vorschriften vereinbar sind[622] und keine Interessenkonflikte nach sich ziehen. Die im Zusammenhang mit der Zusammenarbeit und Kommunikation anfallenden Kosten gelten gem. Art. 59 EuInsVO n. F. als Kosten und Auslagen desjenigen Verfahrens, in dem sie angefallen sind. Um im Einzelfall entstehende Unbilligkeiten hinsichtlich der Kostenverteilung zu vermeiden, wird es zulässig sein, von dieser grundsätzlichen Kostenverteilung abweichende Vereinbarungen zu treffen.[623]

aa. Kooperation und Kommunikation unter Verwaltern

Die Zusammenarbeit und Kommunikation zwischen den beteiligten Insolvenzverwaltern regelt Art. 56 EuInsVO n. F. Danach sind die Verwalter, die in unterschiedlichen Verfahren über das Vermögen mehrerer Mitglieder derselben Unternehmensgruppe eingesetzt wurden, zur Zusammenarbeit verpflichtet, sofern dies eine wirksame Abwicklung der Verfahren erleichtern kann, mit den in den einzelnen Verfahren geltenden nationalen Vorschriften vereinbar ist und Interessenkonflikte nicht zu befürchten sind.

Die bereits angesprochene Parallelität zu Art. 31 EuInsVO a. F./Art. 41 EuInsVO n. F. ist unverkennbar. Zur Förderung einer effizienten Verfahrensabwicklung sind die Formen der Zusammenarbeit zu wählen, die den Umständen des jeweiligen Einzelfalles am besten Rechnung tragen.[624] Gesonderte Erwähnung finden dabei in Art. 56 Abs. 1 Satz 2 EuInsVO n. F. die bereits in der Praxis, gerade im angloamerikanischen Raum, gebräuchlichen Vereinbarungen (Protokolle).[625] Wie bereits im Rahmen von Art. 31 EuInsVO a. F.[626] überlässt der Entwurf jedoch den Beteiligten im Einzelfall die Entscheidung darüber, wie die Zusammenarbeit konkret auszugestalten ist. Lediglich einige Grundmodalitäten werden in Abs. 2 festgeschrieben. Danach obliegt es den beteiligten Verwaltern, einen stetigen Informationsaustausch sicherzustellen, um eine möglichst effiziente Koordination der Verfahren zu gewährleisten. Überdies sind sie angehalten, (Gesamt-)Sanierungskonzepte zu prüfen und ggf. entsprechend koordinierte Sanierungspläne vorzulegen.

Im Gegensatz zu der bereits bekannten Regelung zur Zusammenarbeit der Verwalter aus Haupt- und Sekundärverfahren, im Rahmen derer der Verwalter des

---

622 Gemeint sind hier bspw. Datenschutzvorschriften sowie Regelungen zu Berufs- und Geschäftsgeheimnissen, dazu statt vieler *Lüer*, in Uhlenbruck, Art. 31 EuInsVO Rn. 6 m. w. N.

623 *Madaus*, IILR 2015, 235, 240.

624 So bereits COM(2012) 744 final, S. 10.

625 Vgl. dazu *Haß/Herweg*, in Haß/Huber/Gruber/Heiderhoff, EuInsVO, Art. 3 Rn. 65 f. m. w. N.; *Reinhart*, in MüKO InsO, § 357 Rn. 17 m. w. N.; *Eidenmüller*, ZZP 114 (2001), 3, 3 f.; ausführlich *Mohrs*, Die konzerngebundene Kapitalgesellschaft im Anwendungsbereich der EuInsVO, S. 185 ff.

626 Erwägungsgrund 20 (48 n. F.) EuInsVO; vgl. dazu *Reinhart*, in MüKO InsO, 2. Auflage 2008, Art. 31 EuInsVO Rn. 14.

Hauptverfahrens eine dominierende Position einnimmt,[627] stehen sich die Verwalter nach Art. 56 EuInsVO n. F. gleichberechtigt gegenüber. Lediglich im Falle der nach Art. 56 Abs. 2 UA 2 EuInsVO n. F., vorbehaltlich entsprechender nationaler Vorschriften möglichen, Aufteilung bestimmter Aufgaben zur Wahrnehmung der Verpflichtungen nach Art. 56 Abs. 2 lit. b) und c) EuInsVO n. F. kann sich auch hier eine hervorgehobene Stellung eines einzelnen Verwalters ergeben. Die noch nach Art. 42a Nr. 2 UA 2 EuInsVO-E vorgesehene Möglichkeit, mittels Vereinbarung einem einzelnen Verwalter zusätzlich grundlegende Befugnisse zu übertragen,[628] wurde in der Neufassung somit nur in abgeschwächter Form beibehalten. Aus der grds. herrschenden Gleichberechtigung erklärt sich auch, dass den einzelnen Verwaltern – abgesehen von den Befugnissen nach Art. 60 EuInsVO n. F.[629] und der Möglichkeit vertraglicher Vereinbarungen – keine (Vorschlags-)Rechte bezogen auf die anderen Verfahren zustehen.

bb. Kommunikation und Zusammenarbeit der Gerichte

Bisher regelte die EuInsVO die Zusammenarbeit der Gerichte nicht.[630] Art. 31 EuInsVO a. F. galt seinem Wortlaut nach ausschließlich für die Verwalter von Haupt- und Sekundärverfahren.[631] Eine Zusammenarbeit der Gerichte auf freiwilliger Basis war damit jedoch keinesfalls ausgeschlossen.[632]

Konkrete Regelungen zur Zusammenarbeit der Gerichte finden sich nunmehr im neuen Art. 57 EuInsVO. Danach ist jedes Gericht, dass eines von mehreren Verfahren über das Vermögen gruppenzugehöriger Schuldner eröffnet hat, zur Zusammen-

---

627 Erwägungsgrund 20 (48 n. F.) EuInsVO; dazu bereits *Virgos/Schmit*, Erläuternder Bericht, Rz. 233; *Heiderhoff*, in Haß/Huber/Gruber/Heiderhoff, EuInsVO, Art. 31 Rn. 2; *Commandeur*, in Nerlich/Römermann, InsO, Art. 31 EuInsVO Rn. 14; *Staak*, NZI 2004, 480, 481; *Ehricke* spricht in ZIP 2005, 1004, 1006 treffend von einer Principal-Agent-Beziehung der Verwalter des Haupt- und Sekundärverfahrens.

628 Kritisch hierzu insb. mit Hinweisen auf die möglichen Probleme im Hinblick auf die Anforderungen an die Höchstpersönlichkeit der Aufgabenerfüllung *Undritz*, in Flöther, Handbuch Konzerninsolvenz, § 8 Rn. 95.

629 Dazu sogleich unter Teil 7.II.4.c.

630 Dazu *Kolmann/Keller*, in Gottwald, Insolvenzrechts-Handbuch, § 131 Rn. 135; *Undritz*, in Flöther, Handbuch Konzerninsolvenz, § 8 Rn. 98; *Vallender*, IILR 2011, 309, 310; *Ehricke*, in Gottwald, Europäisches Insolvenzrecht – Kollektiver Rechtsschutz, S. 127, 152 ff. Anders bspw. Art. 8 II und Art. 9 II der Richtlinie 2001/24/EG über die Sanierung und Liquidation von Kreditinstituten.

631 Eine verbindliche Geltung auch für Insolvenzgerichte nahm hingegen das OLG Wien, Beschluß vom 9.11.2005–28 R 255/04w = NZI 2005, 56 ff. und dem folgend das High Court Of Justice London, Urt. v. 5.2.2009 – EWHC 206 = ZInsO 2009, 914 f. an; i. d. S. auch *Herchen*, Das Übereinkommen über Insolvenzverfahren, S. 148 f.

632 *Duursma-Kepplinger/Chalupsky*, in Duursma-Kepplinger/Duursma/Chalupsky, EuInsVO, Art. 31 Rn. 6; *Paulus*, EuInsVO, Art. 31 Rn. 5; *Pannen/Riedemann*, in Pannen, EuInsVO, Art. 31 Rn. 6; *Vallender*, KTS 2005, 283, 321 jeweils m. w. N.

arbeit mit allen Gerichten verpflichtet, die mit einem Antrag auf Verfahrenseröffnung bzgl. eines weiteren Mitglieds derselben Unternehmensgruppe befasst sind oder ein solches Verfahren bereits eröffnet haben.

Im Wesentlichen gleicht die Vorschrift damit Art. 56 EuInsVO n. F. zur Zusammenarbeit der Verwalter. Insb. überlässt auch Art. 57 EuInsVO n. F. die Wahl der konkreten Ausgestaltung der Zusammenarbeit den beteiligten Gerichten im Einzelfall und steht unter dem Vorbehalt der nationalen Rechtsordnungen und dem Ziel der Verfahrenserleichterung. Gemäß dem auf Vorschlag des Rates aufgenommenen Abs. 1 Satz 2 ist u. a. vorgesehen, dass die Gerichte bei Bedarf eine (von den übrigen Beteiligten) unabhängige, weisungsabhängige Person oder Stelle mit der Übernahme der Koordinationsaufgaben beauftragen können, sofern dies nach jeweiligem nationalen Recht zulässig ist.[633] Diese Ergänzung ist letztlich als rein deklaratorisch überflüssig und im Hinblick auf Absatz 3 systematisch verfehlt, da es sich bei dieser Möglichkeit bereits um eine nach dessen Satz 1 denkbare Variante der Zusammenarbeit handelt.

Inhaltlich soll sich die Zusammenarbeit gemäß Absatz 3 insb. auf die Koordinierung der Verwalterbestellung sowie der gesamten Überwachung der Verfahren, den Informationsaustausch sowie auf die Einnahme einer allgemein vermittelnden Stellung zwischen allen Beteiligten beziehen.

cc. Kooperation und Kommunikation zwischen Verwaltern und Gerichten

Art. 58 EuInsVO n. F. sieht auch eine Kooperations- und Kommunikationsverpflichtung im Verhältnis Verwalter/Gerichte vor.[634] Danach ist jeder Verwalter angehalten, mit jedem Gericht, das mit dem Verfahren über das Vermögen eines Mitgliedes der Unternehmensgruppe betraut ist, zusammenzuarbeiten.

Auch im Verhältnis Gerichte/Verwalter hat die Zusammenarbeit im Rahmen der in den Einzelverfahren geltenden nationalen Vorschriften zu erfolgen. Anders als Artt. 57 und 58 EuInsVO n. F. geht die Vorschrift bei der Ausgestaltung der übergreifenden Zusammenarbeit jedoch nicht von einer Gleichberechtigung der Beteiligten, sondern von einer übergeordneten Rolle der Gerichte aus. So normiert die Vorschrift primär die Pflicht der Verwalter zur Zusammenarbeit mit den befassten Gerichten. Letztere haben lediglich auf Anfrage – dann aber, soweit spezialgesetzlich zulässig, verbindlich – Auskünfte zu erteilen oder unterstützend tätig zu werden. Korrekterweise wurde die vom Rat vorgesehene Angleichung an die Regelungen zur Zusammenarbeit der Verwalter und Gerichte untereinander dahingehend, dass auch diese Pflichten nach Art. 58 EuInsVO n. F. unter dem Vorbehalt fehlender Interessenkonflikte stehen, übernommen.

---

633 Dazu *Undritz*, in Flöther, Handbuch Konzerninsolvenz, § 8 Rn. 96 m. w. N.

634 Eine neu geschaffene Paralellvorschrift im Verhältnis Haupt- und Sekundärverfahren findet sich in Art. 43 EuInsVO n. F.

c. *Die Sonderbefugnisse der Verwalter*

Den Verwaltern der gruppenangehörigen Schuldner stehen wie bereits mehrfach angesprochen weitere, über das eigene Verfahren hinausgehende Sonderbefugnisse zu. Diese sind in Art. 60 EuInsVO n. F. geregelt.

Die Vorschrift orientiert sich ebenfalls an bereits bekannten Regelungen zum Verhältnis zwischen Haupt- und Sekundärverfahren. Gemäß Art. 31 Abs. 3 EuInsVO a. F./Art. 41 Abs. 2 lit. c) EuInsVO n. F. ist der Verwalter eines Hauptverfahrens berechtigt, Vorschläge zur Verwertung oder Verwendung der Masse innerhalb eines Sekundärverfahrens zu unterbreiten.[635] Gemäß Art. 34 Abs. 1 EuInsVO a. F./Art. 47 Abs. 1 EuInsVO n. F. steht ihm überdies ein Planinitiativrecht und nach Art. 33 EuInsVO a. F./Art. 46 EuInsVO n. F. die Möglichkeit eines Antrags auf Verfahrensaussetzung zu.[636]

Weitgehend identische Befugnisse sollten, wie bereits dargestellt, nach Art. 42d EuInsVO-E auch jedem Verwalter gruppenangehöriger Unternehmen zukommen, wobei der im Vergleich zur Situation im Haupt- und Sekundärverfahren vorherrschenden Gleichberechtigung der Verwalter durch geänderte Voraussetzungen Rechnung getragen werden sollte. In der Endfassung der Verordnung wurden derart weitgehende Befugnisse indes nicht übernommen. Vielmehr ist gem. Art. 60 EuInsVO n. F. neben dem Anhörungsrecht lediglich die Möglichkeit verblieben, die Aussetzung einzelner Verwertungsmaßnahmen, nicht hingegen eines ganzen Verfahrens, zu beantragen und dies auch nur insofern, als dies zur Umsetzung eines bereits vorgeschlagenen koordinierten Sanierungsplans notwendig ist (Art. 60 Abs. 1 lit. b) EuInsVO n. F.).[637] Dieses Recht besteht jedoch in Ansehung jedes gruppenzugehörigen Verfahrens.[638]

d. *Das Gruppen-Koordinationsverfahren*

Das wesentliche Kernelement des bereits mehrfach erwähnten Kompromissvorschlages des Europäischen Rates stellte die Einführung eines Koordinationsverfahrens dar.[639] Dieser Forderung wurde nachgegeben und ein entsprechendes Verfahren ist nunmehr in den Artt. 61–77 EuInsVO n. F. enthalten.

Ein solches Gruppen-Koordinationsverfahren kann gemäß Art. 61 Abs. 1 EuInsVO n. F. durch jeden beteiligten Verwalter bei jedem der beteiligten Gerichte be-

---

635 Ob diese für den Verwalter des Sekundärverfahrens verbindlich sind, ist umstritten. Zum Streitstand *Commandeur*, in Nerlich/Römermann, InsO, Art. 31 Rn. 18 ff. mit zahlreichen Nachweisen.

636 Vgl. insgesamt dazu *Kolmann/Keller*, in Gottwald, Insolvenzrechts-Handbuch, § 131 Rn. 124 f. m. w. N.

637 Dazu *Wimmer*, jurisPR-InsR 7/2015 Anm. 1, II. 9. e.

638 Dazu *Madaus*, IIlR 2015, 235, 240.

639 S. 10284/14 ADD 1, S. 49 ff.; Dossier des Europäischen Rates vom 3.6.2014 (2012/0360 (COD)), S. 51 f. dazu *Vallender*, ZInsO 2015, 57, 62 f.

antragt werden. Für die Antragstellung soll dabei gemäß Art. 61 Abs. 2 EuInsVO n. F. dasjenige nationale Recht maßgeblich sein, das für das Verfahren, in dem der antragstellende Verwalter bestellt wurde, gilt. Im Rahmen der Antragstellung hat dieser einen Vorschlag hinsichtlich des zu bestellenden (neutralen und von den beteiligten Verwaltern bzw. eigenverwaltenden Schuldnern unabhängigen, Artt. 71 Abs. 2, 76 EuInsVO n. F.) Koordinators, Ausführungen zur Ausgestaltung der geplanten Koordination (insb. Grundzüge des Inhalts eines angestrebten Koordinationsplans gemäß Art. 72 Abs. 1 lit. b) EuInsVO n. F.), eine Liste der beteiligten Gerichte und Verwalter sowie eine Kostenabschätzung beizufügen (Art. 61 Abs. 3 EuInsVO n. F.).[640] Gehen mehrere Anträge bei unterschiedlichen Gerichten ein, gilt gemäß Art. 62 EuInsVO n. F. grds. das Prioritätsprinzip. Jedoch besteht nach Art. 66 EuInsVO n. F. die Möglichkeit, dass die beteiligten Verwalter mit Zwei-Drittel-Mehrheit eine Vereinbarung über das zuständige Gericht treffen, solange das Koordinationsverfahren noch nicht eröffnet wurde.

Das mit dem Antrag befasste Gericht informiert sämtliche in Verfahren über das Vermögen von Mitgliedern der Unternehmensgruppe bestellte Verwalter über den Antrag und prüft, ob die Eröffnung eines Gruppen-Koordinationsverfahrens die Effizienz der Verfahrensabwicklung insgesamt erleichtert, keines der Gruppenmitglieder hierdurch finanziell benachteiligt wird und der vorgeschlagene Koordinator zur Wahrnehmung des Amtes geeignet ist (Art. 63 Abs. 1 EuInsVO n. F.).

Die beteiligten Verwalter können gegen die Eröffnung des Gruppen-Koordinationsverfahrens innerhalb einer Frist von 30 Tagen nach dieser Information durch das Gericht Einwände erheben (Art. 64 Abs. 2 EuInsVO n. F.), mit der Folge, dass das betroffene Gruppenmitglied (vorerst)[641] nicht in das Verfahren einbezogen wird (Art. 65 Abs. 1 EuInsVO n. F.). Ein späterer Koordinationsplan entfaltet dann keine Wirkung in Bezug auf das widersprechende Verfahren und es erfolgt keine Kostenbeteiligung. Richtet sich der Einwand lediglich gegen den vorgeschlagenen Koordinator,[642] kann das Gericht den entsprechenden Verwalter auffordern, eine andere geeignete Person zu benennen (Art. 67 EuInsVO n. F.). Konkrete Anforderungen werden an die Erhebung der Einwände ansonsten nicht gestellt, sodass diese nach pflichtgemäßem Ermessen der Verwalter unter Berücksichtigung der jeweiligen nationalen Regelungen (sofern vorhanden) zu erfolgen haben.[643]

Kommt das Gericht nach Ablauf der 30-Tage-Frist zu der Überzeugung, dass die Voraussetzungen für die Eröffnung eines Gruppen-Koordinationsverfahrens auch unter Berücksichtigung etwaiger Einwände erfüllt sind, eröffnet es das Gruppen-

640 Vgl. dazu auch *Undritz*, in Flöther, Handbuch Konzerninsolvenz, § 8 Rn. 110 f. (noch zu den Vorentwürfen).

641 Späteres Opt-In ist gem. Art. 69 EuInsVO n. F. auf Antrag möglich.

642 Für das Gericht ist der Vorschlag vorbehaltlich der Eignung nach Art. 71 EuInsVO ansonsten bindend (arg. Art. 63 EuInsVO). So auch (allerdings noch zu den Vorentwürfen) *Undritz*, in Flöther, Handbuch Konzerninsolvenz, § 8 Rn. 112.

643 I. d. S. auch *Undritz*, in Flöther, Handbuch Konzerninsolvenz, § 8 Rn. 117 (noch zu den Vorentwürfen).

Koordinationsverfahren, bestellt den Koordinator und entscheidet über den Entwurf der Koordination und die Kosteneinschätzung (Art. 68 EuInsVO n. F.). Diese nach pflichtgemäßem Ermessen zu treffende Entscheidung ist allen beteiligten Verwaltern und dem Koordinator mitzuteilen (Art. 68 Abs. 2 EuInsVO n. F.).

Dem Koordinator obliegt es sodann, für eine abgestimmte Durchführung aller gruppenzugehörigen Verfahren zu sorgen. Insb. ist er verpflichtet einen Gruppen-Koordinationsplan vorzuschlagen (Art. 72 Abs. 1 lit. b) EuInsVO n. F.). Dieser soll darauf abzielen, die wirtschaftliche Leistungsfähigkeit der gesamten Gruppe, oder doch zumindest einzelner Mitglieder, wiederherzustellen. Er ist somit vorrangig auf Sanierung ausgerichtet, kann jedoch ggf. auch Vorgaben im Hinblick auf die Liquidation einzelner Gruppenmitglieder enthalten.[644] In der Wahl der konkreten Ausgestaltung ist der Koordinator indes völlig frei. Lediglich Empfehlungen zur Konsolidierung von Verfahren oder Insolvenzmassen sind gemäß Art. 72 Abs. 3 EuInsVO n. F. ausgeschlossen. Zur Entwicklung des Gruppen-Koordinationsplans steht ihm ein umfassendes Informationsrecht und das Recht zur Beantragung einer Verfahrensaussetzung zu (Art. 72 Abs. 2 lit. d) u. lit. e) EuInsVO n. F.). Darüber hinaus muss er in allen Verfahren gehört werden und hat im Falle gruppeninterner Streitigkeiten zu vermitteln (lit. b). Er nimmt somit eine mediatorähnliche Stellung ein.

Die im fertigen Gruppen-Koordinationsplan enthaltenen Empfehlungen sind für die Verwalter der einzelnen Verfahren jedoch nicht verbindlich. Es besteht für diese lediglich gemäß Art. 70 Abs. 2 UA 2 EuInsVO n. F. die Verpflichtung, Personen oder Stellen, denen gegenüber sie nach nationalem Recht zur Berichterstattung verpflichtet sind, über geplante Abweichungen zu unterrichten und den Koordinator über die Gründe für die Abweichung zu informieren („*Comply or Explain*“-Lösung). Bei einem Verstoß kommen Schadensersatzansprüche nach nationalem Recht in Betracht.[645]

Die im Rahmen der Durchführung des Gruppen-Koordinationsverfahrens entstehenden Kosten, namentlich die Vergütung des Koordinationsverwalters, sind unter den beteiligten Verfahrensmassen aufzuteilen (Art. 77 EuInsVO). Eine verbindliche Regelung über die Verteilung unter den beteiligten Verfahren fehlt jedoch.

III. Bewertung der Regelungen zur Insolvenz über das Vermögen von Mitgliedern einer Unternehmensgruppe nach der neuen EuInsVO

Im Folgenden sollen die soeben dargestellten Neuregelungen bewertet werden. Dabei sollen insb. die wesentlichen Kritikpunkte, die in diesem Zusammenhang in der umfangreichen Fachdiskussion geäußert wurden, Berücksichtigung finden.

---

644 *Wimmer*, jurisPR-InsR 7/2015 Anm. 1, II. 9 g) cc).

645 *Madaus*, ZRP 2014, 192, 194 (noch zum Entwurf) mit zutreffendem Hinweis darauf, dass in der Praxis nicht davon auszugehen ist, dass jemals ein ersatzpflichtiger (und nachweisbarer) Schaden entsteht.

Es wird dabei aufgezeigt werden, dass sich bereits jetzt erhebliche Probleme im Zusammenhang mit der künftigen Anwendung dieser Vorschriften abzeichnen und versucht, in Anbetracht dessen konkrete Lösungsvorschläge *de lege lata*, aber, soweit dies nicht möglich erscheint, auch *de lege ferenda*, zu entwickeln.

1. Der Anwendungsbereich der Neuregelungen

Kritisch bewertet wird vielfach bereits der Anwendungsbereich der neuen Regelungen zur Insolvenz über das Vermögen von Mitgliedern einer Unternehmensgruppe. Die in Bezug darauf geäußerte Kritik bezieht sich im Wesentlichen auf zwei Elemente. Zum einen wird vor allem von *Reuß* bemängelt, dass sich die Verordnung in Ansehung der Regelungen zur Insolvenz innerhalb einer Unternehmensgruppe gegenüber Drittstaaten abschottet[646] und keine diesbezüglichen Regelungen enthält, sondern die Ausgestaltung der Beziehungen gegenüber nicht vom räumlichen Geltungsbereich erfassten Staaten den nationalen Insolvenzkollisionsregelungen überlässt.[647] Zum anderen sieht sich die gewählte Definition der Unternehmensgruppe erheblicher Kritik ausgesetzt; insb. wird insoweit moniert, dass Gleichordnungskonzerne nach deutschem Verständnis nicht erfasst werden.[648]

a. Fehlender Drittstaatenbezug

Auf Regelungen zum Drittstaatenbezug insb. auch im Hinblick auf die Kooperationsvorschriften der Artt. 56 ff. EuInsVO n. F. wurde bewusst verzichtet und diese damit auf den rein europäischen Bereich beschränkt.[649] Zur Begründung wurde seitens des Verordnungsgebers darauf verwiesen, dass zum einen im Rahmen der Evaluierung der Verordnung keine bedeutenden Nachteile aus dem Fehlen von Regelungen zu einer EU-externen Koordinierung erkannt werden konnten und zum anderen Maßnahmen der Europäischen Union schon aus kompetenzrechtlicher Sicht[650] nicht geeignet seien, die im Zusammenhang mit dem Drittstaatenbezug denkbaren Probleme zu lösen. Dies sei vielmehr Aufgabe entsprechender internationaler Verträge.[651]

Dem tritt *Reuß* mit dem Argument entgegen, eine Koordinierungspflicht ließe sich auch in Bezug auf Drittstaaten realisieren. Um dabei nationale Interessen zu

---

646 Grds. ist für jede Regelung der EuInsVO gesondert zu prüfen, ob diese auch gegenüber Drittstaaten gilt, dazu statt vieler *Kolmann/Keller*, in Gottwald, Insolvenzrechts-Handbuch, § 131 Rn. 19 f.

647 *Reuß*, EUZW 2013, 165, 168 spricht insoweit von einer Auslassungssünde (noch zum EuInsVO-E).

648 *Kindler/Sakka* EuZW 2015, 460, 465; *Reuß*, EuZW 2013, 165, 168.

649 COM(2012)743 final, S. 9.

650 Dazu *Wiebusch*, Internationales Konzerninsolvenzrecht, S. 57, 77 ff.

651 COM(2012)743 final, S. 9; dazu *Eidenmüller/Frobenius*, Beilage 3 zu ZIP 2013, 1, 14 und 17, die darauf hinweisen, dass ein derartiges multinationales Abkommen nicht absehbar ist und daher einseitig Vorschriften innerhalb der EuInsVO präferieren.

wahren, seien die Verpflichtungen lediglich an das Gebot der Gegenseitigkeit zu knüpfen.[652] *Eidenmüller/Frobenius* schlagen vor, die Anwendbarkeit der Kooperationsverpflichtungen gegenüber drittstaatlichen Verfahren unter den Vorbehalt des Interesses der Gläubiger des eigenen Verfahrens zu stellen.[653]

Diesen Einwendungen ist zumindest insoweit zuzustimmen, als die Chance vertan wurde, mit der Einführung der gruppenspezifischen Kooperationsverpflichtungen diese auch in Bezug auf Drittstaaten, vorbehaltlich korrespondierender „Angebote" des drittstaatlichen Rechts und – wie im Übrigen auch – unter dem Vorbehalt des Gläubigerinteresses im eigenen Verfahren, zur Anwendung zu bringen und damit eine Harmonisierung des nationalen internationalen Insolvenzrechts im Zusammenhang mit Gruppenverfahren im Anwendungsbereich der EuInsVO herbeizuführen.

Unabhängig davon bleibt jedoch festzuhalten, dass sich entsprechende Verpflichtungen unter den genannten Voraussetzungen auch ohne explizite Regelungen im Einzelfall aus allgemeinen Grundsätzen der nationalen Rechtsordnungen ergeben können und eine verbindliche Regelung tatsächlich ausschließlich im Rahmen internationaler Verträge möglich erscheint.

b. Die Einbeziehung von Gleichordnungskonzernen

Ein weiterer, bereits früh erhobener Vorwurf ist darauf gerichtet, dass Gleichordnungskonzerne trotz der weiten Gruppendefinition in Art. 2 Nr. 13/14 EuInsVO n. F. nicht erfasst würden, obgleich sich auch bei diesen im Einzelfall Koordinierungsbedarf im Zusammenhang mit der Insolvenz einzelner oder aller Mitglieder ergeben könne.[654] Dieses Ergebnis wäre gerade im Hinblick auf die Bedeutung von Gleichordnungskonzernen im Rahmen grenzüberschreitender Unternehmenskooperationen[655] in der Tat bedenklich.

Die Einschätzung, dass Gleichordnungskonzerne nicht unter den Begriff der Unternehmensgruppe i. S. d. neuen EuInsVO fallen, ist in dieser Pauschalität jedoch unzutreffend. So besteht zum einen die Möglichkeit, dass Gleichordnungskonzerne bereits über Art. 2 lit. 14) Satz 2 EuInsVO n. F. erfasst werden,[656] zum anderen stellt sich die Frage, ob sich nicht bereits im Wege der autonomen Auslegung der europäischen Definitionsvorschrift ganz allgemein eine Einbeziehung von Gleichordnungskonzernen ergibt.

---

652 *Reuß*, EuZW 2013, 165, 168 mit Verweis auf seine Dissertation, Forum Shopping in der Insolvenz, dort S. 367.

653 *Eidenmüller/Frobenius*, Beilage 3 zu ZIP 2013, 1, 17.

654 *Reuß*, EuZW 2013, 165, 168; *Kindler/Sakka*, EuZW 2015, 460, 465. Die deutsche Regelung des § 3e InsO-E enthält hierzu in Nr. 2 eine explizite Regelung, vgl. dazu unter Teil 8.III.1.

655 Dazu *Emmerich*, in Emmerich/Habersack, Aktien- und GmbH-Konzernrecht, § 18 AktG Rn. 26 m. w. N.; Hüffer/Koch, AktG, § 18 Rn. 20.

656 A. A. *Eble*, NZI 2016, 115, 120.

Art. 2 lit. 14) Satz 2 EuInsVO n. F. sieht vor, dass ein Unternehmen, das einen konsolidierten Abschluss gemäß der Richtlinie 2013/34/EU des Europäischen Parlaments und des Rates erstellt, weil es einer entsprechenden Verpflichtung unterliegt,[657] (vgl. dort Artt. 21 ff.) als Mutterunternehmen angesehen wird. Dies stellt auch keine bloße widerlegbare Vermutung, sondern eine zwingende Regelung dar.[658] Die zitierte Richtlinie wiederum stellt es den Mitgliedstaaten in Art. 22 Absatz 2 lit. b) frei, ob sie die Verpflichtung zur Aufstellung entsprechender konsolidierter Abschlüsse auch auf Gleichordnungskonzerne erstrecken.[659] Gleichzeitig bestehen wiederum allgemeine Rückausnahmen, die die Erstellung eines entsprechenden Abschlusses entfallen lassen. Die sich damit aus nationalen Unterschieden bei der Richtlinienumsetzung ergebende Rechtsunsicherheit droht durch die Unschärfe hinsichtlich der Abgrenzung zwischen Unter- und Gleichordnungskonzern in Ansehung der Voraussetzungen einer Abhängigkeit zusätzlich verstärkt zu werden.[660]

Vor diesem Hintergrund und in Ansehung der Tatsache, dass auch im Rahmen von Gleichordnungskonzernen eine koordinierte Abwicklung unter Anwendung der Vorschriften in Kapitel V der neuen EuInsVO durchaus sachdienlich sein kann, stellt sich die Frage, ob die gewählte Definition in Art. 2 lit. 14) EuInsVO n. F. tatsächlich Gleichordnungskonzerne ausklammert.

Ein Vergleich mit der deutschen Regelung des § 3e Nr. 2 InsO-E verbietet sich bereits im Hinblick auf die Notwendigkeit einer autonomen Auslegung der europäischen Vorschrift, wie sie sich aus der Eigenständigkeit des Gemeinschaftsrechts ableitet.[661]

Soweit diesbezüglich auf eine Vergleichbarkeit mit der in Art. 2 Nr. 9 der Richtlinie 2013/34/EU enthaltenen Definition eines Mutterunternehmens im bilanzrechtlichen Sinne verwiesen wird,[662] ist dem entgegenzuhalten, dass die Formulierungen zwar ähnlich, aber eben nicht identisch sind. Art. 2 Nr. 9 der Bilanzrichtlinie spricht lediglich davon, dass *„ein oder mehrere Tochterunternehmen kontrolliert“* werden, während Art. 2 lit. 14) EuInsVO n. F. insoweit konkretisiert, dass jedwede Kontrolle, sei sie *„unmittelbar oder mittelbar“*, ausreicht. Die Bezugnahme auf die Bi-

---

657 S. dazu bereits unter Teil 7.II.4.a; ausführlich dazu *Eble*, NZI 2016, 115, 116 f.

658 So auch *Commandeur/Römer*, NZG 2015, 988, 990; *Kindler/Sakka*, EuZW 2015, 460, 465; a. A. *Eble*, NZI 2016, 115, 117.

659 Dies entspricht der durch diese Richtlinie geänderten 7. EG-Richtlinie (83/349/EWG) vom 13. Juni 1983, dort Art. 12. Deutschland hat von diesem Wahlrecht bei der Schaffung von § 290 HGB keinen Gebrauch gemacht. Dazu *Busse von Colbe*, in MüKO HGB, § 290 Rn. 10; *Eble*, NZI 2016, 115, 120.

660 Zur Diskussion nach deutschem AktG *K. Schmidt*, ZHR 155 (1991), 417, insb. 421 ff.; dazu auch *Eble*, NZI 2016, 115, 116 ff. u. 120.

661 Allg. dazu statt vieler *Gaitanides*, in von der Groeben/Schwarze/Hatje, Europäisches Unionsrecht, Art. 19 EUV Rn. 43 mit zahlreichen Nachweisen aus der EuGH-Rechtsprechung. Zur autonomen Auslegung der EuInsVO *Undritz*, in HambKomm InsO, Vorbem. zu §§ 335 ff. Rn. 10.

662 So *Kindler/Sakka*, EuZW 2015, 460, 465.

lanzrichtlinie in Satz 2 regelt insoweit lediglich einen besonderen Fall, in dem ein Mutterunternehmen i. S. d. Neufassung der EuInsVO vorliegt.[663] Eine begriffliche Übereinstimmung liegt damit nicht vor, obgleich diese im Laufe des Gesetzgebungsprozesses durchaus vorgeschlagen wurde.[664] Damit ist der Weg zu einer insolvenzspezifischen autonomen Auslegung frei.

Wie bereits der Verzicht auf die noch im EuInsVO-E vorgesehenen spezifischen Anknüpfungen an Mehrheits- und Stimmrechte bzw. die Möglichkeit zur Benennung und Abberufung von Organträgern[665] zeigt, sollte eine eigenständige, denkbar weite Definition gefunden werden, um möglichst alle Gruppenstrukturen zu erfassen, in denen eine koordinierte Verfahrensabwicklung notwendig erscheint. Unabhängig von der konkreten Ausgestaltung der einheitlichen Leitung im Einzelfall erwächst aus einer solchen jedenfalls eine zumindest mittelbare Kontrollmöglichkeit. Auch wenn die Einflussmöglichkeiten über das gemeinsame Leitungsorgan noch so gering und lediglich faktischer Natur sein sollten, ergibt sich daraus doch jedenfalls ein „Mehr“ im Vergleich zur vollständigen Unabhängigkeit. Die Anforderungen an die Kontrolle i. S. d. Art. 2 lit. 14) Satz 1 EuInsVO-E dürfen im Hinblick auf die *ratio legis* der daran anknüpfenden Vorschriften, eine möglichst effektive Abwicklung der Insolvenzverfahren über das Vermögen verschiedener Gesellschaften einer Unternehmensgruppe zu gewährleisten (so auch Erwägungsgrund 51), nicht überspannt werden.

Somit ist davon auszugehen, dass, unabhängig vom konkreten nationalen Verständnis, auch Gleichordnungskonzerne als Unternehmensgruppe i. S. d. Art. 2 lit. 13/14) EuInsVO n. F. anzusehen sind.

2. Verzicht auf einen Gruppen-Gerichtsstand und verbindliche Regelungen zu einem einheitlichen Verwalter

Bereits im Vorfeld der konkreten Entwürfe wurde vielfach angenommen, dass die Einführung eines einheitlichen Gruppen-Gerichtsstandes auch auf europäischer Ebene zwingend erforderlich sei.[666] Dies wurde, zumindest für Verfahren, in denen

---

663 Kritisch *Eble*, NZI 2016, 115, 120, der anführt, die Vermutung in Satz 2 könne aus systematischen Gründen nicht über die allgemeine Regelung in Satz 1 hinausgehen. Dies ist aber auch nicht der Fall, dazu sogleich.

664 Vgl. dazu Entschließung des Europäischen Parlaments vom 05.02.2014, dort Abänderung 25. Dazu *Kindler*, KTS 2014, 25, 41.

665 Dort Art. 2 lit. j, ii) aa) und bb) EuInsVO-E.

666 *Eidenmüller/Frobenius*, Beilage 3 zu ZIP 2013, 1, 16; *Bufford*, IILR 2012, 341, 362; in diesem Sinne auch bereits *Eidenmüller*, NJW 2004, 3455, 3458 f.; *Mevorach*, The Road to Suitable and Comprehensive Global Approach to Insolvencies within Multinational Corporate Groups, S. 26 ff.; *Hirte*, ZInsO 2011, 1788, 1788 (These 3); offener *Bezelgues*, Konzerninsolvenzen in der Europäischen Union, S. 69 f.; ausführlich und im Ergebnis ablehnend *Schmollinger*, Der Konzern in der Insolvenz,

„die Organisations-/Eigentümerstruktur es erlaubt", auch seitens des Europäischen Parlaments zwischenzeitlich gefordert.[667]

Bufford führt diesbezüglich an, die Zuständigkeitskonzentration sei wesentlich für die Masseanreicherung und eine erfolgreiche Restrukturierung.[668] Er verweist dabei auf die Vorteile der Personalidentität sowohl auf gerichtlicher als ggf. auch auf Verwalterebene[669] und die erleichterte Realisierbarkeit eines einheitlichen Restrukturierungsplans.[670] Zur Umsetzung schlägt er die Einführung eines *center of main interests for the enterprise* (ECOMI)[671] vor; wobei bei der Bestimmung auf die zum COMI nach Art. 3 EuInsVO (a. F.) entwickelten Kriterien zurückzugreifen sei.[672] Auch *Mohrs* tendiert zu einer im Einzelfall gegebenen Zuständigkeitskonzentration im Falle von Mehrheitsbeteiligungen, wobei er die Risiken einer Schlechterstellung einzelner Gläubiger durch die Voraussetzung einer Haftungsübernahmeerklärung begrenzen möchte.[673]

Wäre für sämtliche Verfahren innerhalb einer multinationalen Unternehmensgruppe dieselbe Insolvenzverfahrensordnung einschlägig, würden Reibungsverluste, die auf den unterschiedlichen Zielsetzungen und Methoden der einzelnen Insolvenzordnungen[674] und Regelungen zum Konzernrecht[675] innerhalb der EU beruhen, zumindest vermindert. Kommt es nicht zu einer solchen Anwendung einer einheitlichen Insolvenzordnung innerhalb der Verfahren, erscheint zudem die Einsetzung eines einheitlichen Insolvenzverwalters kaum umsetzbar.[676] Es dürften sich bereits kaum Verwalter finden, die über die notwendigen Kenntnisse sämtlicher ggf. betroffenen Verfahrensordnungen verfügen.[677] Dies wäre jedoch Voraussetzung für eine entsprechende Eignung.

S. 320 ff.; für einen entsprechenden einheitlichen Gerichtsstand spricht sich hingegen *Wolf*, Der europäische Gerichtsstand bei Konzerninsolvenzen, *passim.* aus.

667 Entschließung des Europäischen Parlaments vom 15.11.2011 mit Empfehlungen an die Kommission zu Insolvenzverfahren im Rahmen des EU-Gesellschaftsrechts, P7_TA(2011)0484, S. 11.

668 *Bufford*, IILR 2012, 341, 362.

669 Diese betonen auch *Eidenmüller/Frobenius*, Beilage 3 zu ZIP 2013, 1, 16.

670 *Bufford*, IILR 2012, 341, 363.

671 Zur Begrifflichkeit vgl. Nachweise bei *Bufford*, IILR 2012, 341, 364 dort Fn. 173; zu derartigen Überlegungen auch bereits zurückhaltend *Tollenaar*, IILR 2011, 252, 256 f.

672 *Bufford*, IILR 2012, 341, 363 f. m. w. N.

673 *Mohrs*, Die konzerngebundene Kapitalgesellschaft im Anwendungsbereich der EuInsVO, S. 175 ff.

674 Vgl. dazu *Kindler/Nachmann*, Handbuch Insolvenzrecht in Europa, Teil 2: Länderberichte; MüKO InsO, 2. Auflage 2008, Anhang Länderberichte.

675 Dazu ausführlich *Wymeersch*, Groups of Companies in the EEC, *passim.; Lutter, ZGR 1987, 324, 324 ff.; Steering Committee Forum Europäum Konzernrecht,* ZGR 1998, 672, 676 ff.; weitere Nachweise bei *Spahlinger/Wegen*, in dies., Internationales Gesellschaftsrecht, Rn. 362 ff.

676 So auch *Wolf*, Der europäische Gerichtsstand bei Konzerninsolvenzen, S. 69.

677 I. d. S. auch *Wiebusch*, Internationales Konzerninsolvenzrecht, S. 217 m. w. N.

Vielfach wird die Zurückhaltung des europäischen Gesetzgebers in diesem Zusammenhang jedoch auch begrüßt oder doch zumindest als nachvollziehbar akzeptiert.[678] So führt bspw. *Brünkmans* aus, dass die Einführung eines Gruppen-Gerichtsstandes im Hinblick auf den damit verbundenen Einfluss auf das anwendbare Insolvenzrecht (Art. 4 EuInsVO a. F./Art. 7 EuInsVO n. F.) auf europäischer Ebene erheblich weitreichendere Folgen habe, als dies auf nationaler Ebene der Fall sei. Die Konzernzugehörigkeit als solche sei insoweit nicht geeignet, die Eröffnung von Verfahren in einem anderen Mitgliedstaat und unter Geltung eines anderen Insolvenzstatus als dem des COMI zu rechtfertigen. Insb. sei eine Vorhersehbarkeit des im Insolvenzfall anwendbaren Rechts für die Gläubiger damit *de facto* ausgeschlossen.[679] *Vallender/Deyda* heben zutreffend hervor, dass ein einheitlicher Gerichtsstand allenfalls dann sinnvoll wäre, wenn das durch diesen zur Anwendung berufene nationale Insolvenzrecht Regelungen über eine koordinierte Abwicklung von Insolvenzen innerhalb einer Gruppen-Konstellation verfügt,[680] was keinesfalls unionsweit der Fall ist.

Der Verzicht auf Regelungen zu einem europäischen Gruppen-Gerichtsstand ist trotz der Vorteile, die ein solcher im Hinblick auf die damit einhergehende Geltung ein und desselben *lex fori* (Art. 4 EuInsVO a. F./Art. 7 EuInsVO n. F.)[681] auf den ersten Blick mit sich bringen könnte, im Ergebnis richtig. Bei genauerem Hinsehen werden diese Vorteile nämlich durch die erheblichen Nachteile, die mit der Begründung eines europaweit einheitlichen Gruppen-Gerichtsstandes einhergehen würden, mehr als aufgehoben.

Wie bereits eingangs dieser Arbeit angesprochen,[682] ersetzen Gruppenstrukturen im grenzüberschreitenden Geschäftsverkehr zunehmend klassische Zweigniederlassungen. Würde über einen der Rechtsträger innerhalb einer solchen Gruppenstruktur ein Hauptverfahren i. S. d. Art. 3 Abs. 1 EuInsVO in einem „fremden" Mitgliedstaat, bspw. am Sitz des Mutterunternehmens,[683] eröffnet, ist davon auszugehen, dass regelmäßig daneben ein Sekundärverfahren i. S. d. Art. 3 Abs. 2 EuInsVO

---

678 *Vallender*, ZIP 2015, 1513, 1520; *ders.*, ZInsO 2015, 57, 60 f.; *Kindler/Sakka*, EuZW 2015, 460, 466; *Kindler*, KTS 2014, 25, 43; *Brünkmans*, ZInsO 2013, 797, 805; *Thole/Swierczok*, ZIP 2013, 550, 556; *Reinhart*, NZI 2012, 304, 311; dazu auch bereits ausführlich *Wiebusch*, Internationales Konzerninsolvenzrecht, S. 184; *Vallender/Deyda*, NZI 2009, 825, 831 ff.

679 *Brünkmans*, ZInsO 2013, 797, 805; in diesem Sinne auch *Vallender*, ZInsO 2015, 57, 61; *Vallender/Deyda*, NZI 2009, 825, 826 f. und 831 f.; *van Galen*, IILR 2012, 376, 384; dazu auch *Kolmann*, Kooperationsmodelle, S. 465.

680 *Vallender/Deyda*, NZI 2009, 825, 831.

681 Dazu ausführlich *Wolf*, Der europäische Gerichtsstand bei Konzerninsolvenzen, S. 69 ff., der sich allerdings im Ergebnis für einen einheitlichen europäischen Gerichtsstand ausspricht.

682 S. Teil 1.I.

683 So etwa der Vorschlag von INSOL Europe, Revision of the European Insolvency Regulation, S. 91 ff.; *Jaffé/Friedrich*, ZIP 2008, 1849, 1852.

am eigentlichen Sitz des Rechtsträgers eröffnet werden würde.[684] Hat die gewählte Art der Unternehmensstrukturierung, insb. im Hinblick auf eine Haftungsseparierung, dazu geführt, dass die Vermögenswerte der einzelnen Gesellschaften und deren Rechtsbeziehungen weitgehend auf den jeweiligen Mitgliedstaat beschränkt sind, bezieht das Sekundärverfahren nahezu sämtliche insoweit vorhandenen Vermögenswerte ein (Art. 3 Abs. 2 Satz 2 EuInsVO). Das Hauptverfahren verkümmert. Übrig blieben im Wesentlichen die Koordinations- und Kooperationsverpflichtungen gemäß der Artt. 31 ff. EuInsVO a. F./Artt. 41 ff. EuInsVO n. F. Ob daran die neu geschaffene Möglichkeit der Vermeidung eines Sekundärinsolvenzverfahrens durch Zusicherung der Wahrung nationaler Verteilungs- und Vorzugsrechte gemäß Art. 36 EuInsVO n. F. (sog. virtuelles Sekundärinsolvenzverfahren)[685] in derartigen Fällen etwas ändern kann, bleibt abzuwarten. Allzu große Hoffnungen sollte man in dieses Institut jedoch insoweit nicht setzen. Die mit dem Antrag auf Eröffnung eines Sekundärverfahrens bereits nach altem Recht (gezielt) erzeugte Drucksituation wird sich aller Voraussicht nach allenfalls auf die Verhandlungen über die Zusicherung verlagern. Auch die von *Mohrs* vorgeschlagenen Haftungsübernahmeerklärungen dürften hier keine Lösung darstellen, da bereits deren spätere Durchsetzbarkeit häufig fraglich sein dürfte.[686]

Die bestehenden Rechte des Hauptverwalters in einem Sekundärverfahren sind nach der neuen Rechtslage weitgehend identisch mit denen, die ihm auch in einem gruppenzugehörigen weiteren Hauptverfahren zustünden. So bestehen insb. die bereits erwähnten Kooperations- und Kommunikationsverpflichtungen (Artt. 41 ff. EuInsVO n. F. bzw. Artt. 56 ff. EuInsVO n. F.). Auch die Rechte innerhalb der „fremden" Verfahren sind einander weitgehend angenähert, so besteht – wenn auch unter anderen Voraussetzungen – in beiden Fällen das Recht, die Aussetzung der Verwertung zu beantragen sowie Anhörungs- und Beteiligungsrechte (Art. 46 EuInsVO n. F. bzw. Art. 60 Abs. 1 lit. b) EuInsVO n. F.).

Ein weiterer erheblicher Nachteil eines einheitlichen Gruppen-Gerichtsstandes bestünde zudem darin, dass auch im Falle der Einzelinsolvenz eines Gruppenmitgliedes das Hauptverfahren in einem anderen Mitgliedstaat eröffnet würde, ohne dass dort ein insolventes Gruppenunternehmen ansässig wäre. Diesbezüglich erwogene Anknüpfungen an die Insolvenz von mindestens zwei Gruppenmitgliedern für die Begründung eines Gruppen-Gerichtsstandes würden zu unerträglicher Rechtsunsicherheit hinsichtlich des im Falle einer künftigen Insolvenz anwendbaren Rechts führen, da es vom Zufall abhängt, ob mehrere Gruppenmitglieder zeitgleich oder nacheinander in die Insolvenz geraten. Manipulationen durch die Wahl des Antrags-

684 So auch *Vallender*, ZIP 2015, 1513, 1520 mit Verweis auf *Reinhart*, NZI 2012, 304, 311; *Reinhart/Deyda*, NZI 2009, 825, 831 f. m. w. N.; *Tollenaar*, IILR 2011, 252, 253; *Wiebusch*, Internationales Konzerninsolvenzrecht, S. 188, 212; ausführlich auch *Schmollinger*, Der Konzern in der Insolvenz, S. 60 ff. insb. 93 f.

685 Allg. dazu *Prager/Keller*, WM 2015, 805, 807 f.; *Vallender*, ZIP 2015, 1513, 1517 f.

686 Wie er selbst zu bedenken gibt, s. *Mohrs*, Die konzerngebundene Kapitalgesellschaft im Anwendungsbereich der EuInsVO, S. 177.

zeitpunktes wären Tür und Tor geöffnet. Ob man diese durch Festsetzung einer bspw. an Art. 3 Abs. 1 UA 2 Satz 2 EuInsVO n. F. angelehnten Sperrzeit, innerhalb derer Antragstellungen als zeitgleich und damit gruppen-gerichtsstandbegründend gelten, wirksam begrenzen könnte, erscheint zumindest fraglich. Insb. bestünde ein erhebliches Risiko dahingehend, dass es zu kostenträchtigen ersten (Sicherungs-) Maßnahmen eines möglicherweise später nicht zuständigen Gerichts kommen würde.

Aber auch der vermeintliche Vorteil eines einheitlichen Verwalters überzeugt bei genauerer Betrachtung im grenzüberschreitenden Kontext nicht in jedem Fall.[687] Es gilt dabei zu berücksichtigen, dass (unabhängig von der konkreten Rechtsordnung)[688] das betroffene Unternehmen zunächst durch den Verwalter fortgeführt werden muss. Dazu hat der Verwalter die vormaligen Leitungsorgane regelmäßig[689] aus ihrer Position zu verdrängen, um das Ruder zu übernehmen. Dies wird grds. am besten dort gelingen, wo auch bisher die Leitungsentscheidungen getroffen wurden, da sich dort die organisatorischen Einrichtungen befinden, die hierzu erforderlich sind. Diese Aufgabe kann somit ein *auswärtiger* Gesamtverwalter im Regelfall nicht sachgerecht ausführen. Gerade bei horizontal-dezentral organisierten Konzernstrukturen, bei denen die einzelnen Konzernglieder weitgehend autonom voneinander agieren, bedarf es vielmehr eines räumlich und sachlich nahen *lokalen* Verwalters. Dieser kann selbstverständlich, soweit nach der jeweiligen nationalen Rechtsordnung vorgesehen, seinerseits für mehrere im jeweiligen Mitgliedstaat ansässige Gruppen-Unternehmen zuständig sein. Diese Möglichkeit wird durch Erwägungsgrund 53 n. F. zutreffend klargestellt.

In funktional-vertikal strukturierten Konzernen hingegen, bei denen die einzelnen Konzernglieder bspw. lediglich aus steuerlichen Gründen eigenständigen Gesellschaften zugeordnet sind, tatsächlich jedoch eher Betriebsabteilungen gleichen und bei denen bisher von der Konzernmutter aus *durchregiert* wurde, könnte grds. auch über Staatsgrenzen hinweg ein Gesamtverwalter sinnvoll eingesetzt werden. Dies verbietet die EuInsVO auch keineswegs. Gleichwohl überwiegen die Vorteile einer solchen Möglichkeit nicht immer die erheblichen Schwierigkeiten, die in Folge der einheitlichen Geltung des *lex fori generalis* des Konzerngerichtsstandes (Art. 4 EuInsVO) im Einzelfall bestehen können; und zwar unabhängig von der bereits dargestellten Gefahr zahlreicher Sekundärinsolvenzverfahren. Im Zusammenhang mit der ohnehin problematischen Inkohärenz von Insolvenz- und sonstigem Rechtsstatut fehlt es einem „ausländischen" Verwalter regelmäßig an den notwendigen Kenntnissen der betroffenen Rechtsordnungen.[690] Der Rückgriff auf externe Berater

---

687 Allg. dazu *Vormstein*, Zuständigkeit bei Konzerninsolvenzen, S. 236 ff., insb. 251 f.

688 Soweit ersichtlich führt die Eröffnung eines Insolvenzverfahrens in keiner europäischen Rechtsordnung grds. dazu, dass der Geschäftsbetrieb des Schuldners automatisch eingestellt wird, dazu *Trunk*, SZIER 4/2004, 531, 532.

689 Ausnahme: Verfahren mit Eigenverwaltung.

690 Vgl. dazu *Tollenaar*, IILR 2011, 252, 254 f.; *Schmollinger*, Der Konzern in der Insolvenz, S. 137; ähnlich bereits *Adam/Poetzgen*, ZInsO 2008, 281, 286.

würde zu einem Anstieg der Verfahrenskosten führen, der außer Verhältnis zu den Vorteilen stehen würde, da der Unterschied zur Bestellung einzelner Verwalter weitgehend aufgeweicht wäre.[691]

Die Entscheidung gegen einen Konzerninsolvenzgerichtsstand und damit gegen einen einheitlichen Verwalter als Grundentscheidung ist daher nachdrücklich zu begrüßen. Es bleibt insoweit festzuhalten, dass die Ausarbeitung und Koordinierung grenzüberschreitender Gesamtverwertungsstrategien statt durch eine personelle Konzentration durch Kooperation der beteiligten Verwalter gesichert werden sollte. Das notwendige Rüstzeug stellt die neue EuInsVO durch die Regelungen zur Kooperationspflicht (trotz der fehlenden Durchsetzbarkeit)[692] bereit. Es besteht daher kein Anlass dazu, diese über den Umweg eines im Wesentlichen auf die Kooperationsverpflichtungen beschränkten „Schatten"-Hauptverfahrens zu erreichen. Sollte in besonderen Einzelfällen die Bestellung eines einheitlichen Verwalters tatsächlich sinnvoll und möglich erscheinen, kann dies durch eine Abstimmung der Gerichte bei der Bestellung umgesetzt werden; vorausgesetzt es findet sich eine entsprechend geeignete Person. Eine andere Möglichkeit bestünde auch bei gebündelten Hauptverfahren mit entsprechenden Sekundärverfahren nicht, da das Gericht des Hauptverfahrens keinen erzwingbaren Einfluss auf die Benennung des Verwalters im Sekundärverfahren nehmen kann.[693]

Klarzustellen bleibt, dass unabhängig von vorstehenden Überlegungen immer dann, wenn sich der Mittelpunkt der hauptsächlichen Interessen nach Art. 3 Abs. 1 EuInsVO bei gruppenangehörigen Unternehmen tatsächlich am Ort der Konzernspitze verorten lässt, dies selbstverständlich zu berücksichtigen ist und sich in diesem Fall dann faktisch ein Konzerngerichtsstand und – soweit nach nationalem Recht vorgesehen – die Möglichkeit zur Bestellung eines einheitlichen Verwalters ergeben kann.[694]

3. Die Kommunikations- und Kooperationspflichten

a. Zur Zusammenarbeit der Verwalter untereinander

Art. 56 Abs. 2 lit. a) EuInsVO n. F. stellt die Verwalter, zumindest dem Wortlaut nach, vor eine schier unlösbare Aufgabe. So sollen – in den Grenzen nationaler Regelungen – alle Informationen mitgeteilt werden, die für das jeweilige andere Verfahren von Bedeutung sein können. Dies lässt zwar die Zuleitung von „unnötigen" Informationen zu, das Vorenthalten auch nur einer irgendwie relevanten Information würde jedoch

691 I. d. S. auch *Schmollinger*, Der Konzern in der Insolvenz, S. 137.
692 Vgl. dazu unter Teil 7.III.3.d.
693 Grds. wäre eine Personalidentität zulässig, *Reinhart*, MüKO InsO, 2. Auflage 2008, Art. 27 EuInsVO Rn. 30 m. w. N. auch zur gegenteiligen Ansicht.
694 Dazu *Undritz*, in Flöther, Handbuch Konzerninsolvenz, § 8 Rn. 49 m. w. N.; *ders.*, in HambKomm InsO, Art. 3 EuInsVO Rn. 98; *Madaus*, IIIR 2015, 235, 237; *Kindler*, KTS 2014, 25, 39 m. w. N.

einen Verstoß gegen die Pflicht zur Zusammenarbeit darstellen. Um diesem Anspruch auf Zuleitung sämtlicher Informationen gerecht werden zu können, müssten alle Verwalter entweder sämtliche vorhandenen Informationen, gleich wie unbedeutend diese im Ergebnis sein mögen, weiterleiten oder aber neben ihrem eigenen Verfahren auch alle anderen Verfahren ständig dahingehend überprüfen, ob dort eine Information von Bedeutung sein könnte. Letzteres ist praktisch nicht umsetzbar,[695] da hierfür wiederum regelmäßig Informationen aus anderen Verfahren als Basis für die entsprechende Prognoseentscheidung benötigt würden. Die Weiterleitung sämtlicher Informationen hingegen würde nicht nur erhebliche und größtenteils unnötige Kosten verursachen, sondern die angestrebte Effizienzsteigerung der Verfahrensabwicklung zudem konterkarieren. Man stelle sich eine Unternehmensgruppe mit 1000 oder mehr einzelnen Rechtsträgern vor;[696] allein die Sichtung der täglich eingehenden Informationen aus derart vielen fremden Verfahren würde jeden Verwalter schlichtweg überfordern.

Teilt ein Verwalter im Hinblick auf diese Problematik eine tatsächlich für das fremde Verfahren relevante Information jedoch nicht baldmöglichst mit, setzt er sich damit einem Haftungsrisiko aus. Die entsprechenden Haftungsansprüche wiederum finden ihre Grundlage – mangels spezieller Regelungen in der EuInsVO – in den nationalen Insolvenzvorschriften und sind damit nicht unionsweit einheitlich ausgestaltet.[697]

Gleichwohl erscheint nicht nur der Wortlaut der Vorschrift eindeutig. Auch die Tatsache, dass im Zusammenhang mit der gerichtlichen Zusammenarbeit sowohl von *direkter Kommunikation* als auch von einem *gegenseitigen Ersuchen um Information* die Rede ist (Art. 57 Abs. 2 EuInsVO n. F.), macht deutlich, dass eine grundsätzliche Anforderungsabhängigkeit des Informationsaustausches offensichtlich nicht gewollt war. Teilweise wird es zwar auch im Verhältnis der Verwalter untereinander als zielführender angesehen, die Pflicht zur Informationsübermittlung nur auf Anfrage zu begründen und allenfalls Informationen mit evidenter Bedeutsamkeit für Fremdverfahren von dieser Anforderungsvoraussetzung auszunehmen.[698] Ein derartiges Konzept[699] verengt die bestehende Problematik jedoch lediglich geringfügig hin zur Fragestellung, wie *evident bedeutsame Informationen* zu klassifizieren sind und wie die Einstufung ohne Beobachtung der fremden Verfahren bewerkstelligt werden soll.[700]

---

695 So auch *Wimmer*, jurisPR-InsR 7/2015 Anm. 1, II. 9 d) aa).

696 Derartig große Gruppenstrukturen sind durchaus existent, im Fall Enron bspw. waren rund 3000 einzelne Gesellschaften Teil der Konzernstruktur.

697 Dazu sogleich ausführlich unter Teil 7.III.3.d.

698 *Wimmer*, jurisPR-InsR 7/2015 Anm. 1, II. 9. d.) aa.).

699 Im Rahmen von Art. 31 EuInsVO a. F. geht bspw. *Staak*, NZI 2004, 480, 481 davon aus, dass sich aus der beispielhaften Aufzählung in Abs. 1 Satz 2 Hs. 2 ergibt, dass die Unterrichtungspflicht nur in Bezug auf wesentliche Vorgänge und Informationen besteht. Ähnlich *Schultz*, in HK-InsO, Art. 31 EuInsVO Rn. 4; dazu auch *Kolmann*, Kooperationsmodelle, S. 349.

700 I. d. S. auch *Mohrs*, Die konzerngebundene Kapitalgesellschaft im Anwendungsbereich der EuInsVO, S. 143.

Die problematische Formulierung ist indes nicht neu, sondern findet sich in gleicher Form bereits in Art. 31 EuInsVO a. F. (jetzt Art. 41 EuInsVO). Die bereits dort vorhandene Problematik[701] verstärkt sich jedoch im neuen Kontext der Unternehmensgruppe erheblich. Im Rahmen der Kommunikation zwischen Haupt- und Sekundärverwalter beziehen sich sämtliche Informationen auf ein und denselben Schuldner sowie dessen Vermögen und Gläubiger. Im Zusammenhang mit Unternehmensgruppen hingegen treffen eine Vielzahl selbstständige Schuldner sowie deren unterschiedliche Vermögens- und Gläubigerstrukturen aufeinander. Die Informationsdichte ist damit ungleich höher. Zudem fehlt es an dem im Rahmen von Haupt- und Sekundärverfahren gegebenen Subordinationsverhältnis.[702] Von jedem beteiligten Verwalter zu verlangen, sich Kenntnisse sämtlicher betroffener Insolvenzrechte und damit zusammenhängender Gesellschafts-, Sachen- und Steuerrechte zu verschaffen,[703] um auf diese Weise die mögliche Bedeutsamkeit jeder Entscheidung oder Information für die fremden Verfahren beurteilen zu können, erscheint realitätsfern.[704] Zudem bedarf es, bspw. nach dem deutschen § 56 Abs. 1 InsO, dieser Fähigkeiten bereits vor Bestellung, um überhaupt als geeignet zu gelten.[705] Derartiges ist im Hinblick auf die grundsätzliche Möglichkeit, dass eine Vielzahl verschiedene Rechtsordnungen, u. U. auch erst in einem späteren Verfahrensstadium, relevant werden, kaum denkbar. Selbst wenn man eine spätere Aneignung notwendiger Kenntnisse bzw. die Hinzuziehung von Spezialisten als ausreichend annehmen möchte, würde ein derartiges Verlangen zu Interessenkonflikten im weiteren Sinne führen, die ausweislich Art. 56 Abs. 1 Satz 1 EuInsVO a. E. eine Zusammenarbeit gerade begrenzen. Wäre nämlich der Verwalter zur ständigen Überprüfung sämtlicher Informationen auf ihre Bedeutsamkeit in anderen Ver-

---

701 Vgl. bereits *Wimmer*, ZIP 1998, 982, 987, der im Hinblick auf die Gefahr einer Erschwerung der Verwaltertätigkeit durch zahlreiche Unterrichtungspflichten eine Beschränkung der Informationspflichten auf Umstände, die wesentliche Massebestandteile oder wichtige verfahrensleitende Entscheidungen betreffen, anregt. Ähnlich zumindest im Hinblick auf Art. 31 Abs. 3 EuInsVO a. F. *Virgos/Schmit*, Erläuternder Bericht, Rz. 233 a. E.; insg. dazu *Commandeur*, in Nerlich/Römermann, InsO, § 31 EuInsVO Rn. 8 m. w. N.; *Duursma-Kepplinger/Chalupsky*, in Duursma-Kepplinger/Duursma/Chalupsky, EuInsVO, Art. 31 Rn. 10; *Staak*, NZI 2004, 480, 480; *Ehricke*, WM 2005, 397, 400 f.; *Mohrs*, Die konzerngebundene Kapitalgesellschaft im Anwendungsbereich der EuInsVO, S. 142 f.

702 Gerade vor diesem Hintergrund spricht sich *Vormstein*, Zuständigkeit bei Konzerninsolvenzen, S. 260 f. für eine auf die Erarbeitung eines Gesamtkonzeptes beschränkte Informationspflicht aus.

703 So teilweise im Zusammenhang mit Art. 31 EuInsVO a. F./Art. 41 EuInsVO verlangt, dazu *Commandeur*, in Nerlich/Römermann, InsO, § 31 EuInsVO Rn. 8 m. w. N.; *Staak*, NZI 2004, 480, 481.

704 In diesem Sinne im Rahmen von Art. 31 EuInsVO a. F. auch *Commandeur*, in Nerlich/Römermann, InsO, Art. 31 EuInsVO Rn. 8.

705 Dazu *Graeber*, in MüKO InsO, § 56 Rn. 23; *Zipperer*, in Uhlenbruck, InsO, § 56 Rn. 17.

fahren unter Berücksichtigung der Besonderheiten der jeweiligen Rechtsordnungen und Verwalterstellungen verpflichtet, würde dies u. U. zu einer Verzögerung und damit Vernachlässigung seiner Verpflichtungen gegenüber dem eigenen Verfahren und damit letztlich zu einem Interessenkonflikt führen. Auch die Einschaltung von Spezialisten zur Prüfung der Bedeutsamkeit von Informationen unter Berücksichtigung ausländischer Rechtsordnungen erscheint bereits aus Kostengesichtspunkten gegenüber den eigenen Gläubigern schwer vertretbar.

Um eine funktionsfähige Zusammenarbeit in Form einer Informationsweiterleitung zu ermöglichen, ist Art. 56 Abs. 2 lit. a) EuInsVO daher teleologisch zu reduzieren. Die Vorschrift ist unter Abwägung der insoweit widerstreitenden Interessen dahingehend auszulegen, dass die Mitteilungspflicht im Ergebnis zweigeteilt zu erfüllen ist. Sämtliche Informationen, die sich auf wesentliche Teile der Insolvenzmasse oder grundlegende Verfahrensentscheidungen beziehen und damit ohne Weiteres, d. h. ohne Berücksichtigung der Besonderheiten des konkreten Einzelverfahrens ganz allgemein erkennbar im fremden Verfahren von Bedeutung sein können, sind unaufgefordert so bald wie möglich zur Verfügung zu stellen. Hierunter sind insb. Informationen zum Stand des Verfahrens, der Insolvenzmasse inklusive geplanter oder eingereichter Klagen zur Masseanreicherung, der Forderungsanmeldung sowie geplanter Verwertungsstrategien, wobei Letzteres sich bereits aus Art. 56 Abs. 2 lit. c) EuInsVO ergibt, zu verstehen.[706] Alle darüber hinausgehenden Informationen sind lediglich auf Anfrage des anderen Verwalters mitzuteilen, wobei sich durch derartige Anfragen die Grundlage für die Beurteilung der Wesentlichkeit von Informationen über die konkrete Informationsanfrage hinaus erweitern kann.

Ein derartiges Konzept schwebte dem europäischen Gesetzgeber offensichtlich im Zusammenhang mit der Sonderkonstellation der Informationsweitergabe an den Koordinator im Rahmen des Gruppen-Koordinationsverfahrens selbst vor. Die – reichlich missglückten – Vorschriften des Art. 72 Abs. 2 lit. d) EuInsVO n. F. und Art. 74 Abs. 2 EuInsVO n. F. sehen zum einen vor, dass die Verwalter *„jede Information, die für den Koordinator zur Wahrnehmung seiner Aufgaben von Belang"* ist, von sich aus übermitteln. Gleichzeitig ist vorgesehen, dass der Koordinator von den Verwaltern sämtliche Informationen anfordern kann, die für seine Tätigkeit *„von Nutzen sind oder sein können"*. Die entsprechende Regelung des Art. 72 Abs. 2 lit. d) EuInsVO n. F. geht dabei sogar soweit, dass die Verwalter nicht nur sämtliche Informationen über das eigene Verfahren auf Anfrage des Koordinators übermitteln müssen, sondern sogar Informationen in Bezug auf fremde Verfahren. Diese Verpflichtung kann denknotwendigerweise nur dann bestehen, wenn die entsprechenden Informationen bei dem einzelnen Verwalter überhaupt vorhanden bzw. ihm bekannt sind. Dies würde im Hinblick darauf, dass, wie dargestellt, jeder Verwalter über weitreichende Informationen hinsichtlich fremder Verfahren durch die Informationspflicht der dortigen Verwalter verfügt, dazu führen, dass er diese

---

706 Vgl. dazu Aufzählungen in *Virgos/Schmit*, Erläuternder Bericht, Rz. 230 zur Kooperation und Unterrichtungspflicht im Verhältnis Haupt- zu Sekundärverfahren.

ggf. auch wiederum an den Koordinationsverwalter weiterleiten müsste. Ein derartiger „Wirrwarr" der Informationsansprüche und -verpflichtungen ist völlig verfehlt und führt zu einem dem Ziel der Effizienzsteigerung absolut konträr laufenden Arbeitsaufkommen.

De lege ferenda ist daher Art. 74 Abs. 2 EuInsVO n. F. zu streichen und in Art. 72 Abs. 2 lit. d) EuInsVO n. F. eine Beschränkung auf die Informationen aus dem eigenen Verfahren vorzunehmen.[707]

Um die Zurverfügungstellung der Informationen zu erleichtern und den diesbezüglichen Verwaltungsaufwand möglichst gering zu halten, sollte die geplante Vernetzung elektronischer Insolvenzregister über das Europäische Justizportal[708] und die allgemeinen (nationalen) Bemühungen zur Verstärkung elektronischer Kommunikation im Justizwesen[709] vorangetrieben und fruchtbar gemacht werden.[710] So wurde bereits mehrfach die Verwendung spezieller elektronischer Plattformen, auf denen entsprechende Informationen für die berechtigten Beteiligten abrufbar sind, angeregt.[711] Im Detail werden derartige Vorgehensweisen in der Praxis durch den Abschluss von Protokollen oder Insolvenzverwalterverträgen zu konkretisieren sein.[712] So kann gewährleistet werden, dass sämtliche Informationen nur einmal aufbereitet werden müssen und bei Bedarf seitens der Beteiligten Verwalter bzw. des Koordinators oder der Gerichte abgerufen werden können.

b. Zur Zusammenarbeit zwischen den Gerichten

Die Pflicht zur Kooperation obliegt gemäß Art. 57 Abs. 1 EuInsVO n. F. jedem Gericht, das ein Verfahren eröffnet hat und besteht gegenüber allen Gerichten, die mit einem Antrag auf Eröffnung eines Insolvenzverfahrens über das Vermögen eines anderen Mitglieds der Unternehmensgruppe befasst sind oder ein solches Verfahren bereits eröffnet haben. Damit scheidet dem Wortlaut nach eine Zusammenarbeit

707 Vgl. Formulierungsvorschlag in Anhang I (Art. 72 Abs. 2 lit. d).

708 Neue Erwägungsgründe 76 ff.; Artt. 24 ff. EuInsVO.

709 Vgl. dazu auf deutscher Ebene bspw. Justizkommunikationsgesetz vom 01.04.2005, dazu *Viefhues*, NJW 2005, 1009, 1009 ff.; Gesetz zur Förderung des elektronischen Rechtsverkehrs mit den Gerichten, BGBl Teil I, S. 3786 (in Kraft ab 01.01.2018), dazu *Müller-Teckhof*, MMR 2014, 95, 95 ff.

710 I. d. S. auch *Albrecht*, ZInsO 2015, 1077, 1082; *Vormstein*, Zuständigkeit bei Konzerninsolvenzen, S. 262.

711 Vgl. *Staak*, NZI 2004, 480, 481; *Paulus*, ZIP 2002, 729, 735; *Ehricke*, in FS Max-Plank-Institut, S. 337, 351 f.

712 So wie es auch bereits im Rahmen der Kooperation zwischen Haupt- und Sekundärverfahren nach Art. 31 EuInsVO a. F. praktiziert wird, dazu *Ehricke*, in FS Max-Plank-Institut, S. 337, 352 u. 354 ff. *Reinhart* weist in MüKO InsO, 2. Auflage 2008, Art. 31 EuInsVO Rn. 8 zutreffend darauf hin, dass es den Verwaltern obliegt, die Details gemeinsam zu präzisieren. Allg. dazu auch *Busch/Remmert/Rüntz/Vallender*, NZI 2010, 417, 417 ff.; *Eidenmüller*, ZZP 114 (2001), 3, 3 ff.; *Paulus*, ZIP 1998, 977, 977 ff.

zwischen Gerichten, die sich gerade in der Eröffnungsphase befinden, aus. Diese dauert aber nicht nur teilweise ganz erhebliche Zeit an, sondern ist auch in erheblichem Maße von der Ausgestaltung der jeweiligen nationalen Insolvenzregelungen abhängig. Zudem werden viele für die spätere Verfahrensabwicklung maßgebliche Entscheidungen bereits in dieser Phase getroffen oder doch zumindest vorbereitet. Gerade im Bereich koordinierter Insolvenzanträge über gruppenangehörige Unternehmen wird es daher in der Praxis regelmäßig zu Situationen kommen, in denen mehrere Gerichte parallel mit Eröffnungsanträgen befasst sind, die jeweiligen Verfahren aber noch nicht eröffnet haben. Es erscheint im Hinblick auf die bereits angesprochene Bedeutung der Entscheidungen innerhalb des Eröffnungsverfahrens für eine spätere erfolgreiche und effiziente Koordination der unterschiedlichen Verfahren daher zwingend erforderlich, die Gerichte auch bereits in dieser Phase zur Zusammenarbeit zu verpflichten.[713]

Eine weitere Schwäche des Kommunikationsansatzes, der allerdings seitens der EU nicht kurzfristig beseitigt werden kann,[714] liegt in den teils erheblich unterschiedlich ausgestalteten nationalen Vorschriften zur Kommunikation der Verfahrensbeteiligten und deren diesbezüglichem Selbstverständnis.[715] Sind die Insolvenzverwalter in ihren Befugnissen zur Zusammenarbeit trotz abweichender Konzeptionen in den einzelnen Rechtsordnungen noch weitgehend frei, stehen die Richter insoweit, sofern überhaupt entsprechende Regelungen bestehen,[716] teils vor erheblichen rechtlichen Problemen.[717] Ihnen sind teilweise Amtsermittlungen und damit eine Zusammenarbeit mit anderen Gerichten ohne Beteiligung der übrigen Verfahrensbeteiligten oft überhaupt nicht gestattet.[718] Hier sind die nationalen Gesetzgeber gefordert. Bestehende Regelungen sollten zukünftig jedenfalls im Lichte der neuen EuInsVO „europarechtsfreundlich“ ausgelegt werden.

In der Praxis wird es jedoch unabhängig davon zukünftig unerlässlich sein, dass freiwillige Leitlinien wie bspw. die vom American Law Institute (ALI) in Zusammenarbeit mit dem International Insolvency Institute (III) entwickelten „*Guidelines Applicable to Court-to-Court Communications in Cross-Border-Cases*“[719], die „*UNCITRAL Practice Guide on Cross-Border-Insolvency Cooperation*“ oder die „*European Commu-*

713 Vgl. Änderungsvorschlag *de lege ferenda* in Anhang I (Art. 57 Abs. 1).

714 Zum Vorschlag einer teilweisen Harmonisierung der nationalen Insolvenzgesetze siehe auch unter Teil 9.

715 So auch *Vallender*, ZIP 2015, 1513, 1520; *ders.*, ZInsO 2015, 57, 62.

716 So war eine Kommunikation mit ausländischen Gerichten bspw. im deutschen Recht bis zur Einführung von § 348 Abs. 2 InsO durch das ESUG (dazu *Lüer*, in Uhlenbruck, InsO, § 348 Rn. 6) nicht vorgesehen; zur gleichwohl zuvor bestehenden Zulässigkeit vgl. *Busch/Remmert/Rüntz/Vallender*, NZI 2010, 417, 418.

717 *Vallender*, KTS 2008, 59, 73f.

718 *Vallender*, KTS 2008, 59, 73f. mit zahlreichen Nachweisen dafür, dass sich in der Praxis über derartige Beschränkungen teilweise großzügig hinweggesetzt wird.

719 Dazu *Vallender*, KTS 2008, 59, 77; *Busch/Remmert/Rüntz/Vallender*, NZI 2010, 417, 419ff.

nication and Cooperation Guidelines for Cross-Border Insolvency" von INSOL Europe[720], wobei letztere primär auf die Zusammenarbeit der Verwalter zugeschnitten sind, weiter ausgearbeitet und von den Gerichten berücksichtigt werden.[721] Die nationalen Gesetzgeber sind ihrerseits dann dazu aufgerufen, die Umsetzbarkeit derartiger Möglichkeiten zu gewährleisten.

Zwingender Bestandteil derartiger Vereinbarungen muss die Festlegung einer einheitlichen Kommunikationssprache sein. Die Neufassung der EuInsVO enthält diesbezüglich lediglich in Art. 73 eine Regelung, die jedoch einzig auf die Kommunikation des Koordinators im Gruppenverfahren gemünzt ist. Dieser hat danach die Möglichkeit, mit den Verwaltern eine Vereinbarung hinsichtlich der verwendeten Sprache (zumeist dürfte dies Englisch sein) zu treffen, in Ermangelung einer solchen ist in der Amtssprache oder einer der Amtssprachen der Organe der Union und des Gerichts, das das Verfahren für das jeweilige Gruppenmitglied eröffnet hat, zu kommunizieren. Gegenüber den beteiligten Gerichten ist der Verwalter grds. verpflichtet, deren Amtssprache zu verwenden (Art. 73 Abs. 2 EuInsVO n. F.). Da diese Vorschrift auf die zwischengerichtliche Kommunikation keine Anwendung findet, ist dort eine Sprachvereinbarung notwendig. Eine solche ist auch nicht etwa ausgeschlossen, nur weil es an einer Art. 73 EuInsVO n. F. entsprechenden Vorschrift fehlt. Vielmehr ergibt sich die Möglichkeit zu einer derartigen Absprache aus der Generalklausel des Art. 57 Abs. 3 Satz 1 EuInsVO n. F. Wie nationale Bemühungen um die Einführung von Englisch als Gerichtssprache im Falle internationaler Wirtschaftsrechtsfälle zeigen,[722] sind die Voraussetzungen für eine Abwicklung entsprechender Verfahren in einer einheitlichen Sprache bereits teilweise gegeben bzw. sind zwingend zu schaffen.

c. *Zur Zusammenarbeit zwischen Gerichten und Verwaltern*

Konsequenterweise sieht der Verordnungsentwurf auch eine Kooperations- und Kommunikationsverpflichtung im Verhältnis Verwalter-Gerichte vor. Diese Regelungen tragen der Entscheidung gegen einen einheitlichen Gerichtsstand Rechnung. Außerhalb eines solchen fehlt es den befassten Gerichten anderenfalls an der Übersicht über die Tätigkeit der eingesetzten Verwalter. Diese lediglich indirekt über die zwischengerichtliche Kooperation zu gewährleisten, würde zu erheblichen Verzögerungen und erheblichem Mehraufwand führen. Insoweit überzeugt es auch, dass Art. 58 EuInsVO n. F. den Gerichten in diesem Zusammenhang eine dominierende Rolle zubilligt, sodass diese ihren „Überwachungsaufgaben" gerecht werden können, ohne von den Verwaltern unter Umgehung des eigenen Gerichts als Informationsquelle missbraucht zu werden.

---

720 Abrufbar unter http://www.insol.org/INSOLfaculty/pdfs/BasicReading/Session5/European Communication and Cooperation Guidelines for Cross-border Insolvency.pdf (zuletzt abgerufen am 08.05.2016).

721 So auch *Undritz*, in Flöther, Handbuch Konzerninsolvenz, § 8 Rn. 98.

722 Vgl. dazu bspw. Entwurf eines Gesetzes zur Einführung von Kammern für internationale Handelssachen (KfiHG) vom 30.04.2014, BT-Drucks. 18/1287, dort S. 8 ff.

d. Die fehlende Durchsetzbarkeit der Verpflichtung zur Zusammenarbeit

Bereits im Rahmen des Art. 31 EuInsVO a. F. wurde vielfach bemängelt, dass die Verordnung selbst keine Regelungen zur Durchsetzung der Kommunikations- und Kooperationspflichten bereithält.[723] Zwar stellt Art. 31 EuInsVO a. F./Art. 41 EuInsVO n. F. einen materiellrechtlichen Auskunftsanspruch und damit eine taugliche Grundlage für eine Auskunftsklage nach nationalem Recht dar,[724] allerdings sind derartige Klagen im Hinblick auf die Eilbedürftigkeit des Informationsaustauschs praktisch nicht geeignet, erforderliche Informationsgrundlagen mit der notwendigen Schnelligkeit gegen den Willen eines anderen Verwalters zu schaffen.[725] Gleiches gilt für eine denkbare Durchsetzung über bestehende Aufsichtsrechte der Insolvenzgerichte.[726] Spezielle Regelungen zur Durchsetzung der Informationsansprüche sind gleichwohl auch in der Neufassung der Verordnung nicht enthalten.[727] Es bedarf daher weiterhin eines Rückgriffes auf die nationalen Regelungen, bspw. auf §§ 58 Abs. 1 oder 60 dt. InsO.[728] Dies führt in Anbetracht der unterschiedlichen nationalen (Haftungs-)Vorschriften zu divergierenden Ergebnissen im Hinblick auf ein und denselben Informationsanspruch und damit letztlich dazu, dass die Frage, ob die Kommunikations- und Kooperationsmöglichkeiten effizient genutzt werden können, im Ergebnis einzig vom Willen und der Bereitschaft der beteiligten Personen abhängt.[729] Eine derartige Abhängigkeit lässt sich selbstverständlich nie vollständig beseitigen, ein gewisser Anreiz zur ordnungsgemäßen Erfüllung bestehender Pflichten durch eine tatsächlich drohende Haftung wäre indes wünschenswert. Eine solche ist, unabhängig von den angesprochenen nationalen Unterschieden, oft aber schon über-

723 *Beck*, NZI 2006, 609, 610; *Staak*, NZI 2004, 480, 482; *Wiebusch*, Internationales Konzerninsolvenzrecht, S. 252 m. w. N.; dazu auch *Ehricke*, WM 2005, 397, 399f.

724 *Reinhart*, in MüKO InsO, 2. Auflage 2008, Art. 31 EuInsVO Rn. 16; zweifelnd *Commandeur*, in Nerlich/Römermann, InsO, Art. 31 EuInsVO Rn. 11.

725 In diesem Sinne auch *Reinhart*, in MüKO InsO, 2. Auflage 2008, Art. 31 EuInsVO Rn. 16; *Commandeur*, in Nerlich/Römermann, InsO, Art. 31 EuInsVO Rn. 12.

726 Dazu *Commandeur*, in Nerlich/Römermann, InsO, Art. 31 EuInsVO Rn. 12 m. w. N.

727 In diese Richtung weisende Vorschriften waren zwischenzeitlich im Zusammenhang mit den Pflichten des Koordinationsverwalters vorgesehen, (vgl. Artt. 42dd und 42de – Legislative Entschließung des Parlaments vom 04.02.2014) die entsprechenden Regelungen wurden jedoch nicht übernommen.

728 So auch *Parzinger*, NZI 2016, 63, 67; *Madaus*, IIIR 2015, 235, 240; *Vallender*, ZIP 2015, 1513, 1520; *ders.*, ZInsO 2015, 57, 63, wobei er gleichwohl von einer gewissen Motivationskraft des Haftungsrisikos ausgeht; allg. *Staak*, NZI 2004, 480, 482 mit Hinweisen auf die grundsätzliche Frage der Anwendbarkeit im Hinblick auf die EuInsVO, dazu mit erheblichen Zweifeln auch *Heiderhoff*, in Haß/Huber/Gruber/Heiderhoff, EuInsVO, Art. 31 Rn. 9; allg. zur Durchsetzung von Kooperationsverpflichtungen auch *Becker*, Kooperationspflichten in der Konzerninsolvenz, S. 378ff.

729 So auch *Dornblüth*, in HK-InsO, Vor Art. 1 EuInsVO, Rn. 13; *Vallender*, KTS 2008, 59, 71f.; mit Hinweis auf die damit einhergehende Unsicherheit im Hinblick auf die Dynamik von Kooperationsbeziehungen *Ehricke*, WM 2005, 397, 399f.

haupt nicht gegeben. So scheidet bspw. eine Haftung eines deutschen Verwalters, der seine Informationspflichten nach der EuInsVO verletzt, regelmäßig aus. Einer Haftung nach § 60 dt. InsO wäre der Verwalter nämlich nur dann ausgesetzt, wenn durch die nicht erfolgte Informationsweitergabe Beteiligten des eigenen (deutschen) Verfahrens ein Schaden entstanden ist, denn nur auf diese beziehe § 60 Abs. 1 dt. InsO die Haftung. Schäden werden aber voraussichtlich regelmäßig „nur" den Beteiligten des Fremd-Verfahrens entstehen, denen kein Anspruch aus § 60 dt. InsO zusteht.[730] Erst wenn der Verwalter des fremden Verfahrens seinerseits, ggf. in Reaktion auf das Verhalten des deutschen Verwalters, den Informationsaustausch verweigert, wird eine andere Bewertung möglich.

Zwar ist der Kreis der Beteiligten bereits im Rahmen der Vorgängervorschrift § 82 dt. KO sehr weit ausgelegt worden[731] und hat sich dieses Verständnis auch im Rahmen von § 60 Abs. 1 dt. InsO fortgesetzt.[732] Beteiligter ist demnach jeder, dem gegenüber der Verwalter insolvenzspezifische Pflichten wahrzunehmen hat.[733] Indes bestehen konkrete Verpflichtungen gegenüber Gläubigern fremder Verfahren selbst dann nicht, wenn man die Pflichten der EuInsVO (ggf. über Art. 102 dt. EGInsO) in den Kreis der *„Pflichten (...) nach diesem Gesetz"* i. S. d. § 60 Abs. 1 dt. InsO aufnimmt.[734] Auch beim fremden Verwalter selbst wird regelmäßig kein Schaden eintreten, da dieser sich etwaiger gegen ihn gerichteter Haftungsforderungen mit dem Hinweis auf fehlendes Verschulden an der Nichtweiterleitung von Informationen erfolgreich wird entziehen können.

De lege ferenda wäre daher die Schaffung eines unionseinheitlichen Haftungsanspruchs sämtlicher Beteiligter bei Verletzung der Kooperations- und Kommunikationsverpflichtungen innerhalb der EuInsVO zu erwägen. Ein solcher müsste jedoch in Ansehung sämtlicher insolvenzspezifischer Pflichten etabliert werden und kann nicht auf die Kooperation bei Gruppenverfahren begrenzt werden. Die Entwicklung eines derartigen übergreifenden Haftungskonzepts kann bereits deshalb nicht Teil der vorliegenden Arbeit sein.

4. Das Gruppen-Koordinationsverfahren

Als an vielen Stellen missglückt sind die Regelungen zum Gruppen-Koordinationsverfahren anzusehen.[735] Neben den bereits angesprochenen Problemen bei der Kommunikation zwischen den Verwaltern und dem Koordinator

730 So auch *Wimmer*, jurisPR-InsR 7/2015 Anm. 1 II. 9. d.) aa.) mit Verweis auf *Thole*, KTS 2014, 351, 378.
731 BGH ZIP 1987, 115; dazu *Kuhn/Uhlenbruck*, KO, § 82 Rn. 8 m. w. N.
732 Dazu *Sinz*, in Uhlenbruck, InsO, § 60 Rn. 9 m. w. N.
733 BGH NZI 2006, 350.
734 Davon ausgehend *Vallender*, ZIP 2015, 1513, 1520.
735 Kritisch auch *Laughton*, Eurofenix Spring 2014, 20, 23; *Madaus*, ZRP 2014, 192, 192 ff.; *ders.*, IILR 2015, 235, 241 ff.

bestehen weitere erhebliche Unklarheiten im Hinblick auf Sinn und Zweck der Vorschriften und deren praktischer Umsetzbarkeit im Allgemeinen.

Bereits die Regelungen zur Antragstellung weisen erhebliche Defizite auf. So ist nicht verständlich, warum der gemäß Art. 61 Abs. 1 EuInsVO n. F. zu stellende Antrag auf Eröffnung eines Gruppen-Koordinationsverfahrens dem Recht des Verfahrens unterliegen soll, in dem der Verwalter bestellt wurde (Abs. 2), und nicht dem Recht des Gerichts, bei dem der Antrag angebracht wird. Eine derartige Überschneidung anwendbaren Rechts sieht die Verordnung an keiner anderen Stelle vor. So richtet sich der Antrag eines Hauptinsolvenzverwalters auf Eröffnung eines Sekundärverfahrens in einem anderen Mitgliedstaat nach Art. 37 Abs. 1 lit. a) i. V. m. Art. 35 EuInsVO n. F. wie selbstverständlich nach dem Recht des Mitgliedstaates, in dem das Sekundärinsolvenzverfahren eröffnet werden soll. Es ist auch keine tragkräftige Begründung ersichtlich, warum sich die Insolvenzgerichte im Hinblick auf Anträge zur Eröffnung von Gruppen-Koordinationsverfahren, insb. also bei der Prüfung der Zulässigkeit des Antrages, nach den entsprechenden Anforderungen, die die Rechtsordnung im Staat des Fremdverfahrens an einen solchen richten, orientieren sollten. Voraussichtlich dürften die Verwalter einen entsprechenden Antrag zwar ohnehin regelmäßig beim „eigenen" Gericht stellen, um das Verfahren innerhalb der eigenen Jurisdiktion zu halten. Entscheidet sich der Antragsteller indes für einen Antrag bei einem ausländischen Gericht, hat er – wie sonst auch – die dort herrschenden Anforderungen zu erfüllen.[736]

Auch die in Art. 66 EuInsVO n. F. vorgesehene Wahlmöglichkeit hinsichtlich des zuständigen Koordinationsgerichts erstaunt insb. vor dem Hintergrund, dass sich die EuInsVO einmal mehr die Bekämpfung von Forum Shopping auf die Fahnen geschrieben hat (neue Erwägungsgründe 5, 29). Eine Entscheidung für ein bestimmtes Gericht hat hier zwar keine Auswirkungen auf das anwendbare Recht. Gleichwohl ist im Hinblick darauf, dass dem mit dem Antrag auf Eröffnung des Gruppen-Koordinationsverfahren befassten Gericht nach den Artt. 61 ff. EuInsVO n. F. nur sehr geringe (Prüf-)Kompetenzen und (Überwachungs-)Aufgaben zugewiesen werden und die wesentlichen Elemente des Verfahrens in den Händen des Koordinators liegen, welcher gem. Art. 71 Abs. 1 EuInsVO n. F. keinerlei Bezug zum eröffnenden Gericht haben muss, zumindest fragwürdig, warum hier ein Wahlrecht der Verwaltermehrheit statuiert wird. Die Grundlage der Entscheidung für ein bestimmtes Gericht kann vor diesem Hintergrund regelmäßig einzig in der dort vorherrschenden Interpretation der EuInsVO und der grundsätzlichen Einstellung gegenüber derartigen Koordinationsbemühungen liegen. Das ist „schädliches" Forum Shopping nach dem Verständnis des EuInsVO in Reinform. Augenscheinlich soll hiermit das Risiko eines Wettlaufs der Verwalter um die Eröffnung eines Gruppen-Koordinationsverfahrens entschärft werden. Ein Konzept, das als solches zwar nachvollziehbar erscheint, indes in der Wahl der Umsetzung mit der Grundhaltung der Verordnung gegenüber Forum Shopping nicht zu vereinbaren ist und

736 Vgl. Formulierungsvorschlag *de lege ferenda* in Anhang I (Art. 61 Abs. 2).

damit in hohem Maße systemwidrig erscheint. Art. 66 EuInsVO n. F. sollte daher gestrichen werden.

Ebenfalls auf den ersten Blick unverständlich erscheint es, dass der Antrag auf Eröffnung eines Gruppen-Koordinationsverfahrens zeitlich unbeschränkt möglich sein soll. Spätestens nach den Berichtsterminen dürften die maßgeblichen Entscheidungen gefallen und ein Gruppen-Koordinationsverfahren damit nicht mehr sinnvoll sein. Allerdings steht dem Koordinationsgericht hinsichtlich der Frage, ob die Eröffnung eines Gruppen-Koordinationsverfahrens im Einzelfall erfolgt, ein Ermessen zu. Es hat bei dessen Ausübung zu prüfen, ob ein solches Verfahren die effektive Führung der Insolvenzverfahren über das Vermögen der verschiedenen Mitglieder der Unternehmensgruppe erleichtern kann (Artt. 68 Abs. 1, 63 Abs. 1 lit. a) EuInsVO n. F.). Sind die wesentlichen Verfahrensentscheidungen bereits getroffen worden und die Verfahren insgesamt bereits weit fortgeschritten, dürften diese Voraussetzungen nur im Einzelfall noch erfüllt sein. Ein gleichwohl gestellter Antrag wäre demnach zurückzuweisen.

Auch die Regelungen bzw. das gesamte Konzept des Gruppen-Koordinationsplans erscheint unzureichend, da dieser keinerlei Verbindlichkeit aufweist. Art. 70 Abs. 2 UA 2 EuInsVO sieht lediglich eine sog. „*Comply or Explain*“-Lösung vor. Danach haben die entsprechenden Verwalter im Fall einer Abweichung von den Empfehlungen oder dem Koordinationsplan die nach nationalem Recht zu informierenden Personen oder Stellen in Kenntnis zu setzen. Bei Verstoß kämen zwar u. U. Haftungsansprüche in Betracht, vor dem Hintergrund des erheblichen Prognosecharakters etwaiger Koordinationserfolge dürften die Anforderungen an eine Begründung für eine Abweichung jedoch nicht besonders hoch sein.

Derartige Informationspflichten treffen Verwalter von am Gruppen-Koordinationsverfahren nicht beteiligten Verfahren selbstverständlich nicht. Dies ergibt sich aus der systematischen Stellung von Art. 70 Abs. 2 UA 2 EuInsVO, auch wenn Art. 65 Abs. 2 EuInsVO, der die Folgen der Nichteinbeziehung aufzählt, auf diesen nicht gesondert Bezug nimmt.

Das Konzept kann insgesamt nicht als ausreichend angesehen werden, um – auf eigene Vorteile bedachte – Abweichler „*auf Kurs zu bringen*“.[737] Da der Koordinator weder seine Vorschläge in den Einzelverfahren durchsetzen kann noch ein von ihm erarbeiteter Gruppen-Koordinationsplan in diesen eine Bindungswirkung entfaltet, verbleibt es bei der grundsätzlichen Abhängigkeit des Kooperationserfolges von der Kommunikationsbereitschaft aller Beteiligten.[738] Die Einführung eines unabhängigen Koordinators, der lediglich die Funktion eines Mediators erhält, steht in keinem vertretbaren Verhältnis zu der damit verbundenen zusätzlichen Bürokratisierung und den erheblichen Kosten (dazu sogleich). Hier hätte es eines klaren Bekenntnisses zur Frage der Bedeutung übergeordneter Gesamtinteressen und damit nach

737 In diesem Sinne auch *Madaus*, ZRP 2014, 192, 195; *ders.*, IILR 2015, 235, 341 f.
738 So i. E. auch *Parzinger*, NZI 2016, 63, 68.

einem auch gegen Einzelinteressen durchsetzbaren Gruppen-Sanierungskonzepts bedurft.

Wie soeben angesprochen sind mit dem Gruppen-Koordinationsverfahren erhebliche Kosten verbunden. Die diesbezügliche Regelung des Art. 77 EuInsVO ist, wie das gesamte Verfahrenskonzept, als unzureichend einzustufen. Art. 77 Abs. 1 EuInsVO lässt gänzlich offen, woran die Vergütung des Koordinators zu bemessen sein wird, solange diese nur angemessen und verhältnismäßig zu den wahrgenommenen Aufgaben ist und angemessene Aufwendungen berücksichtigt werden. Auch ein Rückgriff auf Erwägungsgrund 58 vermag hier keine Klarheit zu schaffen. Dort wird ebenfalls lediglich ganz allgemein darauf hingewiesen, dass die Kosten der Koordinierung angemessen, verhältnismäßig, vertretbar und im Einklang mit den nationalen Rechtsvorschriften festzulegen sind.[739]

Auch eine Vorgabe für die Verteilung auf die beteiligten Verfahren ist weder in Art. 77 EuInsVO noch in Erwägungsgrund 58 enthalten.[740] Unklar ist daher, ob diese sich an dem Verhältnis der Insolvenzmassen, der Partizipation an einem Koordinationsmehrwert, einer Kombination aus diesen beiden Anknüpfungsmöglichkeiten oder aber an vollständig anderen Kriterien orientieren soll.[741] In der Regel dürfte eine Kombination zwischen den konkreten Anteilen am Gruppen-Koordinationsverfahren, insb. am erzielten Koordinationsmehrwert und der Größe der jeweiligen Insolvenzmassen, angemessen sein. Würde man die Verteilung allein an der Größe der jeweiligen Insolvenzmassen orientieren, bestünde die Gefahr, dass sich massereichere Verfahren aus Angst vor den Kosten und damit verbunden einer möglichen Haftung gegenüber den eigenen Gläubigern erst gar nicht am Gruppen-Koordinationsverfahren beteiligen, wenn der erwartete Koordinationsmehrwert bei ihnen eher gering ausfällt. In diesem Fall wäre für sie die Vorgabe von Erwägungsgrund 58, dass die Kosten die Vorteile nicht überwiegen dürfen, zumindest gefährdet. Andererseits dürfte die genaue Ermittlung des im jeweiligen Verfahren erzielten Koordinationsmehrwertes erhebliche Schwierigkeiten und damit wiederum zusätzliche Mehrkosten verursachen, insb., da derartige Werte – anders als z. B. im Rahmen der Regelungen zur Begründung eines Gruppen-Gerichtsstandes nach den Reformplänen zur deutschen Insolvenzordnung[742] – nicht bereits an anderer Stelle, auch nicht zwangsläufig im Rahmen des Gruppen-Koordinationsplanes, ermittelt werden. Die von *Wimmer* angedachte Möglichkeit einer Berechnung auf Basis von Tätigkeitsstunden[743] wäre zwar interessengerecht und angemessen, dürfte in der Praxis allerdings nicht umsetzbar sein, da die genaue Zuordnung der Tätig-

739 Zu dieser Einschätzung kommt auch *Undritz*, in Flöther, Handbuch Konzerninsolvenz, § 8 Rn. 114 (noch zu den Vorentwürfen); krit. auch *Parzinger*, NZI 2016, 63, 68.

740 Der deutsche Entwuf sieht in § 23 Abs. 3 GKG-E eine Kostentragung durch den Antragsteller vor. Dazu unter Teil 8.III.5.a.

741 So auch *Wimmer*, jurisPR-InsR 7/2015 Anm. 1 II. 9. f. dd).

742 Dazu unter Teil 8.III.2.a. und Teil 8.IV.1.c.aa.

743 *Wimmer*, jurisPR-InsR 7/2015 Anm. 1 II. 9. f. dd).

keit zu einzelnen Verfahren gerade bei Koordinationsaufgaben regelmäßig bereits denknotwendigerweise ausgeschlossen ist und dazu führen dürfte, dass letztlich alle Verfahren zu gleichen Teilen mit den Kosten belastet würden, was wiederum regelmäßig unangemessen sein wird.

Zusammenfassend ist der geäußerten Kritik an der Einführung des Koordinationsverfahrens damit vollumfänglich zuzustimmen. Durch Einsetzung eines Koordinationsverwalters kann zwar möglicherweise eine gewisse Hierarchie geschaffen werden, qua derer die Chancen einer Gesamtverwertungsstrategie trotz fehlendem Gesamtverwalter steigen, da das Risiko eines *Gerangels* um die Führungsrolle unter den beteiligten Verwaltern verringert wird.[744] Augenscheinlich vor diesem Hintergrund verbieten die geplanten Regelungen denn auch eine Personalidentität von Koordinator und „normalem" Verwalter (Art. 71 Abs. 2 EuInsVO n. F.), obgleich dies zu einem erheblichen Anstieg der anteilig zu tragenden (Art. 77 EuInsVO n. F.) Verfahrenskosten führen dürfte, zumal sich ein zusätzlicher Verwalter erstmals in die gesamte Konzernstruktur einarbeiten muss.[745] Letztlich ist das Gruppen-Koordinationsverfahren aber bereits aus anderen Gründen abzulehnen und es steht zu erwarten, dass derartige Verfahren in der Praxis nicht oder zumindest nur höchst selten eröffnet werden.[746]

Bereits mit Blick auf die Tatsache, dass die Entscheidung über das „ob" einer Teilnahme am Gruppen-Koordinationsverfahren höchst beliebig ausgestaltet ist und die Vorschläge des Koordinators sowie ein möglicher Gruppen-Koordinationsplan keinerlei Bindungswirkung entfalten, stehen die zu erwartenden Kosten in keinem Verhältnis zu den denkbaren Vorteilen. Gerade im Zusammenhang mit einer koordinierten Sanierung eines eng vernetzten Konzerngebildes, dem vermeintlichen Hauptanwendungsfall des Gruppen-Koordinationsverfahrens, werden die Insolvenzen regelmäßig bereits ausführlich vorbereitet. Dies bezieht sich auch auf die Koordination der einzelnen Verfahren. Hängt, wie nach den neuen Regelungen der Artt. 61 ff. EuInsVO der Fall, der Koordinationserfolg einzig und allein vom Willen der beteiligten Verwalter ab, werden diese, sofern ein solcher besteht, eine koordinierte Verfahrensabwicklung und ggf. die Entwicklung eines Gesamtsanierungsplanes auch unabhängig von der formalen Einfassung in ein eigenes Koordinationsverfahren anstreben und umsetzen. Vor diesem Hintergrund verbleibt kein nennenswerter Vorteil eines mit erheblichen, noch dazu hinsichtlich Berechnung und Verteilung völlig unklaren Kosten verbundenen Zusatzverfahrens.[747]

---

744 I. d. S. auch *Vallender*, ZIP 2015, 1513, 1521.

745 So auch trotz grundsätzlicher Zustimmung zum Koordinationsverfahren *Vallender*, ZInsO 2015, 57, 63 mit Verweis auf *Thole/Swierczok*, ZIP 2013, 550, 556.

746 Ähnlich sieht das auch *Undritz*, in Flöther, Handbuch Konzerninsolvenz, § 8 Rn. 103 (noch zu den Vorentwürfen).

747 So auch *Madaus*, ZRP 2014, 192, 195.

IV. Zusammenfassung der Erkenntnisse

Zutreffend bescheinigen *Thole/Swieczok* dem europäischen Verordnungsgeber insgesamt „*Gespür fürs Machbare*".[748] Auch *Wimmer* begrüßt die „*vorsichtige Herangehensweise (...) angesichts der Komplexität der Materie*"[749].

Mit der Neufassung der Europäischen Insolvenzverordnung sind die langjährigen Bestrebungen zur Bewältigung von Insolvenzen über das Vermögen von Mitgliedern einer Unternehmensgruppe mit grenzüberschreitendem Bezug erstmals kodifiziert worden. Auch der europäische Gesetzgeber hat sich dabei für das Konzept der verfahrensmäßigen Koordinierung entschieden und den verschiedenen Konsolidierungsansätzen, sei es materiell oder rein verfahrenstechnisch, eine klare Absage erteilt. Im Zuge der Reformentwicklung konnten dabei die Erkenntnisse aus den Arbeiten der UNCITRAL fruchtbar gemacht werden, sodass es nicht verwundert, hier zahlreiche Übereinstimmungen in der Konzeption vorzufinden.

Ausgehend von einer eigenständigen Gruppendefinition zielen die neuen Regelungen der Artt. 56ff. EuInsVO n. F. darauf ab, unter Wahrung der Grundprinzipien der modifizierten Universalität und der Achtung der juristischen Selbstständigkeit jedes einzelnen Rechtsträgers eine effektive Abwicklung grenzüberschreitender Verfahren innerhalb einer Unternehmensgruppe durch Kooperation und Koordination zu ermöglichen.

Trotz der weiterhin beibehaltenen Ausrichtung der EuInsVO im Allgemeinen an das Prinzip der Einheit des Verfahrens wurde weder eine verfahrensmäßige Konsolidierung noch die Einführung eines zentralen europäischen Gruppen-Gerichtsstandes aufgegriffen. Ebenso wird auf die Einführung eines einheitlichen Gruppen-Verwalters verzichtet. Dies wird im Wesentlichen mit den bestehenden Unterschieden in den Rechtsordnungen der Mitgliedstaaten und den Besonderheiten der grenzüberschreitenden Insolvenz innerhalb einer Unternehmensgruppe begründet. Letztere bergen das Risiko zahlreicher Sekundärinsolvenzverfahren, die die Befugnisse eines etwaigen Gruppen-Verwalters im Wesentlichen auf die Kooperationsverpflichtungen reduzieren würden.

Die angestrebte effiziente Verfahrensabwicklung wird daher vielmehr auf das Vertrauen in die Leistungsfähigkeit der beteiligten Gerichte und Verwalter gestützt, die zu diesem Zweck auf eine größtmögliche gegenseitige Unterstützung und Zusammenarbeit eingeschworen werden. So findet sich in den Artt. 56, 57 und 58 EuInsVO n. F. auch die direkte Anweisung zur Zusammenarbeit und Kooperation sowohl zwischen den befassten Gerichten und den bestellten Verwaltern als auch „überkreuz" direkt zwischen den Gerichten und Verwaltern.

Um eine funktionsfähige Zusammenarbeit in Form einer Informationsweiterleitung zwischen den Verwaltern zu ermöglichen, ist die entsprechende Verpflichtung zur Weiterleitung sämtlicher Informationen, die für andere Verfahren von Bedeu-

748 *Thole/Swieczok*, ZIP 2013, 550, 558.
749 *Wimmer*, jurisPR-InsR 7/2015 Anm. 1, III.

tung sein können, allerdings dahingehend auszulegen, dass diese Verpflichtung sich auf zwei unterschiedliche Informationstypen bezieht und insoweit jeweils unterschiedlichen Anforderungen unterliegt. Sämtliche Informationen, die sich auf wesentliche Teile der Insolvenzmasse oder grundlegende Verfahrensentscheidungen beziehen und die damit ohne Weiteres und allgemein erkennbar im fremden Verfahren von Bedeutung sein können, sind unaufgefordert zur Verfügung zu stellen. Alle weiteren Informationen sind lediglich auf Anfrage des anderen Verwalters mitzuteilen, wobei sich durch derartige Anfragen die Grundlage für die Beurteilung der Wesentlichkeit von Informationen über die konkrete Informationsanfrage hinaus erweitern kann. Insgesamt wird es in der Praxis regelmäßig notwendig sein, die Kooperationsverpflichtungen durch im Einzelfall getroffene Vereinbarungen zu konkretisieren.

Zusätzlich zu den weitreichenden Kooperationsverpflichtungen sieht die Neufassung der Verordnung ein Gruppen-Koordinationsverfahren vor, durch welches die Zusammenarbeit im Einzelfall zusätzlich gefestigt und vertieft werden soll. Der in diesem Zusammenhang einzusetzende unabhängige Koordinator erhält die Möglichkeit, Empfehlungen zur koordinierten Verfahrensabwicklung abzugeben und insb. einen besonderen Gruppen-Koordinationsplan auszuarbeiten, der *„Maßnahmen für einen integrierten Ansatz zur Bewältigung der Insolvenz der Gruppenmitglieder“* aufzeigen soll (Art. 72 Abs. 2 lit. b) EuInsVO n. F.). Eine Bindungswirkung in den Einzelverfahren kommt jedoch weder den Empfehlungen noch dem Gruppen-Koordinationsplan zu; im Falle eines Abweichens hiervon bedarf es lediglich einer Information zuständiger Stellen nach nationalen Vorgaben (Art. 70 EuInsVO n. F.). Diese Einschränkung lässt erhebliche Zweifel an der Berechtigung dieses kostenträchtigen Verfahrens aufkommen.

Zusammenfassend ist die Ausrichtung der europäischen Regelungen zur Insolvenz innerhalb einer Unternehmensgruppe am Grundprinzip der verfahrensmäßigen Koordinierung zu begrüßen. Erneut hat sich die Einschätzung bestätigt, dass dieses Konzept den Schlüssel zur erfolgreichen Bewältigung der in diesem Zusammenhang auftretenden Probleme darstellt. Ebenfalls positiv zu bewerten ist der Verzicht auf die Einführung eines unionseinheitlichen Gruppen-Gerichtsstandes. Ein solcher wäre in Ansehung der damit einhergehenden Festlegung der *lex fori concursus* nicht geeignet, den Besonderheiten einer Unternehmensgruppe mit deren unabhängigen Rechtsträgern innerhalb der unterschiedlichen Jurisdiktion gerecht zu werden. Auch Sonderanknüpfungen nach dem Vorbild der Territorialverfahren oder der Artt. 8 ff. EuInsVO n. F. bilden keine sinnvolle Alternative. In der Praxis wäre mit der Eröffnung von zahlreichen Sekundärinsolvenzverfahren zu rechnen. Auch vor dem Hintergrund der Bemühungen um eine weitreichende Universalität und Verfahrenseinheit ist ein zentraler Gerichtsstand nicht geboten, da mangels Insolvenzfähigkeit gerade nicht die Unternehmensgruppe als solche in die Insolvenz gerät, sondern es vielmehr bei der koordinierten Abwicklung von Einzelverfahren, für die wiederum der Grundsatz der modifizierten Universalität gilt, bleibt.

In engem Zusammenhang mit dem Absehen von einem Gruppen-Gerichtsstand steht der Verzicht auf einen EuInsVO-spezifischen einheitlichen Gruppen-Verwalter. Auch dies ist zu begrüßen. Spezifische Regelungen würden über die Maße in die nationalen Insolvenzgesetze eingreifen. Zudem erscheint es außerhalb eines Gruppen-Gerichtsstandes schwer vorstellbar, dass ein einzelner Verwalter über die erforderlichen Kenntnisse sämtlicher betroffenen oder potentiell zukünftig betroffenen nationalen Rechtsordnungen sowie die dortige Rechtsprechung und Verfahrenspraxis verfügt. Durch die bereits mehrfach angesprochene Gefahr ausufernder Sekundärinsolvenzverfahren mit jeweils eigenständigen Verwaltern und eine im Hinblick auf mögliche Interessenkollisionen notwendige Bestellung von Sonderverwaltern ist eine Verringerung der Zahl eingesetzter Verwalter überdies unwahrscheinlich. Vor diesem Hintergrund rechtfertigen etwa verbleibende Kompetenzvorteile die erheblichen Eingriffe und zusätzlichen Kosten nicht; vielmehr sind die gewünschten Ergebnisse auf der Basis einer vertrauensvollen Zusammenarbeit anzustreben. Klarzustellen ist jedoch, dass durch die vorliegende Regelungsabstinenz keinesfalls die Möglichkeit eingeschränkt werden soll, einen Verwalter in allen oder zumindest mehreren gruppenzugehörigen Verfahren einzusetzen, sofern sich dies aus der Anwendung der nationalen Vorschriften im Einzelfall ergibt.

Berechtigte Kritik hat sich am neuen Gruppen-Koordinationsverfahren entzündet. Dieses erweist sich bei genauerer Betrachtung als überflüssig. Es ist nicht geeignet, den angestrebten zusätzlichen Koordinationserfolg herbeizuführen. Dies liegt allem voran an der Einführung eines weiteren Organs in Form des Koordinators und dessen eingeschränkten Kompetenzen. Die Erweiterung des Beteiligtenkreises führt nicht nur zu gesteigerten Kosten, sondern auch zu einem zusätzlichen Kommunikationsaufwand. Da der Koordinator weder seine Vorschläge in den Einzelverfahren durchsetzen kann noch ein von ihm erarbeiteter Gruppen-Koordinationsplan in diesen eine Bindungswirkung entfaltet, verbleibt es bei der grundsätzlichen Abhängigkeit des Kooperationserfolges von der Kommunikationsbereitschaft aller Beteiligten. Besteht diese, sind effektive Koordinationsmechanismen auch ohne zusätzliches Verfahren umsetzbar, fehlt sie, kann ein derart unverbindliches Zusatzverfahren diesen Mangel nicht kompensieren. Es ist daher davon auszugehen, dass das Gruppen-Koordinationsverfahren nach den Artt. 61 ff. EuInsVO n. F. in der Praxis von untergeordneter Bedeutung bleiben wird und zu empfehlen, dieses (ggf. noch vor Geltungsbeginn im Juni 2017) wieder zu streichen.

Im Ergebnis sind damit die Neuregelungen zur Bewältigung von Insolvenzen innerhalb einer Unternehmensgruppe nach der neuen EuInsVO als überwiegend positiv anzusehen. Bestehende Probleme wurden erörtert und einer Lösung zugeführt, empfohlene Änderungen *de lege ferenda* ausgearbeitet und im Anhang I zusammengefasst.

Probleme werden sich in der Praxis voraussichtlich aus der fehlenden Durchsetzbarkeit des Informationsaustausches ergeben. Situationen, in denen bestimmte Verwalter auf diese Form der Zusammenarbeit angewiesen sind, bergen ein erhebliches

Druckpotential. Die Gefahr, dass aus der Not heraus sachfremde Zugeständnisse gemacht werden, ist groß.

Um diese Probleme zu lösen, sollte in erster Linie versucht werden, durch den Abschluss entsprechender Verwalterverträge (Protokolle) klare Regelungen zu schaffen, die unabhängig von der Rechtslage in den betroffenen Mitgliedstaaten eine ordnungsgemäße Erfüllung der Kooperationspflichten sicherstellen.

Teil 8. Das deutsche Konzept zur Konzerninsolvenz

I. Einführung

Ungeachtet der bereits dargestellten Bedeutung der Konzernstruktur auch in Deutschland enthält die deutsche Insolvenzordnung, ebenso wie zuvor die Konkursordnung[750] und davor die Reichsjustizgesetze,[751] bis dato – mit Ausnahme von § 138 Abs. 2 Nr. 2 InsO[752] – keine konzernspezifischen Regelungen.[753] Die InsO geht vielmehr von einem strengen Rechtsträgerprinzip nach dem Grundsatz „ein Unternehmen, ein Vermögen, eine Insolvenz",[754] fortgesetzt auf der Ebene der Verfahrensorgane als „ein Insolvenzverwalter, ein Gläubigerausschuss, eine Gläubigerversammlung",[755] aus.

Dem Konzern als solchem fehlt – aus gesellschaftsrechtlicher Sicht konsequent, mangelt es doch bereits an der Rechtsfähigkeit – die Insolvenzfähigkeit.[756] Dies gilt auch im Rahmen des Insolvenzplanverfahrens, da in der insoweit maßgeblichen Vorschrift des § 217 InsO eine Bezugnahme auf die Regelungen zur Insolvenzfähigkeit fehlt, diese also einer abweichenden Planregelung verschlossen bleiben.[757] Diese Grundsatzentscheidung wurde im Rahmen der Schaffung der Insolvenzordnung ganz bewusst getroffen. Man ging zum damaligen Zeitpunkt davon aus, dass die

---

750 Dazu statt vieler *Kuhn/Uhlenbruck*, KO, Vorb. § 207 Rn. 1a.

751 *Flöther*, in ders. Handbuch Konzerninsolvenz, § 1 Rn. 2 m. w. N.

752 Danach werden abhängige Unternehmen als einander nahestehende Personen angesehen und einer verschärften Anfechtung unterworfen, vgl. dazu *Gehrlein*, in MüKO, InsO, § 138 Rn. 27ff.; *Nerlich*, in Nerlich/Römermann, InsO, § 138 Rn. 22.

753 Vgl. bspw. *V. Wilcken*, in Flöther, Handbuch Konzerninsolvenz, § 4 Rn. 30; *Gottwald*, in ders., Insolvenzrechts-Handbuch, § 1 Rn. 96; ebenda *Specovius/Kuske*, § 95 Rn. 30; *Depré/Büteröwe* in Beck/Depré, Praxis der Insolvenz, § 32 Rn. 1; *Servatius*, in Henssler/Strohn, Gesellschaftsrecht, Internationales Gesellschaftsrecht Rn. 442; *Lienau*, Der Konzern 2013, 157ff.; *Becker*, Kooperationspflichten in der Konzerninsolvenz, S. 54ff. Dies, obwohl bereits früh über die Thematik der Konzerninsolvenz diskutiert wurde, vgl. dazu *K. Schmidt*, ZGR 1983, 513, 513ff.; *Kübler*, ZGR 1984, 560, 560ff.; *Mertens*, ZGR 1984, 542, 547f.; *Albach*, ZfB (54) 1984, 773, 773ff.; *Lutter*, ZfB (54) 1984, 781, 781ff.; *Uhlenbruck*, KTS 1986, 419, 419ff.

754 Statt vieler *Hirte*, in Uhlenbruck, InsO, § 11 Rn. 394.

755 *Brünkmans*, Die Koordinierung von Insolvenzverfahren, S. 90.

756 *Specovius/Kuske*, in Gottwald, Insolvenzrechts-Handbuch, § 95 Rn. 1; *Hirte*, in Uhlenbruck, InsO, § 11 Rn. 394; *Sternal*, in HK-InsO, § 11 Rn. 9; *Mönning*, in Nerlich/Römermann, InsO, § 11 Rn. 109; *Ehricke*, in Jaeger, InsO, § 11 Rn. 32; *Graeber*, NZI 2007, 265, 265; *K. Schmidt*, Wege zum Insolvenzrecht der Unternehmen, S. 221.

757 *Liebscher*, in MüKO GmbHG, § 13 – Anh. GmbH-Konzernrecht Rn. 1286; *Verhoeven*, Die Konzerninsolvenz, S. 111f.

bei Konzernstrukturen auftretenden Fragestellungen noch unzureichend untersucht und daher im Rahmen der InsO-Einführung derart weitgehende Eingriffe in die gesellschaftsrechtlichen Strukturen, die ihrerseits gesetzgeberische Reformen nicht nur im Insolvenz-, sondern auch im Gesellschaftsrecht erfordern würden, nicht angezeigt seien.[758] In Folge dieser regelungstechnischen Abstinenz gelten somit die „normalen“ Regelungen, insb. zur gerichtlichen Zuständigkeit, aber auch zu den Insolvenzeröffnungsgründen sowohl für Einzelunternehmen als auch für konzernverbundene Unternehmen gleichermaßen.

Obgleich die InsO bei ihrem Inkrafttreten am 01. Januar 1999 in anfänglicher Euphorie teilweise als „*Jahrhundertgesetz*“ gepriesen wurde,[759] zeigte sich schon bald vielfältiger Änderungsbedarf.[760] Trotz bzw. gerade wegen zahlreicher Anpassungen (zwischenzeitlich rund 45 an der Zahl[761]) wurde die Insolvenzordnung schon bald als „*legislative Endlosbaustelle*“[762] bezeichnet.

Die letzte große Reform der deutschen Insolvenzordnung, notwendig geworden insb. in Folge der Finanzkrise und des steigenden „*Wettbewerbs der Sanierungsrechte*“,[763] folgt einem dreistufigen Aufbau. Den Anfang bildete das „*Gesetz zur weiteren Erleichterung der Sanierung von Unternehmen*“ (ESUG).[764] In diesem wurden wiederum mehrere Reformvorhaben gebündelt.[765] So sollten vor allem durch den stärkeren Einfluss der Gläubiger auf das Verfahren allgemein und die Auswahl des Verwalters im speziellen, durch den vereinfachten Zugang zum Eigenverwaltungsverfahren und durch die Einführung des sog. Schutzschirmverfahrens[766] sowie die

---

758 Erster Bericht der Kommission für Insolvenzrecht, S. 290f.

759 Dazu *Vallender,* NZI 2010, 838, 840; teils sehr kritisch *Uhlenbruck,* NZI 1998, 1, 1ff.; *ders.,* NJW 2000, 1386, 1386ff.; *Heitmann* ging demgegenüber bereits im Vorfeld der neuen InsO davon aus, dass „*mit viel Mühe und Geld*“ ein Weg beschritten werde, der „*weiter in die falsche Richtung führt*“, NJW 1998, 2649, 2650.

760 So kam es bereits vor dem Inkrafttreten zu zahlreichen Änderungen, dazu *Uhlenbruck/Vallender,* NZI 2009, 1, 1ff. und im Jahre 2001 zur ersten größeren Änderung „*im laufenden Betrieb*“ durch das *Gesetz zur Änderung der Insolvenzordnung* vom 26.10.2001 (BGBl. I S. 2710), im Rahmen dessen die bereits vor Inkrafttreten der InsO hitzig diskutierte Einführung der heutigen § 4a ff. InsO erfolgte.

761 Vgl. *Fridgen/Geiwitz/Göpfert,* in BeckOK InsO, Vorwort.

762 Siehe dazu *Vallender,* NJW 2003, 3605, 3605; *ders.,* NZI 2003, Heft 3 (Editorial), S. V; *Hergenröder,* DZWiR 2009, 221, 221; *Kirchhof,* ZInsO 2008, 395, 395; *Uhlenbruck/Vallender,* NZI 2009, 1, 2; *Uhlenbruck,* ZIP 2004, 1, 2.

763 *Eidenmüller,* in MüKO InsO, Vorb. §§ 217–269 Rn. 68 m. w. N. Vgl. dazu auch den Gesetzesentwurf BT-Drucks 17/5712 S. 1; Rede der damaligen Bundesministerin für Justiz Leutheusser-Schnarrenberger auf dem 9. Deutschen Insolvenzrechtstag der Arbeitsgemeinschaft im DAV am 22.12.2012 (abgedruckt in ZInsO 2012, 637, 637ff.).

764 BGBl I S. 2582, ber. S. 2800; vgl. dazu *Vallender,* MDR 2012, 61, 61ff.; *ders.,* MDR 2012, 125, 125ff.; *Lissner,* DZWiR 2014, 59, 59ff.; *Prütting,* KSzW 03.2012, 255, 258.

765 BT-Drucks. 17/5712 S. 2, 24f.

766 Unter diesem untechnischen Begriff werden die Regelungen des § 270b InsO zusammengefasst, *Kern,* in MüKO InsO, § 270b Rn. 13 m. w. N.; zum Schutzschirmver-

Stärkung des Planverfahrens und eine größere Zuständigkeitskonzentration[767] die Sanierungschancen notleidender Unternehmen vergrößert werden.[768] Überdies sollte die ohnehin praktisch nicht zu ziehende Grenze[769] zwischen Insolvenz- und Gesellschaftsrecht durchbrochen werden. Dazu diente insb. die Zulassung der sog. „Debt-to-Equity-Swaps", d. h. der Umwandlung von Forderungen in Gesellschaftsanteile im Rahmen von Insolvenzplänen.[770]

In der zweiten Phase der Insolvenzrechtsreform bemühte sich der Gesetzgeber durch das *Gesetz zur Verkürzung des Restschuldbefreiungsverfahrens und Stärkung der Gläubigerrechte*[771] vom 15. Juli 2013 um eine Beschleunigung des Restschuldbefreiungsverfahrens[772] bei gleichzeitig gesteigerter Akzeptanz dieses Instrumentes bei den Gläubigern durch eine Erleichterung der Wahrnehmung von Gläubigerrechten in den Bereichen Versagung und Widerruf der Restschuldbefreiung.[773]

Als dritte und derzeit letzte geplante Stufe der Insolvenzrechtsreform steht mit dem *Gesetz zur Erleichterung der Bewältigung von Konzerninsolvenzen (KIG)*[774], von der ehemaligen Justizministerin zutreffend als *„juristisches Hochreck"* bezeichnet[775] und seitens der Literatur seit Langem angemahnt[776], derzeit die Kodifizierung konzernspezifischer Insolvenzregelungen auf der Agenda des deutschen Gesetzgebers.

---

fahren BT-Drucks. 17/5712, S. 40; vertiefend *Haas*, in Gottwald, Insolvenzrechts-Handbuch, § 88 Rn. 15 ff.; *Bremen*, NZI 2014, 137, 137 ff.

767 *Trams*, NJW-Spezial 2011, 149, 150.

768 BT-Drucks. 17/5712 S. 2, 24 f., s. dort auch zu den für die hiesigen Überlegungen nicht relevanten Änderungen im Hinblick auf die Stärkung der Positionen von sog. Clearinghäusern und in Bezug auf die Erfassung statistischer Daten.

769 Eine strikte Trennung ist weder möglich noch sinnvoll und besteht auch tatsächlich nicht. *K. Schmidt* beschreibt in KTS 2010, 1, 3 die Vermischung von Gesellschafts- und Insolvenzrecht zutreffend als *„offenkundigen Zustand"*, dessen Feststellung *„nachgerade banal"* sei und gleichzeitig als *„nicht endenden Prozess der wechselseitigen Durchdringung"*.

770 BT-Drucks. 17/5712 S. 26; allg. dazu *Bauer/Dimmling*, NZI 2011, 517, 517 ff.; *Wuschek*, ZInsO 2012, 1768, 1768 ff.

771 BGBl. I 2013, 2379.

772 Verkürzung der Wohlverhaltensperiode auf fünf, bei Befriedigung der Verfahrenskosten und 35 % der weiteren Forderungen auf drei Jahre, § 300 InsO n. F.

773 Vgl. insgesamt dazu *Gottwald*, in ders., Insolvenzrechts-Handbuch, § 1 Rn. 94 ff.; *Lissner*, JurBüro 2014, 342 ff.; *Laroche/Siebert*, NZI 2014, 541 ff.; *Ehlers*, DStR 2013, 1338 ff.; *Buchholz*, NZI 2012, 655 ff.

774 Entwurf des Gesetztes zur Erleichterung der Bewältigung von Konzerninsolvenzen vom 30.01.2014, BT-Drucks 18/407.

775 Rede der damaligen Bundesministerin für Justiz Leutheusser-Schnarrenberger auf dem 9. Deutschen Insolvenzrechtstag der Arbeitsgemeinschaft im DAV am 22.12.2012 (abgedruckt in ZInsO 2012, 637, 637 ff.).

776 Vgl. bereits *Kübler*, ZGR 1984, 560, 561; *Brünkmans* spricht in Der Konzern 2013, 169, 170 davon, dass es *„höchste Zeit"* war.

Da die InsO, wie bereits dargestellt, derzeit keine derartigen Regelungen enthält und daher für jeden betroffenen Rechtsträger unabhängig davon, ob er Teil einer wirtschaftlichen Einheit ist, ein eigenes Verfahren mit eigenem Insolvenzverwalter eröffnet werden muss, kommt es nach Ansicht des Reform-Gesetzgebers insb. dann zu Problemen, wenn betriebs- und finanzwirtschaftliche Funktionen konzernübergreifend zentralisiert genutzt wurden und die daraus resultierenden Synergieeffekte[777] im Falle der Insolvenz (insb. der Sanierung[778]) beibehalten werden sollen.[779] Überdies bestehe die Gefahr, dass durch unkoordinierte Abwicklung und konzerninterne Rechtsstreitigkeiten der dem Konzern innewohnende Mehrwert[780] verloren geht.[781] Vor diesem Hintergrund und im Hinblick auf die besondere Bedeutung von Konzernstrukturen für das Wirtschaftsleben,[782] wie sie insb. in der Finanzkrise zu Tage trat,[783] sei die Schaffung konzernspezifischer Insolvenzregelungen geboten.[784]

II. Bisherige Handhabung der Insolvenzen innerhalb einer Unternehmensgruppe

Auch wenn weder die KO noch die InsO spezifische Regelungen zur Bewältigung von Konzerninsolvenzen beinhalten, bedeutet dies nicht, dass die Praxis derartigen Situationen bisher nicht im Rahmen der geltenden Gesetze Herr werden konnte. *Uhlenbruck* resümiert insoweit zutreffend, dass es trotz fehlender Regelungen in der InsO gleichwohl ein Konzerninsolvenzrecht gibt.[785] Zwar war es infolge fehlender gesetzlicher Grundlage nicht ohne Weiteres möglich, die Verfahren konzernverbundener Unternehmen zu konzentrieren. Für jeden Unternehmensträger ist ein eigenes Verfahren unter Berücksichtigung des jeweiligen Gerichtsstandes und unter Prüfung der Eröffnungsvoraussetzungen zu eröffnen. Aus der rechtlichen oder wirtschaftlichen Verknüpfung mehrerer Unternehmensträger allein erwächst auch im

777 Vgl. dazu *Ehricke*, ZInsO 2002, 393, 394 mit zahlreichen Nachweisen.

778 *Schneider/Höpfner*, BB 2012, 87, 87 halten ein einheitliches Sanierungskonzept *de lege lata* für *„fast unmöglich"*.

779 BT-Drucks 18/407, S. 1, 15.

780 Vgl. dazu am Beispiel Babcock Borsing *Piepenburg*, NZI 2004, 231, 234f.

781 BT-Drucks 18/407, S. 1, 16.

782 Diese vereinen in Deutschland einen Umsatzanteil von 70 % und einen Beschäftigungsanteil von 53 % bezogen auf alle Wirtschaftsabschnitte auf sich, *Leutheusser-Schnarrenberger*, Erleichterte Sanierung mit neuem Konzerninsolvenzrecht, Börsenzeitung 08.01.2013; S. auch XVIII. Hauptgutachten der Monopolkommission 2008/2009, BT-Drucks. 17/2600 S. 80f.

783 *Brünkmans*, in MüKO InsO, Konzerninsolvenzrecht Rn. 1 m. w. N.

784 *Leutheusser-Schnarrenberger*, ZIP 2013, 97, 97. Dies wird teilweise bezweifelt, s. dazu *Frind*, Stellungnahme S. 1f.

785 *Uhlenbruck*, NZI 1999, 41, 44.

Anwendungsbereich der InsO keine konzentrierte örtliche Zuständigkeit.[786] Eine Verfahrenskonzentration an einem einheitlichen Gerichtsstand ist somit nur in den Fällen möglich, in denen die nach § 3 Abs. 1 InsO zu bestimmenden Gerichtsstände der verschiedenen Rechtsträger zufällig tatsächlich oder in Folge (manipulativer) Verlegung[787] übereinstimmen.[788]

Um die gewünschte Zuständigkeitskonzentration gleichwohl herbeizuführen, ersannen die Beteiligten in der Vergangenheit teils am Rande des Abenteuerlichen befindliche Auslegungsvarianten bei der Bestimmung des Mittelpunktes der selbstständigen wirtschaftlichen Tätigkeit einzelner Konzernunternehmen i. S. d. § 3 Abs. 1 Satz 2 InsO.[789] Es wurde insb. angenommen, dass bei großer und tatsächlich ausgeübter Leitungsdichte der Muttergesellschaft der Mittelpunkt der wirtschaftlichen Tätigkeit der Tochter am Sitz der Mutter liege.[790] Hinsichtlich der Kriterien, die bei der Feststellung, ob die Leitungsdichte tatsächlich groß genug für eine derartige Annahme ist, heranzuziehen sind, bestehen indes weitgehend divergierende Ansichten.[791] Dies führt zu erheblicher Rechtsunsicherheit.[792] Wo ein Insolvenzverfahren eröffnet werden wird, ist damit insb. für Gläubiger kaum mehr verlässlich vorherzusagen.

Auch die Frage nach der Unabhängigkeit der Insolvenzverwalter im Rahmen von § 56 Abs. 1 InsO wurde von den Gerichten teils sehr großzügig beurteilt, um eine konzernweite Verwaltung zu ermöglichen.[793] Vielfach wurde sich hier auch mit der Einsetzung von Sonderverwaltern oder zwar personenverschiedenen, jedoch kanzleiverbundenen Verwaltern beholfen.[794]

---

786 Vgl. *Specovius/Kuske*, in Gottwald, Insolvenzrechts-Handbuch, § 95 Rn. 8; *Rüther*, in HambKomm InsO, § 3 Rn. 15; *Madaus*, in BeckOK InsO, § 3 Rn. 16; so bereits zur KO BGH NJW 1998, 1318, 1319; aus neuerer Zeit bspw. OLG Brandenburg NZI 2002, 438, 439.

787 Sog. Insolvency Planning, geschehen bspw. im PIN-Verfahren, dazu *Mankowski*, NZI 2008, 355, 355 ff.

788 Vgl. dazu bspw. *Telke*, Die Anforderungen an ein wettbewerbsfähiges Konzerninsolvenzrecht für den Wirtschaftsstandort Deutschland, S. 34 f.

789 *Madaus* führt dazu in ZRP 2014, 192, 193 zutreffen aus, dass lediglich „*das Wohlwollen der beteiligten Personen (...) die Auflösung des Konzernverbundes (...) infolge eines unzureichenden Insolvenzrechts*“ verhindert und damit letztlich zu werterhaltenden Maßnahmen geführt hat; insg. dazu auch *Bezelgues*, Konzerninsolvenzen in der Europäischen Union, S. 67 ff. m. w. N.

790 Vgl. dazu *Specovius/Kuske*, in Gottwald, Insolvenzrechts-Handbuch, § 95 Rn. 8 m. w. N.

791 OLG Brandenburg NZI 2002, 438, 438 ff. (operatives Geschäft und damit verbundene Entscheidungen); AG Köln, NZI 2008, 254, 254 ff. (zentraler Lenkungsausschuss); AG Essen, NZI 2009, 810, 810 ff. (tatsächliche Willensbildung, Entscheidungen der Unternehmensleitung).

792 *Flöther*, in ders. Handbuch Konzerninsolvenz, § 1 Rn. 2; *Specovius/Kuske*, in Gottwald, Insolvenzrechts-Handbuch, § 95 Rn. 30.

793 Dazu *Graeber*, in MüKO InsO, § 56 Rn. 47.

794 Allg. dazu *Graeber*, NZI 2007, 265, 265 ff.

Eine weitere gängige Spielart stellte die Beantragung der Eigenverwaltung, entweder nur bei der Konzernspitze oder aber auch konzernweit, dar.[795] Die Kontinuität der Geschäftsführung versprach den Vorteil, dass bestehendes Know-how der Geschäftsleiter sowohl in Ansehung des konkreten Geschäftsbetriebes und des geschäftlichen Umfeldes als auch der Leitungsstruktur innerhalb des Konzerns für die Betriebsfortführung weiter genutzt werden kann.[796] Ggf. wurden zusätzlich die bereits im Vorfeld beteiligten Sanierungsberater in bestimmten Schlüsselgesellschaften in die Geschäftsleitung berufen.[797] Die etablierten Hierarchien innerhalb der Gruppenstruktur wurden – zumindest faktisch[798] – beibehalten und damit die Möglichkeit geschaffen, Sanierungsstrategien von oben herab durchzusetzen.[799] Nicht immer gelang es dabei, die gewünschten Ergebnisse zu erzielen.[800]

Zudem wurde einem derartigen Vorgehen im Rahmen des ESUG durch die Schaffung von § 276a InsO ein gewisser Riegel vorgeschoben.[801] Nach dieser Regelung, mit der ein Gleichlauf zwischen Eigen- und Fremdverwaltung angestrebt wird,[802] haben der Aufsichtsrat, die Gesellschafterversammlung oder entsprechende (Eigentümer-)Organe keinen Einfluss auf die Geschäftsführung des Schuldners; unabhängig davon, ob man mit der heute herrschenden Meinung[803] eine Beendigung von Unternehmensverträgen bei Insolvenzeröffnung annimmt oder nicht. Die Überwachungsaufgaben hat allein der Sachwalter wahrzunehmen. Damit entfallen

---

795 So z. B. in den Fällen Philipp Holzmann, Babcock Borsig, KirchMedia, Agfa-Photo und Ihr Platz. Ausführlich dazu *Pleister*, in Flöther, Handbuch Konzerninsolvenz, § 4 Rn. 201 ff.; *Zipperer*, in Uhlenbruck, InsO, § 270 Rn. 10; *Flöther/Hoffmann*, in FS Kübler, S. 147, 149 ff.; *Bilgery*, ZInsO 2014, 1694, 1694 ff.; *Meyer-Löwy/Poertzgen*, ZInsO 2004, 195, 195 ff.; *Hofmann*, ZIP 2007, 260, 260 ff.; kritisch *Wimmer*, ZInsO 2005, 119, 124 f.; *Beck*, NZI 2006, 609, 616 f.; aktuelle Zahlen dazu bei *Fröhlich*, ZInsO 9/2015 III.

796 *Pleister*, in Flöther, Handbuch Konzerninsolvenz, § 4 Rn. 202; *Schneider/Höpfner*, BB 2012, 87, 88; *Hofmann*, ZIP 2007, 260, 260; allg. zu den Zielen der Eigenverwaltung s. *Haas*, in Gottwald, Insolvenzrechts-Handbuch, § 86 Rn. 13 ff.

797 So geschehen bspw. in den Verfahren KirchMedia, Babcock Borsing und Ihr Platz; dazu *Schneider/Höpfner*, BB 2012, 87, 88; kritisch *Hofmann*, ZIP 2007, 260, 263.

798 Zur Frage des Fortbestandes von Beherrschungsverträgen siehe unter Teil 8.IV.3.g, dort insb. Fn. 1178.

799 *Schneider/Höpfner*, BB 2012, 87, 88.

800 Dazu *Hofmann*, ZIP 2007, 260, 262 f.

801 *Landfermann*, in HK-InsO, Vor §§ 270 ff. Rn. 16; *Bilgery*, ZInsO 2014, 1694, 1696; *Brünkmans*, ZIP 2013, 193, 199 f.; *Schmollinger*, Der Konzern in der Insolvenz, S. 233; allg. zu § 276a InsO *Klöhn*, NZG 2013, 81, 81 ff. mit zahlreichen Verweisen zur umstrittenen Rechtslage vor Einführung der Vorschrift.

802 BT-Drucks. 17/5712, S. 42; dazu ausführlich *Klöhn*, MüKO InsO, § 276a Rn. 4 f.; *ders.*; NZG 2013, 81, 86.

803 Dazu bspw. *Specovius/Kuske*, in Gottwald, Insolvenzrechts-Handbuch, § 95 Rn. 10; siehe dazu auch unter Teil 8.IV.3.g, dort insb. Fn. 1178.

sämtliche Einflussmöglichkeiten der herrschenden Gesellschaften auf ihre Töchter und Enkel, sofern diese aus einer koordinierten Abwicklung ausscheren.[804]

III. Das deutsche Reformkonzept zur Bewältigung von Insolvenzen innerhalb einer Unternehmensgruppe

Der Entwurf eines *Gesetzes zur Erleichterung der Bewältigung von Konzerninsolvenzen (KIG)*[805] sieht zur Erreichung der eingangs bereits angesprochenen Zielsetzungen die Einführung zahlreicher Neuerungen und Anpassungen innerhalb der InsO in Ansehung der Insolvenzen innerhalb einer Unternehmensgruppe vor. Im Kern ist vorgesehen, durch Aufnahme einer Definition der „Unternehmensgruppe" in § 3e InsO-E den sachlichen Anwendungsbereich der neuen Regelungen abzustecken und daran anknüpfend einen Gruppengerichtsstand zu schaffen (§ 3a Abs. 1 InsO-E), im Optimalfall einen einheitlichen Verwalter zu bestellen bzw., soweit diese Konzentrationsmaßnahmen im Einzelfall nicht umsetzbar sind, umfassende Koordinierungspflichten für sämtliche Organe des Insolvenzverfahrens (§§ 269a-c InsO-E) zu begründen. In besonderen Fällen soll ein neuartiges Koordinierungsverfahren (§§ 269d ff. InsO-E) unter Einsatz eines unabhängigen Koordinierungsverwalters die Palette der Werkzeuge zur Bewältigung einer Konzerninsolvenz komplettieren. Auf Eingriffe in das materielle Insolvenzrecht wurde bewusst verzichtet, insb. die höchst umstrittene Reform des Anfechtungsrechts abgekoppelt.[806]

Im Folgenden sollen die geplanten Neuerungen im Einzelnen dargestellt werden. Daran anschließend gilt es unter IV. die Regelungen unter besonderer Berücksichtigung der zum Gesetzesentwurf abgegebenen Stellungnahmen und in der Literatur bereits zahlreich vorgebrachten Kritikpunkte zu analysieren und zu bewerten und dabei zu untersuchen, ob die Neuerungen die bisher in der Praxis aufgetretenen Probleme zu lösen im Stande sind bzw. dies durch ein „Feintuning" an den Entwurfsvorschriften vor deren Verabschiedung noch realisiert werden kann.

---

804 Kritisch zu § 276a InsO: *Bilgery*, ZInsO 2014, 1694, 1696 f.; *Schneider/Höpfner*, BB 2012, 87, 89.

805 BT-Drucks 18/407, Normtext abgedruckt in ZInsO 2014, 286, 286 ff.

806 RefE v. 16.3.2015, abgedruckt in Beilage zu ZIP 12/2015, S. 1 ff.; RegE v. 29.09.2015, abgedruckt in Beilage zu ZIP 40/2015; zur Problematik der Insolvenzanfechtung im Konzern *Fichtner*, KSzW 03.2012, 278 ff.; zur Reform des Anfechtungsrechts allg. *Würdinger*, KTS 2015, 315 ff.; *Frind*, ZInsO 2015, 1001 ff.; *Reiners*, ZInsO 2015, 1192 ff.; *Brinkmann*, NZG 2015, 697 ff.; *Brinkmann/Jacoby/Thole*, ZIP 2015, 2001 ff.; *Hölzle*, ZIP 2015, 662; kritisch zur fehlenden Verzahnung mit dem Steuerrecht *Kahlert*, Stellungnahme, S. 3 ff.; *Niering*, Stellungnahme VID, S. 2, 7 f. – letztlich ist dies jedoch, wie bereits Eingangs erwähnt, eine weitgehend konzernunabhängige Problematik, dazu auch „Berliner Erklärung zu Sanierung und Insolvenz", ZInsO 2011, 2077.

1. § 3e InsO-E – Die Unternehmensgruppe

Den sachlichen Anwendungsbereich der neuen Regelungen bestimmt, trotz der etwas unerwarteten systematischen Stellung in § 3e InsO-E,[807] die Definition der Unternehmensgruppe als deren Grundanknüpfungspunkt. Eine Unternehmensgruppe im insolvenzrechtlichen Sinne besteht danach aus rechtlich selbstständigen Unternehmen, die den Mittelpunkt ihrer hauptsächlichen Interessen im Inland haben und die unmittelbar oder mittelbar miteinander verbunden sind durch die Möglichkeit der Ausübung eines beherrschenden Einflusses (Nr. 1) oder einer Zusammenfassung unter einheitlicher Leitung (Nr. 2).

Diese Definition knüpft in beiden Varianten an Art. 3 Abs. 1 EuInsVO an, indem sie bestimmt, dass ein Unternehmen nur dann Teil einer Unternehmensgruppe im Sinne des neuen deutschen § 3e InsO-E sein kann, wenn es überhaupt dem deutschen Insolvenzstatut unterfällt (internationale Zuständigkeit).[808] Mithin wird vorausgesetzt, dass der Mittelpunkt der hauptsächlichen Interessen (COMI) des jeweiligen Unternehmens auf dem Gebiet der Bundesrepublik belegen ist.[809] Insoweit sind für die Auslegung dieselben Maßstäbe wie bereits bisher im Rahmen von § 3 Abs. 1 Satz 2 InsO heranzuziehen.[810]

Bei der weiteren Umgrenzung der erfassten Unternehmensverbünde besinnt sich der Entwurf der Vielgestaltigkeit denkbarer Konzernstrukturen[811] und zieht daher zwei alternative Kriterien zu deren Bestimmung heran. Zum einen wird – in Anlehnung an § 290 Abs. 1 HGB[812] – auf die Möglichkeit der Ausübung[813] beherrschenden Einflusses (*control*-Konzept[814]) rekurriert (Nr. 1), zum anderen unter Rückgriff auf § 18 Abs. 2 AktG zur Einbeziehung des Gleichordnungskonzerns das

807 Noch im DiskE war die Aufnahme dieser Definition wortgleich in § 3a Abs. 4 DiskE-InsO vorgesehen. Inhaltliche Änderungen ergeben sich aus der neuen systematischen Stellung jedoch nicht.

808 Die Regelung darf nicht dahingehend missverstanden werden, dass nur dann überhaupt eine Unternehmensgruppe vorliegt, wenn alle Gruppenteile ihren COMI in Deutschland haben. I. d. S. auch *Telke*, Die Anforderungen an ein wettbewerbsfähiges Konzerninsolvenzrecht für den Wirtschaftsstandort Deutschland, S. 79, 100.

809 BT-Drucks 18/407, S. 28; s. dazu auch *Telke*, Die Anforderungen an ein wettbewerbsfähiges Konzerninsolvenzrecht für den Wirtschaftsstandort Deutschland, S. 79.

810 *Thole*, in Flöther, Handbuch Konzerninsolvenz, § 2 Rn. 30.

811 BT-Drucks 18/407, S. 16; dazu ausführlich unter Teil 2.I.

812 Die Vermutungsregelungen des § 290 Abs. 2 HGB sollen auch hier gelten, nicht hingegen die Ausnahmetatbestände des § 290 Abs. 5 i. V. m. § 296 HGB, BT-Drucks. 18/407, S. 23, 29.

813 Auf die tatsächliche Ausübung kommt es auch hier bewusst nicht an, BT-Drucks. 18/407, S. 23 f.

814 *Thole*, in Flöther, Handbuch Konzerninsolvenz, § 2 Rn. 29.

Prinzip der einheitlichen Leitung als Anknüpfungskriterium statuiert (Nr. 2).[815] Allerdings ist trotz der erkennbaren Bezugnahme auf bestehende Vorschriften des HGB und AktG eine insolvenzspezifische Auslegung des § 3e InsO-E möglich und nötig.[816]

Anders als im Rahmen von § 290 HGB wird zudem nicht vorausgesetzt, dass es sich bei dem Mutterunternehmen um eine Kapitalgesellschaft handelt, da dies für den Zweck der koordinierten Insolvenzabwicklung ohne Belang ist.[817] Gleichwohl macht eine teleologische Betrachtung der Vorschrift deutlich, dass das bloße Halten von Gesellschaftsanteilen insb. durch natürliche Personen nicht ausreicht, sondern diese vielmehr zusätzlich unternehmerisch tätig sein müssen. Dies entspricht der h. M. und Rechtsprechung zu Art. 15 AktG[818] und ist auf § 3e InsO-E zu übertragen.

Schließlich ist auch die Größe der einzelnen Schuldner für die Frage der Zugehörigkeit zu einer Unternehmens-Gruppe unbeachtlich. Lediglich im Zusammenhang mit der Antragsbefugnis zur Begründung eines Gruppen-Gerichtsstandes (dazu sogleich) spielen Größenverhältnisse, nicht jedoch absolute Zahlen, eine Rolle.

2. §§ 3a–d InsO-E – Der Gruppengerichtsstand

a. Die Begründung des Gruppen-Gerichtsstandes

Anknüpfend an die soeben dargestellte Definition der Unternehmensgruppe regelt § 3a InsO-E die Möglichkeit, die Insolvenzverfahren gruppenangehöriger Unternehmen an einem Gruppengerichtsstand zu konzentrieren. § 3a InsO folgt dabei der einfachen Überlegung, dass die Effektivität von Abstimmungsprozessen umso höher ausfällt, umso mehr Verfahren an ein und demselben Gericht anhängig gemacht werden.[819] Damit soll die nach bisherigem Recht nicht bzw. wie dargestellt nur unter Anwendung teilweise grenzwertiger Gestaltungen und Gesetzesauslegungen mögliche Eröffnung mehrerer oder aller Verfahren innerhalb eines Konzernverbundes an einem einheitlichen Gerichtsstand ermöglicht werden.

---

815 BT-Drucks. 18/407, S. 28f.

816 So auch *Beck*, DStR 2013, 2468, 2472; *Harder/Lojowsky*, NZI 2013, 327, 327 (noch zum DiskE); dazu auch *K. Schmidt*, in FS Kübler, S. 633, 635ff.

817 BT-Drucks. 18/407, S. 24, 29; dazu *Beck*, DStR 2013, 2468, 2469; so auch bereits *K. Schmidt*, in FS Ganter, S. 351, 353 m. w. N. Sogar insolvenzunfähige Rechtsträger wie bspw. Kommunen kommen als Mutterunternehmen in Betracht, dazu *Flöther*, NVwZ 2014, 1497, 1498f.

818 Vgl. statt vieler *Bayer*, MüKO AktG, § 15 Rn. 14f.; *Emmerich/Habersack*, Konzernrecht, § 2 Rn. 5ff.; *Hirte*, Kapitalgesellschaftsrecht, Rn. 8.39ff. m. w. N.; BGHZ 69, 334, 337f. = NJW 1978, 104 – VEBA/Gelsenberg; BGHZ 74, 359, 364f. = NJW 1979, 2401 – WAZ; in diesem Sinne auch BAGE 112, 166, 173f. = ZIP 2005, 915; BAGE 136, 114 = ZIP 2011, 587; BFHE 233, 416 = ZIP 2011, 1468.

819 BT-Drucks. 18/407, S. 19.

Ausgangspunkt für die Möglichkeit[820] der Verfahrensbündelung[821] ist grds. ein entsprechender Antrag eines gruppenangehörigen Schuldners (§ 3a Abs. 1 Satz 1 InsO-E). Gemeint ist hier ein vom eigentlichen Eröffnungsantrag zu unterscheidender, systematisch etwa mit dem gesonderten Antrag auf Anordnung der Eigenverwaltung nach § 270 Abs. 2 Nr. 1 InsO vergleichbarer (Zusatz-)Antrag auf Bestimmung des Gruppen-Gerichtsstands. Ein solcher „Antrag auf Verfahrensbündelung" ist allerdings nur bei Vorliegen eines zulässigen[822] Antrags auf Eröffnung des Insolvenzverfahrens zulässig. Ein Eigenantrag ist insoweit nicht erforderlich, sodass der Antrag nach § 3a Abs. 1 InsO-E auch an einen Gläubigerantrag anknüpfen – nicht jedoch von einem Gläubiger gestellt werden kann.[823] Auch eine gleichzeitige „kombinierte" Antragstellung durch den Schuldner ist möglich.[824]

§ 15 Abs. 1 InsO findet in Bezug auf den Antrag nach § 3a Abs. 1 InsO-E keine Anwendung, sodass bei juristischen Personen die allgemeinen Stellvertretungsregelungen zu beachten sind.[825] Wird ein *starker* vorläufiger Insolvenzverwalter i. S. d. §§ 21 Abs. 1 Nr. 1, 22 Abs. 2 InsO eingesetzt, geht die Antragsbefugnis gemäß § 3a Abs. 3 InsO-E auf diesen, mit Verfahrenseröffnung schließlich auf den Insolvenzverwalter über.[826] Wird hingegen im Eröffnungsverfahren lediglich ein *schwacher* vorläufiger Insolvenzverwalter bestellt, verbleibt das Antragsrecht nach § 3a Abs. 1 InsO-E beim Schuldner. Gleiches gilt für den Fall der Anordnung der Eigenverwaltung. Auch hier steht das Antragsrecht gemäß § 270d InsO-E weiterhin dem Schuldner und nicht dem Sachwalter zu.

Um eine Gruppen-Gerichtsstandsbegründung herbeiführen zu können, darf der antragstellende Schuldner *„nicht offensichtlich von untergeordneter Bedeutung für die gesamte Unternehmensgruppe"* sein (§ 3a Abs. 1 Satz 1 InsO-E a. E.). Zur Ausfüllung

---

820 Es besteht keine Pflicht zur Antragstellung, überdies wird auch kein ausschließlicher Gerichtsstand geschaffen, vielmehr bleibt der „normale" Gerichtsstand nach § 3 Abs. 1 InsO daneben bestehen (§ 3c Abs. 2 InsO-E). So auch BT-Drucks. 18/407, S. 19; *Vallender*, Der Konzern 2013, 162, 164.

821 Es wird weiterhin für jedes Gruppenmitglied ein gesondertes Verfahren durchgeführt, auf die Einführung eines Einheitsverfahrens über mehrere gruppenangehörige Schuldner wurde bewusst verzichtet, BT-Drucks. 18/407, S. 17. Vgl. zum Modell der verfahrensmäßigen Konsolidierung Teil 4.I.3.

822 Die Begründetheit des Antrags soll hingegen nicht erforderlich sein, BT-Drucks. 18/407, S. 26.

823 Zustimmend *Brünkmans*, in MüKO InsO, Konzerninsolvenzrecht Rn. 38; *Specovius/Kuske*, in Gottwald, Insolvenzrechts-Handbuch, § 95 Rn. 37; für eine Antragsberechtigung der Gläubiger hingegen *Wiebusch*, Internationales Konzerninsolvenzrecht, S. 199.

824 So auch *Brünkmans*, in MüKO InsO, Konzerninsolvenzrecht Rn. 35.

825 *Brünkmans*, in MüKO InsO, Konzerninsolvenzrecht Rn. 37 m. w. N.

826 Kritisch dazu *Römermann*, ZRP 2013, 201, 203, der hierin die Gefahr eines *„Windhundrennens"* der Verwalter um die Begründung des Gruppen-Gerichtsstandes begründet sieht; vergleichbare Bedenken äußern auch *Andres/Möhlenkamp*, BB 2013, 579, 585.

dieses, unter Berücksichtigung der Umstände des Einzelfalls zu bestimmenden,[827] unbestimmten Rechtsbegriffes enthält § 3a Abs. 1 InsO-E eine Regelvermutung,[828] wonach von einer offensichtlich untergeordneten Bedeutung nicht auszugehen ist, wenn im vorangegangenen abgeschlossenen Geschäftsjahr Bilanzsumme, Umsatzerlöse und Zahl der im Jahresdurchschnitt beschäftigten Arbeitnehmer des Antragstellers mehr als zehn Prozent der entsprechend kumulierten Werte der gesamten Unternehmensgruppe ausgemacht haben. Der Wortlaut *„abgeschlossenes Geschäftsjahr"* bezieht sich ausdrücklich auf das letzte vollständige Geschäftsjahr vor dem Antrag, sodass es einer von der BRAK geforderten Klarstellung[829] nicht bedarf. Die noch im DiskE vorgesehene, insb. auf Holdingstrukturen zugeschnittene Regelung, wonach auch dann von einer fehlenden Untergeordnetheit auszugehen sei, wenn die fragliche Gesellschaft *„wesentliche Aufgaben oder Funktionen für die Tätigkeit der Gruppe wahrnimmt"* (§ 3a Abs. 1 Nr. 3 Hs. 2 InsO-DiskE), wurde wegen anhaltender Kritik an dem damit verbundenen Prüfungsaufwand für das Gericht wieder gestrichen.[830]

Die Anknüpfung an Bilanzsumme, Umsatzerlöse und Arbeitnehmeranzahl lehnt sich erkennbar an die Größenklassen in § 267 HGB und die Voraussetzungen zur Pflichtbestellung eines vorläufigen Gläubigerausschusses in § 22a InsO an.[831] Die für die Bestimmung maßgeblichen Geschäftszahlen der Unternehmensgruppe, insb., soweit vorhanden, den letzten Konzernabschluss, andernfalls die Jahresabschlüsse aller nicht lediglich untergeordneten gruppenangehörigen Unternehmen, hat der antragstellende Schuldner gemäß § 13a Abs. 1 Nr. 1, Abs. 2 InsO-E im Rahmen des Antrages auf Bestimmung des Gruppen-Gerichtsstandes anzugeben. Fehlen diese Angaben oder sind sie unvollständig, soll dies, entgegen dem Wortlaut (*„sind anzugeben"*), nicht zwangsläufig zu einer Abweisung des Antrags führen.[832] Dies mutet insb. vor dem Hintergrund, dass gegenüber dem DiskE eine Verschärfung weg von einer reinen Soll-Vorschrift[833] durchgeführt wurde, seltsam an.[834]

K. Schmidt geht von einer einschränkenden Auslegung des § 13a Abs. 1 Nr. 1 InsO-E dahingehend aus, dass nur Angaben bzgl. der *„aus Sicht der Antragstellerin insolvenzrechtlich relevanten Gruppenmitglieder"* erforderlich sind.[835] Dies ist aller-

827 BT-Drucks. 18/407, S. 26
828 A. A. *Beck*, DStR 2013, 2468, 2472.
829 *BRAK*, Stellungnahme, S. 4.
830 Dazu auch unter Teil 8.IV.1.c.aa.
831 *Römermann*, ZRP 2013, 201, 203.
832 BT-Drucks. 18/407, S. 29.
833 So noch in §13a DiskE.
834 Kritisch dazu auch *Specovius/Kuske*, in Gottwald, Insolvenzrechts-Handbuch, § 95 Rn. 42 m. w. N.; zustimmend unter Verweis auf denkbare Schwierigkeiten bei der Beibringung der geforderten Unterlagen für die gesamte Unternehmensgruppe *Fölsing*, ZInsO 2013, 413, 416. Für eine Zurückweisung erst nach Möglichkeit der Nachbesserung *Brünkmans*, in MüKO InsO, Konzerninsolvenzrecht Rn. 43.
835 *K. Schmidt*, in FS Kübler, S. 633, 643 (These 3).

dings weder mit dem Wortlaut der Vorschrift noch der Gesetzesbegründung[836] vereinbar. Da jedoch – wie soeben dargestellt – ein Gruppen-Gerichtsstand auch auf der Basis unvollständiger Angaben begründet werden kann, dürften derartige, der Handhabbarkeit geschuldete „beschränkte" Antragsinformationen in der Praxis tatsächlich regelmäßig ausreichend sein.

Stellen mehrere gruppenzugehörige Schuldner entsprechende Anträge, gilt das Prioritätsprinzip.[837] Spätere Anträge sind als unzulässig abzuweisen,[838] wobei in Zweifelsfällen der Antrag desjenigen Schuldners maßgeblich sein soll, der die größte Bilanzsumme aufweist (§ 3a Abs. 1 Satz 3 InsO-E). Die in diesem Fall vorgenommene Auswahl und Beschränkung auf das Kriterium der Bilanzsumme begründet der Gesetzgeber mit deren klarer Bestimmbarkeit,[839] womit der Bilanzsumme gleichzeitig offensichtlich ein besonderes Gewicht im Rahmen der Bestimmung der Bedeutung innerhalb des Konzerns im Allgemeinen zukommen soll.[840]

In der Praxis dürfte das Zusammentreffen mehrerer zeitgleicher Anträge auf Begründung eines Gruppen-Gerichtsstands indes voraussichtlich eher die Ausnahme darstellen. Die Antragstellung wird, gerade da den Gläubigern ein Antragsrecht fehlt, regelmäßig im Rahmen planmäßig koordinierter Sanierungsbemühungen erfolgen. Anders als beim „normalen" Insolvenzantrag, bei dem bestehende Weisungsrechte innerhalb einer Konzernstruktur nicht greifen,[841] können solche in Ansehung des speziellen Antrags auf Begründung eines Gruppen-Gerichtsstandes nach § 3a Abs. 1 InsO-E wirksam ausgeübt werden. Überdies fehlt es an einer (sanktionierten) Antragspflicht,[842] was unkoordinierte Antragstellungen ebenfalls unwahrscheinlich erscheinen lässt.

Geht ein Antrag auf Begründung eines Gruppen-Gerichtsstandes ein, ist das angerufene Gericht grds. verpflichtet, diesem zu entsprechen. Es ist nur dann dazu berechtigt ihn abzulehnen, wenn Zweifel daran bestehen, dass eine solche Gerichtsstandsbegründung im gemeinsamen Interesse der Gläubiger liegt (§ 3a Abs. 2 InsO-E). Gemeint sind dabei nicht nur die Gläubiger des antragstellenden Schuldners, sondern es sind vielmehr sämtliche gruppenzugehörige Gläubiger zu berücksichtigen.[843] Ein gemeinsames Interesse soll immer dann gegeben sein, wenn durch die Zuständigkeitskonzentration in keinem der Verfahren Nachteile im Vergleich mit der Situation bei Abwicklung am allgemeinen Gerichtsstand nach § 3 Abs. 1 InsO eintreten und bei mindestens einem der Verfahren mit auf die Zuständigkeitskonzen-

---

836 BT-Drucks. 18/407, S. 29.

837 Dazu *Brünkmans*, in MüKO InsO, Konzerninsolvenzrecht Rn. 41; *ders.*, ZIP 2013, 193, 197.

838 *Brünkmans*, in MüKO InsO, Konzerninsolvenzrecht Rn. 39; *Thole*, KTS 2014, 351, 358.

839 BT-Drucks. 18/407, S. 27.

840 Kritisch dazu *Wiebusch*, Internationales Konzerninsolvenzrecht, S. 197.

841 Dazu BGH NJW 1974, 1088, 1089.

842 Insb. § 15a InsO findet insoweit keine Anwendung.

843 BT-Drucks. 18/407, S. 27.

tration zurückzuführenden Koordinationsgewinnen im Sinne einer Massemehrung zu rechnen ist (sog. Paretoeffizienz).[844] Konkrete Konzentrationsvorteile muss das Gericht hingegen nicht positiv feststellen.[845]

Grundlage für die diesbezügliche Prüfung durch das Gericht sollen die Angaben des antragstellenden Schuldners nach § 13a Abs. 1 Nr. 2 InsO-E sein.[846] Danach sind vom Schuldner die Gründe anzugeben, aus denen sich ergibt, dass die Begründung eines Gruppen-Gerichtsstandes im gemeinsamen Interesse der Gläubiger liegt. Dies entspricht einer Erweiterung der bereits aus § 13 Abs. 1 Satz 5 InsO bekannten (Pflicht-)Angaben.[847]

Damit wurden die Anforderungen an den Prüfungsumfang der Gerichte im Vergleich zum Diskussionsentwurf entschärft, sah doch § 3a Abs. 1 Nr. 2 InsO-DiskE noch eine positive Feststellung des gemeinsamen Gläubigerinteresses durch das Gericht bereits im Eröffnungsverfahren vor.[848] Dies wurde insb. durch den Deutschen Richterbund erheblich kritisiert.[849] Die Anforderungen an den Schuldnerantrag hingegen haben sich zwangsläufig spiegelbildlich dazu erhöht.[850]

Zusätzlich hat das Gericht zu prüfen, ob ein zulässiger Eröffnungsantrag vorliegt. Ob dieser hingegen begründet ist, ob also ein Insolvenzgrund gegeben ist, ist, wie bereits erwähnt, nicht zu prüfen. Hält das Gericht die Voraussetzungen für die Begründung eines Gruppen-Gerichtsstandes schließlich für gegeben, erklärt es sich durch Beschluss in Ansehung sämtlicher sog. Gruppen-Folgeverfahren (legaldefiniert in § 3a Abs. 1 Satz 1 InsO-E) für zuständig.[851] Ein Rechtsmittel hiergegen ist nicht gegeben.[852]

---

844 BT-Drucks. 18/407, S. 27; zum allgemeinen Problem der Feststellung eines über die bloße Verlustminimierung hinausgehenden Gesamtgläubigerinteresses vgl. auch Begründung DiskE, S. 43. Zum Grundsatz der Paretoeffizienz bereits unter Teil 3.I.1.b.

845 BT-Drucks. 18/407, S. 27.

846 BT-Drucks. 18/407, S. 27.

847 Eine Pflicht zur Angabe von Bilanzsumme, Umsatzerlösen und Zahl der durchschnittlich Beschäftigten ist gem. § 13 Abs. 1 Satz 6 InsO dann verpflichtend, wenn die (durch das ESUG geschaffenen bzw. zumindest gestärkten) Instrumentarien der Eigenverwaltung und des vorläufigen Gläubigerausschusses zur Anwendung kommen sollen.

848 Dazu *Verhoeven*, ZInsO 2014, 217, 219; *Wiebusch*, Internationales Konzerninsolvenzrecht, S. 196.

849 *Sporré*, Stellungnahme Deutscher Richterbund zum DiskE, S. 2; kritisch auch *Wiebusch*, Internationales Konzerninsolvenzrecht, S. 197; *Rühlemann*, Verfahrenskonzentration in der Konzerninsolvenz, S. 527 f.

850 Dazu *Brünkmans*, in MüKO InsO, Konzerninsolvenzrecht Rn. 42 f.

851 So auch *Specovius/Kuske*, in Gottwald, Insolvenzrechts-Handbuch, § 95 Rn. 41; *Brünkmans*, in MüKO InsO, Konzerninsolvenzrecht Rn. 49 m. w. N.

852 *Specovius/Kuske*, in Gottwald, Insolvenzrechts-Handbuch, § 95 Rn. 41 mit Verweis auf *Brünkmans*, in MüKO InsO, Konzerninsolvenzrecht Rn. 50.

Funktional ist der Richter für die Entscheidung über den Antrag zuständig und nicht der Rechtspfleger. Dies wird durch die Einführung einer neuen Nr. 3 in § 18 Abs. 1 RPflG gesichert.[853]

b. Der Fortbestand des Gerichtsstandes

Nach § 3b InsO-E bleibt ein einmal begründeter Gruppen-Gerichtsstand auch dann bestehen, wenn das Insolvenzverfahren über den antragstellenden Schuldner, in der Literatur griffig als „*Ankergesellschaft*“[854] bezeichnet, nicht eröffnet, aufgehoben oder eingestellt wird, solange an diesem Gerichtsstand ein Verfahren über einen anderen gruppenangehörigen Schuldner anhängig ist.

Die Vorschrift ergänzt damit den gemäß § 4 InsO i. V. m. § 261 Abs. 3 Nr. 2 ZPO geltenden Grundsatz der *perpetuatio fori*. Wird ein weiteres gruppenangehöriges Verfahren bereits während des Eröffnungsverfahrens über das Vermögen des Schuldners, der den Antrag nach § 3a Abs. 1 InsO-E gestellt hat, bzw. jedenfalls vor der Beendigung des über dessen Vermögen geführten Verfahrens eröffnet, bliebe die einmal nach § 3a InsO-E begründete Zuständigkeit bereits *de lege lata* bestehen. Gehen später, d. h. nach Beendigung des Verfahrens über das Vermögen des Schuldners, auf dessen Antrag nach § 3a Abs. 1 InsO-E der Gruppengerichtsstand begründet wurde, beim Gericht des („vormaligen“) Gruppen-Gerichtsstandes weitere Anträge gruppenzugehöriger Unternehmen ein, wären diese hingegen als unzulässig abzuweisen, selbst wenn am („vormaligen“) Gruppen-Gerichtsstand noch andere Verfahren über gruppenangehörige Schuldner anhängig wären. Es bestünde insoweit zwar die Möglichkeit eines neuen Antrags nach § 3a Abs. 1 InsO, der jedoch zu einem parallelen zweiten Gruppenverfahren bei einem anderen, bisher mit der Unternehmensgruppe nicht befassten Richter führen würde, da § 3c InsO-E (dazu sogleich) nur innerhalb eines § 3a-Beschlusses Geltung entfaltet.

Um dies zu verhindern, sieht § 3b InsO-E den Fortbestand des einmal begründeten Gruppen-Gerichtsstandes über den Grundsatz der *perpetuatio fori* hinaus auch für den Fall vor, dass das Verfahren des ursprünglich antragstellenden Schuldners nicht eröffnet wird[855] oder bereits wieder beendet wurde, solange noch irgendein anderes gruppenangehöriges Verfahren anhängig ist. In diesem Fall ergibt sich dann auch für später eingehende Anträge sowohl die Zuständigkeit des Gruppen-Gerichts gemäß § 3a Abs. 1 InsO-E als auch die Zuständigkeit desselben Richters nach § 3c InsO-E. Ist zum Zeitpunkt der Antragstellung kein gruppenzugehöriges Verfahren mehr anhängig, kann jederzeit ein neuer Antrag nach § 3a Abs. 1 InsO

853 BT-Drucks. 18/407, S. 12, 42.

854 *Thole*, in Flöther, Handbuch Konzerninsolvenz, § 2 Rn. 37.

855 Für den Antrag auf Begründung des Gruppen-Gerichtsstandes nach § 3a Abs. 1 InsO-E ist lediglich ein zulässiger, nicht hingegen ein begründeter Eröffnungsantrag notwendig (vgl. bereits unter Teil 8.III.2.a).

gestellt werden.[856] Probleme mit einer gespaltenen Richterzuständigkeit entstehen in diesem Fall nicht.

c. *Zuständigkeit eines Richters für alle Gruppenverfahren*

Zur Verwirklichung der mit der Begründung eines Gruppen-Gerichtsstandes verfolgten Ziele ist es essentiell, dass auch innerhalb des Gerichtes für die Gruppenverfahren eine Konzentration der funktionellen Zuständigkeit bei ein und demselben Richter eintritt.[857] Daher bestimmt § 3c Abs. 1 InsO-E, ggf. in Abweichung von dem im Einzelfall geltenden Geschäftsverteilungsplans,[858] die Zuständigkeit des mit dem Verfahren über die *Ankergesellschaft* befassten Richters für alle Gruppen-Folgeverfahren. Vor dem Hintergrund dieses denkbar klaren Bekenntnisses ist es beachtlich, dass eine derartige Regelung im DiskE nicht enthalten war, sondern erst nach entsprechender Kritik eingeführt wurde.[859] Zwischenzeitlich wurde erwogen, diese Zuständigkeitskonzentration zur weiteren Flexibilisierung in Anlehnung an § 23b Abs. 2 Satz 1 GVG als Soll-Vorschrift auszugestalten.[860] Da jedoch bei einer Zuständigkeit mehrerer Richter am selben Gericht der Abstimmungsaufwand lediglich von der Gerichtsebene auf die Ebene der am Gruppen-Gerichtsstand zuständigen Insolvenzrichter verlagert würde,[861] wurde dieser Vorschlag zu Recht nicht übernommen.

d. *Verweisung an den Gruppen-Gerichtsstand*

Stellt ein gruppenangehöriger Schuldner oder ein Gläubiger – was weiterhin zulässig ist[862] – den Eröffnungsantrag nicht an dem gemäß § 3a Abs. 1 InsO-E begründeten Gruppen-Gerichtsstand, sondern am allgemeinen Gerichtsstand nach § 3 Abs. 1 InsO, kann das angerufene Gericht das Verfahren gemäß § 3d InsO-E durch Beschluss an den etwaigen Gruppen-Gerichtsstand verweisen. Dabei ist im Falle eines Gläubigerantrages zu prüfen, ob eine Verweisung an den Gruppen-Gerichtsstand unter Berücksichtigung des dortigen Verfahrensstandes im Interesse der Gläubiger des konkreten Schuldners liegt.[863] Dies soll nach der Intention des Gesetzgebers insb. dann nicht mehr der Fall sein, wenn die am Gruppen-Gerichtsstand geführten Verfahren bereits

---

856 BT-Drucks. 18/407, S. 27.

857 BT-Drucks. 18/407, S. 28; vgl. dazu allg. bspw. *Vallender*, in FS Runkel, S. 373, 388 m. w. N.; *Flöther/Hoffmann*, in FS Kübler, S. 147, 154.

858 Kritisch dazu BR-Drucks. 663/13 (Beschluss), S. 2, der eine Umwandlung in eine Soll-Vorschrift fordert.

859 Dazu *Andres/Möhlenkamp*, BB 2013, 579, 585; kritisch *Frind*, ZInsO 2014, 927, 933 f.

860 Vorschlag des Bundesrates, BR-Drs. 663/13 (Beschluss), S. 2.

861 BT-Drucks. 18/407, S. 49 (Anlage 4).

862 BT-Drucks. 18/407, S. 20, insb., um den Geschäftsführern die Erfüllung der strafbewehrten Antragspflicht weiterhin am nach § 3 Abs. 1 InsO zuständigen Gericht zu ermöglichen.

863 BT-Drucks. 18/407, S. 28.

sehr weit fortgeschritten sind, oder aber andererseits das Verfahren am allgemeinen Gerichtsstand bereits eröffnet wurde und der eingesetzte Verwalter bereits weiterreichende Maßnahmen ergriffen hat.[864] Erfolgt unverzüglich nach Bekanntgabe des Gläubigerantrages ein zulässiger Eigenantrag des Schuldners am Gruppen-Gerichtsstand, ist das Gericht hingegen zur Verweisung verpflichtet, § 3d Abs. 1 Satz 2, Abs. 2 InsO-E. Ist bereits ein starker vorläufiger Verwalter bestellt oder das Verfahren eröffnet worden, geht das Recht, einen entsprechenden Verweisungsantrag zu stellen, jedoch auf den (starken vorläufigen) Verwalter über, § 3d Abs. 2 i. V. m. § 3a Abs. 3 InsO-E.

Funktional zuständig für die Verweisung ist gemäß § 18 Abs. 1 Nr. 3 RPflG-E der Richter. Die Verweisung ist für das Gericht des Gruppen-Gerichtsstandes in jedem Fall bindend, § 4 InsO i. V. m. § 281 Abs. 2 Satz 4 ZPO.[865] Gemäß § 3d Abs. 3 InsO-E hat das Gericht des Gruppen-Gerichtsstandes die Möglichkeit, einen bereits vom Erstgericht bestellten vorläufigen Verwalter zu entlassen, wenn dies notwendig ist, um einen Gruppen-Verwalter i. S. d. § 56b InsO-E einzusetzen.

e. *Konzentration am Sitz der Oberlandesgerichte*

Zur weiteren Stärkung der mit § 3a InsO-E verfolgten Ziele und zur Verbesserung der individuellen Kompetenz befasster Richter und Rechtspfleger sowie deren Nutzbarmachung im Verfahren sieht § 2 Abs. 3 InsO-E die Möglichkeit („*soll*") zur Schaffung einer konzentrierten Zuständigkeit für Gruppeninsolvenzverfahren auf der Ebene der Oberlandesgerichtsbezirke durch entsprechende landesrechtliche Verordnungen i. S. d. § 2 Abs. 2 InsO vor.[866] Im Falle einer Umsetzung käme für Gruppeninsolvenzen je OLG-Bezirk nur ein Amtsgericht als Insolvenzgericht in Betracht.

3. Der Gruppen-Verwalter, § 56b InsO-E

§ 56b InsO-E bekräftigt die bereits *de lege lata* zumindest grds. anerkannte Zulässigkeit der Bestellung eines Verwalters für mehrere oder alle Verfahren gruppenangehöriger Schuldner (im folgenden Gruppenverwalter[867]).[868]

---

864 BT-Drucks. 18/407, S. 28.

865 BT-Drucks. 18/407, S. 28 unter Verweis auf den allgemeinen Rechtsgrundsatz der Bindung von Verweisungsentscheidungen aus §§ 17a Abs. 2 Satz 3, 102 GVG, §§ 281 Abs. 2 Satz 4, 506 ZPO, § 48 ArbGG sowie § 3 Abs. 3 Satz 2 FamFG; kritisch dazu *Fölsing* ZInsO 2013, 413, 416, der eine unverzügliche (innerhalb von zwei Wochen, angelehnt an § 6 I InsO i. V. m. § 569 I ZPO) Zurückverweisungsmöglichkeit favorisiert. Dem ist indes im Hinblick auf den Eilcharakter des Eröffnungsverfahrens nicht zuzustimmen. So auch *Brünkmans*, in MüKO InsO, Konzerninsolvenzrecht Rn. 57.

866 BT-Drucks. 18/407, S. 25 f.

867 Der Terminus „Konzerninsolvenzverwalter" soll, nicht nur weil der Gesetzesentwurf selbst ihn nicht kennt, bewusst vermieden werden.

868 Insb. im Zusammenhang mit der Insolvenz einer GmbH & Co KG üblich, aber auch in anderen Konzernkonstellationen. Dazu *Paulus*, ZIP 2005, 1948, 1951; *Andres*, in

Mit dieser Regelung soll zudem klargestellt werden, dass die Bestellung eines einheitlichen Gruppenverwalters nicht nur im Rahmen von am Gruppen-Gerichtsstand i. S. d. § 3a Abs. 1 InsO-E gebündelten Verfahren, sondern gerade auch bei Verfahrenseröffnungen bei unterschiedlichen Gerichten in Erwägung gezogen werden soll. Zu diesem Zweck statuiert § 56b Abs. 1 InsO-E eine entsprechende Kooperationsverpflichtung der befassten Gerichte.[869] Diese sind gehalten, sich darüber abzustimmen, ob die Einsetzung eines Gruppenverwalters im Hinblick auf die Erfüllung der allgemeinen Ziele der InsO im Zusammenhang mit der konkreten Situation der Unternehmensgruppe unter Wahrung der Gläubigerinteressen anzustreben ist und ob die Unabhängigkeit des Gruppenverwalters im Einzelfall gewahrt ist bzw. durch den Einsatz von Sonderinsolvenzverwaltern gewahrt werden kann.[870] In den Entscheidungsprozess bezogen auf den hierbei konkret geeigneten Verwalter sind eventuell bestehende vorläufige Gläubigerausschüsse einzubeziehen (§ 56b Abs. 2 InsO-E). Dies gilt auch im Rahmen der Bestellung von Sonderverwaltern,[871] wie § 56b Abs. 2 Satz 3 InsO-E durch Verweis auf § 56a InsO deutlich macht.[872] Von deren Votum kann jedoch nach Maßgabe von § 56b Abs. 2 InsO-E im Einzelfall[873] abgewichen werden,[874] da andernfalls bei divergierenden Vorschlägen die Bestellung eines einheitlichen Verwalters ausscheiden würde. Der damit einhergehende Eingriff in die Gläubigerautonomie des übergangenen Gläubigerausschusses soll durch das Erfordernis der Einstimmigkeit der Entscheidung beim „obsiegenden" Ausschuss kompensiert werden.[875]

Andres/Leithaus, InsO, § 56 Rn. 4; *Blümle*, in Braun, InsO, § 56 Rn. 71 f.; *Rotstegge*, Konzerninsolvenz, S. 171 ff. mit zahlreichen Nachweisen; kritisch bspw. *Graeber*, in MüKO InsO, § 56 Rn. 44 ff.

869 Diese bezieht sich nach zutreffendem Hinweis von *Brünkmans* auch auf mehrere Richter innerhalb desselben Gerichts, s. *Brünkmans*, in MüKO InsO, Konzerninsolvenzrecht Rn. 60.

870 BT-Drucks. 18/407, S. 30 f.

871 Zur Geltung von §§ 56 ff. InsO bei der Bestellung von Sonderinsvolenzverwaltern allg. vgl. *Graf-Schlicker*, in dies., InsO, §§ 56, 56a Rn. 88 ff. m. w. N.

872 Aus systematischen Gründen scheint hier eine Ausgliederung dieses Verweises in einen eigenständigen Abs. 3 nebst Ergänzung der Bezugnahme auch auf § 56 InsO und § 56b Abs. 1 InsO-E (auch die Bestellung eines einheitlichen Sonderverwalters erscheint zumindest denkbar) sinnvoll. Vgl. dazu Formulierungsvorschläge im Anhang II (§ 56b Abs. 3).

873 Nicht hingegen bei der Bestellung von Sonderinsolvenzverwaltern, da diese nur für den jeweils betroffenen Schuldner bestellt werden, vgl. dazu BT-Drucks. 18/407, S. 31.

874 Auch wenn der Wortlaut und die Entwurfsbegründung insoweit eine weite Auslegung zulassen würde, ergibt sich aus der *ratio legis* der Vorschrift offenkundig, dass ein Abweichen nur hin zu dem einstimmig vorgeschlagenen und geeigneten Verwalter zulässig sein soll. Liegen mehrere einstimmige Vorschläge vor, wird im Ergebnis ein Wahlrecht der sich im Rahmen von § 56b Abs. 1 InsO-E abstimmenden Gerichte zwischen diesen Vorschlägen anzunehmen sein.

875 § 56b Abs. 2 Satz 1 InsO-E, dazu BT-Drucks. 18/407, S. 31.

Entscheidende Intention hinter der Einsetzung eines einheitlichen Verwalters für mehrere oder alle Gruppenverfahren ist es, das grundsätzliche Ziel einer Realisierung des aus der Konzernstruktur resultierenden Mehrwertes in der Insolvenz zu fördern.[876] Dazu bedarf es nach Einschätzung des Gesetzgebers einer in hohem Maße abgestimmten Vorgehensweise zur Entwicklung einer Gesamtstrategie, die bestmöglich nur bei Einsatz einer einzigen Person als Verwalter in den verschiedenen Verfahren erreicht werden könne.[877]

Ggf. auftretenden Interessenkonflikten soll durch den Einsatz von Sonderinsolvenzverwaltern[878] begegnet werden (§ 56b Abs. 2 Satz 3 InsO-E). Erst wenn dies nicht mehr möglich ist, insb. weil die Bestellung von Sonderinsolvenzverwaltern in einem Umfang nötig wird, der außer Verhältnis zu der mit der Bestellung eines einheitlichen Gruppenverwalters verfolgten Zielsetzung steht, soll von der Bestellung eines solchen abgesehen werden.[879]

4. Die Kooperationspflichten der §§ 269a-c InsO-E

Den ersten Abschnitt des neu zu schaffenden siebten Teils[880] der Insolvenzordnung mit dem Titel „*Koordinierung der Verfahren von Schuldnern, die derselben Unternehmensgruppe angehören*" bilden die allgemeinen Bestimmungen zur Zusammenarbeit von Verwaltern, Gerichten und Gläubigerausschüssen.[881]

---

876 BT-Drucks. 18/407, S. 30.

877 BT-Drucks. 18/407, S. 30.

878 Dazu *Andres/Möhlenkamp*, BB 2013, 579, 586; zur Zulässigkeit der Bestellung von Sonderinsolvenzverwaltern *de lege lata* BGH, Beschl. v. 21.01.2010 – IX ZB 163/08 = ZInsO 2010, 399; BGH Beschl. v. 05.02.2009 – IX ZB 187/08 = NZI 2009, 238; BGH, Beschl. v. 18.06.2009 – IX ZA 13/09 = NZI 2009, 517; BGH, Beschl. v. 01.02.2007 – IX ZB 45/05 = ZIP 2007, 547; BGH, Beschl. v. 02.03.2006 – IX ZB 225/04 = NZI 2006, 474; *Frege/Keller/Riedel*, Insolvenzrecht, Rn. 1182 m. w. N.; *Frege*, Der Sonderinsolvenzverwalter, S. 7 mit zahlreichen Nachweisen; *Lüke*, ZIP 2004, 1693, 1694. Im Rahmen der Einführung der InsO war ursprünglich vorgesehen, die Bestellung von Sonderinsolvenzverwaltern explizit zu regeln (§ 77 RegE-InsO, BT-Drucks. 12/2443, S. 20), der Rechtsausschuss hielt indes eine entsprechende Vorschrift für überflüssig, da die Einsetzung auch ohne eine konkrete Regelung möglich sei und der bereits unter der KO gängigen Praxis entspräche (BT-Drucks. 12/7302, S. 162); vgl. dazu *Graf/Wunsch*, DZWiR 2002, 177, 178; *Blümle*, in Braun, InsO, § 56 Rn. 72 m. w. N.; *Lüke*, ZIP 2004, 1693, 1694 insb. Fn. 9; zur umstrittenen Frage der Vergütung vgl. *Zipperer*, in Uhlenbruck, InsO, § 56 Rn. 60. Zum Sonderverwalter in der Konzerninsolvenz ausführlich *Schmollinger*, Der Konzern in der Insolvenz, S. 116ff.; *Frind*, in HambKomm InsO, § 56 Rn. 41a ff.

879 BT-Drucks. 18/407, S. 30f.; kritisch in Ansehung derart unbestimmter Regelungen *Schmollinger*, Der Konzern in der Insolvenz, S. 280.

880 Die bisherigen Teile 7–12 werden die Teile 8–13, BT-Drucks. 18/407, S. 12.

881 Zur Frage bestehender Kooperationspflichten *de lege lata* vgl. bspw. *Telke*, Die Anforderungen an ein wettbewerbsfähiges Konzerninsolvenzrecht für den Wirtschaftsstandort Deutschland, S. 39 ff. mit zahlreichen Nachweisen.

a. Die Kooperation zwischen den Verwaltern

Für den Fall, dass die Bestellung eines Gruppenverwalters nach Maßgabe des § 56b InsO-E nicht bzw. nicht gesamtgruppenübergreifend erfolgt, sieht § 269a InsO-E eine Kooperationsverpflichtung der beteiligten (vorläufigen, § 21 Abs. 2 Nr. 1 InsO-E) Verwalter vor. Ist bei einem gruppenangehörigen Schuldner (vorläufige) Eigenverwaltung angeordnet worden, treffen die Kooperationspflichten den eigenverwaltenden Schuldner (§ 270d InsO-E)[882] – nach derzeitiger Fassung jedoch nicht den Sachwalter.[883] Dadurch soll insgesamt der dem Konzern innewohnende Mehrwert bewahrt und eine den Zielen des § 1 InsO gerecht werdende Verwaltung erreicht werden, wobei die janusköpfige Situation der Verwalter – in Bezug auf konzerninterne Beziehungen kann dieser gleichzeitig auch in einer Gläubigerposition stehen – stets zu berücksichtigen ist.[884] Die Regelung lehnt sich bewusst an die bereits im internationalen Kontext bestehenden Regelungen der Art. 31 EuInsVO a. F. (Art. 41 EuInsVO n. F.) und § 357 dt. InsO an.[885]

Die Verwalter sind danach zur „*Unterrichtung und Zusammenarbeit*", insb. zum Austausch notwendiger Informationen, verpflichtet. Als wichtigste Information, bzgl. derer eine Abstimmung in jedem Fall zu erfolgen hat, nennt der Entwurfsgesetzgeber die Frage, ob eine Sanierung oder Liquidation einzelner oder aller insolventen gruppenangehörigen Unternehmen erfolgen soll.[886] Soweit es um den Austausch sonstiger Informationen geht, hat ein Austausch „*auf Anforderung*" immer dann zu erfolgen, wenn dies nicht zu nachteiligen Veränderungen im Verfahren des informierenden Verwalters führt bzw. etwaige Nachteile anderweitig kompensiert werden.[887] Eine Verpflichtung der Verwalter, die übrigen gruppenangehörigen Verfahren eigenständig im Blick zu behalten, um auch unaufgefordert Informationen bereitstellen zu können, soll ausdrücklich nicht begründet werden.[888] Mit dieser eingeschränkten Kooperationsregelung soll dem aus den allgemeinen Verfahrenszielen resultierenden Grundsatz Rechnung getragen werden, dass der Insolvenzverwalter immer zuvörderst den Gläubigern des eigenen Verfahrens und deren bestmöglicher Befriedigung verpflichtet ist. So führt die Entwurfsbegründung in diesem Zusammenhang ausdrücklich aus, dass ein übergeordnetes Konzerninteresse von den einzelnen Verwaltern nur dann zu berücksichtigen sei, wenn sich

882 Dies war im DiskE offensichtlich übersehen und sogleich scharf kritisiert worden, vgl. *Flöther/Hoffmann*, in FS Kübler, S. 147, 153 sowie *Berner/Schiebe/Robert*, Stellungnahme NIVD. e. V., ZInsO 2013, 434, 437, die auch die Einbeziehung des Sachwalters in die Kooperationsverpflichtungen anregt; so auch *Brünkmans*, ZIP 2013, 193, 199.

883 Dazu unter Teil 8.IV.4.a.bb.

884 BT-Drucks. 18/407, S. 32.

885 BT-Drucks. 18/407, S. 32.

886 BT-Drucks. 18/407, S. 32.

887 BT-Drucks. 18/407, S. 32.

888 BT-Drucks. 18/407, S. 32f.

daraus ein positiver Effekt für das eigene Verfahren ergibt.[889] Ob sich die Zusammenarbeit im Übrigen positiv oder aber lediglich neutral auf die im eigenen Verfahren verwaltete Insolvenzmasse auswirkt, ist hingegen unerheblich.[890]

Eine Möglichkeit zur Harmonisierung der Abstimmungsprozesse und zur Verringerung möglicher Pflichtenkollisionen sieht der Gesetzesentwurf in der Möglichkeit zum Abschluss von Insolvenzverwalterverträgen.[891] Deren Zulässigkeit wird ausdrücklich in § 269h Abs. 2 Nr. 3 InsO-E im Zusammenhang mit dem Koordinierungsverfahren[892] erwähnt, offensichtlich aber auch außerhalb eines solchen angenommen.

b. Die Kooperation zwischen den Gerichten

Auch wenn den Insolvenzverwaltern und deren Zusammenarbeit nach Ansicht des Gesetzgebers bei der Bewältigung der Insolvenz gruppenangehöriger Unternehmen eine Schlüsselrolle zukommt,[893] ist daneben unabhängig von der funktionellen Zuständigkeitsverteilung im Einzelfall eine effektive Koordination auch auf der Ebene der beteiligten Gerichte respektive Richter[894] notwendig, soweit die gruppenzugehörigen Verfahren nicht gebündelt an einem Gruppen-Gerichtsstand durchgeführt werden.[895] Diese geht nach dem Dafürhalten des Gesetzgebers über die Abstimmung im Zusammenhang mit der Frage, ob ein Gruppenverwalter bestellt werden soll, hinaus.[896] Mithin regelt § 269b InsO-E eine über die entsprechende, in § 56b InsO-E statuierte Abstimmungspflicht hinausgehende Verpflichtung zur Zusammenarbeit der beteiligten Gerichte. Auch diese bezieht insb. einen wechselseitigen Informationsaustausch ein. Die konkrete Ausgestaltung der Zusammenarbeit obliegt hingegen den betroffenen Gerichten im jeweiligen Einzelfall.[897] Die Aufzählung in § 269b S. 2 InsO-E, wonach sich die Zusammenarbeit auf die Anordnung von Sicherungsmaßnahmen, die Verfahrenseröffnung, die Verwalterbestellung, die wesentlichen verfahrensleitenden Entscheidungen, den Umfang der Insolvenzmasse und die Vorlage von Insolvenzplänen sowie sonstigen Maßnahmen zur Beendigung des Verfahrens beziehen soll, ist insoweit nicht abschließend („*insbesondere*"). Vielmehr beinhaltet diese Aufzählung lediglich die wichtigsten Belange, bzgl. derer eine Kooperation für notwendig erachtet wird. Daneben kommen insb. rein praktische Aspekte wie bspw. Terminabsprachen

889 BT-Drucks. 18/407, S. 32.
890 BT-Drucks. 18/407, S. 21.
891 BT-Drucks. 18/407, S. 32.
892 Vgl. dazu sogleich unter Teil 8.III.5.
893 BT-Drucks. 18/407, S. 32 spricht insgesamt vom Insolvenzverwalter als „*zentrale Figur des Verfahrens*".
894 § 269b InsO-E gilt auch für den Fall, dass an einem Gericht mehrere Richter zuständig sind (so noch ausdrücklich DiskE S. 39).
895 BT-Drucks. 18/407, S. 33; auch bereits DiskE S. 38.
896 BT-Drucks. 18/407, S. 33.
897 BT-Drucks. 18/407, S. 33.

in Betracht.[898] Eine abschließende Aufzählung ist, wie die Entwurfsbegründung zutreffend feststellt,[899] in Anbetracht der Vielgestaltigkeit möglichen Kooperations- und Koordinationsbedarfes im Einzelfall auch nicht zweckmäßig umsetzbar.

Anders als den Verwaltern obliegt es den Gerichten jedoch, Informationen auch unaufgefordert mitzuteilen, sofern diese für andere Verfahren von Bedeutung sein können.[900]

Die Grenzen der Zusammenarbeit ergeben sich nach Ansicht des Gesetzgebers aus den grundlegenden Zielen des einzelnen Insolvenzverfahrens, mithin ist eine Kooperation, respektive die Weitergabe interner Informationen für ein Gericht insoweit unzulässig, als dadurch Nachteile für die Gläubiger des eigenen Verfahrens eintreten.[901] Hierbei handelt es sich um eine Fortschreibung des Rechtsgedankens aus § 3a Abs. 2 InsO-E. Im Rahmen der Begründung eines Gruppen-Gerichtsstandes ist nach dieser Vorschrift zu prüfen, ob die zwangsläufig eintretende Informationsvermischung beim alleinig zuständigen Richter im Widerspruch zu dem gemeinsamen Interesse der Gläubiger steht. Ist dies der Fall, hat die Verfahrenskonzentration zu unterbleiben. Konsequenterweise darf es dann aber auch außerhalb einer solchen nicht zu einer für die Gläubiger nachteiligen Informationsvermischung im Wege zwischengerichtlicher Kommunikation kommen.

c. *Die Kooperation zwischen den Gläubigerausschüssen*

In konsequenter Fortführung der bereits mit dem ESUG verfolgten Zielsetzung, die Beteiligungsrechte und -möglichkeiten der Gläubiger zu stärken, regelt schließlich § 269c InsO-E die fakultative Kooperation zwischen innerhalb der Unternehmensgruppe bestehenden Gläubigerausschüssen. Vorläufige Gläubigerausschüsse sowohl im Sinne des §§ 21 Abs. 2 Satz 1 Nr. 1a, 22 InsO,[902] aber auch des § 67 InsO werden dabei ebenfalls erfasst (§ 269c Abs. 3 InsO-E). Eine Differenzierung zwischen obligatorischen und fakultativen vorläufigen Gläubigerausschüssen ist hingegen nicht vorgesehen, diese stehen sich vielmehr gleichberechtigt gegenüber.

Eine Pflicht zur Zusammenarbeit der Einzelausschüsse soll grds. nicht kodifiziert werden. Ob sich eine solche in Einzelfällen aus einer gesellschaftsähnlichen Verbindung der gruppenzugehörigen Gläubiger oder aus Treu und Glauben (§ 242 BGB) ergeben kann, lässt der Gesetzgeber bewusst offen.[903]

898 So auch *Brünkmans*, in MüKO InsO, Konzerninsolvenzrecht Rn. 84.
899 BT-Drucks. 18/407, S. 33.
900 BT-Drucks. 18/407, S. 33.
901 BT-Drucks. 18/407, S. 33.
902 Ebenfalls erstmals im Rahmen des ESUG kodifiziert, wenngleich bereits zuvor teilweise Praxis (vgl. dazu *Voß*, in Graf-Schlicker, InsO, § 22a Rn. 9 m. w. N). Ausführlich zur Diskussion vor Einführung durch das ESUG *Knof*, in Uhlenbruck, InsO, § 67 Rn. 5.
903 BT-Drucks. 18/407, S. 22, 35; *Leutheusser-Schnarrenberger*, ZIP 2013, 97, 102; zu diesbezüglichen Überlegungen auf Basis einer gesellschaftsähnlichen Sonderverbindung vgl. *Becker*, Kooperationspflichten in der Konzerninsolvenz, S. 262 ff.

Mittel zur Umsetzung der freiwilligen Zusammenarbeit ist, allerdings nur im Falle der Begründung eines Gruppen-Gerichtsstandes nach § 3a Abs. 1 InsO-E, die Einrichtung eines sog. Gruppen-Gläubigerausschusses auf Antrag von einem der bestehenden (vorläufigen) Gläubigerausschüsse.[904] Die übrigen Gläubigerausschüsse sind vor der Einsetzung anzuhören (§ 269c Abs. 1 InsO-E). Ob diese wegen der untergeordneten Bedeutung des betreffenden Schuldners für die Unternehmensgruppe später zur Entsendung berechtigt sind oder nicht spielt hierbei keine Rolle.[905] Terminologisch soll nach dem Willen des Gesetzgebers nicht zwischen vorläufigem und „endgültigem" Gruppen-Gläubigerausschuss unterschieden werden,[906] obgleich respektive gerade weil beide Formen ebenso wie eine Mischform (Besetzung mit Mitgliedern vorläufiger und nicht vorläufiger Einzelausschüsse) denkbar sind. Der Gruppen-Ausschuss wird mit jeweils einem Vertreter der bestehenden (vorläufigen) Gläubigerausschüsse besetzt,[907] sofern das dazugehörige Gruppenunternehmen nicht offensichtlich von untergeordneter Bedeutung i. S. d. § 3a Abs. 1 InsO-E für die gesamte Gruppe ist.[908] Unabhängig von der konkreten Bedeutung der einzelnen Gruppen-Unternehmen für die Gesamtgruppe sind die Mitglieder im Gruppen-Gläubigerausschuss untereinander allerdings gleichberechtigt.[909] Trotz des etwas unklaren Wortlautes („*durch jeweils eine Person vertreten*") ist nach Sinn und Zweck der Vorschrift davon auszugehen, dass die entsandten Vertreter tatsächlich *in persona* Mitglied im jeweiligen Gläubigerausschuss sein müssen. Eine Vertretung durch externe Dritte würde dem Ziel der koordinierten Verfahrensabwicklung widersprechen.[910] Gleichwohl möglich bleibt die Entsendung von in den jeweiligen Gläubigerausschüssen zulässigerweise bestellten Beratern (§ 67 Abs. 3 InsO),[911] wobei dies im Hinblick auf die Unzulässigkeit einer derartigen Bestellung im vorläufigen Gläubigerausschuss[912]

---

904 Eine Bestellung von Amts wegen ist ausdrücklich nicht vorgesehen, auch nicht im Zusammenhang mit einem oder mehreren Pflichtausschüssen nach § 22a InsO, BT-Drucks. 18/407, S. 34.

905 Dies sollte durch eine redaktionelle Anpassung klargestellt werden, vgl. dazu Änderungsvorschlag in Anhang II (§ 269c Abs. 1 Satz 1).

906 BT-Drucks. 18/407, S. 34.

907 Zur Problematik personenidentisch besetzter Gläubigerausschüsse bei gruppenangehörigen Schuldnern vgl. *Brünkmans*, in MüKO InsO, Konzerninsolvenzrecht § 359 Rn. 87.

908 Dazu *Hoffmann*, in Flöther, Handbuch zum Konzerninsolvenzrecht, § 4 Rn. 86 ff.

909 BT-Drucks. 18/407, S. 34; kritisch dazu *Andres/Möhlenkamp*, BB 2013, 579, 586 (noch zum DiskE).

910 So auch *Hoffmann*, in Flöther, Handbuch Konzerninsolvenz, § 4 Rn. 93 f. Vgl. dazu ausführlich unter Teil 8.IV.5.e inkl. Änderungsvorschlag.

911 Vgl. zur Bestellung externer Dritter im Gläubigerausschuss statt vieler *Knof*, in Uhlenbruck, InsO, § 67 Rn. 19.

912 BT-Drucks. 17/511, S. 33; dazu *Vallender*, in Uhlenbruck, InsO, § 22a Rn. 56; *Obermüller*, ZInsO 2012, 18, 22; kritisch *Meyer*, in BeckOK InsO, § 22a Rn. 44; *Schmid-Burgk*, in MüKO InsO, § 67 Rn. 21a.

und die übliche Mandatskontinuität über die Verfahrenseröffnung hinaus[913] eher die Ausnahme bleiben dürfte.

Die Bestellung des Gruppen-Gläubigerausschusses erfolgt durch das Gericht des Gruppen-Gerichtsstandes (§ 269c Abs. 1 InsO-E). Dieses entscheidet nach freiem Ermessen[914] durch Beschluss sowohl über die Frage der Einsetzung als auch über die konkrete Besetzung des Ausschusses.[915]

Bei der Frage, ob die Einsetzung eines Gruppen-Gläubigerausschusses überhaupt in Betracht kommt, hat das Gericht sämtliche Umstände des Einzelfalls, insb. die aus der Gruppen-Situation herrührenden Besonderheiten sowie die im Rahmen der Antragstellung und Anhörung erfolgten Stellungnahmen der Gläubigerausschüsse, im Rahmen seines freien Ermessens zu würdigen.[916] Ebenso sollen Fragen des Kosten-Nutzen-Verhältnisses Berücksichtigung finden.[917]

Im Zusammenhang mit der konkreten Besetzung können die einzelnen Gläubigerausschüsse im Rahmen der Antragstellung oder Anhörung eine Person aus ihrer Mitte vorschlagen, deren Entsendung in den Gruppen-Gläubigerausschuss gewünscht wird. Intern bedarf es hierzu eines entsprechenden Beschlusses des jeweiligen Gläubiger-Ausschusses. Hierzu nimmt § 269c Abs. 2 Satz 2 InsO-E Bezug auf § 72 InsO, wonach im Rahmen einer solchen Beschlussfassung die Mehrheit der abgegebenen Stimmen bei vorausgesetzter Mehrheitsteilnahme[918] notwendig ist.[919] Dem vorzuschlagenden Mitglied selbst kommt wegen besonderer Interessenbefangenheit insoweit kein Stimmrecht zu.[920] An einen derartigen Vorschlag ist das Gericht des Gruppen-Gerichtsstandes zwar nicht gebunden, es wird jedoch zu berücksichtigen haben, dass die Akzeptanz des Gruppen-Gläubigerausschusses in erheblichem Maße davon abhängen wird, dass sämtliche Gläubigergruppen angemessen repräsentiert werden.[921] Dies gilt umso mehr, als sich die Legitimation

913 Zwar endet die Tätigkeit des vorläufigen Gläubigerausschusses grds. mit Verfahrenseröffnung, regelmäßig wird jedoch ein identisch besetzter Interimsausschuss und später ein endgültiger Gläubigerausschuss bestellt, dazu *Vallender*, in Uhlenbruck, InsO, § 22a Rn. 78; *Haarmayer*, in MüKO InsO, § 22a Rn. 166 ff.

914 Im DiskE war noch die Pflicht zur Einsetzung auf Antrag vorgesehen, § 269c Abs 1 InsO-DiskE.

915 Dazu insgesamt *Wimmer*, jurisPR-InsR 20/2013 Anm. 1, Ziff. 7.

916 BT-Drucks. 18/407, S. 34.

917 BT-Drucks. 18/407, S. 34; vgl. dazu im Rahmen von § 22a Abs. 3 InsO, der dieses Gebot bereits für den „normalen" vorläufigen Gläubigerausschuss statuiert, statt vieler *Graf-Schlicker*, in dies., InsO, § 22a Rn. 13.

918 Dazu *Gerhardt*, in Jaeger, InsO, § 72 Rn. 7; *Frind*, in HambKomm InsO, § 72 Rn. 2 m. w. N.

919 So auch *Brünkmans*, in MüKO InsO, Konzerninsolvenzrecht § 359 Rn. 85.

920 Dazu allg. *Klopp/Kluth/Pechartscheck*, in Gottwald, Insolvenzrechts-Handbuch, § 21 Rn. 15 m. w. N.

921 BT-Drucks. 18/407, S. 34; BR-Drucks. 663/13, S. 35.

der Vertreter lediglich aus der auf Ebene der einzelnen Gruppen-Unternehmen erfolgten Bestellung ableitet.[922]

Aufgabe des Gruppen-Gläubigerausschusses ist es gemäß § 269c Abs. 2 InsO-E, den bzw. die Insolvenzverwalter, soweit vorhanden den Koordinationsverwalter[923] und die bestehenden (vorläufigen) Einzel-Gläubigerausschüsse mit dem Ziel der Erreichung oder Erleichterung einer koordinierten Verfahrensgestaltung zu unterstützen.[924] Für die Tätigkeit gelten dabei gemäß § 269c Abs. 2 Satz 2 InsO-E die Regelungen der §§ 70–73 InsO über die Entlassung, Haftung, Beschlussfassung und Vergütung im Einzelausschuss entsprechend. § 269c Abs. 2 Satz 3 InsO-E bestimmt, dass die Tätigkeit im Gruppen-Gläubigerausschuss in Ansehung der Vergütung der Tätigkeit im Einzelausschuss gleichgestellt wird und so die Kosten auf die einzelnen Verfahren verteilt, da eine Gruppen-Masse zur Deckung nicht zur Verfügung steht.[925] Die Mitglieder des Gruppen-Gläubigerausschusses gehen ihres Amtes im jeweiligen einzelnen Gläubigerausschuss mit Bestellung in den Gruppen-Gläubigerausschuss nicht verlustig, sondern bekleiden fortan eine Doppelstellung.

5. Das Koordinationsverfahren nach den §§ 269d ff. InsO-E

Als weitere Ergänzung der bisher dargestellten Palette neuer Werkzeuge zur Bewältigung der Insolvenz gruppenangehöriger Unternehmen sehen die §§ 269d ff. InsO-E im Rahmen des neu zu schaffenden zweiten Abschnitts des siebten Teils der InsO ein zusätzliches Koordinationsverfahren vor, welches im Einzelfall eine noch engere Koordinierung der Einzelverfahren ermöglichen soll.[926]

a. Überblick über das Koordinationsverfahren

Das bei dem Gericht des besonderen Gruppen-Gerichtsstandes geführte Koordinationsverfahren ist als Antragsverfahren ausgestaltet. Es kommt zur Bestellung eines sog. Koordinationsverwalters, der die *„Seele des gesamten Koordinationsverfahrens"* darstellt.[927] Ihm obliegt es als von den übrigen Beteiligten unabhängigem Organ, die koordinierte Verfahrensabwicklung zu *„orchestrieren"*[928], sofern dies im Interesse der Gläubiger liegt (§ 269f Abs. 1 InsO). Dabei nimmt er eine mediatorähnliche

---

922 Zum Grundsatz der Legitimität durch Repräsentativität im Rahmen der Zusammensetzung des Gläubigerausschusses vgl. allg. *Haarmeyer*, in MüKO InsO, § 22a Rn. 47 f.

923 BT-Drucks. 18/407, S. 34; BR-Drucks. 663/13, S. 35. Dies sollte durch eine redaktionelle Anpassung klargestellt werden, vgl. dazu Änderungsvorschlag in Anhang II (§ 269c Abs. 3).

924 BT-Drucks. 18/407, S. 34.

925 Dazu BT-Drucks. 18/407, S. 34.

926 BT-Drucks. 18/407, S. 22.

927 BT-Drucks. 18/407, S. 23 u. 36.

928 *Verhoeven*, ZInsO 2014, 217, 221.

Stellung ein.[929] Er kann sich zur Erfüllung der ihm obliegenden Verpflichtungen jeder erdenklichen Art der Koordinierungsförderung bedienen; bspw. durch Bereitstellung eines informellen Forums oder durch die Koordinierung der Erarbeitung verfahrensvereinheitlichender Übereinkünfte.[930] Überdies steht ihm als wesentliches Element des neu geschaffenen Koordinierungsverfahrens der sog. Koordinationsplan gemäß § 269h InsO-E zur Verfügung.

Um einen bestmöglichen Koordinationsmehrwert zu realisieren, soll die Einleitung des Koordinationsverfahrens nach Dafürhalten des Reform-Gesetzgebers möglichst frühzeitig erfolgen.[931]

b. Der Koordinationsverwalter

aa. Die Bestellung des Koordinationsverwalters

Auf entsprechenden Antrag hin leitet das Gericht des Gruppen-Gerichtsstandes (legaldefiniert als Koordinationsgericht in § 269d Abs. 1 InsO-E) ein Koordinationsverfahren ein, wenn über das Vermögen von mindestens zwei gruppenangehörigen Schuldnern ein Insolvenzverfahren anhängig gemacht oder eröffnet worden ist, § 269d Abs. 1 InsO-E. Weitere Voraussetzung ist, dass sich die Einleitung eines solchen Verfahrens als im Interesse der Gläubigergesamtheit darstellt und die zusätzlichen Kosten nicht außer Verhältnis zu den zu erwartenden Vorteilen stehen.[932] Insoweit steht dem Gericht ein entsprechendes Ermessen zu („*kann*").

Antragsberechtigt ist nach § 269d Abs. 2 InsO-E jeder gruppenangehörige Schuldner, über dessen Vermögen noch kein Insolvenzverfahren eröffnet und kein starker vorläufiger Verwalter bestellt wurde, andernfalls der eingesetzte starke vorläufige bzw. der endgültige Verwalter, § 269d Abs. 2 Satz 1, Satz 2 i. V. m. § 3a Abs. 3 InsO-E. Zudem besteht ein Antragsrecht eines jeden (vorläufigen) Gläubigerausschusses, wobei in diesem Fall ein einstimmiger Beschluss vorausgesetzt ist (§ 269d Abs. 2 Satz 3 InsO-E).[933] Kein Recht auf Antragstellung wird hingegen einem etwaigen Gruppen-Gläubigerausschuss zugestanden.[934] Auf eine Antragsbefugnis nach § 3a Abs. 1 InsO-E kommt es nicht an, sodass auch gruppenangehörige Schuldner mit lediglich untergeordneter Bedeutung für die gesamte Unternehmensgruppe die Eröffnung eines Koordinationsverfahrens beantragen können.[935]

Liegen die genannten Voraussetzungen für die Eröffnung eines Koordinationsverfahrens vor, bestellt das Koordinationsgericht einen Koordinationsverwalter. Hierfür hat es eine von den gruppenangehörigen Schuldnern und deren Gläubigern unabhän-

929 BT-Drucks. 18/407, S. 23; *Thole*, Der Konzern 2013, 182, 183 spricht insoweit vom *„ehrlichen Makler"*.
930 BT-Drucks. 18/407, S. 36.
931 BT-Drucks. 18/407, S. 37.
932 BT-Drucks. 18/407, S. 35.
933 Dazu BT-Drucks. 18/407, S. 35.
934 Zur Frage, ob dies *de lege ferenda* noch geändert werden sollte vgl. Teil 8.IV.6.b.bb.
935 So auch *Specovius/Kuske*, in Gottwald, Insolvenzrechts-Handbuch, § 95 Rn. 59.

gige dritte Person auszuwählen. Diese soll grds. auch von den (vorläufigen) Verwaltern und Sachwaltern[936] verschieden sein (§ 269e Abs. 1 Satz 2 InsO-E).[937] Dies entspricht den Grundsätzen des § 56 Abs. 1 Satz 1 InsO und soll die Akzeptanz des Koordinationsverwalters stärken. Die Bestellung von einem der Einzelverwalter soll nur dann erfolgen dürfen, wenn zu erwarten ist, dass dieser keine Eigeninteressen verfolgt, es nicht zu einer Einschränkung der Auskunftsrechte aus § 269f Abs. 2 InsO-E durch die anderen Verwalter kommt und auch sonst keine Beeinträchtigung der mit dem Koordinierungsverfahren verfolgten Ziele zu befürchten ist.[938] Bei der Prüfung dieser Voraussetzungen soll neben dem Einarbeitungs- und damit verbundenen Kostenaufwand im Einzelfall auch eine möglicherweise gegebene besondere Expertise und Erfahrung des infrage kommenden Einzelverwalters und die damit möglicherweise einhergehende Kompensation vorgenannter Nachteile berücksichtigt werden.[939]

Die Person des Koordinationsverwalters muss geeignet sein, die widerstreitenden Interessen zu erfassen und soweit möglich zu entschärfen, um dem Ziel einer koordinierten Verfahrensabwicklung bestmöglich Rechnung zu tragen.[940] Im Hinblick darauf und auf die bereits angesprochene mediatorähnliche Stellung des Koordinationsverwalters erachtet die Entwurfsbegründung entsprechende Qualifikationen und Erfahrungen als im Regelfall hilfreich.[941] Eine Ausbildung als (zertifizierter)[942] Mediator i. S. d. MediationsG wird jedoch nicht vorausgesetzt.

Insgesamt ist die Entscheidung über die Person des Koordinationsverwalters in jedem Fall an dem übergeordneten Ziel einer bestmöglichen Gläubigerbefriedigung auszurichten.[943] Dieser Prämisse und dem Streben nach einer weitreichenden Gläubigerautonomie folgend normieren § 269e Abs. 2 InsO-E daher auch die Verpflichtung des Koordinationsgerichts, vor der Entscheidung über die Bestellung eines Koordinationsverwalters den (vorläufigen)[944] Gruppen-Gläubigerausschuss anzuhören, sofern ein solcher bestellt wurde.[945] An einen von diesem einstimmig

936 Auch im Rahmen der Eigenverwaltung ist die Bestellung des Schuldners zum Koordinationsverwalter ausgeschlossen, § 269e Abs. 1 Satz 3, BT-Drucks. 18/407, S. 35.

937 Ursprünglich war noch vorgesehen, den Koordinationsverwalter zwingend aus dem Kreis der (vorläufigen) Insolvenzverwalter der einzelnen Gruppenverfahren zu bestellen, § 269e Abs. 1 DiskE-InsO, dazu DiskE S. 41.

938 BT-Drucks. 18/407, S. 35 f.

939 BT-Drucks. 18/407, S. 36.

940 BT-Drucks. 18/407, S. 37.

941 BT-Drucks. 18/407, S. 36.

942 Eine entsprechende Verordnung i. S. d. § 6 MediationsG existiert bisher weiterhin nicht, s. dazu Verordnungsentwurf des BMJV zu einer ZMediatAusbV vom 04.02.2014.

943 BT-Drucks. 18/407, S. 36.

944 *Specovius/Kuske*, in Gottwald, Insolvenzrechts-Handbuch, § 95 Rn. 62.

945 BT-Drucks. 18/407, S. 36; für eine darüber hinausgehende Anhörungspflicht der beteiligten Verwalter BRAK, Stellungnahme, S. 6; dem folgenden *Yücel*, Insolvenzrecht, S. 37.

abgegebenen Personalvorschlag ist das Gericht grds. gebunden (§ 269f Abs. 3 InsO-E i. V. m. § 56a Abs. 2 InsO), sofern nicht die Voraussetzungen für eine Ablehnung wegen Ungeeignetheit der Person[946] vorliegen.[947]

Nicht in die Entscheidung einzubeziehen sind trotz der insoweit unklaren Verweisung auf § 56a (Abs. 1) InsO in § 269f Abs. 3 InsO-E die einzelnen Gläubigerausschüsse. Die soeben dargestellte Regelung zur Beteiligung eines etwaigen Gruppen-Gläubigerausschusses in § 269e Abs. 2 InsO-E stellt insoweit bereits eine *„andere Bestimmung"* i. S. d. § 269f Abs. 3 InsO-E dar. Dies gilt unabhängig davon, ob im Einzelfall ein Gruppen-Gläubigerausschuss bestellt wurde oder nicht. Aus der Gesetzesbegründung wird deutlich, dass die Beteiligung des Gruppen-Gläubigerausschusses bei der Bestimmung des Koordinationsverwalters einzig auf *„exponierter Stellung bei der Abstimmung der einzelnen Verfahren"* und des insoweit vergleichbaren *„Blickwinkels"* beruht.[948] Die Beteiligung „normaler" Einzelausschüsse über § 269f Abs. 3 InsO-E i. V. m. § 56a Abs. 1 InsO kommt vor diesem Hintergrund nicht in Betracht. Eine *„entsprechende Anwendung"* i. S. d. § 269f Abs. 3 InsO-E gebietet vielmehr die Berücksichtigung der Paarungen Einzelverwalter/ Einzelausschuss und Gruppen-Gläubigerausschuss/Koordinationsverwalter.

bb. Rechte und Pflichten des Koordinationsverwalters

Wie bereits dargestellt obliegt es dem Koordinationsverwalter gem. § 269f Abs. 1 InsO-E, alle Maßnahmen zu ergreifen, die zur Verwirklichung des Ziels einer koordinierten Verfahrensabwicklung im Interesse der Gläubiger förderlich sind. Dabei ist zu berücksichtigen, dass in diesem Zusammenhang nicht das Interesse der Gläubigergesamtheit maßgeblich ist. Ausreichend ist vielmehr, dass die anvisierten Maßnahmen zumindest die Gläubiger eines gruppenangehörigen Schuldners (dort dann aber unter Beachtung des *par conditio creditorum*-Grundsatzes) begünstigen, solange es nicht zu einer Schlechterstellung der Gläubiger in den anderen Gruppenverfahren kommt.[949]

Zum Zwecke der Vorbereitung entsprechender Entscheidungen steht dem Koordinationsverwalter gemäß § 269f Abs. 1 Satz 3 InsO-E das Recht zu, an den Gläubigerversammlungen der Einzelverfahren teilzunehmen, insb. auch, um dort für die Umsetzung eines bereits bestehenden oder im Entstehen begriffenen Koordinationsplans zu werben.[950] Er kann sich dabei vertreten lassen, um die Koordinierung der einzelnen Gläubigerversammlungen nicht unnötig zu erschweren (§ 269f Abs. 1 Satz 2 InsO-E a. E.). Im Hinblick auf die grds. geforderte Unabhängigkeit des Koordinationsverwalters von den Einzelverwaltern in § 269e Abs. 1 InsO-E und Sinn

---

946 Allg. dazu statt vieler *Graeber*, in MüKO InsO, § 56a Rn. 34f.
947 BT-Drucks. 18/407, S. 37.
948 BT-Drucks. 18/407, S. 36.
949 BT-Drucks. 18/407, S. 37.
950 BT-Drucks. 18/407, S. 36, vgl. zum Koordinationsplan allg. sogleich unter Teil 8.III.5.c.

und Zweck dieser Beteiligungsrechte dürfte eine Vertretung durch letzteren indes ausscheiden.

Zur Erfüllung seiner Aufgaben steht dem Koordinationsverwalter darüber hinaus das Recht auf Unterstützung durch die anderen (vorläufigen) Verwalter zu. Gemäß § 269f Abs. 2 InsO-E sind ihm vorrangig auf Anforderung sämtliche notwendigen Auskünfte zu erteilen.[951] Die Unterstützung hat jedoch auch in anderen Formen, bspw. durch die Ermöglichung des Zugangs zu den einzelnen Gruppenunternehmen, zu erfolgen. Einblicke in die Geschäftsunterlagen und Gespräche mit den Mitarbeiten sind jedoch über die Einzelverwalter umzusetzen.[952]

Wurde der Koordinationsverwalter ausnahmsweise aus dem Kreis der Einzelverwalter bestellt, findet die Verpflichtung zur Unterstützung ihre Grenze dort, wo durch die Informationsverschaffung oder sonstige Unterstützungsleistungen die Interessen der Gläubiger der einzelnen Unternehmen im Hinblick auf die Doppelstellung des Koordinationsverwalters gefährdet würden. Die Beachtung der Interessen der „eigenen" Gläubiger ist für die Insolvenzverwalter der Einzelunternehmen in jedem Fall vorrangig vor der Unterstützung des Koordinationsverwalters.[953]

Die Vergütung des Koordinationsverwalters schließlich regelt § 269g InsO-E. Die Vorschriften der §§ 64 und 65 InsO über die gerichtliche Festsetzung der Vergütung und die Ermächtigung zur Regelung der Vergütung durch gesonderte Verordnung gelten über die Verweisung in § 269g Abs. 1 Satz 3 InsO-E entsprechend, sodass eine Aufnahme neuer Regelungen in die Insolvenzrechtliche Vergütungsverordnung (InsVV) oder eine gesonderte Rechtsverordnung durch das Bundesministerium für Justiz und für Verbraucherschutz möglich ist.[954] Grds. hat er Anspruch auf eine Regelvergütung auf Grundlage der kumulierten Massen aller vom Koordinationsverfahren erfassten Einzelverfahren (§ 269g Abs. 1 Satz 1 InsO-E).[955] Besonderheiten sind durch entsprechende Abweichungen vom Regelsatz zu berücksichtigen (Satz 2). Die Vergütung ist dabei gemäß § 269g Abs. 2 InsO-E grds. wertanteilig aus den Massen der beteiligten Einzelverfahren zu decken. Partizipieren die beteiligten Einzelunternehmen insgesamt oder zum Teil in einem Maße an dem Koordinationserfolg, das zum Wertverhältnis der Massen erheblich divergiert, ist ein abweichender Verteilungsschlüssel auf Basis des Kooperationsmehrwertes zu wählen.[956]

---

951 Zur Frage, ob bzw. in welchem Umfang der Koordinationsverwalter diese Informationen zur Vermeidung einer eigenen Haftung verifizieren muss, vgl. *Thole*, Der Konzern 2013, 182, 185.

952 BT-Drucks. 18/407, S. 37.

953 BT-Drucks. 18/407, S. 37; zu den Haftungsfragen vgl. *Thole*, Der Konzern 2013, 182, 185f. (zu Fassung des DiskE).

954 BT-Drucks. 18/407, S. 38. Zur hier aus Platzgründen nicht weiter zu vertiefenden Frage, ob die Ermächtigungsgrundlage dem Bestimmtheitsgebot entspricht, vgl. bspw. *Stephan*, in MüKO InsO, § 65 Rn. 6f. Sie ist in Ansehung des § 269g InsO-E durchaus erneut zu stellen.

955 BT-Drucks. 18/407, S. 38.

956 BT-Drucks. 18/407, S. 38.

Die Gerichtskosten, die durch das Koordinationsverfahren ausgelöst werden, trägt grds. der antragstellende Schuldner (§ 23 Abs. 3 GKG-E), und zwar auch dann, wenn der Antrag durch den Verwalter oder einen (vorläufigen) Gläubigerausschuss gestellt wurde. Diese sind jedoch vergleichsweise gering. Sie belaufen sich gemäß Nr. 2360 KV-E im Normalfall auf 500,00 Euro. Für den Fall, dass ein Koordinationsplan vorgelegt wird, erhöhen sie sich auf 1.000,00 Euro (Nr. 2361 KV-E).

c. *Der Koordinationsplan*

Als zentrales Mittel zur koordinierten Verfahrensabwicklung steht der sog. Koordinationsplan, geregelt in § 269h InsO-E, zur Verfügung. Mit diesem soll die in der Praxis bereits *de lege lata* angestrebte Abstimmung einzelner Insolvenzpläne zur Sanierung ganzer oder zumindest weiter Teile bestehender Gruppenstrukturen eine gesetzliche Grundlage erhalten.[957] Grundidee ist es dabei, einen auf alle gruppenangehörigen Schuldner bezogenen darstellenden Teil[958] eines Insolvenzplans zu erarbeiten, um so die einzelnen Verfahren auf das übergeordnete Ziel der Sanierung des Gesamtkonzerns auszurichten.[959] Trotz dieser primär auf Sanierung ausgerichteten Grundkonzeption kann der Koordinierungsplan auch für die koordinierte (Teil-) Liquidation genutzt werden.[960]

Ein Koordinationsplan kann entweder vom Koordinierungsverwalter, oder aber, sofern ein solcher noch nicht bestellt wurde, durch die Insolvenzverwalter der gruppenangehörigen Schuldner gemeinsam[961] vorgelegt werden.[962] Trotz der systematischen Stellung des § 269h Abs. 1 InsO-E innerhalb des zweiten Abschnittes des siebten Teils ergibt sich aus dieser Vorlagebefugnis der Einzelverwalter, dass ein Koordinationsplan auch außerhalb eines formalen Koordinationsverfahrens möglich ist.[963] Unklar bleibt trotz der Formulierung *„noch nicht bestellt“* in § 269h Abs. 1 Satz 1 InsO-E die Frage, ob im Falle der Vorlage eines entsprechenden Plans durch die Einzelverwalter ein Koordinationsverwalter überhaupt noch bestellt werden kann und ob dieser ggf. einen weiteren Koordinationsplan vorlegen könnte. Regelmäßig dürfte dies jedenfalls nicht (mehr) im Interesse der Gläubigergesamtheit sein und damit im Rahmen der Ermessensausübung nach § 269d Abs. 1 InsO-E zu

957 BT-Drucks. 18/407, S. 38.
958 BT-Drucks. 18/407, S. 39 bezeichnet die Rechtsnatur des Koordinationsplans zurecht als *„kupierten Insolvenzplan“*, da er auf einen darstellenden Teil beschränkt bleibt und die Umsetzung den Insolvenzplänen der einzelnen gruppenangehörigen Unternehmen überlässt, dazu sogleich. Zur Rechtsnatur des Insolvenzplans im Allgemeinen *Madaus*, Der Insolvenzplan, *passim*.
959 BT-Drucks. 18/407, S. 38 spricht insoweit von der *„vornehmsten Aufgabe des Koordinierungsplans“*.
960 BT-Drucks. 18/407, S. 38 f.
961 Bzw. durch einen gemeinsam bestimmten Einzelverwalter.
962 BT-Drucks. 18/407, S. 39.
963 Dazu BT-Drucks. 18/407, S. 39.

einer Ablehnung des Antrags auf Eröffnung eines Koordinationsverfahrens führen; schließlich haben sämtliche Einzelverwalter gemeinsam bereits einen Fahrplan für die gruppenweite Verfahrensabwicklung ausgearbeitet. Lediglich in Fällen, in denen nach Planvorlage weitere Verfahren über gruppenangehörige Schuldner eröffnet werden oder die Umsetzung in den Einzelverfahren scheitert, könnte die Vorlage eines zweiten Koordinationsplans durch einen dann bestellten Koordinationsverwalter denkbar sein.

Ist ein Koordinationsverwalter bestellt worden und entscheidet dieser sich zur Ausarbeitung eines Koordinationsplans, hat er zuvörderst zu entscheiden, ob dieser insgesamt oder teilweise auf Sanierung oder hingegen primär auf Liquidation ausgerichtet sein soll. Dazu hat er die gesamte Konzernstruktur und die einzelnen Unternehmen auf deren Sanierungspotential hin zu untersuchen. Fällt die Entscheidung zugunsten eines Sanierungsplans, soll der Koordinationsplan einführend die wesentlichen Gründe für die Krise der einzelnen Unternehmen und der Unternehmensgruppe als solches darstellen und würdigen.[964] Anschließend sind denkbare Lösungsmöglichkeiten aufzuzeigen, wobei insoweit sämtliche denkbaren Maßnahmen vorgeschlagen werden können.[965] Der Katalog des § 269h Abs. 2 Nr. 1–3 InsO-E ist nicht abschließend. In der Praxis werden – davon geht auch der Reform-Gesetzgeber aus – jedoch voraussichtlich Vereinbarungen zum Umgang mit gruppeninternen Insolvenzanfechtungsansprüchen ausschlaggebend für den Erfolg eines Sanierungskonzeptes sein.[966]

Wurde ein Gruppen-Gläubigerausschuss bestellt, bedarf es dessen Zustimmung für das Zustandekommen des Koordinationsplanes (§ 269 Abs. 1 Satz 2 InsO-E).[967] Dies gilt grds. unabhängig davon, ob die Planinitiative vom Koordinationsverwalter oder den Einzelverwaltern ausging.[968]

Bestätigt schließlich das Gericht den Koordinationsplan, entfaltet dieser mangels Existenz eines gestaltenden Teils jedoch keine unmittelbare Wirkung. Die Umsetzung erfolgt vielmehr durch Einzelpläne in den jeweiligen Verfahren.[969] Dabei sind die Verwalter allerdings an die Vorgaben des Koordinationsplans nicht gebunden. Sie sind vielmehr lediglich verpflichtet zu begründen, von welchen der dort gemachten Vorgaben sie abweichen wollen (§ 269i Abs. 1 Satz 2 InsO-E, „*Comply or explain*"-Lösung). Auch im Falle eines durch die Einzelverwalter gemeinsam vorgelegten Koordinationsplanes tritt keine Selbstbindung ein, da den Verwaltern die Möglichkeit erhalten bleiben muss, auf sich ändernde bzw. im Rahmen der Planerstellung noch unbekannte Gläubigerinteressen zu reagieren und nicht verpflichtet werden dürfen, auf Basis des Koordinationsplans einen Insolvenzplan auszuarbeiten, der

964 BT-Drucks. 18/407, S. 39f.
965 BT-Drucks. 18/407, S. 39f.
966 BT-Drucks. 18/407, S. 40.
967 Dazu BT-Drucks. 18/407, S. 39.
968 BT-Drucks. 18/407, S. 39.
969 BT-Drucks. 18/407, S. 39.

von vornherein zum Scheitern verurteilt ist. Eine Bindungswirkung tritt vielmehr nur dann ein, wenn die Gläubigerversammlung des jeweiligen Einzelverfahrens beschließt, dass der Koordinationsplan einem vom Verwalter auszuarbeitenden Einzelplan zugrunde zu legen ist, § 269i Abs. 2 InsO-E.

6. Zusammenfassung des Reformentwurfes

Durch die geplanten Neuregelungen soll eine konzentrierte und koordinierte Abwicklung von Insolvenzverfahren innerhalb einer Unternehmensgruppe realisiert werden. Im Zentrum des Entwurfs steht dabei die Möglichkeit der Zuständigkeitskonzentration an einem Gruppen-Gerichtsstand, sofern ein derartiges Vorgehen dem gemeinsamen Interesse der Gläubiger entspricht. Wird ein Gruppen-Gerichtsstand begründet, fallen alle dort anhängig werdenden Verfahren in den Zuständigkeitsbereich eines einzigen Richters. Werden Eröffnungsanträge nach Begründung eines Gruppen-Gerichtsstandes an einem anderen Gerichtsstand gestellt, können die angegangenen Gerichte das Verfahren an den Gruppen-Gerichtsstand verweisen bzw. sind hierzu unter bestimmten Voraussetzungen sogar verpflichtet.

Unabhängig davon, ob es zu einer solch weitreichenden Zuständigkeitskonzentration im Einzelfall kommt oder nicht, strebt der Entwurf die Einsetzung eines einheitlichen Verwalters für alle insolventen Gruppenmitglieder an. Die Gerichte sind insoweit zur Zusammenarbeit verpflichtet und haben ihre Entscheidung am Interesse der Gläubiger auszurichten, solange die gebotene Unabhängigkeit bei dem einzusetzenden Verwalter gewährleistet werden kann. Ggf. ist diese über die Einsetzung von Sonderverwaltern sicherzustellen.

Ist eine Zuständigkeitskonzentration auf gerichtlicher und/oder Verwalterebene nicht zu erreichen, soll dieses Defizit durch weitreichende Kommunikations- und Kooperationsregelungen kompensiert werden. Zwar lässt der Entwurf offen, ob eine den Vorschriften über die Zusammenarbeit zwischen den Gerichten und den Verwaltern entsprechende Kooperationsverpflichtung auch im Hinblick auf die Gläubigerorgane besteht, sieht jedoch insoweit die optionale Einsetzung eines Gruppen-Gläubigerausschusses vor, in dem die Gläubiger der Einzelverfahren jeweils durch ein Mitglied der Einzelausschüsse vertreten sind.

Genügt eine derartige Zusammenarbeit im Einzelfall nicht, um eine effiziente Verfahrensabwicklung zu gewährleisten, besteht zusätzlich die Möglichkeit der Eröffnung eines neuartigen Koordinationsverfahrens unter Einsatz eines unabhängigen Koordinationsverwalters. Dieser nimmt eine einem Mediator vergleichbare Stellung ein. Ihm steht in erster Linie das Recht zu, einen Gruppen-Koordinationsplan aufzustellen, der jedoch in der Regel keine Bindungswirkung in den einzelnen Verfahren entfaltet.

IV. Bewertung der Regelungen zur Insolvenz über das Vermögen von Mitgliedern einer Unternehmensgruppe nach dem deutschen KIG-Entwurf

Die Reformbemühungen des deutschen Gesetzgebers sind über die offiziellen Stellungnahmen im Zusammenhang mit dem bisherigen Verlauf des Gesetzgebungsverfahrens hinaus auf große Resonanz in der juristischen Fachdiskussion gestoßen. Im Folgenden sollen die dabei geäußerten einzelnen Kritikpunkte bewertet und hierzu umfassend Stellung genommen werden. Dadurch kann geklärt werden, inwieweit die Kritik berechtigt und daher im weiteren Verlauf des Reformprozesses noch zu berücksichtigen ist. Soweit dies der Fall ist, sollen konkrete Lösungsvorschläge entwickelt und entsprechend denkbare Änderungen des Entwurfstextes dargestellt werden.[970]

1. Anwendungsbereich und Gruppen-Gerichtsstand

Gehäuft sieht sich bereits der durch die Definition der Unternehmensgruppe in § 3e InsO-E bestimmte Anwendungsbereich der Entwurfsregelungen erheblicher Kritik ausgesetzt.[971] Die Schaffung der neuen Einheit „Unternehmensgruppe“ sei im Hinblick auf die bestehenden Regelungen des Aktiengesetzes bzw. Handelsgesetzbuches überflüssig und sorge für zusätzliche Rechtsunsicherheit.[972] Überdies sei es verfehlt, die komplexen Regelungen des Entwurfes auch auf „kleinere“ Unternehmensverbindungen wie bspw. die GmbH & Co KG[973] oder auf solche Gesellschaften, die bei vollständiger Selbstständigkeit, Gleichberechtigung und unabhängiger Betriebsausübung lediglich formal unter einer Holding-Gesellschaft zusammengefasst sind, anzuwenden.[974] Darüber hinaus wird infrage gestellt, ob Gruppenstrukturen mit grenzüberschreitendem Bezug überhaupt eine „Unternehmensgruppe“ i. S. d. § 3e

---

970 S. dazu Zusammenfassung der Änderungsvorschläge zum InsO-E in Anhang II.

971 *VID*, Stellungnahme, S. 2f.; auch bereits *Niering*, Stellungnahme VID, S. 4; *Frind*, Stellungnahme S. 4; *Weiland*, Stellungnahme, S. 2f.; *Verhoeven*, ZInsO 2014, 217, 218f. spricht insoweit gar von einem „*Geburtsfehler des Reg-E*“.

972 *Weiland*, Stellungnahme, S. 4.

973 *Niering*, Stellungnahme VID, S. 2f.; *Frind*, Stellungnahme, S. 3; *ders.*, ZInsO 2013, 429, 429f.; *ders.*, ZInsO 2014, 927, 929; positiv hingegen *Schreiner*, Stellungnahme ZDH, S. 2; allg. *Beck*, DStR 2013, 2468, 2469f.; dazu auch *K. Schmidt*, in FS Kübler, S. 633, 636f., der die Kapitalgesellschaft und Co KG aus dem Anwendungsbereich ausgenommen sieht.

974 *Frind*, Stellungnahme, S. 3f.; Yücel, Insolvenzrecht, S. 11 u. 39. Nach Ansicht des VID sollten die neuen Regelungen insgesamt erst ab dem Erreichen gewisser Schwellenwerte Anwendung finden, dazu *Niering*, Stellungnahme VID, S. 3; *ders.*, Stellungnahme VID zum DiskE, S. 4 unter Heranziehung von § 267 Abs. 3 HGB bzw. § 22 a Abs. 1 InsO.

InsO-E darstellen, da jedenfalls Teile dieser Gruppe nicht wie durch die Vorschrift gefordert „*im Inland*" belegen sind.[975]

a. Sinnhaftigkeit der neuen Begrifflichkeit „Unternehmensgruppe"

Forderungen, die auf eine Einschränkung des Anwendungsbereiches gerichtet sind, ist indes nicht zuzustimmen. Wie bereits dargelegt existiert keine abschließende, einheitliche Konzerndefinition.[976] Mit einer Anknüpfung an §§ 15, 18 AktG oder § 290 HGB wären daher die denkbaren Unternehmensverbindungen – man bedenke beispielhaft die Beteiligung nicht insolvenzfähiger Rechtsträger wie Kommunen[977] an einer Konzernstruktur – nur unzureichend erfasst. Zum einen werden durch § 3e InsO-E auch Fälle erfasst, in denen das Mutterunternehmen keine Kapitalgesellschaft ist,[978] zum anderen stellt § 3e Nr. 2 InsO-E sicher, dass die Neuregelungen auch auf Gleichordnungskonzerne Anwendung finden.[979] Der weite Anwendungsbereich ist auch sachgerecht.[980] Zwar wird teilweise bei einer lediglich „lockeren" Verbundenheit einzelner Rechtsträger eine gesondert koordinierte Abwicklung nicht zwingend erforderlich sein,[981] gleichwohl ist auch in derartigen Fällen nicht *per se* ausgeschlossen, dass eine solche gegenüber der Einzelabwicklung Vorteile für die betroffenen Gläubiger bringen kann.[982] Dies gilt auch für die von *Verhoeven*[983] angesprochene Situation, dass nur über einige wenige Gruppenunternehmen Verfahren eröffnet werden und nicht (sofort oder zumindest später in Folge des Dominoeffektes sog. Sukzessivinsolvenzen) sämtliche Gruppenmitglieder in die Insolvenz geraten, und kann auch der grundlegenden Kritik *von Wilckens* erfolgreich entgegengehalten werden. Letzterer erhebt gegenüber dem Reform-Gesetzgeber den Vorwurf, dieser habe bei der Entwurfsentwicklung „*das Ziel aus dem Auge verloren*". Ein Gruppen-Gerichtsstand sei in erster Linie im Falle der angestrebten Sanierung

---

975 *Berner/Schiebe/Robert*, Stellungnahme NIVD. e. V., ZInsO 2013, 434, 435.

976 Vgl. dazu ausführlich Teil 2.I.

977 Dazu allg. *Gundlach*, in Gottwald, Insolvenzrechts-Handbuch, § 5 Rn. 36 m. w. N.; *Ott/Vuia*, MüKO InsO, § 12 Rn. 15f. m. w. N.; *Hirte*, in Uhlenbruck, InsO, § 12 Rn. 8 m. w. N.; *Paulus*, ZInsO 2014, 2465ff.; zur Anwendbarkeit der geplanten Neuregelungen auf Kommunale Konzernstrukturen *Flöther*, NVwZ 2014, 1497, 1498ff., dieser plädiert zumindest für den Fall der Beteiligung einer Kommune als Mutterunternehmen für einen Konzerngerichtsstand an deren Gerichtsstand.

978 BT-Drucks 18/407, S. 24; *Lienau*, Der Konzern 2013, 157, 159; *Beck*, DStR 2013, 2468, 2469.

979 BT-Drucks 18/407, S. 24; kritisch dazu *Frind*, ZInsO 2014, 927, 929; allg. dazu bereits unter Teil 8.III.1.

980 In diesem Sinne auch *Lienau*, Der Konzern 2013, 157, 159; *Berner/Schiebe/Robert*, Stellungnahme NIVD. e. V., ZInsO 2013, 434, 435; *Flöther*, NVwZ 2014, 1497, 1498.

981 *Lienau*, Der Konzern 2013, 157, 158.

982 I. d. S. auch *Telke*, Die Anforderungen an ein wettbewerbsfähiges Konzerninsolvenzrecht für den Wirtschaftsstandort Deutschland, S. 79.

983 *Verhoeven*, ZInsO 2014, 217, 218.

hilfreich, eine solche jedoch nur erfolgreich umsetzbar, wenn sie unter Mitwirkung der Konzernleitung erfolgen und entsprechend von dieser Seite aus vorbereitet würde. Daher sei die Begründung des Gruppen-Gerichtsstandes von der Vorlage eines Sanierungskonzepts, oder ggf. sogar eines Antrages nach § 270b InsO (Fristsetzung zur Vorlage eines Insolvenzplans)[984], abhängig zu machen.[985]

Die geplanten Regelungen stellen, mit Ausnahme der Kooperationsverpflichtungen, lediglich verschiedene Gestaltungsmöglichkeiten für eine Verfahrensabwicklung bereit (Toolbox).[986] Ohne entsprechende Anträge kommen sie nicht zur Anwendung. Die Entscheidung, ob von den geschaffenen Möglichkeiten Gebrauch gemacht wird, obliegt den Beteiligten im Einzelfall. Dies ist auch zwingend, da sie überhaupt nur von diesen und nur im Einzelfall sinnvoll getroffen werden kann.[987] Eine Antizipierung verbietet sich von vornherein. Gründe für eine „Zugangsbeschränkung" sind somit nicht ersichtlich. Damit ist auch den geschilderten Bedenken *von Wilckens* nicht zuzustimmen. Zwar mag es zutreffend sein, dass eine koordinierte Abwicklung in erster Linie in Sanierungsfällen und im Zusammenhang mit einheitlich und zentral geführten Gruppenstrukturen notwendig wird[988] und eine solche meist nur bei ausreichender Vorbereitung durch die Konzernleitung erfolgreich sein wird. Dies ist aber eben keinesfalls zwingend.[989]

Losgelöst von derartigen Detailfragen wäre bspw. bei einer Anknüpfung an § 18 AktG, der eine tatsächliche Einflussnahme voraussetzt und nicht lediglich die bestehende Möglichkeit einer solchen ausreichen lässt, dem Insolvenzgericht zusätzlicher Prüfungsaufwand auferlegt.[990] Die rechtliche Prüfung der Gegebenheiten, die eine Einflussnahme möglich machen, ist vergleichsweise einfach, wohingegen die Ermittlung der tatsächlichen Umstände einer Ausübung erheblichen Prüfungsaufwand erfordern kann und damit dem Eilcharakter des Eröffnungs-

---

984 Der Verweis auf § 270b InsO-E dürfte auf einem Versehen beruhen.

985 *V. Wilcken*, in Flöther, Handbuch Konzerninsolvenz, § 4 Rn. 76.

986 In diesem Sinne auch *Wimmer*, jurisPR-InsR 20/2013 Anm. 1.

987 *Lienau*, Der Konzern 2013, 157, 159; *K. Schmidt*, KTS 2010, 1, 17.

988 So bspw. *Verhoeven*, ZInsO 2014, 217, 218.

989 I. d. S. auch *Telke*, Die Anforderungen an ein wettbewerbsfähiges Konzerninsolvenzrecht für den Wirtschaftsstandort Deutschland, S. 88.

990 So auch *Brünkmans*, in MüKO InsO, Konzerninsolvenzrecht Rn. 24 m. w. N.; *Telke*, Die Anforderungen an ein wettbewerbsfähiges Konzerninsolvenzrecht für den Wirtschaftsstandort Deutschland, S. 78; beachtlich ist, dass der Prüfungsaufwand der Gerichte von denselben Kritikern an anderer Stelle als bereits ohnehin schon zu hoch bewertet wird, s. *Frind*, Stellungnahme, *passim.*; mit dem Argument des erheblichen Prüfungsaufwandes und der daraus resultierenden Untauglichkeit als zuständigkeitsbegründendes Anknüpfungselement wurde bereits im Rahmen der InsO-Einführung eine Gerichtsstandskonzentration abgelehnt, dazu *K. Schmidt*, Wege zum Insolvenzrecht der Unternehmen, S. 222.

verfahrens zuwiderlaufen würde.[991] Dem kann zwar entgegengehalten werden, dass die Prüfung des vom eigentlichen Insolvenzantrag losgelösten Antrags auf Bestimmung des Gruppen-Gerichtsstandes auch zeitlich nachgelagert und damit ohne den Zeitdruck der ersten Stunden des Eröffnungsverfahrens erfolgen könnte, regelmäßig wird ein entsprechender Antrag jedoch nur dann gestellt werden, wenn unmittelbar nachfolgend weitere Insolvenzanträge gruppenangehöriger Schuldner erfolgen (sollen). In diesem Fall käme daher eine Entscheidung nach umfangreicher Prüfung oftmals verspätet, da diese maßgeblich für die Zuständigkeitsbegründung hinsichtlich der nachfolgenden Anträge ist.

b. Zuständigkeitsbegründung nach dem Prioritätsprinzip

Der Prüfungsaufwand der angegangenen Gerichte ist im Hinblick auf die Kriterien der nicht offensichtlichen Untergeordnetheit nach § 3a Abs. 1 InsO-E und dem Gesamtgläubigerinteresse nach § 3a Abs. 2 InsO-E, trotz erfolgter Änderungen gegenüber dem DiskE[992], bereits erheblich.[993] Um diesen nicht weiter zu erhöhen, folgt die Zuständigkeitsbegründung dem Prioritätsprinzip. Darin, so die Kritiker, liege das Risiko zufälliger Antragstellungen untergeordneter Konzernteile[994] und die Kodifizierung schädlichen *Forum-*[995] und *Richter-Shoppings*[996]. Auch wenn mit der hierbei ermöglichten „Wahl" des Gerichtsstandes nicht wie im internationalen Kontext Einfluss auf das anwendbare Recht genommen wird, seien doch erhebliche Auswirkungen auf die „*Anwendung* des Rechts"[997] zu konstatieren. Die Anreize für opportunistisches Verhalten der Beteiligten lägen in der Gefahr begründet, dass sich die einzelnen Richter bspw. aus reinem Prestigeinteresse heraus bzgl. bestimmter Fragestellungen „*einen Namen machen*" würden[998] bzw. die Verfahren aus Angst

---

991 So auch *Brünkmans*, in MüKO InsO, Konzerninsolvenzrecht Rn. 24 m. w. N.; *Lienau*, Der Konzern 2013, 157, 159.

992 Vgl. dazu bereits unter Teil 8.III.2.

993 So auch *Brünkmans*, in MüKO InsO, Konzerninsolvenzrecht Rn. 47.

994 *K. Schmidt*, in FS Ganter, S. 351, 534.

995 *Frind*, Stellungnahme, S. 7; *ders.*, in HambKomm InsO, § 56 Rn. 41d.; *ders.*, ZInsO 2013, 429, 431; *ders.*, ZInsO 2014, 927, 931; *Römermann*, ZRP 2013, 201, 203; *Mankowski*, NZI 2008, 355, 356; *Knof/Mock*, ZInsO 2008, 253, 256; *Rühlemann*, Verfahrenskonzentration in der Konzerninsolvenz, S. 502.

996 *Frind*, in HambKomm InsO, § 56 Rn. 41d.

997 *Römermann*, ZRP 2013, 201, 203; dazu auch *Frind/Pannen*, ZIP 2016, 398, 400 ff.; *Mankowski*, NZI 2008, 355, 356; *Knof/Mock*, ZInsO 2008, 253, 256; *Rühlemann*, Verfahrenskonzentration in der Konzerninsolvenz, S. 429 ff.; dazu, dass diese viel beschworene Gefahr in der Praxis im Bereich von Unternehmensinsolvenzen tatsächlich gar nicht so hoch ist, *Eidenmüller/Frobenius/Prusko*, NZI 2010, 545, 545 ff. (Ergebnisse einer empirischen Untersuchung).

998 Dazu *Tirado*, GPR 2005, 39, 45; *Klöhn*, KTS 2006, 259, 264 f. m. w. N.; *ders.*, RIW 2006, 568, 569; diese Befürchtungen stützen sich auf Berichte aus den USA, vgl. dazu *LoPucki*, ZInsO 2013, 420, 421.

vor bestimmten Insolvenzrichtern künstlich vom eigentlich sinnvollen Gerichtsort entfernt würden.[999] So sei zu vermuten, dass bestimmte Gerichte, die bspw. Eigenverwaltungs- oder Schutzschirmanträgen offener gegenüberstehen als andere, bevorzugt als Gruppen-Gerichtsstand ausgewählt würden.

Dies alles führe zu einem „*race to the bottom*"[1000] und zu einer nicht hinnehmbaren Schädigung des Vertrauens in das Justizsystem. Nahezu durchgängig wird dabei auf die Situation in den Vereinigten Staaten verwiesen, wo gerade in den 1990er Jahren der Küstenstaat Delaware rund 86 % aller großen Sanierungsverfahren verbuchen konnte, wobei lediglich 6 % der entsprechenden Schuldner ihren Sitz tatsächlich dort innehatten.[1001] Überdies wird befürchtet, dass durch die Gerichtswahl indirekt Einfluss auf die Wahl des Verwalters genommen wird, dadurch lokale Verwalter benachteiligt und insgesamt die Unabhängigkeit der Verwalter gefährdet würde.[1002]

Wenngleich nicht von der Hand zu weisen ist, dass Anwendungsunterschiede, wie sie in den USA angeprangert werden, auch in anderen Rechtssystemen und damit auch in Deutschland denkbar sind, rechtfertigen derartige Befürchtungen keine anderweitige Anknüpfung. Vielmehr sind diese als geringeres Übel hinzunehmen,[1003] da das Missbrauchspotential als eher gering einzustufen ist.[1004] Für amerikanische Richter besteht ein ungleich größeres Interesse daran, durch prestigeträchtige Verfahren ihre Wiederwahl zu sichern bzw. sich für den Fall ihrer

---

999 Zur „*Angst vor Frind*" im Fall der Praktiker-Insolvenz vgl. *Flöther*, in ders., Handbuch Konzerninsolvenz, § 4 Rn. 160 m. w. N.; *Klöhn*, RIW 2006, 568, 569; zum „*Judge Picking*" auch *Uhlenbruck*, in FS Kübler, S. 709, 727 f.

1000 Dass es für derartige Befürchtungen keine belastbaren Hinweise gibt, zeigen Untersuchungen zum amerikanischen Recht und der dortigen Häufung von Unternehmensinsolvenzverfahren am Standort Delaware, dazu *Ayotte/Skeel*, Why Do Distressed Companies chose Delaware?; s. auch *Klöhn*, RiW 2006, 568, 568 ff.; *ders.*, KTS 2006, 259, 266 ff.

1001 *Knof/Mock*, ZInsO 2008, 253, 256; genauere Darstellung der einzelnen Zahlen bei *Ayotte/Skeel*, Why do distressed companies choose Delaware?, S. 6 f., diese kommen zu dem Ergebnis, dass kein Beleg für einen „*race to the bottom*" existiert, s. S. 15; allg. dazu *Rühlemann*, Verfahrenskonzentration in der Konzerninsolvenz, S. 434 ff. mit zahlreichen weiteren Nachweisen.

1002 Allg. dazu *Mankowski*, NZI 2008, 355, 356; *Frind*, ZInsO 2008, 261, 264; *Schmollinger*, Der Konzern in der Insolvenz, S. 32 f. m. w. N.

1003 So auch *Brünkmans*, in MüKO InsO, Konzerninsolvenzrecht Rn. 32 mit Verweis auf *Eidenmüller/Frobenius*, Beilage 3 zu ZIP 2013, 1, 5; i. d. S. auch *Lienau*, Der Konzern 2013, 157, 160 (noch zum DiskE); grds. auch *Hirte*, ZIP 2008, 444, 445.

1004 V. *Wilcken*, in Flöther, Handbuch Konzerninsolvenz, § 4 Rn. 50, 54; *Harder/Lojowsky*, NZI 2013, 327, 328 m. w. N.; *Wimmer*, jurisPR-InsR 20/2013 Anm. 1.; *Becker*, Kooperationspflichten in der Konzerninsolvenz, S. 97; *Hirte*, ZIP 2008, 444, 445; a. A. *Frind*, Stellungnahme, S. 9 f.; *ders.*, ZInsO 2013, 429, 431; *Römermann*, ZRP 2013, 201, 203; *Rühlemann*, Verfahrenskonzentration in der Konzerninsolvenz, S. 519.

Rückkehr in den Anwaltsberuf einen Namen zu machen, als dies bei auf Lebenszeit ernannten deutschen Richtern der Fall ist.[1005] Zudem stehen die Entscheidungen, wie *Rotstegge* zutreffend darstellt, *„zumeist unter dem Vorbehalt eines Rechtsmittelverfahrens und der Beteiligung bzw. der Zustimmung der Insolvenzgläubiger“*[1006]. Schließlich ist einem eventuell betriebenen Missbrauch mittels eines Rechtsmissbrauchseinwandes[1007] mit der Folge der Unzulässigkeit des Antrages sowie mit den übrigen „klassischen Mitteln gegen Rechtsmissbrauch“, namentlich einer Haftungsandrohung sowie strafrechtlicher Sanktionierung, zu begegnen und nicht durch eine grundsätzliche Einschränkung von Zuständigkeitsregelungen.[1008]

Die u. a. vor diesem Hintergrund teilweise vorgeschlagene Abweichung vom Prioritätsprinzip hin zur zwingenden Bestimmung des Gruppen-Gerichtsstandes am Sitz des Mutterunternehmens[1009] löst dieses Problem ebenfalls nicht;[1010] und zwar unabhängig davon, ob diese mit der Einführung einer Sperrfrist (*periode suspecte)* einhergeht oder nicht.[1011]

Bereits *de lege lata* ist das Prioritätsprinzip in § 3 Abs. 2 InsO als ausschlaggebendes Prinzip zur Bestimmung der Zuständigkeit bei bestehender Mehrfachzuständigkeit vorgesehen.[1012] Bestehen tatsächlich mehrere Zuständigkeiten, was in der Praxis

---

1005 I. d. S. auch *Wimmer*, DB 2013, 1343, 1347.

1006 *Rotstegge*, ZIP 2008, 955, 957; kritisch dazu *Rühlemann*, Verfahrenskonzentration in der Konzerninsolvenz, S. 431.

1007 Zur Nichtanerkennung einer Sitzverlegung *Ganter/Lohmann*, in MüKO InsO, § 3 Rn. 40 f.; siehe dazu auch *Pape*, in Uhlenbruck, InsO, § 3 Rn. 12; *Gerhadt*, in Jaeger, InsO, § 3 Rn. 41; *Rüther*, in HambKomm InsO, § 3 Rn. 20, 35 ff.; *Madaus*, in BeckOK InsO, § 3 Rn. 26 ff.; *Gruber*, in FS Schilken, 681, 684 ff. insb. 688 ff. jeweils m. w. N.; kritisch dazu *Klöhn*, KTS 2006, 259, 281 f.

1008 In diese Richtung auch *Mankowski*, NZI 2006, 153, 155; *Koch*, FS Jayme, Bd. 1, S. 437, 440.

1009 *Specovius/Kuske*, in Gottwald, Insolvenzrechts-Handbuch, § 95 Rn. 36; *v. Wilcken*, in Flöther: Handbuch Konzerninsolvenz, § 4 Rn. 30 ff.; *Verhoeven*, ZInsO 2014, 217, 218; *ders.*, ZInsO 2012, 1689, 1695; *Frind*, ZInsO 2014, 927, 935; *ders.*, ZInsO 2013, 429, 433; *Andres/Möhlenkamp*, BB 2013, 579, 584; bereits im Vorfeld der Entwürfe *Vallender*, in FS Runkel, S. 373, 386; *Vallender/Deyda*, NZI 2009, 825, 829; *Jaffé/Friedrich*, ZIP 2008, 1849, 1852; zumindest für eine fakultative Zuständigkeit *K. Schmidt*, ZIP 2012, 1053, 1058; ähnlich *Wiebusch*, Internationales Konzerninsolvenzrecht, S. 193 ff. Zu den möglichen Ausgestaltungen einer Zuständigkeitsbestimmung im Allgemeinen *Vallender/Deyda*, NZI 2009, 825, 828; *Wiebusch*, Internationales Konzerninsolvenzrecht, S. 171 ff.; *Rühlemann*, Verfahrenkonzentration in der Konzerninsolvenz, S. 398 ff.

1010 So auch *Thole*, KTS 2014, 351, 359; *Lienau*, Der Konzern 2013, 157, 160; *Brünkmans*, in MüKO InsO, Konzerninsolvenzrecht Rn. 32 f., m. w. N.; *Wiebusch*, Internationales Konzerninsolvenzrecht, S. 171 ff., 175.

1011 Zur Wirksamkeit einer derartigen Sperrfrist vgl. *Rühlemann*, Verfahrenskonzentration in der Konzerninsolvenz, S. 477 f. m. w. N. und 504.

1012 *Madaus*, in BeckOK InsO, § 3 Rn. 17.

zwar selten, aber nicht unmöglich ist,[1013] besteht für alle Antragsteller – Schuldner wie Gläubiger – das freie Wahlrecht aus § 4 InsO i. V. m. § 35 ZPO.[1014]

Zudem würde im Falle einer zwingenden Anknüpfung an den Sitz des Mutterunternehmens oftmals bereits die Bestimmung des Mutterunternehmens mit erheblichem Aufwand verbunden sein. Regelmäßig käme es dazu, dass das angerufene Gericht nach Feststellung des Gruppen-Gerichtsstandes das Verfahren dorthin verweisen müsste, sofern es nicht selbst auch insoweit zuständig ist oder es sich bei dem Antrag um einen solchen des Mutterunternehmens handelt. Weiterhin käme es dann, wenn das Mutterunternehmen selbst nicht insolvent ist, zur Zuständigkeit eines Gerichtes, in dessen Bezirk ggf. überhaupt kein insolventes Gruppenmitglied seinen wirtschaftlichen Mittelpunkt hat;[1015] ähnliche Probleme treten auf, wenn es sich bei der Muttergesellschaft lediglich um eine Briefkastenfirma handelt.[1016] Die Einführung entsprechender Ausnahmetatbestände ist bereits im Hinblick auf die Vielzahl unterschiedlicher Fallgestaltungen nicht sinnvoll möglich.[1017] Schließlich birgt der Vorschlag auch dann erhebliche Probleme, wenn sich der COMI des Mutterunternehmens im Ausland befindet. Der in diesen Fällen vorgeschlagene Rückgriff auf die höchste nationale Obergesellschaft (Zwischenholding)[1018] addiert zu den bereits genannten Problemen weiteren erheblicheren Prüfungsaufwand, da nach Feststellung des Mutter-COMI im Ausland mit der Suche nach der maßgeblichen Zwischenholding begonnen werden müsste.

Auch die fehlende Vorhersehbarkeit für die Gläubiger erscheint bei näherer Betrachtung kein durchschlagendes Argument gegen das Prioritätsprinzip darzustellen. Zwar ist zuzugeben, dass hieraus eine gewisse Rechtsunsicherheit resultieren kann. Deren Bedeutung dürfte jedoch aus mehreren Gründen nicht gewichtig genug

---

1013 Dazu *Klopp/Kluth/Pechartscheck*, in Gottwald, Insolvenzrechts-Handbuch, § 17 Rn. 8; *Pape*, in Uhlenbruck, InsO, § 3 Rn. 6; *Ganter/Lohmann*, in MüKO InsO, § 3 Rn. 20; *Gerhardt*, in Jaeger, InsO, § 3 Rn. 43; *Sternal*, in HK-InsO, § 3 Rn. 18.

1014 Statt vieler *Pape*, in Uhlenbruck, InsO, § 3 Rn. 6; *Rüther*, in HambKomm InsO, § 3 Rn. 25 m. w. N.

1015 Dazu bspw. *K. Schmidt*, KTS 2010, 1, 20. Wobei zuzugeben ist, dass der Fall der Insolvenz mehrerer Tochterunternehmen, die eine koordinierte Abwicklung erfordert, ohne die Insolvenz des Mutterunternehmens praktisch eher selten sein dürfte. Hier wird es sich zumeist um strategische Insolvenzverfahren handeln. Allg. dazu *Rühlemann*, Verfahrenskonzentration in der Konzerninsolvenz, S. 481, 504 f., der in diesem Fall eine Verweisungsmöglichkeit auf Antrag vorsehen möchte; kritisch insgesamt *Wiebusch*, Internationales Konzerninsolvenzrecht, S. 194 m. w. N.

1016 *Wiebusch*, Internationales Konzerninsolvenzrecht, S. 173.

1017 So auch *Rühlemann*, Verfahrenkonzentration in der Konzerninsolvenz, S. 483.

1018 Teilweise wird sogar deren Gründung für diesen Fall vorgeschlagen (*Jaffé/Friedrich*, ZIP 2008, 1849, 1852; *Vallender*, in FS Runkel, S. 373, 385; *Vallender/Deyda*, NZI 2009, 825, 828), was jedoch erheblichen Aufwand verursacht und ebenso großes Missbrauchspotential in sich birgt. I. d. S. auch *Wiebusch*, Internationales Konzerninsolvenzrecht, S. 174.

sein, um die Vorteile, die mit der Geltung des Prioritätsprinzips einhergehen, zu überwiegen.

Da im rein nationalen Kontext keine Verbindung zwischen Eröffnungszuständigkeit und anwendbarem Recht besteht, erschöpft sich der Vorteil, der Gläubigern aus der Vorhersehbarkeit insolvenzgerichtlicher Zuständigkeit erwächst, letztlich in der Kalkulierbarkeit von „Verwaltungsaufwand" im Rahmen einer möglichen Schuldnerinsolvenz. Im Wesentlichen wird es dabei um Aufwendungen zur Überbrückung fehlender Ortsnähe gehen.[1019] In diesem Zusammenhang ist auf die sogleich unter 2. dargestellten Bestrebungen einer weitreichenden Einschränkung der möglichen Gruppen-Gerichtsstände durch die Konzentration der Verfahren bei maximal einem Insolvenzgericht je OLG-Bezirk zu verweisen. Hierdurch werden derartige ortsbezogene Unwägbarkeiten zusätzlich erheblich verkleinert. Vor diesem Hintergrund verblassen die Unterschiede zwischen einem „Wahlgerichtsstand" am Sitz des Mutterunternehmens und einem solchen bestimmt nach dem Prioritätsprinzip zunehmend. Ein möglicher Insolvenzgerichtsstand liegt in beiden Fällen zumindest an zwei Orten; dem Sitz des einzelnen Schuldners (§ 3 Abs. 1 InsO) und dem des Mutterunternehmens bzw. eines anderen Gruppenmitgliedes. Addiert man hierzu die Möglichkeit einer Verlagerung des Sitzes des Mutterunternehmens bzw. die Umstrukturierung hin zu einem neuen Mutterunternehmen im Vorkrisenzeitraum, verliert das Argument der Transparenz weiter an Schlagkraft. Zudem ist unabhängig von den bereits dargestellten Problemen bei der Bestimmung des Mutterunternehmens davon auszugehen, dass in der Praxis koordinierte Gruppenverfahren auch ohne eine zwingende Anknüpfung an dessen Sitz dort geführt werden dürften. Verfahren am Sitz völlig unbedeutender Unternehmensteile werden bereits durch das Kriterium der nicht offensichtlich untergeordneten Bedeutung (§ 3a Abs. 1 Satz 1 InsO-E a. E.) verhindert.[1020] Damit greifen auch die bspw. von *Verhoeven*[1021] geäußerten Bedenken, das Prioritätsprinzip eröffne erhebliches *„Erpressungspotential"* für Geschäftsführer kleinerer Gruppen-Unternehmen, im Ergebnis nicht Platz.[1022]

Es bleibt damit festzuhalten, dass durch die geplante Ausgestaltung des Gruppen-Gerichtsstandes als „Wahlgerichtsstand" – bestimmt nach dem Prioritätsprinzip – neben dem normalen § 3 Abs. 1 InsO die im Gruppen-Kontext notwendige Flexibilität gewährleistet wird.[1023] Damit folgt das Konzept dem allgemeinen Grundgedanken,

---

1019 Vgl. dazu *Jaffé/Friedrich*, ZIP 2008, 1849, 1852.

1020 Eine Erhöhung dieser Werte forderte in diesem Zusammenhang der Bundesrat in seiner Stellungnahme vom 11.10.2013, BR-Drucks. 663/13(b), S. 1; ebenso *Specovius/Kuske*, in Gottwald, Insolvenzrechts-Handbuch, § 95 Rn. 36. Dazu auch sogleich unter Teil 8.IV.1.c.aa.

1021 *Verhoeven*, ZInsO 2014, 217, 219; dazu auch *Specovius/Kuske*, in Gottwald, Insolvenzrechts-Handbuch, § 95 Rn. 36.

1022 So auch *Brünkmans*, in MüKO InsO, Konzerninsolvenzrecht Rn. 30 f.

1023 So auch *Berner/Schiebe/Robert*, Stellungnahme NIVD. e. V., ZInsO 2013, 434, 435 (zum DiskE); gegen einen solchen Wahlgerichtsstand schon früh *K. Schmidt*, KTS 2010, 1, 20.

die speziellen Regelungen für Unternehmensgruppen als Angebot auszugestalten.[1024] Soweit, bspw. bei der Insolvenz nur weniger gruppenangehöriger Unternehmen in einem horizontal-dezentral organisierten Konzern, ein Koordinierungs- und Kooperationsbedarf nicht besteht, verbleibt es bei der eigenständigen Zuständigkeit nach § 3 Abs. 1 InsO.[1025] Ein Gruppen-Gerichtsstand muss also keinesfalls immer begründet werden.

c. Beschränkung der Zuständigkeitsbegründung

§ 3a Abs. 1 Satz 1 InsO-E a. E. schränkt die Antragsbefugnis insoweit ein, als die Antragsberechtigung von einer gewissen Bedeutung des antragstellenden Schuldners für die Unternehmensgruppe abhängt. Zudem dürfen keine Zweifel daran bestehen, dass die Verfahrenskonzentration im Interesse der gemeinsamen Gläubiger liegt (§ 3a Abs. 2 InsO-E).

aa. Das Kriterium der Bedeutung des Antragstellers für die Gruppe

Hinter dem Kriterium der nicht offensichtlich untergeordneten Bedeutung steht die Intention zu verhindern, dass ein Gruppenverfahren am Standort eines quantitativ zu vernachlässigenden Gruppenmitgliedes und damit möglicherweise an einem kleinen, mit einer Konzernsituation überforderten Insolvenzgericht eröffnet wird. Dieses Problem besteht im Hinblick auf die derzeit vorhandenen 191 Insolvenzgerichte[1026] in der Tat. Beachtet man jedoch die diesseits favorisierte zwingende Konzentration an jeweils einem Insolvenzgericht je OLG-Bezirk[1027] und bemüht sich um deren Umsetzung, löst sich die hinter dem Bedeutungskriterium stehende Problematik weitgehend von selbst. Bei derzeit 24 Oberlandesgerichten hielte sich selbst bei einer weitverzweigten Gruppenstruktur die Überraschung hinsichtlich der Eröffnungszuständigkeit für die betroffenen Gläubiger in Grenzen. Die Gefahr, dass eines der Gerichte mit der Bewältigung einer Konzerninsolvenz überfordert wäre, bestünde ebenfalls nicht. Unter diesem Gesichtspunkt verdichtet sich das Kriterium der nicht offensichtlichen Untergeordnetheit dann auf ein Element der Missbrauchskontrolle. Das angerufene Gericht hat daher die nach § 13a InsO-E einzureichenden Unterlagen auch lediglich überschlägig[1028] (Wortlaut § 3a Abs. 1 InsO-E e. E.: *„nicht offensichtlich von untergeordneter Bedeutung"*) zu prüfen, was den bereits mehrfach erwähnten erheblichen Prüfungsaufwand zu beschränken hilft.

Problematisch in diesem Zusammenhang sieht insb. *Brünkmans* die Streichung des Kriteriums der *„Wahrnehmung wesentlicher Aufgaben und Funktionen für die*

1024 So auch *Specovius/Kuske*, in Gottwald, Insolvenzrechts-Handbuch, § 95 Rn. 31.
1025 BT-Drucks. 18/407, S. 20.
1026 Vgl. dazu die Darstellung bei *Ganter/Lohmann*, MüKO InsO, § 2 Rn. 18 ff.
1027 Dazu sogleich unter Teil 8.IV.2
1028 Die Entwurfsbegründung spricht, gerade im Fall des Fehlens konsolidierter Abschlüsse, davon, dass *„abzuschätzen"* sei, BT-Drucks. 18/407, S. 27.

Gruppe", welches im DiskE noch als alternatives Kriterium zur Begründung einer nicht offensichtlich untergeordneten Bedeutung vorgesehen war.[1029] *Brünkmans* befürchtet, dass dadurch regelmäßig der Gerichtsstand reiner Holding-Gesellschaften ohne eigenem operativen Geschäft trotz deren möglicherweise exponierter Stellung (insb. bei Management-/Strategie-Holdings) innerhalb der gesamten Unternehmensgruppe als Gruppen-Gerichtsstand ausscheiden würde, da die entsprechenden Gesellschaften häufig nur über sehr geringes Eigenpersonal verfügen und damit am Kriterium des § 3a Abs. 1 Nr. 3 InsO-E scheitern. Dem ist jedoch entgegenzuhalten, dass die Streichung des alternativen Kriteriums der wesentlichen Aufgaben und Funktionen in Folge berechtigter Kritik an der damit verbundenen gesteigerten Prüfungsbelastung der Gerichte erfolgte. Anders als die rein mathematischen Kriterien von Bilanzsumme, Umsatzerlös und durchschnittlich beschäftigtem Arbeitnehmer lässt sich die Frage nach der *Wesentlichkeit* bestimmter Aufgaben und Funktionen nur schwer in belastbarer Weise aus den Antragsunterlagen entnehmen.

Gleichwohl erscheint es durchaus sinnvoll, auch bei Holdingstrukturen die Möglichkeit zur Eröffnung des Gruppenverfahrens am Gerichtsstand der Holdinggesellschaft zuzulassen. Dieses Ergebnis ist andererseits auch ohne Wiedereinführung des Kriteriums der „wesentlichen Aufgaben und Funktionen" realisierbar. So darf der Charakter der Größenkennzahlen in § 3a Abs. 1 Satz 2 Nr. 1–3 InsO-E als Regelbeispiel für fehlende untergeordnete Bedeutung nicht in Vergessenheit geraten. Die dort aufgeführten Kennzahlen sind keinesfalls Mindestvoraussetzung für die Annahme einer ausreichenden Bedeutung. Ein Schuldner, der bspw. nach § 290 HGB zur Aufstellung eines Konzernabschlusses verpflichtet ist, wird über dieses Regelbeispiel hinaus und unabhängig von den dortigen Kennzahlen als nicht von untergeordneter Bedeutung anzusehen sein. Hat eine Holding-Gesellschaft faktisch eine besondere Bedeutung für die gesamte Unternehmensgruppe, wird dieser Umstand eine *offensichtliche Untergeordnetheit* auch unabhängig vom Erreichen der Größenkennzahlen, insb. der Beschäftigungszahl, ausschließen.

Die in diesem Fall mit einem Gruppen-Gerichtsstand am Sitz der Holding einhergehende Folge, dass das Gruppenverfahren möglicherweise an einem vom Ort der Mehrzahl der Beschäftigten weit entfernten Gerichtsstand eröffnet wird, erscheint auch hinnehmbar. Zum einen wird den Beschäftigten innerhalb der Unternehmensgruppe durch die Regelung des § 3a Abs. 1 Nr. 3 InsO-E derzeit eine mit dem Grundsatz der Gläubigergleichbehandlung ohnehin nur eingeschränkt zu vereinbarende Sonderstellung eingeräumt. Zum anderen wird durch die vorgesehene geringe Beschäftigtenmindestquote von 10 % am Gruppen-Gerichtsstand[1030] das Verfahren in vielen Fällen ohnehin nicht in örtlicher Nähe zum Gros der Arbeitnehmer durchgeführt. Nicht zuletzt ist aber auch in diesem Zusammenhang die diesseits

1029 § 3a Abs. 3 Nr. 3 Hs. 2 DiskE a.E; *Brünkmans*, in MüKO InsO, Konzerninsolvenzrecht Rn. 45; ebenso *BRAK*, Stellungnahme, S. 2.

1030 Für eine Erhöhung plädiert erwartungsgemäß *Wroblewski*, Stellungnahme IG Metall, S. 2.

favorisierte zwingende Konzentration der örtlichen Zuständigkeiten für Gruppenverfahren an einem Insolvenzgericht je OLG-Bezirk[1031] zu beachten, durch die es allgemein zu einer gewissen *Delokalisierung* kommt. Damit scheint die mit der Beschäftigtenquote verfolgte Zielsetzung ohnehin nicht erreichbar. Auch dieses Resultat einer solchen Konzentration wird aber von deren Vorteilen letztendlich überlagert. Es ist nämlich davon auszugehen, dass eine Spezialisierung der Gerichte für Gruppenverfahren sich auch positiv auf die besondere Situation der Beschäftigten innerhalb einer Unternehmensgruppe auswirken wird.

Ebenfalls unter Verweis auf den Normzweck von § 3a Abs. 1 Nr. 1–3 InsO-E sind Forderungen nach einer Anhebung der dort genannten Werte zurückzuweisen.[1032] Zur Begründung derartiger Forderungen wird im Wesentlichen auf die Manipulationsgefahr und ein vermeintlich erhöhtes Risiko missbräuchlichen *Forum Shoppings* hingewiesen.[1033] Dabei ist jedoch zu berücksichtigen, dass es sich um Referenzgrößen bezogen auf das letzte abgeschlossene Geschäftsjahr handelt. Zum einen dürfte es durchaus mit erheblichen Schwierigkeiten verbunden sein, einen derart langen Zeitraum in entscheidungserheblicher Weise zu manipulieren. Zum anderen ist auch insoweit der Charakter dieser Anknüpfung als Regelbeispiel zu beachten. Es bleibt bei der Möglichkeit des Gerichts, trotz des Überschreitens der Grenzwerte den Antragsteller als von untergeordneter Bedeutung für die Gruppe einzustufen. Letzteres dürfte insb. dann in Betracht kommen, wenn sich Anhaltspunkte für eine (versuchte) Manipulation ergeben.

Weiter darf nicht außer Acht gelassen werden, dass die Anforderungen nicht an der Realität vorbei erhöht werden dürfen. Gerade bei weitverzweigten, dezentral organisierten Unternehmensgruppen ist es durchaus denkbar, dass keine der betroffenen Gesellschaften die prozentualen Grenzwerte, gemessen an der Gesamtgruppe, überhaupt erreicht. Als Element der Missbrauchskontrolle und Anhaltspunkt für die Prüfung der nicht offensichtlich untergeordneten Bedeutung sind die im Entwurf vorgesehenen Werte damit als ausreichend und angemessen einzustufen.

Ergänzend ist zu erwägen, das Risiko einer Fehleinschätzung hinsichtlich der Bedeutung für die Unternehmensgruppe auf Basis fehlerhafter Antragsunterlagen – und dies würde den Charakter der Bestimmung als Kontrollelement verstärken – durch Haftungs- und Strafvorschriften zusätzlich zu begrenzen. Weist das Gericht einen Eröffnungsantrag mangels ausreichender Angaben als unzulässig ab, kommt bereits *de lege lata* eine Haftung wegen Verletzung der Antragspflicht nach § 15a InsO in Betracht.[1034] Die Strafbewährung in § 15a Abs. 4 und Abs. 5 InsO trägt ebenfalls bereits ihren Teil dazu bei, dass mit wahrheitsgemäßen Angaben im Eröff-

---

1031 Vgl. dazu ausführlich sogleich unter Teil 8.IV.2.

1032 Für eine Anhebung BR-Drucks. 663/13(B), S. 1; *Frind*, Stellungnahme, S: 4, 15; *Wroblewski*, Stellungnahme IG Metall, S. 2; *Rüther*, in HambKomm InsO, § 3 Rn. 46.

1033 BR-Drucks. 663/13(B), S. 1; *Frind*, Stellungnahme, S. 4, 7 ff.

1034 *Gundlach*, in Gottwald, Insolvenzrechts-Handbuch, § 7 Rn. 13; *Klöhn*, in MüKO InsO, § 15a Rn. 132 f. m. w. N.; *Bußhardt*, in Braun, InsO, § 15a Rn. 17 m. w. N.; *Rönnau/Wegner*, ZInsO 2014, 1025, 1025 ff.

nungsantrag gerechnet werden kann.[1035] Zwar handelt es sich bei dem Antrag nach § 3a InsO-E nicht um einen Eröffnungsantrag i. S. d. § 15a InsO, *de lege ferenda* wäre es jedoch sinnvoll, § 15a InsO bzgl. der Haftung und Strafbarkeit auch darauf zu erstrecken bzw. eine entsprechende Strafbarkeitsregelung, bspw. in § 13a InsO-E,[1036] aufzunehmen.[1037]

bb. Die Verfahrenskonzentration im gemeinsamen Interesse der Gläubiger

Schwieriger gestaltet sich dagegen die Prüfung, ob eine Verfahrenskonzentration im gemeinsamen Interesse der beteiligten Gläubiger liegt (§ 3a Abs. 2 InsO-E). Zwar wird dem Gericht keine positive Feststellung der Konzentrationsvorteile im Einzelnen (mehr)[1038] abverlangt, sondern lediglich gefordert, dass keine Zweifel am Eintritt irgendwie gearteter Vorteile für alle bzw. jedenfalls am Fehlen von Nachteilen für einzelne Gläubiger bestehen. Selbst diese Prüfung ist jedoch u. U. sehr zeitaufwendig.[1039] Hält man sich dabei vor Augen, dass Grundlage der Prüfung wiederum die vom Schuldner gemachten Angaben sind, erscheint die Regelung insgesamt fragwürdig. Im Rahmen der Antragsunterlagen wird der Schuldner sein mit der Antragstellung verfolgtes Ziel, sei es eine Sanierung oder bestmöglich Liquidation, ausführlich darlegen und dabei dessen besondere Erfolgschancen hervorheben und etwaige Unwägbarkeiten bestenfalls „kleinreden". Auf dieser Grundlage eine einzig aus der Verfahrenskonzentration als solche resultierende Gläubigerbenachteiligung zu entdecken, dürfte im Regelfall (trotz Amtsermittlungsbefugnissen nach § 5 Abs. 1 Satz 1 InsO) schon mit Blick auf die Eilbedürftigkeit unmöglich sein.[1040] Dies gilt umso mehr, als derartige Angaben zwangsläufig immer lediglich Prognosecharakter haben können.

Betrachtet man in diesem Zusammenhang die, zugegeben bisher gescheiterten Bemühungen zur (konzernunabhängigen) allgemeinen Konzentration von Insolvenzgerichten,[1041] scheint in einer derartigen Konzentration erneut der Lösungsansatz zu liegen. Geht man davon aus, dass bereits bei einer Verringerung auf maximal 1–2 Insolvenzgerichte pro LG-Bezirk[1042] eine erhebliche Reduzierung der potentiell berufenen Insolvenzgerichte in einer Größenordnung von 30–40 % möglich wäre, würden dadurch zahlreiche vermeintliche Nachteile, die im Rahmen der

---

1035 Vgl. dazu *Römermann*, ZInsO 2010, 353, 353 ff.; *Weyand*, ZInsO 2010, 358, 359 ff.; *Steinbeck*, Die vorsätzliche Insolvenzverschleppung, S. 66 ff.
1036 Siehe dazu Formulierungsvorschlag in Anhang II (§ 13a Abs. 3).
1037 Wobei eine Exkulpation bei erfolgten Weisungen möglich sein muss.
1038 So noch im DiskE vorgesehen.
1039 Kritisch dazu auch *Wiebusch*, Internationales Konzerninsolvenzrecht, S. 196 f.
1040 So auch *Vallender*, Der Konzern 2013, 162, 165, er schlägt vor, § 13a Nr. 2 dahingehend zu ergänzen, dass der antragstellende Schuldner die Voraussetzungen glaubhaft machen muss.
1041 Vgl. dazu sogleich unter Teil 8.IV.2.
1042 So der letztlich gescheiterte Vorschlag im Rahmen des ESUG, Reg-E ESUG, S. 32. Vgl. dazu auch sogleich unter Teil 8.IV.2.

Zuständigkeitskonzentration nunmehr vorgebracht werden (unerfahrenes Gericht, Überraschungen für die Gläubiger, weite Anreise zu Gläubigerversammlungen, etc.) zumindest relativiert. Diese wären dann in gewissem Maße jedem Insolvenzverfahren immanent. Damit wäre die Vermutung, dass eine Verfahrenskonzentration bei Unternehmensgruppen für die betroffenen Gläubiger zumindest grds. nicht nachteilig sei, zu rechtfertigen. Eine Antragsablehnung wäre dann nur in den Fällen möglich, in denen aus der Verfahrenskonzentration offensichtlich nachteilige Folgen für die Gläubiger erwachsen würden. Damit geht eine Konzentration auf der Ebene der Länder entgegen der Ansicht von *K. Schmidt*[1043] durchaus über eine bloße Reduzierung der auf Landesebene entstehenden Problemfälle hinaus; sie schafft vielmehr einen echten Mehrwert für die Bewältigung der Antragsprüfung durch die Gerichte.

Zudem gilt es zu beachten, dass das geforderte Fehlen von Nachteilen für die Gläubiger immer dann gegeben sein wird, wenn sich ein irgendwie gearteter Konzernmehrwert erst durch die Gerichtsstandskonzentration realisieren lässt. In diesem Fall lässt sich der Wert der Einzelmassen regelmäßig, ggf. im Rahmen von Ausgleichszahlungen zwischen den Einzelmassen, beibehalten; ein etwa verbleibender Überschuss lässt ein derartiges Vorgehen in diesen Fällen zudem vielfach auch lohnenswert erscheinen, ohne dass dies Voraussetzung für eine Konzentration wäre.[1044]

d. Vorliegen einer Unternehmensgruppe i. S. d. § 3e InsO-E bei grenzüberschreitendem Bezug

Wie bereits dargestellt setzt § 3e InsO-E für die Existenz einer Unternehmensgruppe voraus, dass sich der COMI der einzelnen Gruppenmitglieder im Inland befindet. Dies wirft die Frage auf, ob in Fällen, in denen sich einzelne Teile der Gruppenstruktur im Ausland befinden, insgesamt, oder doch zumindest dann, wenn die Verknüpfung über einen ausländischen Rechtsträger vermittelt ist, keine Unternehmensgruppe i. S. d. § 3e InsO-E vorliegt.

Zur Verdeutlichung der Problematik soll folgendes Beispiel dienen: Die Muttergesellschaft X Ltd. mit Sitz in London/England übt beherrschenden Einfluss i. S. d. § 3e Nr. 1 InsO-E auf ihre drei Tochtergesellschaften, die A GmbH mit Sitz in München/Deutschland, die B GmbH mit Sitz in Hamburg/Deutschland sowie die E Sàrl mit Sitz in Paris/Frankreich aus. Die Gesellschaften A, B und C selbst stehen in keinerlei Verbindung i. S. d. § 3e InsO-E zueinander.

Die Klärung der Frage, ob die inländischen Gesellschaften auch ohne nationale Verbindung zueinander eine Unternehmensgruppe i. S. d. § 3e InsO-E darstellen, muss vor dem Hintergrund der bestehenden Kompetenzverteilung stattfinden. Der deut-

1043 *K. Schmidt*, ZIP 2012, 1053, 1058.
1044 Dazu *Brünkmans*, Der Konzern 2013, 169, 172.

sche Gesetzgeber kann selbstverständlich nur solche Regelungen erlassen, die sich auf Unternehmen beziehen, die seiner Jurisdiktion unterliegen. Werden (Haupt-) Verfahren über Teile einer Gruppenstruktur im Ausland eröffnet, unterfallen diese nicht der dt. InsO, sondern grds. der *lex fori concursus* des Eröffnungsstaates.[1045] Von derartigen „ausländischen" Verfahren erfasste Unternehmen scheiden als Teil der deutschen Unternehmensgruppe i. S. d. § 3e InsO-E damit von vorneherein aus.

Unabhängig davon können die im Inland belegenen Gruppen-Fragmente für sich genommen jedoch eine Unternehmensgruppe i. S. d. § 3e InsO-E bilden. Auch wenn der Wortlaut auf den ersten Blick etwas Anderes suggerieren könnte, ist dieses Ergebnis unter teleologischen Gesichtspunkten zwingend. Selbst wenn eine Gruppenstruktur aus in- und ausländischen Unternehmen besteht (vgl. obiges Beispiel), sind die Rechtsfolgen, die die neuen Regelungen an die Existenz einer Unternehmensgruppe i. S. d. § 3e InsO-E knüpfen, allesamt auch beschränkt auf die inländischen Gruppenteile erstrebenswert. Das Bedürfnis nach einer Zuständigkeitskonzentration und der Begründung von Koordinations- und Kooperationsverpflichtungen besteht in jedem Fall auch hier.[1046] Dies zeigt sich vor allem dann, wenn überhaupt nur über inländische Teile der Gesamtstruktur Insolvenzverfahren eröffnet werden. Die bloße Existenz eines (solventen) ausländischen Gruppenmitgliedes kann keinen Einfluss auf die Anwendbarkeit des neu geschaffenen Maßnahmenkataloges auf nationaler Ebene haben. Dabei spielt es grds. keine Rolle, ob es sich bei dem ausländischen Gruppenmitglied um ein Mutter-[1047] oder Tochterunternehmen handelt, da die Frage der Beherrschungsmacht in § 3e InsO-E anders als im Rahmen von § 290 HGB zumindest verzichtbar ist (arg. § 3e Nr. 2 InsO-E)[1048] und zudem eine internationale Verknüpfungskette ausreichend ist.

Demnach bilden in obigem Beispiel die A GmbH und die B GmbH eine Unternehmensgruppe i. S. d. § 3e InsO-E in Form einer „nationalen Teilgruppe".

Eine Anpassung der Regelungen hatte vor diesem Hintergrund die Neue Insolvenzverwaltervereinigung Deutschlands e. V. zum DiskE[1049] gefordert. Vorgeschlagen wurde, den Begriff der Unternehmensgruppe von der Lage des COMI unabhängig zu gestalten und die aus kompetenzrechtlicher Sicht notwendige Beschränkung der Regelungen auf nationale Schuldner erst durch eine Einschränkung der Regelungen zum Gerichtsstand (Modifikation des § 3a Abs. 1 InsO-E) zu erreichen. Dieses Konzept überzeugt schon in systematischer Hinsicht nicht. Die Definition der Unternehmensgruppe markiert die äußeren Grenzen des Anwendungsbereichs sämtlicher Regelungen zur Insolvenz gruppenangehöriger Unternehmen. Sie sollte daher keinesfalls weiter gefasst sein, als die an sie anknüpfenden Regelungen

---

1045 § 335 InsO bzw. Art. 7 Abs. 1 EuInsVO (n. F.).

1046 *Thole*, in Flöther, Handbuch Konzerninsolvenz, § 2 Rn. 34.

1047 In diesem Fall kann allerdings die Ermittlung des COMI der Töchter zu dem Ergebnis führen, dass dieser am Sitz der Mutter belegen und damit eine Eröffnungszuständigkeit für Hauptverfahren im Inland überhaupt nicht gegeben ist.

1048 So auch *Thole*, in Flöther, Handbuch Konzerninsolvenz, § 2 Rn. 35.

1049 *Berner/Schiebe/Robert*, Stellungnahme NIVD. e. V., ZInsO 2013, 434, 435.

reichen. Zudem ergibt sich das damit angestrebte Ergebnis, wie bereits dargestellt, bereits unproblematisch aus einer sachgerechten Auslegung der derzeit vorgesehenen Vorschrift.

2. Zuständigkeitskonzentration am „großen Gruppen-Insolvenzgericht“

In engem Zusammenhang mit der Frage nach dem Anwendungsbereich der neuen Vorschriften steht die Überlegung einer weitergehenden Zuständigkeitskonzentration am „großen Gruppen-Insolvenzgericht“.

a. Grundsätzliche Überlegung

Anzustreben ist nach dem Dafürhalten des Verfassers eine zwingende Konzentration der Zuständigkeit für die Eröffnung von Gruppenverfahren bei einem Gericht je OLG-Bezirk; vorzugswürdig an dem Amtsgericht als Insolvenzgericht am Sitz des OLG. Dies darf indes nicht mit einer Zuständigkeit des Oberlandesgerichts für Gruppenverfahren verwechselt werden.[1050]

Bisherige Versuche, durch Einschränkung von § 2 Abs. 2 Satz 1 InsO eine weitere Zuständigkeitskonzentration herbeizuführen, sind, wie bereits mehrfach erwähnt, bisher gescheitert. Dies wird regelmäßig pauschal auf den Widerstand der Länder zurückgeführt, wie er insb. im Zusammenhang mit der Einführung des Gesetzes zur weiteren Erleichterung der Sanierung von Unternehmen (ESUG)[1051] zu Tage getreten ist.[1052]

Bei der Frage, ob eine Konzentration für den besonderen Fall eines Gruppenverfahrens möglich und durchsetzbar ist, sind allerdings die im Zusammenhang mit der allgemeinen, „verfahrensübergreifenden“ Einschränkung von § 2 Abs. 2 Satz 1 InsO vorgebrachten Bedenken neu zu bewerten.

Im Zuge des ESUG hatte der Bundesrat in seiner Stellungnahme nach Art. 76 Abs. 2 GG im Wesentlichen folgende Bedenken gegen eine Beschränkung von § 2 Abs. 2 Satz 1 InsO vorgebracht:

a. Verlust der Ortsnähe
b. keine signifikante Qualitätssteigerung zu erwarten und
c. erhebliche Kosten für die Länder.[1053]

1050 Zu Recht kritisch dazu *Frind*, ZInsO 2009, 952, 957.

1051 BGBl. S. 2582, ber. S. 2800; dazu *Frind*, ZInsO 2010, 1473, 1473 ff.

1052 *Kießner*, in Braun InsO, § 2 Rn. 14; *Wimmer*, jurisPR-InsR 20/2013 Anm. 1; *Frind*, Stellungnahme, S. 8. In Bayern wurde bspw. 2010 versucht, eine Reduzierung von 29 auf acht Insolvenzgerichte herbeizuführen, um eine größere Spezialisierung der Insolvenzrichter und Rechtspfleger herbeizuführen, dazu Pressemitteilung vom 02.09.2010, abrufbar unter http://www.justiz.bayern.de/presse-und-medien/pressemitteilungen/archiv/2010/102.php (zuletzt abgerufen am 08.05.2016), dies scheiterte letztlich jedoch.

1053 Stellungnahme des Bundesrates, BT-Drucks. 17/5712, S. 50 f.

Die dazu aufgeführten Argumente tragen jedoch im Kontext der Gruppenverfahren, wie im Folgenden gezeigt wird, nicht.[1054]

aa. Verlust der Ortsnähe

Der Bundesrat befürchtet bei der generellen Einschränkung des § 2 Abs. 2 Satz 1 InsO einen Verlust der Ortsnähe der Justiz. Es sei notwendig, *„den Kontakt der Schuldner in Verbraucherinsolvenzverfahren insbesondere während der Wohlverhaltensperiode sowie den Kontakt der Verwalter und Treuhänder zu dem jeweiligen Insolvenzgericht durch Sicherstellung überschaubarer Entfernungen zum Gerichtsort zu befördern"*[1055]. Diese Einschätzung ist im Hinblick auf die ausschließlich schriftliche Abwicklung von Verbraucherinsolvenzverfahren in dieser Pauschalität bereits grds. unzutreffend,[1056] greift aber vor allem im Kontext der Insolvenzen innerhalb einer Unternehmensgruppe nicht. Es handelt sich in letzterem Fall um Verfahren, die durch den Konzernzusammenhang erhebliche Komplexität aufweisen und daher nur von entsprechend aufgestellten Verwaltern überhaupt bewältigt werden können.[1057] Diese haben ihren Sitz zumeist nicht am lokalen Standort des betroffenen Schuldners, sondern operieren von Ballungszentren mit entsprechender Infrastruktur aus. Die Überbrückung größerer Entfernungen und die damit ggf. einhergehenden Kosten sind daher unabhängig von einer etwaigen gerichtlichen Zuständigkeitskonzentration vorprogrammiert.[1058] Das Kriterium der Ortsnähe ist, sowohl was die Bestellung von Insolvenzverwaltern anbelangt[1059] als auch hinsichtlich der Konzentration von Insolvenzgerichten[1060], ohnehin bereits seit Langem umstritten. Insb. in Zeiten moderner Kommunikationsmittel und flächendeckender Infrastrukturnetze sind die Anforderungen an die Ortsnähe jedenfalls im konkreten

---

1054 Kritisch *Breiter/Georg/Hingerl/Klöckner/Müller/Nordhausen/Pirkl/Ponzer/Sperlin/von Bulltion*, ZInsO 2011, 860 ff.

1055 Stellungnahme des Bundesrates, BT-Drucks. 17/5712, S. 50.

1056 So auch *Frind*, ZInsO 2010, 1473, 1474; *Schmerbach*, ZInsO 2010, 1670, 1671.

1057 Allg. zu den Anforderungen an den Insolvenzverwalter in der Konzerninsolvenz *Flöther*, in ders., Handbuch Konzerninsolvenz, § 4 Rn. 147 f.

1058 Vgl. dazu auch sogleich im Zusammenhang mit dem Kostenargument des Bundesrates.

1059 Allg. dazu *N. Schmidt*, ZInsO 2015, 672, 672 ff.; kritisch *Frind*, Anm. zu OLG Köln ZInsO 2015, 798 ff.; zu den verfassungsrechtlichen Bedenken BVerfG NJW-RR 2009, 1502; OLG Celle ZInsO 2015, 634 ff. mit ausführlicher Auseinandersetzung mit der Rechtsprechung und Literatur zur Frage der Tauglichkeit des Kriteriums der Ortsnähe für die Aufnahme in eine Auswahlliste.

1060 *Frind* weist in ZInsO 2009, 952, 957 zutreffend darauf hin, dass selbst in Flächenstaaten wie Bayern und Baden-Würtemberg durch die Streichung jedes zweiten Insolvenzgerichts maximal eine Entfernung von 300 km zum nächsten Insolvenzgericht entstehen würde und daher regelmäßig kein unangemessener Aufwand für rechtssuchende Bürger betreffend der Fahrt zum Gericht entstehen würde.

Einzelfall genauestens abzuwägen.[1061] Diese Argumentation im Zusammenhang mit der Bestellung von Insolvenzverwaltern lässt sich auf die Ortsnähe der Gerichte durchaus übertragen. Und auch in anderen Bereichen wurden derartige Fragestellungen zugunsten einer Konzentration bereits entschieden. So hat das BVerfG im Zusammenhang mit der Schaffung eines gemeinsamen Jugendschöffengerichts (§ 33 Abs. 4 JGG a. F.) ausgeführt, dass eine Zusammenlegung mehrerer Gerichtsbezirke weder dem Grundsatz der Bundesstaatlichkeit noch der Sozialstaatlichkeit zuwiderlaufe und die Tatsache, dass sich für manche Verfahrensbeteiligte der Weg zum Gerichtsort verlängert, angesichts der Entwicklung des modernen Verkehrswesens auch unter sozialen Gesichtspunkten grds. unbedenklich sei.[1062] Ähnlich hat sich der EuGH zur deutschen Regelung in § 28 des Auslandsunterhaltsgesetzes (AUG) geäußert, wonach für Unterhaltssachen das Amtsgericht am Sitz des Oberlandesgerichts, in dessen Bezirk der Antragsteller seinen gewöhnlichen Aufenthalt hat, zuständig ist, wenn einer der Beteiligten seinen gewöhnlichen Aufenthalt nicht im Inland hat. Eine damit einhergehende räumliche Distanz des zuständigen Gerichts sei jedenfalls dann unschädlich, wenn diese bspw. durch die Möglichkeiten moderner Kommunikationstechnologien zumindest abgeschwächt werden könne. Dabei betont der EuGH die allgemeine Eignung der Verfahrenskonzentration zur Entwicklung einer besonderen Sachkunde, die die Effektivität der Rechtsdurchsetzung erhöhen kann und zugleich eine ordnungsgemäße Rechtspflege gewährleistet sowie den Interessen der Parteien des Rechtsstreits dient.[1063]

Zusätzlich ist zu bedenken, dass in der Praxis auch Regelverfahren weitgehend schriftlich geführt werden[1064] und sich Gläubigerversammlungen (die örtlich zudem nicht an den Sitz des Gerichtes gebunden sind[1065]) meist nur geringer Gläubiger-Präsenz erfreuen.[1066]

Durch die Schaffung eines Gruppen-Gerichtsstandes im Rahmen des neuen § 3a InsO-E ist überdies die grundsätzliche Entscheidung für ein Weniger an Ortsnähe zugunsten gesteigerter Verfahrenseffektivität bereits gefallen. Der Schaffung eines zentralen Gruppen-Gerichtsstandes ist es immanent, dass die Ortsnähe für alle nicht am Gruppen-Gerichtsstand ansässigen gruppenangehörigen Schuldner entfällt. Ob dieser Verlust nun in Ansehung der Nähe zum nächsten „normalen" In-

---

1061 So auch OLG Celle, Beschl. v. 04.03.2015–16 VA 1/15.

1062 BVerfG NJW 1969, 1291, 1293.

1063 EuGH Urt. V. 18.12.2014 – C-400/13 (Sanders/Verhaegen und Huber/Huber) Tz. 45 = NJW 2015, 683, 685.

1064 Das Argument des schriftlichen Verfahrens zieht der dt. Gesetzgeber bspw. auch im Rahmen von § 1087 ZPO heran, BT-Drucks. 16/8839, S. 22.

1065 Dazu statt vieler *Ehricke*, in MüKO InsO, § 74 Rn. 34 m. w. N.

1066 So auch *Frind*, ZInsO 2009, 952, 957; Ehem. Justizministerin (Bayern) Merk, Pressemitteilung v. 02.09.2010, abrufbar unter http://www.justiz.bayern.de/presse-und-medien/pressemitteilungen/archiv/2010/102.php (zuletzt abgerufen am 08.05.2016); *Ehricke*, NZI 2000, 57, 57 mit zahlreichen weiteren Nachweisen.

solvenzgericht oder zu einem am Sitz des OLG angesiedelten spezifischen Gruppen-Insolvenzgericht eintritt, fällt demgegenüber kaum mehr ins Gewicht.

Mangelnde Ortsnähe stellt daher kein Hindernis für eine Konzentration der besonderen und im Vergleich zu den Privatinsolvenzverfahren deutlich selteneren Gruppenverfahren dar.[1067] Dem sollten sich auch die Länder nicht länger verschließen.

bb. Qualitätssteigerung bei den Gerichten

Weiter führte der Bundesrat in seiner Stellungnahme zum ESUG an, dass keine belastbaren Belege für eine Qualitätssteigerung bei den Gerichten existieren.[1068] Eine solche sei auch nicht zu erwarten, da die Anzahl der Verfahren zwischen strukturstarken und -schwachen Gebieten stark differiere und die Frage, in welchem Umfang einzelne Richter und Rechtspfleger mit Verfahren betraut seien, ohnehin den Präsidien im Rahmen der Geschäftsverteilung obläge.[1069] Auch diese Einschätzung, die im Hinblick auf Verbraucherverfahren noch korrekt sein mag, bereits im Zusammenhang mit „normalen" Regelverfahren jedoch bereits durchaus zu bezweifeln ist, lässt sich auf Gruppenverfahren keinesfalls übertragen. Unabhängig von der konkreten Ausgestaltung des Anwendungsbereiches wird die Zahl der Gruppenverfahren vergleichsweise gering ausfallen. Auf der anderen Seite bedarf es in diesen Verfahren besonderer Kenntnisse der neuen Regelungen und vertieftem Verständnis konzernspezifischen Gesellschafts- und Steuerrechts sowie weitreichender betriebswirtschaftlicher Kenntnisse. Damit erscheint insoweit eine Spezialisierung einzelner Richter und Rechtspfleger im Vergleich zu „normalen" Verfahren (vgl. dazu die Anforderungen in § 22 Abs. 6 GVG) durchaus sinnvoll[1070] und durch Zuständigkeits-

---

1067 So auch *Westphal/Janjuah*, Beilage 3 zu ZIP 2008, 1, 5 dort Fn. 26.

1068 Nach überwiegender Ansicht in der Verwalterschaft ist die Steigerung des derzeit teils schlechten Qualitätsniveaus der Insolvenzrichter, die ihre Station am Amtsgericht oft nur als Durchlaufstation betrachten und ausbildungsbedingt nicht über das notwendige betriebswirtschaftliche Know-how verfügen, zwingend erforderlich um, insb. Sanierungsverfahren erfolgreich durchführen zu können, vgl. dazu *Bitter/Röder*, ZInsO 2009, 1283, 1290; i. d. S. auch *Paulus*, in FS Gottwald, S. 485, 493.

1069 BT-Drucks. 17/5712, S. 50.

1070 Zu der allgemeinen Forderung einer Spezialisierung der Richterschaft vgl. Thesen zum Referat PräsLG Lotz auf dem 70. DJT, S. 3; ähnlich *Uhlenbruck*, in FS Kübler, S. 709, 709 ff. mit zahlreichen weiterführenden Nachweisen; *Jaffé/Friedrichs*, ZIP 2008, 1849, 1852. Zur aktuellen Fortbildungslage der Richter in der EU vgl. European Judicial Traing 2015, abrufbar unter http://ec.europa.eu/justice/criminal/files/final_report_2015_en.pdf (zuletzt abgerufen am 04.05.2016); und EU-Justizbarometer 2015, COM(2015) 116 final, S. 32. Der Gesetzgeber ist insoweit auch in anderen Bereichen bereits tätig, vgl. dazu Entwurf eines Gesetzes zur Modernisierung der Strukturen der Landgerichte, BR-Drucks. 322/15, S. 1, 5 f. zur Schaffung von Spezialkammern für Bau- und Architektensachen.

konzentration realisierbar.[1071] Zudem kann in Ansehung weniger spezieller Gerichte sachdienlicher auf die besonderen Anforderungen an die Richterpersönlichkeiten[1072] sowie die übertragenen Aufgaben Rücksicht genommen werden, als dies bei der Besetzung „allgemeiner" Insolvenzgerichte der Fall ist. Gleichzeitig führt eine Konzentration am „großen Gruppen-Insolvenzgericht" zu einer Entlastung der anderen Insolvenzgerichte. Die angesprochene Berücksichtigung der Verfahrensanzahl kann bei der Konzentration der Gruppenverfahren auf ein Insolvenzgericht je OLG-Bezirk sachgerecht und flexibel durch die jeweiligen Präsidien erfolgen.

cc. Kosten

Soweit der Bundesrat schließlich im Rahmen des ESUG auf die zu erwartenden gesteigerten Kosten hingewiesen hat,[1073] bestehen derartige Bedenken im Zusammenhang mit der Konzentration von Gruppenverfahren nicht. Anders als bei einer allgemeinen Einschränkung des § 2 Abs. 2 Satz 1 InsO führt die Konzentration der Gruppenverfahren nicht zu einem Abbau bestehender Insolvenzgerichte mit den daraus resultierenden Kosten der Umstrukturierung. Vielmehr genügt es voraussichtlich, einigen wenigen Richtern die entsprechenden Aufgaben im Rahmen des Geschäftsverteilungsplans zuzuweisen und sie von übrigen „normalen" Insolvenzverfahren (weitgehend) freizuhalten. Die möglicherweise vereinzelt notwendig werdenden zusätzlichen Richterstellen dürften im Verhältnis zu den Vorteilen der Konzentration kaum ins Gewicht fallen. Gleiches gilt für die Rechtspfleger.[1074] Zudem wird die durch Bündelung der gruppenangehörigen Verfahren bei einem Richter bereits angestoßene Kostenreduktion im Vergleich zu einer Verteilung der Verfahren auf unterschiedliche Gerichte und Richter erneut verstärkt. In jedem einzelnen Verfahren spielen Fragestellungen im Zusammenhang mit der Gruppenzugehörigkeit eine Rolle. Dies führt dazu, dass sich der zuständige Richter zwingend in die bestehende Gruppenstruktur einarbeiten muss. Die hieraus resultierenden Erkenntnisse können bei der Konzentration auf einen einzelnen Richter „mehrfach" nutzbar gemacht werden. Dies gilt umso mehr, als auch im weiteren Verlauf der Verfahren gewonnene Erkenntnisse in allen betroffenen Verfahren als gerichtsbekannt

---

1071 So auch *Frind/Haarmeyer/Heyrath/Schmerbach/Schmidt*, „Hamburger Thesen", ZInsO 2005, 982, 982; ebenso *Brünkmans*, in MüKO InsO, Konzerninsolvenzrecht Rn. 33; *Wiebusch*, Internationales Konzerninsolvenzrecht, S. 295 m. w. N. Zu dieser Einschätzung kam auch bereits der InsO-Gesetzgeber bei der Schaffung von § 2 InsO, BT-Drucks. 12/2443, S. 109; im Zusammenhang mit der Frage nach einer Übertragung bestimmter Verfahren an die Kammern für Handelssachen auch *Heyer*, ZInsO 2011, 1495, 1496; kritisch hingegen *Breiter/Georg/Hingerl/Klöckner/Müller/Nordhausen/Pirkl/Ponzer/Sperlin/von Bulltion*, ZInsO 2011, 860, 861 ff.

1072 Gleiches gilt natürlich auch für die Rechtspfleger.

1073 BT-Drucks. 17/5712, S. 51.

1074 A. A. *Breiter/Georg/Hingerl/Klöckner/Müller/Nordhausen/Pirkl/Ponzer/Sperlin/von Bulltion*, ZInsO 2011, 860, 863 f.

vorausgesetzt werden können.[1075] Allein der daraus resultierende Zeitgewinn schlägt sich direkt in einer Kostenersparnis nieder.[1076] Durch die Verringerung der Anzahl potentiell zuständiger Gerichte und damit auch konkreter Richter wird verhindert, dass sich laufend neue Richter (und Rechtspfleger) an den unterschiedlichsten Insolvenzgerichten erstmalig in die Besonderheiten eines Gruppenverfahrens einarbeiten müssen. Gerade in der Anfangsphase möglicherweise anfallende Kosten werden auf diese Weise relativiert.

Soweit der Bundesrat auch Reisekosten und Trennungsgelder ins Feld führt,[1077] die einzig auf Verwalter- und ggf. auf Gläubigerseite, nicht jedoch auf Seiten der Gerichte anfallen, dürften diese regelmäßig durch den Konzentrationsmehrwert kompensiert werden.[1078] Überdies gilt es zu bedenken, dass derartige Kosten regelmäßig auch unabhängig von einer zusätzlichen Konzentration im Kontext eines Gruppenverfahrens in erhöhtem Maße auftreten. Sofern kein einheitlicher Verwalter bestellt wurde, werden die Verwalter der einzelnen Gruppenverfahren zur Wahrnehmung ihrer Kooperationsverpflichtungen gem. § 269b InsO-E zwangsläufig Reisekosten verursachen, bspw. im Rahmen gemeinsamer Besprechungen oder jedenfalls im Zusammenhang mit der Teilnahme an Gläubigerversammlungen gruppenangehöriger Verfahren.[1079] In jedem Fall wäre eine Regelung zur Frage der Berücksichtigungsfähigkeit derartiger Mehrkosten im Rahmen der Insolvenzverwaltervergütung einer grundsätzlichen Ablehnung der Gerichtsstandskonzentration vorzuziehen.

dd. Zusammenfassung – Plädoyer für eine zwingende Regelung durch den Bundesgesetzgeber

Zusammenfassend lässt sich festhalten, dass die im Rahmen der Versuche einer allgemeinen Einschränkung des § 2 Abs. 2 Satz 1 InsO vorgebrachten Gegenargumente im Kontext der Insolvenz gruppenangehöriger Unternehmen nicht tragen. Berücksichtigt man dabei die Tatsache, dass sich in der Praxis gezeigt hat, dass der Grad der Effektivität der Verfahrensabstimmung umso größer ist, je mehr betroffene Verfahren an einem Gerichtsstand geführt werden,[1080] erscheint eine größtmögliche

1075 So auch *Rühlemann*, Verfahrenskonzentration in der Konzerninsolvenz, S. 33.

1076 So auch *Brünkmans*, Die Koordinierung von Insolvenzverfahren, S. 311, 381; *Ehricke*, Das abhängige Konzernunternehmen in der Insolvenz, S. 462; *Becker*, Kooperationspflichten in der Konzerninsolvenz, S. 96.

1077 BT-Drucks. 17/5712, S. 51.

1078 Kritisch *Frind*, Stellungnahme, S. 9; *Yücel*, Insolvenzrecht, S. 18.

1079 Ob die Teilnahme „fremder" Insolvenzverwalter von § 269b InsO-E direkt erfasst wird, § 74 Abs. 1 InsO analog zur Anwendung kommt oder eine Zulassung durch das Gericht im Einzelfall unter Abwägung der betroffenen Einzelinteressen nach § 175 Abs. 2 GVG notwendig ist, kann an dieser Stelle dahingestellt bleiben.

1080 *Vallender*, Der Konzern 2013, 162, 163; *Vallender/Deyda*, NZI 2009, 825, 827; so auch *Kießner*, in Braun, InsO, § 3 Rn. 18f.

Konzentration unbedingt erstrebenswert.[1081] Diese Entscheidung sollte daher auch nicht, wie derzeit vorgesehen (§ 2 Abs. 3 InsO-E), vollständig den Ländern überlassen werden.[1082] Vielmehr sollten diesen „lediglich" die Festlegung des konkreten Insolvenzgerichtes innerhalb des Bezirkes und die Frage der möglichen Ausdehnung der Zuständigkeit über den Bezirk eines Oberlandesgerichtes hinaus überantwortet werden, während die Entscheidung für eine grundsätzliche Konzentration durch Bundesgesetz getroffen werden sollte. Hierzu bietet sich eine Anpassung von § 2 Abs. 2 und 3 InsO an.[1083]

Ein solches Konzept ist auch kompetenztechnisch umsetzbar. Gemäß Art. 74 Nr. 1 GG erstreckt sich die konkurrierende Gesetzgebungskompetenz des Bundes u. a. auf die Gerichtsverfassung und das gerichtliche Verfahren. Dazu gehören auch die hier betroffenen Fragen von Aufbau, Ressortierung und Zuständigkeit der Gerichte.[1084] Es wird durch eine entsprechende Regelung auch kein Landesgerichtsbezirk durch den Bundesgesetzgeber konkret bestimmt,[1085] sondern vielmehr eine neue Spezialgerichtsbarkeit für Gruppen-Insolvenzverfahren geschaffen, deren konkrete Einrichtung (welches Insolvenzgericht innerhalb eines OLG-Bezirks soll zuständig sein, erstreckt sich der Zuständigkeitsbereich ggf. über die Grenzen des OLG hinweg, welche Kapazitäten werden dort vorgehalten etc.) weiterhin den Ländern obliegt.

Die in diesem Zusammenhang von *Brünkmans*[1086] vorgeschlagene konzernunabhängige Konzentration größerer Verfahren unter Heranziehung bestimmter Größenkennzahlen erscheint indes nach Ansicht des Verfassers als zu weitgehend und nicht sinnvoll umsetzbar. Auch wenn derartige Überlegungen auf den ersten Blick einiges für sich zu haben scheinen, darf nicht übersehen werden, dass mit einer Anknüpfung an bestimmte Größenkennzahlen der ohnehin bereits erhebliche Prüfungsumfang der Gerichte im Eröffnungsverfahren ein weiteres Mal erhöht würde. Zwar ist es nachvollziehbar und im Ergebnis zu begrüßen, wenn auch außerhalb von Konzernsachverhalten eine größere Spezialisierung der Insolvenzgerichte gefordert wird,[1087] diese sollte allerdings nicht durch das Zuweisen von Verfahren bestimmter Größenordnung an einzelne Spezialgerichte erfolgen. Die Größe eines Schuldners stellt nämlich keinesfalls das einzige Kriterium zur Bemessung der Ver-

1081 So auch *Verhoeven*, ZInsO 2014, 217, 219; *Berner/Schiebe/Robert*, Stellungnahme NIVD e. V., ZInsO 2013, 434, 435 (für Konzentration an den LG); *Flöther/Hoffmann*, in FS Kübler, S. 147, 154.

1082 So auch *Niering*, Stellungnahme VID, S. 3.

1083 Vgl. Änderungsvorschläge in Anhang II (§ 2 Abs. 2 und 3).

1084 Statt vieler *Maunz*, in Maunz/Dürig, GG, Art. 74 Rn. 74 m. w. N.; allg. auch *Degenhart*, in Isensee/Kirchhof, HStR V, § 114 Rn. 14 ff.; konkret zur sachlichen Zuständigkeit für Insolvenzverfahren, *Madaus*, in BeckOK InsO, § 2 Rn. 27

1085 Dies obliegt den Ländern, dazu BVerfG NJW 1969, 1291, 1293; kritisch im Zusammenhang mit § 2 Abs. 1 InsO *Gerhardt*, in Jaeger, InsO, § 2 Rn. 43.

1086 *Brünkmans*, in MüKO InsO, Konzerninsolvenzrecht Rn. 59.

1087 Vgl. bspw. *Uhlenbruck*, ZInsO 2008, 396, 396 ff.

fahrensschwierigkeit dar. Vielmehr erscheint es, wie bereits mehrfach angeführt,[1088] insgesamt notwendig und insoweit zielführender, die Zahl der Insolvenzgerichte im Allgemeinen zu reduzieren und die Spezialisierung überdies durch eine Stärkung der Richterfortbildung voranzutreiben. Auf diese Weise tritt automatisch eine Verbesserung der fachlichen Versiertheit der befassten Gerichte ein.

b. Praktische Umsetzungsprobleme: Der Konflikt zwischen § 3 Abs. 1 InsO und § 3a Abs. 1 InsO-E

Ein bisher noch nicht thematisiertes Problem ergibt sich aus dem geplanten Nebeneinander von zentralisiertem Gruppen-Gerichtsstand und „normalem" Gerichtsstand nach § 3 Abs. 1 InsO in Fällen, in denen diese auseinanderfallen. Dies dürfte eher die Regel denn die Ausnahme sein, wenn man bedenkt, dass derzeit 191 Insolvenzgerichte existieren,[1089] bei denen der Gerichtsstand nach § 3 Abs. 1 InsO begründet sein kann, während – folgt man dem oben dargestellten Ansatz einer weitergehenden Konzentration der Zuständigkeit – maximal[1090] 24 Gruppen-Gerichtsstände bestehen würden.

Beantragt ein Gruppen-Unternehmen, dessen Gerichtsstand nach § 3 Abs. 1 InsO nicht an dem nach Landesrecht bestimmten Gruppen-Gericht liegt, an seinem allgemeinen Gerichtsstand die Eröffnung eines Insolvenzverfahrens und stellt dort gleichzeitig den Antrag nach § 3a InsO-E, hat das angerufene Gericht, obgleich es für etwaige Gruppenverfahren keinesfalls zuständig wäre, sämtliche für den Antrag nach § 3a InsO-E notwendigen Prüfungen (bezogen auf die gesamte Unternehmensgruppe) durchzuführen. Kommt es dabei zu dem Schluss, dass die Voraussetzungen für die Begründung eines Gruppen-Gerichtsstandes vorliegen, *kann* (§ 3d Abs. 1 InsO-E) bzw. *muss* es auf Antrag (§ 3d Abs. 1 Satz 2, Abs. 2 InsO-E entspr.) das Verfahren an das zuständige Gruppen-Gericht verweisen. Zwar entfällt der Prüfungsaufwand damit wegen der auch hier eintretenden Bindungswirkung von Verweisungsbeschlüssen (§ 281 Abs. 2 Satz 4 ZPO i. V. m. § 4 InsO) für das Gruppen-Gericht, die im Rahmen der Prüfung erlangten Kenntnisse gehen jedoch verloren. Das nunmehr zuständige Gruppen-Gericht hat sich in die Verhältnisse der Gruppenstruktur neu einzuarbeiten. Überdies ist bereits im Rahmen der Prüfung der eigenen Zuständigkeit konzernspezifisches Know-how nötig, welches gerade an den Gruppen-Gerichten konzentriert werden soll.

Beantragt umgekehrt das gleiche Gruppen-Unternehmen in der Hoffnung auf die positive Verbescheidung des Antrags nach § 3a InsO-E die Eröffnung des

---

1088 Teil 8.IV.1.

1089 *Ganter/Lohmann*, in MüKO InsO, § 2 Rn. 19a.

1090 § 2 Abs. 3 Satz 2 InsO-E erlaubt es den Ländern mit mehreren Oberlandesgerichten theoretisch auch, lediglich ein Insolvenzgericht für Gruppen-Gerichtsstände für die Bezirke mehrerer OLG zu bestimmen, wodurch die Zahl der Gruppen-Gerichtsstände unter die Zahl der OLG-Bezirke sinken würde, vgl. dazu bereits soeben unter Teil 8.IV.2.a.

Insolvenzverfahrens von vornherein an dem eventuell zuständigen zentralen Gruppen-Gerichtsstand, besteht die Gefahr einer Insolvenzverschleppung – mit den daraus resultierenden rechtlichen, aber auch wirtschaftlichen Folgen für Schuldner[1091] und Gläubiger – für den Fall, dass die Voraussetzungen für die Begründung eines Gruppen-Gerichtsstandes im Ergebnis nicht vorliegen und der Antrag nach § 3a InsO-E daher als unzulässig abgewiesen wird.[1092] In der Folge wäre der Eröffnungsantrag ebenfalls unzulässig, da am örtlich unzuständigen Gericht gestellt[1093] und damit abzuweisen[1094] bzw. gem. § 4 InsO i. V. m. § 281 Abs. 1 ZPO nach entsprechendem Hinweis gem. § 139 ZPO analog[1095] auf Antrag zu verweisen.

Vorsorglich wären daher entweder an beiden Gerichtsständen Eröffnungsanträge, oder aber ein Eröffnungsantrag beim Gerichtsstand nach § 3 Abs. 1 InsO und ein isolierter Antrag nach § 3a InsO-E beim Gruppen-Gerichtsstand zu stellen. Im Hinblick auf den zusätzlichen Prüfaufwand am Gruppen-Gerichtsstand (hier muss, ggf. zusätzlich, der Antrag nach § 3a InsO-E geprüft werden), wäre in der Praxis regelmäßig damit zu rechnen, dass das Gericht am allgemeinen Gerichtsstand nach § 3 Abs. 1 InsO bereits erste (vorläufige) Maßnahmen ergreift, möglicherweise sogar bereits das Verfahren eröffnet und dieses später dann (nach Eröffnung auf Antrag des Verwalters, § 3d Abs. 2 i. V. m. § 3a Abs. 3 InsO-E) zu verweisen wäre. Dies führt zu masseverkürzenden Kosten, unnötigen Doppelprüfungen und einer Verzögerung der Verfahrensabwicklung. Lehnt man eine Pflichtverweisung nach dem Rechtsgedanken des § 3d Abs. 1 Satz 2, Abs. 2 InsO ab[1096] und würde das eröffnende Gericht eine Verweisung ablehnen (was trotz der sich aus § 3d Abs. 2 i. V. m. § 3a Abs. 3 InsO-E ergebenden grundsätzlichen Befürwortung durch den Gesetzgeber im Hinblick auf die Nachteile für die Masse regelmäßig durchaus vertretbar sein dürfte), gingen in diesen Fällen die mit der Konzentration angestrebten Vorteile verloren.

1091 Die Frage, wann z. B. ein „nicht richtig“ gestellter Antrag i. S. d. § 15a Abs. 4 InsO vorliegt, ist seit Einführung der Vorschrift durch das MoMiG umstritten. Vgl. zur Problematik allg. *Römermann*, ZInsO 2010, 353, 353 ff.; *Weyand*, ZInsO 2010, 359, 359 ff.; *Weiß*, ZInsO 2009, 1520, 1520 ff. Es käme durch die Unklarheiten bzgl. der örtlichen Zuständigkeit bei Gruppenverfahren zu einer weiteren unnötigen Verschärfung dieser Problematik.

1092 Zum „nicht richtigen“ Antrag bei unzuständigem Gericht bspw. *Mönning*, in Nerlich/Römermann, InsO, §15a Rn. 38; *Schmahl*, NZI 2008, 6, 9.

1093 *Klöhn*, in MüKO InsO, § 15a Rn. 132.

1094 *Pape*, in Uhlenbruck, InsO, § 3 Rn. 18 m. w. N.

1095 *Pape*, in Uhlenbruck, InsO, § 3 Rn. 15, 18 m. w. N.

1096 Dazu auch *Brünkmans*, in MüKO InsO, Konzerninsolvenzrecht Rn. 54 f., der für diese Fälle in Anlehnung an § 3a Abs. 2 InsO-E die Schaffung einer Verweisungsregel fordert, nach welcher das Gericht grds. von Amts wegen zu verweisen hat, es sei denn, eine solche sei offensichtlich nachteilhaft für die Gläubiger der entsprechenden Gesellschaft.

aa. Lösung über ein Vorverfahren in Anlehnung an § 36 Abs. 1 Nr. 4 ZPO

Eine mögliche Lösung könnte in der Vorschaltung eines Zuständigkeitsbestimmungsverfahrens in Anlehnung an § 36 Abs. 1 Nr. 4 ZPO zu suchen sein. *De lege ferenda* wäre dazu dem Schuldner die Möglichkeit einzuräumen, bei Unsicherheiten über die Voraussetzungen der Begründung eines Gruppen-Gerichtsstandes eine bindende Entscheidung hierüber herbeiführen zu lassen. Ein solches Vorverfahren würde indes dem Eilcharakter des Insolvenzeröffnungsverfahrens zuwiderlaufen. Dies gilt umso mehr, als die Entscheidung durch ein „drittes" höherrangiges Gericht getroffen werden müsste. Auch hier ginge das gesamte in diesem Zusammenhang erworbene Wissen über die Gruppenstruktur und die einzelnen Schuldner nach Entscheidung über die Zuständigkeit verloren. Zu erwägen wäre in diesem Lichte daher allenfalls, die Vorprüfung dem möglicherweise zuständigen Gruppen-Gericht zu überantworten, das in Folge der angestrebten Konzentration über das notwendige spezifische Know-how verfügt. In diesem Fall gingen die gewonnenen Erkenntnisse zumindest für den Fall, dass sich das Gruppen-Gericht letztlich tatsächlich für zuständig erklärt, nicht verloren. Verneint das Gericht die Voraussetzungen für einen Gruppen-Gerichtsstand, ist der Verlust der Kenntnisse für die nachfolgenden, getrennten Einzelverfahren verkraftbar. Allerdings begegnet dieser Ansatz insoweit Bedenken, als die Kompetenz für die Zuständigkeitsbestimmung einem der infrage kommenden Gerichte selbst überantwortet würde und sich zudem die Ausgestaltung der Zuständigkeitsprüfung als eigenständiges (Vor-)Verfahren inhaltlich nicht von der ohnehin vorzunehmenden Zuständigkeitsprüfung im Falle eines direkten Antrags auf Gerichtsstandsbegründung nach § 3a InsO-E unterscheiden würde. Eines gesonderten Verfahrens bedürfte es dann aber nicht. Damit ist der Weg über ein Vorverfahren zur Klärung der Voraussetzungen der Begründung eines Gruppen-Gerichtsstandes insgesamt nicht gangbar.

bb. Lösung über einen Vorrang des Antrags beim potentiellen Gruppen-Gericht

Die Lösung ist vielmehr, auch unter Berücksichtigung ökonomischer Gesichtspunkte, in einem Vorrang der Antragstellung beim potentiellen Gruppen-Gericht zu suchen.

Bestehen Unsicherheiten hinsichtlich der Voraussetzungen für die Begründung eines Gruppen-Gerichtsstandes, muss es dem Insolvenzschuldner gleichwohl gestattet sein, den Eröffnungsantrag nebst Antrag nach § 3a InsO-E bei dem potentiellen Gruppen-Gericht zu stellen und damit, auch für den Fall, dass dieses letztlich seine Zuständigkeit ablehnt, den Anforderungen an eine ordnungsgemäße Antragstellung i. S. d. § 15a Abs. 4 InsO zu genügen. Die Straffreiheit darf sich hier aus Gründen der Rechtsklarheit auch nicht erst auf Ebene des subjektiven Tatbestandes ergeben.

Dieser Ansatz hat gegenüber den übrigen denkbaren Vorgehensweisen den Vorteil, dass damit dem grundsätzlichen Ziel der Begründung eines Gruppen-Gerichtsstandes zur Konzentration der Verfahren gruppenangehöriger Unternehmen und der damit verfolgten Verfahrensoptimierung bestmöglich Rechnung getragen wird. Insolvenzverfahren über gruppenangehörige Unternehmen tragen, wie bereits eingangs dargestellt,[1097] ein im Vergleich zur Insolvenz von Einzelunternehmen ungleich höheres Gefahrenpotential nicht nur für die Gläubiger (hier insb. für die Arbeitnehmer), sondern für die gesamtwirtschaftliche Entwicklung in sich. Daher wiegt der Verlust einmal erlangter Kenntnisse bei einer Verweisung durch ein unzuständiges Gruppen-Gericht an ein Einzelgericht (regelmäßig, wenn es tatsächlich überhaupt keine Insolvenz gruppenangehöriger Unternehmen i. S. d. Entwurfsvorschriften gibt) weniger schwer, als wenn es durch unnötige Zuständigkeitskonflikte zu einer Verzögerung bei der Durchführung koordinierter und konzentrierter Verfahren an eben einem solchen Gruppen-Gerichtsstand kommt. Darüber hinaus ist zu erwarten, dass die in Folge der Konzentrationswirkung allgemein eintretende Spezialisierung der Gruppen-Gerichte diesen eine im Vergleich zu „allgemeinen" Insolvenzgerichten erheblich schnellere Prüfung der Voraussetzungen zur Begründung eines Gruppen-Gerichtsstandes ermöglicht und damit dem Eilcharakter des Insolvenzeröffnungsverfahrens insgesamt besser gerecht wird.

Dieses Ergebnis ist *de lege ferenda* durch eine Anpassung von § 15a Abs. 4 InsO klarzustellen, insb. um fehlgeleiteten Anträgen sanktionsgeängstigter Geschäftsführer und Vorstände vorzubeugen.[1098]

3. Einheitlicher Verwalter

Weitgehend positiv bewertet wird die Bestrebung, für alle oder jedenfalls alle wichtigen „*Schlüsselgesellschaften*"[1099] der Unternehmensgruppe ein und denselben Insolvenzverwalter zu bestellen.[1100] Dies wird seit Langem als zentrales Element einer erfolgreichen Abwicklung von Insolvenzverfahren im Konzern angesehen,[1101] sodass vielfach versucht wurde, derartige Bemühungen bereits auf Basis des geltenden

---

1097 Vgl. Teil 1.I.

1098 Vgl. dazu Formulierungsvorschläge im Anhang II (§ 15a Abs. 4 Satz 2).

1099 *Jaffé*, in FK-InsO, § 217 Rn. 108.

1100 *Niering*, Stellungnahme VID, S. 5; auch bereits *ders.*, Stellungnahme VID zum DiskE, S. 5; *Pannen*, Stellungnahme DAV, S. 6; *Schreiner*, Stellungnahme ZDH, S. 3f.; *Verhoeven*, ZInsO 2014, 217, 219f.; Ausführlich dazu auch *Rotstegge*, Konzerninsolvenz, S. 171ff.; *Berner/Schiebe/Robert*, Stellungnahme NIVD. e. V., ZInsO 2013, 434, 436; *Flöther/Hoffmann*, in FS Kübler, S. 147, 154; *Telke*, Die Anforderungen an ein wettbewerbsfähiges Konzerninsolvenzrecht für den Wirtschaftsstandort Deutschland, S. 88; *Yücel*, Insolvenzrecht, S. 23; kritisch *Frind*, Stellungnahme, S. 4f., der insb. die Annahme, eine Bestellung sei im Regelfall zielführend, für verfehlt hält; ebenso *Weiland*, Stellungnahme, S. 4. Allg. kritisch zu derartigen Bestrebungen *Graeber*, in MüKO InsO, § 56 Rn. 47ff., der eine einheitliche Verwalterbestellung regelmäßig nur in Kombination mit jeweils einem Sonderverwalter je Verfahren bereits von Beginn an für zulässig erachtet; so auch *Schmollinger*, Der Konzern in der Insolvenz, S. 120.

1101 Dazu *Flöther*, in ders., Handbuch Konzerninsolvenz, § 1 Rn. 10; *Grau*, Konsolidierung von Rechtsträgern, S. 191f.; *Wiebusch*, Internationales Konzerninsolvenzrecht, S. 214f. jeweils m. w. N.

Rechts umzusetzen.[1102] Teilweise behalf man sich dabei auch mit der Bestellung mehrerer Verwalter derselben Sozietät, um auf diese Weise dem Ideal vom personenidentischen Verwalter möglichst nahezukommen.[1103] Auch ein solches Vorgehen wäre nach dem Reformentwurf nunmehr ausdrücklich zulässig.[1104] Damit zieht der Entwurf insoweit mit anderen Rechtsordnungen, in denen derartige Vorgehensweisen bereits seit Längerem anerkannt sind, gleich.[1105]

Kritiker sehen hingegen neben dem Risiko der Interessenkollision[1106] und der ungeklärten Frage nach der Unabhängigkeit des Verwalters[1107] die Gefahr, dass ein Gruppen-Verwalter nicht die notwendigen Kenntnisse in Ansehung diversifizierter Unternehmensgruppen aufbringen kann,[1108] oder aber aus (monetärem) Eigeninteresse heraus möglichst viele weitere Gruppen-Unternehmen in die Insolvenz führt, um diese ebenfalls verwalten zu können.[1109] In jedem Fall besteht vereinzelt Klarstellungs- und Anpassungsbedarf an den derzeitigen Entwurfsvorschriften.

a. Ein Verwalter für einen Teil der Unternehmensgruppe

Eine möglicherweise für zahlreiche Folgefragen verantwortliche Unsicherheit ergibt sich bereits aus dem Wortlaut des § 56b Abs. 1 InsO-E. Danach ist unklar, ob die Entscheidung des bzw. der angegangenen Insolvenzgerichte einzig zwischen der Bestellung eines einheitlichen Verwalters für alle gruppenangehörigen Schuldner („*lediglich eine*") auf der einen und, sofern dies nicht als sachdienlich erachtet wird, der Bestellung einzelner Verwalter für jedes gruppenzugehörige Verfahren auf der

1102 So bspw. geschehen in den Verfahren Babcock Borsing AG (dazu AG Duisburg, NZI 2002, 556, 558; *Rennert-Bergenthal*, ZInsO 2008, 1316, 1316ff.), KirchMedia GmbH & Co KG aA und Herlitz; dazu auch *Ehricke*, Das abhängige Konzernunternehmen in der Insolvenz, S. 498; *Schmollinger*, Der Konzern in der Insolvenz, S. 95ff.; *Grau*, Konsolidierung von Rechtsträgern, S. 191f., 193; *Leithaus/Schäfer*, KSzW 03.2012, 272, 273; kritisch *Graeber*, NZI 2007, 265, 266.

1103 Dazu bspw. *Becker*, Kooperationspflichten in der Konzerninsolvenz, S. 107 m. w. N.

1104 *Dellit*, Der Konzern 2013, 190, 195. Nicht zulässig hingegen ist gem. § 56 Abs. 1 Satz 1 InsO die Bestellung einer juristischen Person, bspw. einer Anwalts-GmbH, zum Verwalter, innerhalb derer dann ggf. mehrere Beschäftigte die einzelnen Verfahren verwalten. Zur Verfassungsmäßigkeit dieser Vorschrift BVerfG, ZInsO 2016, 383, 383ff.

1105 Vgl. dazu *Brünkmans*, Die Koordinierung von Insolvenzverfahren, S. 127 mit zahlreichen Nachweisen zum amerikanischen und englischen Recht.

1106 *Graeber*, in MüKO InsO, § 56 Rn. 47f. m. w. N.; *ders.*, NZI 2007, 265, 266f.; *Ehricke*, in Kölner Schrift zur InsO, Kap. 32 Rn. 38.

1107 *Ehricke*, in Kölner Schrift zur InsO, Kap. 32 Rn. 38.

1108 Dazu *Telke*, Die Anforderungen an ein wettbewerbsfähiges Konzerninsolvenzrecht für den Wirtschaftsstandort Deutschland, S. 36, 62.

1109 *Siemon*, NZI 2014, 55, 61; insg. kritisch *Frind*, Stellungnahme, S. 4f.; ähnlich *Wiebusch*, Internationales Konzerninsolvenzrecht, S. 197 in Ansehung der Antragsmöglichkeit nach § 3a Abs. 3 InsO-E.

anderen Seite in Form einer „ganz oder gar nicht"-Entscheidung erfolgen muss, oder ob auch die Bestellung eines „teileinheitlichen" Verwalters für einen begrenzten Teil der Unternehmensgruppe zulässig ist.

Die Entwurfsbegründung enthält hierzu keine eindeutige Aussage. Zum einen wird dort zwar darauf abgestellt, dass sich die „*bestmögliche Abstimmung der einzelnen Insolvenzverfahren (...) am ehesten erreichen lässt, wenn dieselbe Person zum Insolvenzverwalter für die gruppenangehörigen Schuldner bestimmt wird*", da in diesem Fall ein Abstimmungsbedarf mit anderen Verwaltern entfällt.[1110] Dies ermöglicht aber eben nur die „*bestmögliche*" Abstimmung; Aussagen darüber, ob eine (zumindest) „*vorteilhafte*" Abstimmung auch bei nur teilweise einheitlicher Bestimmung möglich ist, werden damit nicht getroffen. Zudem nimmt die Begründung ausdrücklich Bezug auf die gängige Praxis der Bestellung für „*mehrere oder alle Rechtsträger eines Konzerns*".[1111]

Betrachtet man die Kriterien, die der Gesetzgeber bei der Abstimmung über die Frage, ob die Bestellung eines einheitlichen Verwalters im Interesse der Gläubiger liegt, als wesentlich erachtet, wird deutlich, dass nach Sinn und Zweck der Vorschrift einzig eine Auslegung dahingehend, dass auch eine Bestellung „nur" in einigen Verfahren der Gruppe möglich ist, zwingend erscheint. So soll dabei insb. die „*gebotene Unabhängigkeit*" (§ 56b Abs. 1 Satz 2 InsO-E) gewahrt werden. Die damit angesprochenen Interessenkonflikte sollen unüberwindbar sein, wenn konzerninterne Konflikte vorliegen oder „*das Vermögen eines insolventen Unternehmens im Wesentlichen aus nicht feststehenden Ansprüchen gegen andere gruppenangehörige Schuldner besteht.*"[1112] Warum aber in einem Fall, in dem lediglich bei einem der betroffenen Unternehmen derartige Ansprüche bestehen, eine einheitliche Bestellung in den übrigen Fällen unterbleiben soll, ist nicht erkennbar. Zudem ermöglicht § 56b Abs. 1 Satz 2 InsO-E ausdrücklich die Bestellung von Sonderinsolvenzverwaltern, solange dies geeignet erscheint, bestehende Interessenkollisionen auszuräumen. Dies wird stets solange der Fall sein, wie das betroffene Vermögen nicht im Wesentlichen, sondern lediglich in Teilen aus gruppeninternen Ansprüchen besteht, bei deren Durchsetzung die notwendige Unabhängigkeit fraglich erscheint. Erst wenn sich Aufgaben und Befugnisse eines etwaigen Sonderinsolvenzverwalters soweit mit den Aufgaben und Befugnissen eines „regulären" Einzelverwalters überschneiden, dass eine Aufteilung schon aus Kostenerwägungen heraus nicht mehr sachgerecht erscheint, ist statt eines Sonderinsolvenzverwalters in dem speziellen Verfahren ein Einzelverwalter einzusetzen. Auf die Einsetzung eines Einheitsverwalters in den übrigen Verfahren, in denen möglicherweise keinerlei derartige Risikofaktoren angelegt sind, darf sich dies aber nicht *per se* auswirken. Vielmehr sind diese

---

1110 BT-Drucks. 18/407, S. 30.

1111 BT-Drucks. 18/407, S. 30; dazu auch *Leutheusser-Schnarrenberger*, ZIP 2013, 97, 101; zur Bestellung in den „*Schlüsselgesellschaften*" in der Praxis *Jaffé*, in FK-InsO, § 217 Rn. 108.

1112 BT-Drucks. 18/407, S. 30.

Einsetzungsvariationen im Rahmen der Abwägung nach § 56b Abs. 1 InsO-E zu berücksichtigen.

Auch das Argument, für die Verwaltung von Insolvenzverfahren über mehrere Konzernunternehmen, die *„in ganz unterschiedlichen Geschäftsfeldern tätig“* sind, könne ein einzelner Verwalter u. U. *„nicht für alle Insolvenzverfahren die nach § 56 Abs. 1 InsO erforderliche Sachkunde“*[1113] mitbringen, ist nicht geeignet, eine einheitliche Verwalterbestellung grds. auszuschließen. Vielmehr sind durchaus Fälle denkbar, in denen lediglich einige wenige gruppenzugehörige Unternehmen außerhalb des Kompetenzfeldes eines Verwalters tätig sind. Ist eine Gruppenstruktur bspw. auf zwei unterschiedlichen Geschäftsfeldern tätig, wobei innerhalb des jeweiligen Feldes mehrere gruppenzugehörige Rechtsträger betroffen sind, mag auch die Bestellung von zwei (teil-)einheitlichen Verwaltern für den jeweiligen Konzernteil sachdienlich erscheinen.[1114]

Schließlich spricht auch § 3d Abs. 3 InsO-E eindeutig für die hier vertretene Ansicht. Danach kann das Gericht des Gruppen-Gerichtsstandes bereits bestellte vorläufige Verwalter nach Verweisung entlassen, *„um nach § 56b eine Person zum Insolvenzverwalter in mehreren oder allen Verfahren (...) zu bestellen“*.[1115] Eine unterschiedliche Handhabung der einheitlichen Verwalterbestellung abhängig von der Begründung eines Gruppen-Gerichtsstandes soll damit jedoch offensichtlich nicht einhergehen. Zudem wird nur bei einem derartigen Verständnis die notwendige Flexibilität bei der Verwalterbestellung gewährleistet. Dies sollte vorsorglich durch eine redaktionelle Anpassung in § 56b Abs. 1 InsO-E klargestellt werden.[1116]

b. Abstimmung der Gerichte nach § 56b Abs. 1 InsO-E

Nach § 56b Abs. 1 InsO-E sind für den Fall, dass ein einheitlicher Gerichtsstand nach § 3a InsO-E nicht begründet oder nicht für alle Verfahren in Anspruch genommen wurde, die betroffenen Gerichte zur Abstimmung über die Frage verpflichtet, ob und inwiefern[1117] es im Interesse der Gläubiger liegt, einen einheitlichen Verwalter für – wie soeben geklärt – alle oder mehrere Verfahren zu bestellen. Diese Abstimmungspflicht nach § 56 Abs. 1 InsO-E bezieht sich dabei auf zwei Fragestellungen. Zum einen haben die Gerichte gemeinsam darüber zu befinden, ob die Bestellung eines einheitlichen Verwalters im Interesse der (gemeinsamen?)[1118] Gläubiger liegt (Abs. 1 Satz 1), zum anderen haben sie eine Entscheidung über die konkret zu be-

---

1113 BT-Drucks. 18/407, S. 30.

1114 Vgl. *Schmollinger*, Der Konzern in der Insolvenz, S. 282 f.

1115 Kritisch dazu *Niering*, Stellungnahme VID, S. 6; *Pannen*, Stellungnahme DAV, S. 7

1116 Vgl. dazu Formulierungsvorschlag im Anhang II (§ 56b Abs. 1 Satz 1).

1117 Vgl. zur Möglichkeit der Bestellung für einen Gruppen-Teil unter Teil 8.IV.3.a; auf die Nachteile bei großen, stark diversifizierten Unternehmensgruppen weist *Telke*, Die Anforderungen an ein wettbewerbsfähiges Konzerninsolvenzrecht für den Wirtschaftsstandort Deutschland, S. 36, 62 f., hin.

1118 Dazu sogleich.

stellende Person zu treffen. Letzteres ergibt sich aus der etwas unglücklichen, da bezuglosen Formulierung „*diese Person*" in Abs. 2 Satz 2.[1119] *Brünkmans* geht davon aus, dass § 56b Abs. 1 InsO-E in direkter Anwendung in der Praxis von untergeordneter Bedeutung sein dürfte, da die Voraussetzungen für die Begründung eines Gruppen-Gerichtsstandes nach § 3a InsO-E geringer sind als diejenigen für die Bestellung eines einheitlichen Verwalters und im Falle der einheitlichen gerichtlichen Zuständigkeit nach § 3c Abs. 1 InsO-E eine Abstimmungspflicht entfällt.[1120] Ob dies tatsächlich der Fall sein wird, bleibt abzuwarten. Gleichwohl erlangt die Vorschrift jedenfalls insoweit an Bedeutung, als sie die Kriterien für eine Entscheidung über die Vor- und Nachteile einer einheitlichen Verwalterbestellung im konkreten Einzelfall vorgibt.[1121]

Unklar bleibt gleichwohl, wie zu verfahren ist, wenn die ggf. zur Abstimmung nach § 56b Abs. 1 InsO-E verpflichteten Gerichte nicht zu einer übereinstimmenden Entscheidung kommen.[1122] Vor diesem Hintergrund schlägt *Weiland* vor, die Abstimmungspflicht als bloße „Soll"-Vorschrift zu fassen oder zumindest für Eilfälle[1123] einzuschränken.[1124] *Brünkmans* hingegen regt an, dem Schuldner in Anlehnung an § 3a Abs. 2 InsO-E die Möglichkeit zu geben, im Rahmen seiner Antragstellung darzulegen, warum die einheitliche Verwalterbestellung im Interesse der Gläubiger liege, sofern er denn eine solche anstrebt. Substantiierten Vortrag vorausgesetzt sollten die Gerichte dann zur Bestellung eines einheitlichen Verwalters verpflichtet sein.[1125]

Beide Ansätze sind indes in dieser Form abzulehnen. Die Frage, ob eine einzige Person zum Verwalter in allen oder zumindest mehreren Verfahren zum Verwalter bestellt wird, kann und wird regelmäßig von entscheidender Bedeutung für den Erfolg des gesamten Verfahrens sein.[1126] Dies bedingt, dass sich die Gerichte mit dieser Frage auseinandersetzen müssen und sich dem damit verbundenen Aufwand nicht durch einen schlichten Verweis auf den „Soll"-Charakter der Vorschrift entziehen dürfen. Gleiches gilt für Versuche, die Abstimmungspflicht in Eilfällen zu verwässern. Dem Insolvenzeröffnungsverfahren wohnt bereits grds. ein besonderer Eilcharakter inne. Darüber hinaus weiter nach Eilbedürftigkeit zu differenzieren, erscheint daher nicht sinnvoll.

Aber auch dem Vorschlag *Brünkmans* kann im Ergebnis nur bedingt zugestimmt werden. Zwar ist es durchaus sinnvoll, wenn der Schuldner im Rahmen der Antragstellung die nach seinem Dafürhalten etwa bestehenden Vorteile einer einheitlichen

1119 Vgl. dazu ausführlich unter Teil 8.IV.3.c.
1120 *Brünkmans*, in MüKO InsO, Konzerninsolvenzrecht Rn. 62.
1121 So auch *Brünkmans*, in MüKO InsO, Konzerninsolvenzrecht Rn. 62.
1122 *Pannen*, Stellungnahme DAV, S. 6; siehe dazu *Frind*, Stellungnahme, S. 5 f.; *ders.*, ZInsO 2014, 927, 930; *Weiland*, Stellungnahme, S. 5.
1123 Wann ein solcher im Einzelfall vorliegen soll, bleibt allerdings unklar.
1124 *Weiland*, Stellungnahme, S. 5.
1125 *Brünkmans*, in MüKO InsO, Konzerninsolvenzrecht Rn. 63.
1126 So auch BT-Drucks. 18/407, S. 30.

Verwaltung darstellt. Dies wird er regelmäßig auch tun und entsprechender Vortrag ist seitens der Gerichte bei der Entscheidung sicherlich zu berücksichtigen. Gleichwohl kann insb. die Frage, ob die notwendige Unabhängigkeit gewahrt werden kann, nur durch das Gericht geklärt werden. Des Weiteren ist zu berücksichtigen, dass es sich bei dem von § 56b Abs. 1 InsO-E in Bezug genommenem „*Interesse der Gläubiger*" trotz des von § 3a Abs. 2 InsO-E abweichenden Wortlautes zumindest auch um ein solches der Gläubigergesamtheit, bezogen auf alle von der Verwalterbestellung betroffenen Verfahren, handeln muss.[1127] Einzig ein solches Verständnis der gesetzgeberischen Intention erscheint angemessen.[1128] Entspricht die Bestellung eines einheitlichen Verwalters den Interessen der Gläubiger eines einzelnen gruppenangehörigen Schuldners nicht, ist die Bestellung bezogen auf diesen zu unterlassen. Die Möglichkeit der einheitlichen Bestellung in den anderen Verfahren wird davon, wie soeben dargestellt, jedoch nicht berührt. Der hier notwendige Überblick über die gesamte Gruppenstruktur fehlt dem einzelnen Schuldner jedoch unter Umständen, sodass auch insoweit die letztendliche Entscheidung bei dem (nach § 269b InsO-E kooperierenden) Gericht verbleiben muss.

Die Frage, wie zu verfahren ist, wenn die betroffenen Gerichte bei der Abstimmung nach § 56b Abs. 1 InsO-E nicht zu einem übereinstimmenden Ergebnis kommen, ist daher dahingehend zu beantworten, dass diejenigen Gerichte, die für ihre Verfahren die Nachteile eines derartigen Vorgehens auch unter Berücksichtigung eines etwaigen (ausgleichsfähigen) Gesamtinteresses als nicht durch die Vorteile kompensiert ansehen, von der Bestellung des als Gruppen-Verwalter auserkorenen Verwalters absehen und einen Einzelverwalter bestellen müssen. Den übrigen Gerichten obliegt es dann, unter Berücksichtigung der angekündigten bzw. erfolgten Einzelbestellung über die Einsetzung des Gruppen-Verwalters zu entscheiden.

Eine andere Lesart erscheint auch deshalb ausgeschlossen, weil regelmäßig die Verwalterbestellung in den einzelnen Verfahren nicht zeitgleich, sondern vielmehr sukzessive erfolgt. Die später angerufenen Gerichte haben dann in Ausübung ihrer allgemeinen Kooperationsverpflichtungen aus § 269b Nr. 3 InsO-E zu klären, ob bereits in anderen Verfahren eingesetzte Verwalter auch in ihrem Verfahren einzusetzen sind oder nicht.

c. *Die Auswahl des geeigneten Gruppen-Verwalters*

Hinsichtlich der Auswahl des konkret zu bestellenden Verwalters ist das Gericht grds. frei und wird daher unter Berücksichtigung des Gruppen-Kontextes im Einzelfall als geeignet befundene Personen benennen. Kommt es zur Begründung eines Gruppen-Gerichtsstandes nach § 3a Abs. 1 InsO, ist das dortige Gericht allein zu-

---

1127 I. d. S. auch *Zipperer*, ZIP 2013, 1007, 1012 (noch zum DisKE), der vor diesem Hintergrund eine redaktionelle Klarstellung fordert, ohne jedoch die Möglichkeit einer leidiglich teileinheitlichen Bestellung zu berücksichtigen.

1128 Die sollte durch eine redaktionelle Anpassung klargestellt werden, vgl. dazu Änderungsvorschlag in Anhang II (§ 56b Abs. 1 Satz 1).

ständig für die Bestellung. Anderenfalls bedarf es auch insoweit einer Abstimmung nach § 56b Abs. 1 InsO-E.[1129]

Wurde bereits in anderen Verfahren ein Verwalter bestellt, beschränkt sich die Abstimmungspflicht darauf, zu klären, ob dieser auch in den neu hinzugetretenen Verfahren zu bestellen ist. Nur in Ausnahmefällen wird eine Auswechslung von vorläufigen Verwaltern nach § 3d Abs. 3 InsO-E analog in Erwägung zu ziehen sein.

Auch im Rahmen der Abstimmung über den konkret zu bestellenden Verwalter ist maßgeblich, dass jedes Gericht für das von ihm betreute Verfahren zu einer entsprechenden Entscheidung kommt. Kann ein Konsens nicht erzielt werden, etwa weil eine bestimmte Person nach Ansicht eines Gerichts die für das dort geführte Verfahren notwendige Sachkunde nicht aufweist, hat die Bestellung in dem entsprechenden Verfahren zu unterbleiben, sofern keine insgesamt geeignete Person gefunden werden kann. Einer einheitlichen Bestellung in mehreren anderen Verfahren steht dies jedoch grds. nicht entgegen.

Eine weitergehende Bindung der befassten Gerichte würde einen unzulässigen Eingriff in den Kernbereich der richterlichen Unabhängigkeit (Art. 97 Abs. 1 GG) darstellen.[1130] Zutreffend weisen *Wimmer*[1131] und *Zipperer*[1132] vor diesem Hintergrund darauf hin, dass es Zeit brauchen wird, bis sich diese Art der freiwilligen Zusammenarbeit im Gerichtsalltag etablieren wird. Ein anderer Weg ist jedoch nicht gangbar. Es bleibt zu hoffen, dass im Zusammenhang mit der Neubildung zentralisierter Gruppen-Gerichte dieses neue Selbstverständnis beschleunigt Einzug hält.

Lediglich für den Fall eines einstimmigen Vorschlages durch einen vorläufigen Gläubigerausschuss tritt eine gewisse Bindungswirkung ein (§ 56a Abs. 2 Satz 1 InsO). Eine durch einen vorläufigen Gläubigerausschuss vorgeschlagene Person darf das Gericht des betroffenen Einzelverfahrens nur ablehnen, wenn diese für die Übernahme des Verwalteramtes ungeeignet ist.[1133] Gemäß § 56b Abs. 2 InsO-E kann das Gericht jedoch im Gruppen-Kontext von derartigen Vorschlägen auch unabhängig von einer etwaigen Ungeeignetheit für das Einzelverfahren abweichen, um eine einheitliche Verwalterbestellung zu ermöglichen. Dies gilt entsprechend für den Fall der Abstimmung mehrerer Gerichte nach § 56b Abs. 1 InsO-E. Diese Regelung ist allerdings nicht unbedenklich.

Durch die Schaffung von § 56a InsO im Rahmen des ESUG sollte die Beteiligung der Gläubiger als wirtschaftlich Betroffene bei der Verwalterbestellung als elementare Kernentscheidung im Verfahrensablauf frühzeitig sichergestellt werden.[1134] Geht es nun im Zusammenhang mit der Insolvenz innerhalb einer Unternehmensgruppe um die Frage, ob und ggf. wer als einheitlicher Gruppen-Verwalter zu bestellen ist,

1129 Dazu bereits unter Teil 8.IV.3.b.

1130 Dazu *Zipperer*, in Uhlenbruck, InsO, § 56 Rn. 46; *ders.*, ZIP 2013, 1007, 1009 jeweils m. w. N.; *Graeber*, in MüKO InsO, § 56 Rn. 83 f.

1131 *Wimmer*, DB 2013, 1343, 1348.

1132 *Zipperer*, ZIP 2013, 1007, 1009.

1133 Allg. dazu statt vieler *Zipperer*, in Uhlenbruck, InsO, § 56a Rn. 3, 7 f. m. w. N.

1134 Zur Entstehungsgeschichte statt vieler *Zipperer*, in Uhlenbruck, InsO, § 56a Rn. 1.

erscheint es durchaus angemessen, dieses Ziel weiterzuverfolgen.[1135] Allerdings ist dabei den Besonderheiten des Gruppen-Zusammenhanges Rechnung zu tragen.

Dem Wortlaut und der Entwurfsbegründung zu § 56b Abs. 2 InsO-E lässt sich entnehmen, dass das Gericht bei kollidierenden Vorgaben und Vorschlägen nach § 56a InsO von diesen abweichen kann, wenn ein anderer[1136] vorläufiger Gläubigerausschuss einen einstimmigen Vorschlag i. S. d. § 56a Abs. 2 InsO vorgelegt hat. Die Beibehaltung der Verbindlichkeit einstimmiger Vorschläge nach § 56a Abs. 2 InsO im Gruppen-Kontext führt indes zu einer nicht unerheblichen Machtposition der einzelnen Gläubigerausschüsse. Diese können durch einstimmigen Beschluss *de facto* den einheitlichen Gesamtverwalter für die gesamte Unternehmensgruppe festlegen, sofern der entsprechende Schuldner nicht von völlig untergeordneter Bedeutung für ein Gesamtkonzept der Insolvenzbewältigung ist.[1137]

Liegt ein einstimmiger Vorschlag vor, kann das für das Verfahren des entsprechenden Schuldners zuständige Gericht (vorbehaltlich weiterer einstimmiger Vorschläge) hiervon gem. § 56 Abs. 2 Satz 1 InsO grds. nicht abweichen, solange die vorgeschlagene Person für die Übernahme des Amtes bezogen auf das Einzelverfahren geeignet ist. Für andere gruppenangehörige Verfahren zuständige Gerichte haben sich dann, sofern sie eine (gesamt-)einheitliche Verwalterbestellung anstreben, ebenfalls diesem Vorschlag anzuschließen. Eine derart weitgehende Einflussmöglichkeit der Gläubiger eines einzelnen Schuldners über die gesamte Gruppe hinweg erscheint auch vor dem Hintergrund des Bestrebens nach einer größtmöglichen Stärkung der Gläubigerautonomie nicht gerechtfertigt. Vielmehr liegt darin erhebliches Drohpotential zur Durchsetzung von Einzelinteressen zu Lasten einer Gesamtlösung. Die Einflussnahme der Gläubiger wird über das „eigene" Verfahren hinaus ausgedehnt, ohne dass gleichzeitig die Gläubiger der anderen Verfahren in die Einflussnahmemöglichkeit einbezogen werden. Hierfür ist in Ansehung der Gruppenverbundenheit keine Rechtfertigung erkennbar. Vielmehr ist es erforderlich, dass die Gerichte auch dann von grds. bindenden Vorschlägen i. S. d. § 56a Abs. 2 Satz 1 InsO abweichen dürfen, wenn die Einsetzung des vorgeschlagenen Verwalters dem Bestreben nach einer einheitlichen Verwaltung innerhalb der Unternehmensgruppe entgegenstehen würde und keine schützenswerten Interessen der Gläubiger des Einzelverfahrens erkennbar sind, die durch das Abweichen verletzt würden. Damit sind insb. Fälle erfasst, in denen der Vorschlag aus sachfremden Erwägungen heraus erfolgt.

Eine Möglichkeit, in solchen Fällen von den grds. bindenden Vorschlägen abzuweichen, ergibt sich bei genauerer Betrachtung bereits nach derzeitiger

1135 So auch *Flöther*, in ders. Handbuch Konzerninsolvenz, § 4 Rn. 164; kritisch dazu wiederum im Hinblick auf den Eilcharakter des Bestellungsverfahrens *Frind*, Stellungnahme, S. 5 f.; *ders.*, ZInsO 2014, 927, 930.

1136 Gemeint ist ein von dem ggf. „selbstbestellten" Gläubigerausschuss verschiedener „fremdeingesetzter" Ausschuss.

1137 In diesem Fall bestünde rein faktisch kein Anlass für die anderen Gerichte, diesem bindenden Vorschlag auch in ihren eigenen Verfahren zu folgen, dazu sogleich.

Entwurfslage. So erweitert § 56b Abs. 2 Satz 1 InsO-E die Anforderungen an den vorgeschlagenen Verwalter gegenüber § 56a Abs. 2 Satz 1 InsO und damit gleichzeitig auch das Abweichungsrecht des Gerichtes. Genügt es im Falle der Einzelinsolvenz, dass die *„vorgeschlagene Person für die Übernahme des Amtes* (als Insolvenzverwalter im konkreten Einzelverfahren) *geeignet ist*", bedarf es nach § 56b Abs. 2 Satz 1 InsO-E a. E. der *„Geeignetheit für die Tätigkeit nach Abs. 1 Satz 1*", also zur Übernahme des Amtes als Verwalter über mehrere Verfahren derselben Unternehmensgruppe. Die hier durch das Gericht anzustellende Geeignetheitsprüfung biete die Möglichkeit, von Vorschlägen, die aus sachfremden Erwägungen heraus erfolgen und deren Berücksichtigung den gemeinsamen Interessen der gruppenzugehörigen Gläubiger an der Bestellung eines einheitlichen Verwalters nicht gerecht werden, abzuweichen.

d. Späteres Hinzutreten weiterer Insolvenzverfahren innerhalb der Unternehmensgruppe

Dem reinen Wortlaut des § 56b Abs. 1 InsO-E nach ebenfalls klärungsbedürftig ist die Frage, wie im bereits mehrfach angesprochenen Falle eines nach erfolgter Abstimmung über die Bestellung eines (vorläufigen) einheitlichen Verwalters eingehenden Eröffnungsantrages bezogen auf einen weiteren gruppenangehörigen Schuldner vorzugehen ist. Dies wird insb. in Verfahren Bedeutung gewinnen, die nicht ausreichend koordiniert vorbereitet wurden und daher die Entscheidung über die Bestellung eines (vorläufigen) Verwalters nicht zeitlich einheitlich getroffen werden kann.[1138] Hier ist in jedem Fall eine Abstimmung sämtlicher nunmehr beteiligter Gerichte über die Frage der Bestellung eines eingesetzten Verwalters auch in dem „neuen" Verfahren notwendig. Dabei wird insb. der aktuelle Verfahrensstand in den bereits laufenden Verfahren zu berücksichtigen sein. Auch wenn regelmäßig davon auszugehen ist, dass in einem derartigen Fall die Bestellung des bereits mit einer Mehrzahl oder aller gruppenangehörigen Verfahren betrauten Verwalters naheliegen wird, ist dies doch keinesfalls zwingend. § 56b InsO-E darf gerade nicht dahingehend fehlinterpretiert werden, dass eine einmal getroffene Entscheidung über die Frage des bestehenden Gläubigerinteresses an der Bestellung eines einheitlichen Verwalters fortan unveränderte Gültigkeit beanspruchen kann. Dies gilt unabhängig davon, ob die Entscheidung zugunsten einer Bestellung in allen oder nur in einigen der Verfahren erfolgt ist. Durch das Hinzutreten weiterer Schuldner und deren individuelle Gläubigerstrukturen kann sich die Beurteilung des Gesamtgläubigerinteresses vielmehr elementar verändern. Die „erneute" Abstimmung hierüber hat allerdings nicht gem. § 56b Abs. 1 InsO-E, sondern in Ausübung der allgemeinen Kooperationsverpflichtungen nach § 269b InsO-E zu erfolgen, da der Anwendungsbereich von § 56b InsO-E nicht mehr eröffnet ist. Es liegt nur ein An-

---

1138 Derartige Verfahren stellen gerade den Hauptanwendungsfall von § 56b InsO-E dar, da in koordinierten Verfahren regelmäßig ein Gruppen-Gerichtsstand begründet werden wird und eine Abstimmung daher nicht notwendig ist.

trag vor, nicht mehr mehrere.[1139] Die Anforderungen des § 56b Abs. 1 Satz 2 InsO-E sind jedoch in diesem Zusammenhang entsprechend zu berücksichtigen.

Problematisch erscheint insoweit, dass in einem solchen Fall selbst dann, wenn der in weiten Teilen der gruppenangehörigen Verfahren bereits einheitlich bestellte Verwalter auf einem einstimmigen Vorschlag eines der dortigen Gläubigerausschüsse beruht, das Gericht bei einem entgegenstehenden einstimmigen Vorschlag des im Verfahren über den konkreten Schuldner eingesetzten vorläufigen Gläubigerausschuss von letzterem nicht abweichen darf. § 56b Abs. 2 InsO-E käme hier sowohl vom Wortlaut („*vorschlägt*") als auch aus systematischen Gesichtspunkten heraus jedenfalls nicht direkt zur Anwendung.

In Betracht kommt jedoch eine analoge Anwendung. Eine Sonderregelung für diesen Fall existiert nicht, sodass eine Regelungslücke vorliegt. Für eine beabsichtigte Nichtregelung ergeben sich aus der Entwurfsbegründung keine Hinweise, sodass vom Vorliegen einer Planwidrigkeit auszugehen ist. Die Interessenlage ist erkennbar vergleichbar. Ob sich die Auswahlentscheidungen zeitlich überschneiden oder gestaffelt erfolgen, spielt keine Rolle. Entscheidend ist, dass zum Zwecke der Einsetzung eines einheitlichen Verwalters in allen gruppenzugehörigen Verfahren an sich bindende Beschlüsse des vorläufigen Gläubigerausschusses ausgehebelt werden können, sofern mehrere Vorschläge kollidieren. Damit ist festzuhalten, dass auch dann, wenn zeitlich nachgelagert in einem neuen Verfahren zu entscheiden ist, ob ein bereits in anderen Verfahren einheitlich bestellter und dort von einem vorläufigen Gläubigerausschuss einstimmig vorgeschlagener Verwalter zu bestellen ist, ein Vorschlag nach § 56a InsO im eigenen Verfahren keine Bindungswirkung entfaltet. Um auf diese Analogie verzichten zu können, wäre zu erwägen, § 56b Abs. 2 InsO-E entsprechend anzupassen.[1140]

Ebenfalls problematisch gestaltet sich die Situation in Fällen, in denen vorerst von einer einheitlichen Verwalterbestellung abgesehen wurde und erst im Zusammenhang mit dem Hinzutreten weiterer Insolvenzverfahren innerhalb der Unternehmensgruppe die Frage nach einer einheitlichen Verwalterbestellung Bedeutung erlangt. Auch hier wird es maßgeblich auf den aktuellen Verfahrensstand innerhalb der einzelnen Verfahren ankommen, ob eine etwaige einheitliche Verwalterbestellung diese mit einbeziehen kann. Grds. dürften die Nachteile, die mit der Auswechslung bereits tätig gewordener Insolvenzverwalter zwangsläufig einhergehen, dazu führen, dass die Bestellung eines einheitlichen Verwalters nicht mehr im Interesse der Gläubiger und damit abzulehnen ist. Lediglich in besonders gelagerten Ausnahmefällen dürfte, wie bereits angesprochen, eine Entlassung bereits eingesetzter (vorläufiger) Verwalter in analoger Anwendung von § 3d Abs. 3 InsO-E denkbar sein. Auch hier liegen die Voraussetzungen einer Analogie grds. vor. Eine konkrete Regelung für diesen Fall sieht der Entwurf nicht vor, ohne dass

---

1139 Dieses Erfordernis ergibt sich aus dem Plural im Wortlaut des § 56b InsO-E „*gruppenangehörigen* ***Schuldnern*** *die Eröffnung (...) beantragt*".

1140 Vgl. dazu Änderungsvorschlag in Anhang II (§ 56b Abs. 2).

sich Anhaltspunkte dafür ergeben, dass dies auf einer bewussten Entscheidung des Reform-Gesetzgebers beruht. Im Hinblick auf die Bestrebungen einer einheitlichen Verwalterbestellung ist auch eine Interessenidentität zu konstatieren.

e. Interessenkollision

Erhebliche Schwierigkeiten bei der Frage, ob ein einheitlicher Insolvenzverwalter eingesetzt werden kann, resultieren aus dem Risiko auftretender Interessenkonflikte. Nicht nur bei stark funktional-vertikalen Gruppenstrukturen trifft der Verwalter u. U. auf eine Vielzahl gruppeninterner Transaktionen, die insb. auf ihre eventuelle Rückabwicklung im Rahmen einer Insolvenzanfechtung zu prüfen sind. Wird ein einheitlicher Verwalter eingesetzt, würde dieser bei jeder dieser Transaktionen auf beiden Seiten auftreten. Entsprechende Konflikte können im Zusammenhang mit Fragen des Eigenkapitalersatzes oder allgemeiner Haftungsansprüche auftreten. Dies weckt Bedenken im Hinblick auf § 56 InsO[1141] und den Rechtsgedanken des § 181 BGB.[1142] Zur Lösung etwaiger Interessenkonflikte sieht § 56b Abs. 1 Satz 2 InsO-E a. E. die Möglichkeit der Einsetzung von Sonderinsolvenzverwaltern vor, was jedoch teilweise als unzureichend angesehen wird.

Im Folgenden ist darzulegen, dass zum einen das „Schreckgespenst" Interessenkollision vielfach überzogene Ängste schürt. Mit der Möglichkeit zur Bestellung von Sonderinsolvenzverwaltern besteht zudem durchaus ein probates Mittel, trotz etwaiger kritische Konstellationen im Einzelfall, in der überwiegenden Zahl der Fälle einen einheitlichen Verwalter zu bestellen. Der Übergang von der Bestellung von Sonderinsolvenzverwaltern zur einheitlichen Verwaltung nur eines Teils der Unternehmensgruppe ist dabei – wie bereits dargestellt – ggf. fließend.

aa. Die Überbewertung des Risikos von Interessenkollisionen

Bereits früh hat *Oberhammer* darauf hingewiesen, dass auch im Falle „getrennter" Verwalter Interessenkonflikte bei der Abwicklung von Insolvenzen innerhalb einer Gruppenstruktur entstehen können und daher der vielfach geäußerte „Generalverdacht des Interessenkonflikts" in Fällen der Bestellung eines einheitlichen Verwalters nicht unreflektiert zu übernehmen sei.[1143]

Insgesamt wird der Aspekt der potentiellen Interessenkollision vielfach überbewertet.[1144] Dies gilt insb. für die teilweise vorgebrachten Bedenken, durch die

---

1141 Auch wenn grds. Unabhängigkeit und Interessenkollissionen nicht kongruent zu verstehen sind, dazu *Römermann*, ZInsO 2013, 218, 219ff.

1142 Dazu allg. *Graber*, in MüKO InsO, § 56 Rn. 47 m. w. N.; *Becker*, Kooperationspflichten in der Konzerninsolvenz, S. 105ff.; *Frege*, Der Sonderinsolvenzverwalter, S. 26f.; zur (entsprechenden) Anwendung von § 181 BGB auf den Verwalter *Ott/Vuia*, in MüKO InsO, § 80 Rn. 38; *Frege*, a. a. O., S. 30f.

1143 *Oberhammer*, KTS 2009, 27, 66 m. w. N.

1144 *Westphal/Götker/Wilkens*, Grenzüberschreitende Insolvenzen, Rn. 1020; dazu auch *Rotstegge*, Konzerninsolvenz, S. 112.

einheitliche Verwalterbestellung käme es zu einer künstlichen Verstärkung des sog. Domino-Effekts.[1145] Das Risiko, vornehmlich durch die Geltendmachung von Insolvenzanfechtungsansprüchen nicht insolvente Gruppen-Unternehmen ebenfalls in die Insolvenz zu treiben, ist zwar durchaus gegeben, wird jedoch trotz verbesserter Informationslage eines einheitlichen Verwalters durch dessen Einsetzung nicht signifikant erhöht. Der Insolvenzverwalter ist zur Aufdeckung[1146] und regelmäßig auch zur Geltendmachung von Anfechtungsansprüchen ohnehin gezwungen, will er den ihm obliegenden Verwalterpflichten ordnungsgemäß nachkommen.[1147] Die Entscheidung, ob ein Anfechtungsrecht ausgeübt werden soll oder nicht, ist an dem Interesse der Gläubiger auszurichten, die dem entsprechenden Insolvenzschuldner zuzuordnen sind, und nicht an einem Interesse der Gruppen-Gläubigergesamtheit. Der Verwalter hat im Rahmen pflichtgemäßer Ermessensausübung unter Berücksichtigung des Insolvenzzwecks[1148] anzufechten, wenn die Erfolgsaussichten günstig sind und die Prozessführung wirtschaftlich vertretbar erscheint.[1149] Ein übergeordnetes Konzerninteresse rechtfertigt (*de lege lata*) keine, jedenfalls keine kompensationslose Einschränkung dieses Grundsatzes.[1150] Die Begrenzung von Domino-Effekten muss daher vornehmlich in einer Reform des Anfechtungsrechts gesucht werden[1151] und nicht in der Beschränkung von Gruppen-Verwalterbestellungen.

Im Ergebnis dürfte trotz entsprechender Gefahren in aller Regel (unabhängig von der Gruppenstruktur) die Bestellung eines einheitlichen Verwalters angebracht sein.[1152] Daher ist die besondere Bedeutung der einheitlichen Verwaltung für die Umsetzung gruppenübergreifender Verwertungskonzepte hervorzuheben und diese als gesetzlicher Grundfall vorzusehen und dementsprechend auch als echte Verpflich-

---

1145 *Siemon*, NZI 2014, 55, 62.

1146 Statt vieler *Dauernheim*, in FK-InsO, § 129 Rn. 1.

1147 Bei pflichtwidrig unterlassener Anfechtung droht Entlassung (§ 59 Abs. 1 InsO) und ggf. Haftung (§ 60 InsO), *Huber*, in Gottwald, Insolvenzrechts-Handbuch, § 51 Rn. 6.

1148 *Ede/Hirte*, in Uhlenbruck, InsO, § 143 Rn. 15.

1149 BGH NJW 1994, 323, 324; BGH ZIP 1996, 420, 421 (jeweils noch zur KO). Allg. zur Frage, wann insolvenzzweckwidriges Verwalterhandeln gegeben ist, BGH NZI 2013, 347 ff. mit Anm. *Hölzle*.

1150 *Thole*, Der Konzern 2013, 182, 188 m. w. N.

1151 Derartige Überlegungen sind unabhängig von Konzerntatbeständen, da auch bei eng begrenzten Geschäftsbeziehungen ansonsten unabhängiger Schuldner (bspw. Autozulieferer etc.) entsprechende Effekte auftreten (dazu *Bitter/Röder*, ZInsO 2009, 1283, 1284) und können daher nicht Teil dieser Arbeit sein. Vgl. zu dieser Thematik allg. *Marotzke*, ZInsO 2014, 417, 417 ff. und 745, 745 ff.; zu den aktuellen Reformplänen *Brinkmann*, NZG 2015, 697, 697 ff.; Vorschläge zur Einführung eines Sachwalterverfahrens zur Verhinderung von Domino-Effekten bei *Siemon/Frind*, NZI 2013, 1, 3 ff.; *Siemon*, NZI 2014, 55, 56 ff.

1152 *Paulus*, ZIP 2005, 1948, 1952; *Ehricke*, Das abhängige Konzernunternehmen in der Insolvenz, S. 468.

tung der Gerichte zu formulieren.[1153] Letztlich ergibt sich eine solche Verpflichtung der Gerichte auch bereits aus § 1 InsO,[1154] wonach diese ihre Entscheidungen an den Zielen des Insolvenzverfahrens, insb. also am Ziel einer optimalen, gleichmäßigen Gläubigerbefriedigung, auszurichten haben, sodass es sich insoweit ohnehin lediglich um eine Klarstellung des Regel-Ausnahme-Verhältnisses handelt.

In der Praxis ist daher davon auszugehen, dass in den meisten Fällen die Vorteile einer (vorläufigen) einheitlichen Verwalterbestellung die etwaigen Nachteile überwiegen. Dies gilt unabhängig davon, ob die Verfahren auf Sanierung oder Liquidation oder eine Kombination aus unterschiedlichen Verwertungskonzepten ausgerichtet werden sollen. Lediglich in Ausnahmefällen, in denen eine genaue Prüfung des Einzelfalles zu dem Ergebnis führt, dass die Bestellung eines einheitlichen Verwalters trotz der Möglichkeit zur Bestellung von Sonderverwaltern mit den Interessen der Gläubiger nicht zu vereinbaren ist, sollte von einer solchen abgesehen werden.

Klarzustellen ist dabei, dass eine derartige Entscheidung für jedes betroffene Verfahren gesondert zu treffen ist. Es geht also nicht um eine Entscheidung „ganz oder gar nicht", vielmehr ist es durchaus denkbar, eine einheitliche Verwaltung nur in einzelnen, bestenfalls der überwiegenden Zahl der gruppenangehörigen Verfahren anzuordnen und einige besonders gelagerte Verfahren hiervon auszunehmen. Zusätzlich sollten die bereits bestehenden Möglichkeiten des Gläubigereinflusses auf die Wahl des Verwalters (§§ 56a, 57 InsO) auch insoweit zum Tragen kommen, als dass unter den dortigen Voraussetzungen die Abweichung vom Grundsatz der Einheitsverwaltung beantragt werden kann.

Der Vorrang der Gesamtverwaltung vor der Einzelverwaltung bringt den zusätzlichen Vorteil, dass auf sich verändernde Umstände bzw. deren erst spätere Aufdeckung sachgerechter reagiert werden kann. Wird ursprünglich die Gesamtverwaltung durch Bestellung eines einzigen Verwalters angeordnet und erweist sich diese im Verlauf des Verfahrens als nicht durchführbar, ist es mit geringeren Schwierigkeiten verbunden, auf separate Einzelverwalter umzuschwenken. Stellt sich jedoch nach der ursprünglichen Einsetzung zahlreicher Einzelverwalter, die bereits ggf. einzelne Maßnahmen ergriffen haben, heraus, dass die Gruppenstruktur grds. für eine Gesamtstrategie unter Einsetzung eines Gesamtverwalters geeignet gewesen wäre, ist die Chance hierfür meist bereits vertan; ein Umschwenken auf einen Gruppen-Verwalter unmöglich geworden.

bb. Die Bestellung von Sonderinsolvenzverwaltern

Wie bereits dargestellt sieht der Entwurf in § 56b Abs. 1 Satz 2 InsO-E die Kodifizierung der bereits *de lege lata* für zulässig erachteten Bestellung von Sonderinsolvenzverwaltern vor.[1155] Diese ist in Abgrenzung zur Möglichkeit der Bestellung

---

1153 Vgl. Formulierungsvorschlag im Anhang II (§ 56b Abs. 1 Satz 1); a. A. *Lienau*, Der Konzern 2013, 157, 160f.; kritisch dazu auch *Ehricke*, DZWiR 1999, 353, 362.

1154 Kritisch *Graeber*, in MüKO InsO, § 56 Rn. 47.

1155 Vgl. dazu Teil 8.III.3 insb. Fn. 878.

von „teileinheitlichen" Verwaltern für einen begrenzten Teil der Unternehmensgruppe[1156] zu sehen und soll dazu dienen, im Falle einzelner Interessenkollisionen (bspw. in Ansehung bestimmter Anfechtungsprozesse o. ä.), in denen der Verwalter „rechtlich verhindert" ist, sein Amt auszuüben,[1157] eine ordnungsgemäße Verfahrensabwicklung unter Berücksichtigung der Zielsetzungen der Insolvenzordnung sicherzustellen.

Hierfür stellt sie grds. ein probates Mittel dar.[1158] Dies gilt auch dann, wenn nicht in allen Verfahren (automatisch) ein Sonderinsolvenzverwalter bestellt wird. Die dahingehende Ansicht von *Schmollinger*[1159] ist abzulehnen. Dieser führt zur Begründung eines derartigen Bedürfnisses an, dass ein Interessenkonflikt nur dann vollständig ausgeschlossen werden könne, wenn in jedem einzelnen Verfahren zusätzlich ein Sonderverwalter bestellt wird.[1160] Dies ist zwar zutreffend, lässt jedoch Fälle unberücksichtigt, in denen die Bestellung eines Sonderverwalters außer Verhältnis zu den Risiken eines etwaigen Interessenkonflikts steht. Dies ist bspw. dann der Fall, wenn (gruppeninterne) Forderungen, deretwegen ein Interessenkonflikt droht, überhaupt nicht (selten)[1161] oder nur in einem Maße vorhanden sind, welches geringer ist als die mit der Bestellung des Sonderverwalters verbundenen Kosten zzgl. eines etwaigen Konzentrationsmehrwertes. Auch ein Verzicht auf bestimmte Forderungen oder sonstige Rechte – bspw. im Rahmen von Insolvenzplänen – ist möglich und ließe damit verbundene Interessenkollisionen entfallen.[1162]

Insgesamt ist daher bei der Bestellung von Sonderinsolvenzverwaltern Zurückhaltung geboten, um zu verhindern, dass die mit der Einsetzung eines einheitlichen Verwalters erzielten Konzentrationsvorteile durch die zwangsläufig auf die Interessen des jeweiligen Einzelverfahrens ausgerichteten Sonderverwalter wieder zerstört werden.[1163]

Die im Entwurf vorgesehene Regelung, wonach potentielle Interessenkollisionen im konkreten Einzelfall bewertet und die Entscheidung für oder gegen einen (teil-)einheitlichen Verwalter und die Einsetzung eines oder mehrerer Sonderinsolvenzverwalter davon abhängig gemacht wird, entspricht damit nicht zuletzt unter

1156 Dazu ausführlich unter Teil 8.IV.3.a.

1157 So bspw. AG Essen, ZInsO 2009, 2207; AG Duisburg, NZI 2002, 556, 560 (Babcock Borsing AG – Kombination Sonderverwalter und Sachwalter bei Eigenverwaltung).

1158 I. d. S. auch *Wunsch/Graf*, DZWiR 2002, 177, 183.

1159 *Schmollinger*, Der Konzern in der Insolvenz, S. 120 f., 283 f., 351.; ähnlich wohl auch *Becker*, Kooperationspflichten in der Konzerninsolvenz, S. 108 f.

1160 *Schmollinger*, Der Konzern in der Insolvenz, S. 120 m. w. N.

1161 Möglicherweise werden diese auch erst später entdeckt, eine Bestellung ist dann auch erst zu diesem Zeitpunk notwendig. Vgl. dazu *Becker*, Kooperationspflichten in der Konzerninsolvenz, S. 108.

1162 *Becker*, Kooperationspflichten in der Konzerninsolvenz, S. 108 m. w. N.

1163 I. d. S. auch *Frind*, in HambKomm InsO, § 56 Rn. 41e.

wirtschaftlichen Gesichtspunkten den Anforderungen an eine an den Gläubigerinteressen ausgerichteten Regelung.

Vor dem Hintergrund der lediglich rudimentären Vorschrift des § 56b Abs. 1 Satz 2 InsO-E in Ansehung des Sonderinsolvenzverwalters verwundert es allerdings nicht, dass bspw. VID[1164] und die BRAK[1165] in ihren Stellungnahmen weitergehende Regelungen zu Funktion und Aufgabenbereich dieses Organs fordern.[1166]

Allerdings ist zu beachten, dass die Einsetzung von Sonderinsolvenzverwaltern keinesfalls ein rein gruppenspezifisches Problem darstellt, sondern sich auch im Rahmen von Einzelverfahren aus den unterschiedlichsten Gründen als notwendig erweisen kann.[1167] Es erscheint daher verfehlt, derartig grundlegende Neuregelungen im Zusammenhang mit der Schaffung gruppenspezifischer Vorschriften durchführen zu wollen. Dies würde die ohnehin erhebliche Komplexität der Materie ein weiteres Mal zusätzlich erhöhen. Entsprechend soll von einer weiterführenden Auseinandersetzung mit dieser Thematik an dieser Stelle auch abgesehen werden. Notwendig erscheint jedoch zumindest eine Erweiterung der Verordnungsermächtigung des § 65 InsO, um eine Aufnahme der Sonderverwalter in die InsVV zu ermöglichen.[1168]

f. Einheitlicher Sachwalter bei Eigenverwaltung

Sämtliche bisher angestellten Überlegungen gelten auch für den Fall, dass bei einem oder mehreren gruppenangehörigen Schuldnern die Eigenverwaltung angeordnet wird.[1169] Die Bestellung eines einheitlichen Sachwalters ist anzustreben. Soweit möglich sollte der in den anderen Verfahren (einheitlich) bestellte Insolvenzverwalter bestellt werden.[1170] Dieser hat nicht nur erheblichen Einfluss auf die Koordination und Kommunikation der Verfahrensbeteiligten[1171], auch kann im Falle einer späteren Aufhebung der Eigenverwaltung der bisherige Sachwalter gem. § 272 Abs. 3 InsO zur Vermeidung von Einarbeitungszeiten zum Insolvenzverwalter bestellt[1172] und damit eine effizienzsteigernde Kontinuität sichergestellt werden.

1164 *Niering*, Stellungnahme VID, S. 6 f.

1165 *BRAK*, Stellungnahme, S. 4 f.

1166 Vorschläge für einen entsprechenden § 56c InsO-E in *Niering*, Stellungnahme VID, S. 6 f.; umfassende Vorschläge dazu bei *Frege*, Der Sonderinsolvenzverwalter, S. 133 ff.; vgl. dazu auch *Zipperer*, ZIP 2013, 1007, 1012 (noch zum DiskE), der insb. die Frage aufwirft, ob auch ein einheitlicher Sonderverwalter bspw. bei rein vertikaler Anspruchsausrichtung zuzulassen wäre.

1167 *Frege*, Der Sonderinsolvenzverwalter, S. 6 ff. nennt in diesem Zusammenhang sechs verschiedene Fallgruppen; dazu auch *Wunsch/Graf*, DZWiR 2002, 177, 177 ff.

1168 Vgl. Änderungsvorschlag in Anhang II (§ 65 InsO).

1169 So auch *Berner/Schiebe/Robert*, Stellungnahme NIVD. e. V., ZInsO 2013, 434, 436 (zum DiskE); *Flöther/Hoffmann*, in FS Kübler, S. 147, 154 f.; *Specovius/Kuske*, in Gottwald, Insolvenzrechts-Handbuch, § 95 Rn. 67.

1170 Vgl. dazu auch *Dellit*, Der Konzern 2013, 190, 197.

1171 *Flöther/Hoffmann*, in FS Kübler, S. 147, 155.

1172 Dazu *Zipperer*, in Uhlenbruck, InsO, § 272 Rn. 8 w. m. N.

Dem verschließt sich der aktuelle Reformentwurf auch nicht.[1173] Vielmehr bezieht sich der Verweis in § 274 InsO auf die §§ 56–60 InsO bzgl. der Bestellung des Sachwalters bei der Eigenverwaltung (zukünftig) auch auf § 56a InsO-E. Einer Klarstellung in § 56b InsO-E bedarf es daher nicht.[1174]

Soweit Interessenkollisionen drohen, gelten die Ausführungen zum einheitlichen Insolvenzverwalter[1175] entsprechend. Soweit erforderlich und im Rahmen der Verfahrenseffizienz vertretbar, kann auch die Bestellung von Sondersachwaltern erfolgen.[1176]

g. *Zwischenfazit*

Die Bestellung eines einheitlichen Verwalters in allen oder zumindest einer Mehrheit der gruppenangehörigen Verfahren ist insgesamt erstrebenswert. Geraten die Gruppen-Unternehmen in die Insolvenz, geht die bisher durch die einheitliche Konzernleitungsmacht, insb. durch entsprechende Weisungsmöglichkeiten „von oben herab“ zusammengehaltene Struktur verloren.[1177] Beherrschungsverträge enden (unabhängig davon, ob Ober- und Untergesellschaften nacheinander oder gleichzeitig in die Insolvenz fallen), automatisch[1178] und eingesetzte Insolvenzverwalter

---

1173 Dies übersehen offensichtlich *Dellit*, Der Konzern 2013, 190, 197 und *Berner/Schiebe/Robert*, Stellungnahme NIVD. e. V., ZInsO 2013, 434, 436.

1174 So auch *Flöther/Hoffmann*, in FS Kübler, S. 147, 155.

1175 Vgl. dazu Teil 8.IV.3.e.

1176 Dazu *Flöther/Hoffmann*, in FS Kübler, S. 147, 155 m. w. N. zur Bestellung von Sondersachwaltern.

1177 *Brünkmans*, in MüKO InsO, Konzerninsolvenzrecht Rn. 4

1178 Zur KO BGH NJW 1988, 1326; 1327; BayOblGZ 1998, 231, 234; gilt nach vorzugswürdiger Meinung auch im Rahmen der InsO, Hüffer/Koch, AktG, § 297 Rn. 22a m. w. N.; *Emmerich*, in Emmerich/Habersack, Aktien- und GmbH-Konzernrecht, § 297 Rn. 52 f.; *Emmerich/Habersack*, Konzernrecht, § 19 Rn. 72 ff.; *Pleister*, in Flöther, Handbuch Konzerninsolvenz, § 4 Rn. 205 m. w. N.; OLG Frankfurt WEiR 2004, 679 f.; nach a. A. bleiben entsprechende Verträge bestehen, beziehen sich jedoch nicht auf den eingesetzten Insolvenzverwalter, sondern weiterhin nur auf die Gesellschaftsorgane in Ansehung deren verbleibender Befugnisse, so *Müller*, ZIP 2008, 1701, 1702, was i. E. ebenfalls zu einem Leerlaufen von Weisungen führt; mit ausführlicher Darstellung des Streitstandes und zahlreichen Nachweisen *Altmeppen*, in MüKO AktG, § 297 Rn. 102 ff.; *Böcker*, GmbHR 2004, 1314, 1314 ff.; oder – im Fall der Insolvenz der Obergesellschaft – bestehen nur noch in eingeschränktem Umfang fort, dazu *Rotstegge*, Konzerninsolvenz, S. 271 f. Jedenfalls besteht ein außerordentliches Kündigungsrecht gem. § 297 AktG, dazu statt vieler *Hirte*, in Uhlenbruck, InsO, § 11 Rn. 398; a. A. *Trendelenburg*, NJW 2002, 647, 650; kritisch *Bous*, Die Konzernleitungsmacht im Insolvenzverfahren konzernverbundener Kapitalgesellschaften, S. 268 ff.; ausführlich dazu auch *Schmollinger*, Der Konzern in der Insolvenz, S. 193 ff.; *Telke*, Die Anforderungen an ein wettbewerbsfähiges Konzerninsolvenzrecht für den Wirtschaftsstandort Deutschland, S. 22 ff.; *Vormstein*, Zuständigkeit bei Konzerninsolvenzen, S. 132 ff. jeweils m. w. N.

unterliegen, anders als die bisherigen Führungsorgane, keinen Weisungsrechten und können solche auch nicht ausüben.[1179] Eine hierarchische Koordination auf diesen Grundlagen ist mithin nicht länger möglich.[1180]

Zwar wird teilweise die Frage aufgeworfen, ob nicht zur Förderung der Sanierungschancen Beherrschungsverträge (*de lege ferenda*) aufrechterhalten werden sollten, um dadurch auch die dargestellte Hierarchie zu bewahren und auch im Insolvenzverfahren fruchtbar zu machen.[1181] Dieser Argumentation kann indes nicht gefolgt werden. Die Umstände, unter denen Beherrschungsverträge geschlossen worden sind, unterscheiden sich elementar von der Situation in der Insolvenz. Dies gilt umso mehr, als entsprechende Verträge meist nicht isoliert geschlossen werden, sondern in Kombination mit Gewinnabführungsverträgen, der Einrichtung eines Cash-Poolings bzw. Cash-Clearings und ähnlichen Maßnahmen stehen, deren Voraussetzungen und Funktionsweisen in der Insolvenz nicht mehr gegeben sind.[1182] Es bedürfte daher in jedem Fall einer insolvenzspezifischen Anpassung dieser Verträge. Damit nähert sich das Prozedere aber zunehmend an die Vereinbarung von Protokollen/Insolvenzverwalterverträgen bzw. den Abschluss abgestimmter Insolvenzpläne an. Diese Instrumentarien sind durch ihre Flexibilität einerseits und die Konzeption gerade für den Insolvenzfall andererseits besser geeignet, den Besonderheiten der Krisensituation gerecht zu werden, als in der Insolvenz angepasste Beherrschungsverträge.

Wenn aber die Voraussetzungen dafür vorliegen, dass durch die Konzentration der Verwaltungsmacht in der Person eines einheitlichen Insolvenzverwalters derartige Zwischenschritte obsolet werden, sollte die Bestellung eines solchen im Interesse aller Beteiligten erfolgen.

Damit werden auch die wirtschaftlichen Vorteile,[1183] die aus der Bestellung eines einheitlichen Verwalters resultieren, massewirksam realisiert. Bei einem einheitlichen Verwalter entfallen die auf die wechselseitige Informationsbeschaffung zurückzuführenden Kosten. Ein einheitlicher Verwalter muss sich nur einmal in die Struktur des Konzerns und dessen einzelner Unternehmen einarbeiten, was schon im Hinblick auf die nach § 3 Abs. 2 InsVV entstehenden Kosten nach Arbeitsaufwand die Verwaltungskosten insgesamt erheblich reduzieren dürfte;[1184] auch wenn im Einzelfall Sonderverwalter zu bestellen sein sollten. Überdies wird die Koordinationseffizienz erheblich gesteigert, wenn statt vielen Einzelverwaltern nur

---

1179 Dazu *Specovius/Kuske*, in Gottwald, Insolvenzrechts-Handbuch, § 95 Rn. 10.

1180 *Brünkmans*, in MüKO InsO, Konzerninsolvenzrecht Rn. 4.

1181 *Piepenburg*, NZI 2004, 231, 235; vgl. auch Darstellung bei *Altmeppen*, in MüKO AktG, § 297 Rn. 107 m. w. N., der diese Überlegungen im Ergebnis zutreffend ablehnt.

1182 Vgl. dazu *Altmeppen*, in MüKO AktG, § 297 Rn. 108 m. w. N.; *Rittscher*, Cash-Management – Systeme in der Insolvenz, S. 80 ff.

1183 Dazu ausführlich *Brünkmans*, Die Koordinierung von Insolvenzverfahren, S. 129 ff.

1184 So auch *Becker*, Kooperationspflichten in der Konzerninsolvenz, S. 104.

ein Gesamtverwalter mit den bzw. im Optimalfall dem Insolvenzgericht(en) kommunizieren muss.

4. Kooperation

Die Kooperationsverpflichtungen der Beteiligten stellen ein „*wesentliches Element des Konzerninsolvenzrechts*“[1185] dar und sind daher grds. zu begrüßen. Gleichwohl besteht auch insoweit erheblicher Klärungsbedarf hinsichtlich der konkreten Ausgestaltung der Entwurfsregelungen.

a. Die Kooperation der Verwalter untereinander

Besondere Bedeutung erlangt die Kooperation der Verwalter untereinander, soweit keine einheitliche Verwalterbestellung erfolgt, da diese die Schlüsselposition innerhalb des Insolvenzverfahrens einnehmen.[1186]

aa. Umfang und Durchführung der Kooperationspflichten

Die Verpflichtung zur Kooperation der Verwalter untereinander nach § 269a InsO-E begegnet vergleichbaren Bedenken wie die europäische Parallelvorschrift des Art. 56 EuInsVO.[1187] Hier wie dort trifft die Verwalter dem Wortlaut nach die Verpflichtung zur Weiterleitung sämtlicher möglicherweise relevanter Informationen. Anders als in der europäischen Regelung ist die Informationsweitergabe jedoch nach § 269a Satz 2 InsO-E anforderungsabhängig und entspricht damit bereits eher einer bereits im Rahmen von Art. 56 EuInsVO favorisierten und dargestellten Ausgestaltung. Zudem lässt sich der Entwurfsbegründung entnehmen, dass die Kosten der Informationsweitergabe – konträr zur europäischen Regelung in Art. 59 EuInsVO – im anfragenden Verfahren zu tragen sein sollen.[1188] Dies wird sich indirekt positiv auf das Arbeitsaufkommen der einzelnen Verwalter auswirken. Vor der Anforderung einzelner Informationen wird jeder Verwalter zur Wahrung seiner grundsätzlichen Verpflichtungen aus § 60 InsO zu prüfen haben, ob die jeweiligen Informationen auch unter Berücksichtigung der durch ihre Anforderung entstehenden Kosten geeignet sein könnten, das eigene Verfahren zu fördern.[1189]

Gleichwohl erscheint eine vollständige Abhängigkeit der Informationsweitergabe als wesentlicher Bestandteil der Kooperationsverpflichtung von einer entsprechenden Anforderung unzureichend. Wie bereits im Zusammenhang mit Art. 56 EuInsVO ausgeführt, erscheint eine zweistufige Informationspolitik vorzugswür-

1185 So *Pannen*, Stellungnahme DAV, S. 7; auch bereits *ders.*, Stellungnahme DAV zum DiskE, S. 6.
1186 I. d. S. auch *Becker*, Kooperationspflichten in der Konzerninsolvenz, S. 236, 239 f.
1187 Vgl. dazu bereits ausführlich unter Teil 7.III.3.a.
1188 BT-Drucks. 17/408, S. 32.
1189 Allg. zur Kooperationspflicht im Lichte von § 60 InsO vgl. bspw. *Ehricke*, in Gottwald, Europäisches Insolvenzrecht – Kollektiver Rechtsschutz, S. 127, 155.

dig.[1190] So sollten Informationen, die sich auf wesentliche Teile der Insolvenzmasse oder grundlegende Verfahrensentscheidungen beziehen und damit allgemein und ohne Weiteres erkennbar im fremden Verfahren von Bedeutung sein können, unaufgefordert zur Verfügung gestellt werden. Hierunter sind allem voran Informationen zum Stand des Verfahrens, der Insolvenzmasse inklusive geplanter oder eingereichter Klagen zur Masseanreicherung, der Forderungsanmeldung sowie geplanter Verwertungsstrategien zu verstehen. Alle weiteren Informationen sind lediglich auf Anfrage des anderen Verwalters mitzuteilen, wobei sich durch derartige Anfragen die Grundlage für die Beurteilung der Wesentlichkeit von Informationen über die konkrete Informationsanfrage hinaus erweitern kann.[1191]

Eine solche zweistufige Verpflichtung könnte sich bereits aus einer weiten Auslegung des § 269a InsO-E ergeben. Der Wortlaut von Satz 2, wonach *„insbesondere (...) auf Anforderung (...) Informationen mitzuteilen"* sind, schließt nicht aus, dass sich aus der allgemeinen Kooperationspflicht, wie sie § 269a Satz 1 InsO-E dem Verwalter auferlegt, eine Verpflichtung zur aufforderungsunabhängigen Informationsweiterleitung – bspw. bezogen auf wesentliche Verfahrensinformationen – ergibt. Einer solchen Auslegung steht allerdings die Entwurfsbegründung entgegen, wonach eine Verpflichtung zur Berücksichtigung von Konzerninteressen lediglich bei positiven Auswirkungen auf die Verwertung der eigenen Insolvenzmasse besteht und für die Verwalter darüber hinaus keine Verpflichtung zur unaufgeforderten Informationsbereitstellung oder sonstige Unterstützungsmaßnahmen besteht.[1192]

Dieser engen Rückbesinnung auf die eigenen Verfahrensinteressen ist jedoch in diesem Zusammenhang bereits aus Praktikabilitätserwägungen heraus zu widersprechen. Die bereits mehrfach als wesentlich charakterisierten Verfahrensinformationen werden in der Praxis aller Voraussicht nach in nahezu sämtlichen Verfahren vom jeweils anderen Verwalter angefordert werden. Insoweit erscheint es widersinnig, eine solche Anforderung zu verlangen, statt den Verwaltern, die diese Informationen zumindest teilweise ohnehin gegenüber dem eigenen Gericht mitteilen müssen, aufzugeben, die anderen Verwalter salopp formuliert „auf CC zu setzen". Ein weiteres verfahrensökonomisches Argument zeigt sich, wenn man sich vor Augen führt, dass eine vollständige Aufforderungsabhängigkeit zwar nicht dazu führt, dass ein Verwalter aus fremdem Interesse heraus die anderen Verfahren beobachten muss, er muss dies jedoch aus eigenem Interesse heraus, um zumindest die wesentlichen relevanten Informationen im entsprechenden Zeitpunkt für das eigene Verfahren anfordern zu können. Dies wird im schlimmsten Fall dazu führen, dass Informationsanfragen bspw. zu der Frage, ob eine Änderung der grundlegenden Verwertungsstrategie geplant ist, in regelmäßigen Abständen (täglich) eingehen und ebenso regelmäßig verneint werden müssen. Eine Vorgehensweise, die erhebliche Mehrbelastung und Kosten verursacht und damit in keinem Verhältnis zum

1190 Vgl. dazu unter Teil 7.III.3.a.
1191 Vgl. Änderungsvorschlag in Anhang II (§ 269a Abs. 2 u. 3).
1192 BT-Drucks. 18/407, S. 32 f.

umgekehrten Aufwand bei einer Verpflichtung zur unaufgeforderten Mitteilung derartiger Basisinformationen steht.

Vor diesem Hintergrund ist der Entwurf anzupassen. Um dabei Haftungsrisiken im Zusammenhang mit der Auslegung des unbestimmten Rechtsbegriffes der wesentlichen Informationen zu begrenzen,[1193] bietet es sich an, eine enumerative Aufzählung derartiger Informationen aufzunehmen und deren Erweiterung konkreten Vereinbarungen zwischen den Verwaltern[1194] im Einzelfall vorzubehalten.[1195] Als wesentlich sind in diesem Zusammenhang Informationen zum Stand des Verfahrens, der Insolvenzmasse inklusive geplanter oder eingereichter Klagen zur Masseanreicherung, der Forderungsanmeldung sowie geplanter Verwertungsstrategien (Liquidationskonzepte, Sanierungskonzepte, insb. Erwägung/Durchführung von Planverfahren etc.) zu klassifizieren.

Um die Informationsübermittlung effizient und sachgerecht sicherzustellen, ist mit Hochdruck an der Einführung entsprechender elektronischer Systeme zu arbeiten. In Erweiterung von Datenbanken wie www.insolvenzbekanntmachungen.de sollten derartige Informationen (selbstverständlich zugriffsbeschränkt) eingestellt werden können. Dies entbindet den Verwalter zudem von unzähligen Einzelübermittlungen. Solange derartige Systeme nicht von offizieller Seite zur Verfügung gestellt werden, sollte im Einzelfall erwogen werden, diese *ad hoc* aufzusetzen.

bb. Keine Geltung der Kooperationspflichten für den Sachwalter

Nach derzeitiger Fassung gelten die Kooperationspflichten nach § 269a InsO-E nicht für den Sachwalter in Verfahren mit Eigenverwaltung. § 270d InsO-E bezieht diese vielmehr ausdrücklich nur auf den eigenverwaltenden Schuldner, ohne dass sich der Entwurfsbegründung eine Erklärung oder auch nur ein klares Bekenntnis dafür entnehmen ließe, dass sie auch für den Sachwalter gelten sollten. In der Literatur wird vielfach für eine Erstreckung auf den Sachwalter plädiert und eine entsprechende Klarstellung gefordert.[1196] Dem ist jedoch im Ergebnis nicht zuzustimmen.

Im Verfahren mit Eigenverwaltung wird dem Schuldner ein Sachwalter zur Seite gestellt, dem Prüfungs-, Überwachungs- sowie bestimmte Mitwirkungserfordernisse obliegen.[1197] Schwerpunktmäßig erfüllt er prüfende und überwachende

---

1193 Ein vollständiger Verzicht auf unbestimmte Rechtsbegriffe ist allerdings auch in einer derartigen Aufzählung im Hinblick auf die Vielseitigkeit des Insolvenzverfahrens und der sich daraus ergebenden Informationen nicht möglich.

1194 Vgl. dazu ausführlich bspw. *Wiebusch*, Internationales Konzerninsolvenzrecht, S. 254ff.; *Mohrs*, Die konzerngebundene Kapitalgesellschaft im Anwendungsbereich der EuInsVO, S. 185ff.

1195 Vgl. Änderungsvorschlag in Anhang II (§ 269a Abs. 2 u. 3).

1196 *Brünkmans*, ZIP 2013, 193, 199; *ders.*, in MüKO InsO, Konzerninsolvenzrecht Rn. 83; *Flöther/Hoffmann*, in FS Kübler, S. 147, 156; a. A. wohl *Specovius/Kuske*, in Gottwald, Insolvenzrechts-Handbuch, § 95 Rn. 67.

1197 Statt vieler *Tetzlaff/Kern*, in MüKO InsO, § 274 Rn. 42.

Aufgaben.[1198] Vor diesem Hintergrund erklärt sich auch das klare Bekenntnis der Entwurfsbegründung dafür, „*dass der eigenverwaltende Schuldner in die Rechte und Pflichten des Insolvenzverwalters eintritt*“[1199] und er daher auch „*den Kooperationspflichten des § 269a InsO-E in dem Umfang, in dem auch ein Insolvenzverwalter gebunden wäre*“,[1200] unterliegt. Soweit *Flöther/Hoffmann* unter Betonung der „*zentralen Stellung des Sachwalters*“ im Rahmen der Verfahrensführung und Verfahrenskoordination vergleichbare Kooperationspflichten aus den „*allgemeinen Bestimmungen und Zielen der Insolvenzordnung*“ ableiten wollen, erscheint dies der Konzeption des Sachwalters als Kontrollinstanz des eigenverwaltenden Schuldners zu widersprechen.

Gegen eine Einbeziehung des Sachwalters in die Kooperationspflichten spricht auch eine ganz pragmatische Überlegung. So wären in diesem Fall der eigenverwaltende Schuldner und der Sachwalter nebeneinander zur umfassenden Kooperation und Informationsübermittlung nebeneinander verpflichtet. Man wird jedoch kaum verlangen können, dass sämtliche Informationen doppelt aufgearbeitet und übermittelt werden. Zur Überprüfung der ordnungsgemäßen Erfüllung der Kooperationsverpflichtungen durch den eigenverwaltenden Schuldner ist der Sachwalter aber ohnehin verpflichtet. Ein Mehrwert durch seine eigene Einbeziehung in diese Verpflichtungen ist daher nicht zu erwarten.

Zudem kann es im Hinblick auf die Erfüllung der Kooperationsverpflichtungen i. S. d. § 269a InsO-E durchaus zu unterschiedlichen Ansichten zwischen dem eigenverwaltenden Schuldner und dem Sachwalter kommen. Die Lösung derartiger Konflikte kann dann nicht darin liegen, dass beide ihre Verpflichtungen in unterschiedlicher Art und Weise erfüllen. Vielmehr hat der Sachwalter, sofern er die Gefahr begründet sieht, dass der eigenverwaltende Schuldner seinen aus § 270d i. V. m. § 269a InsO-E resultierenden Verpflichtungen nicht ordnungsgemäß nachkommt, hierüber unverzüglich das Insolvenzgericht und, soweit vorhanden, den Gläubigerausschuss zu informieren (§ 247 Abs. 3 InsO), um so ggf. die Aufhebung der Eigenverwaltung herbeizuführen.

Es bleibt damit festzuhalten, dass die Kooperationsverpflichtungen i. S. d. § 269a InsO-E im Zusammenhang mit Verfahren in Eigenverwaltung einzig den eigenverwaltenden Schuldner treffen und auch im weiteren Verlauf des Gesetzgebungsverfahrens nicht auf den (überwachenden) Sachwalter erstreckt werden sollten.

Durch eine redaktionelle Anpassung von § 269f Abs. 2 InsO-E sollte hingegen in der Tat klargestellt werden, dass die entsprechenden Verpflichtungen des eigenverwaltenden Schuldners – wie die des Insolvenzverwalters im Regelverfahren –

1198 *Tetzlaff/Kern*, in MüKO InsO, § 274 Rn. 45; *Haas*, in Gottwald, Insolvenzrechts-Handbuch, § 90 Rn. 66ff.; so auch die Entwurfsbegründung zu § 270d InsO-E, BT-Drucks. 18/407, S. 41.

1199 BT-Drucks. 18/407, S. 41.

1200 BT-Drucks. 18/407, S. 42.

auch gegenüber dem Koordinationsverwalter bestehen.[1201] Auch diese Verpflichtung betrifft indes aus den oben ausgeführten Erwägungen heraus nur den eigenverwaltenden Schuldner, nicht hingegen den Sachwalter.

b. *Die Kooperation der Gerichte untereinander*

Zutreffend geht die Gesetzesbegründung davon aus, dass eine abschließende antizipierte Regelung der Zusammenarbeit auch auf gerichtlicher Ebene nicht mit der notwendigen Flexibilität und der Vielgestaltigkeit des Einzelfalls in Einklang zu bringen ist. Gleichwohl ist es zu begrüßen, dass in § 269b InsO-E die bereits bisher aus den allgemeinen Zielbestimmungen des Insolvenzverfahrens abgeleitete Kooperationsverpflichtung dem Grunde nach explizit erwähnt wird.[1202] Damit wird klargestellt, dass eine Zusammenarbeit nicht nur erlaubt, sondern überdies auch anzustreben ist. Vor dem Hintergrund der offen formulierten Vorschrift obliegt es jedoch weiterhin den Gerichten, die Zusammenarbeit im jeweiligen Einzelfall hinsichtlich Art und Umfang zu konkretisieren. Um diese Arbeit zu erleichtern und die gegenseitigen Kooperationsverpflichtungen verbindlich ausgestalten zu können, empfiehlt sich nachdrücklich die Etablierung von grundsätzlichen Leitlinien, die im konkreten Einzelfall durch ad-hoc-Vereinbarungen ggf. ergänzt und konkretisiert werden. Diese Vereinbarungen müssten geeignet sein, die gerichtsübergreifende Kommunikation in den Fällen zu vereinheitlichen, in denen ein Gruppen-Gerichtsstand und damit eine einheitliche Zuständigkeit nicht erreicht werden kann. Insoweit kann auf weitreichende Vorarbeiten insb. auf internationaler Ebene zurückgegriffen werden.[1203]

Unbedingt klarzustellen ist, dass § 269b InsO-E auch dann greift, wenn es im Einzelfall dazu kommen sollte, dass an einem Gericht mehrere unterschiedliche Richter zuständig sind. Dieser Fall dürfte zwar nicht zuletzt im Hinblick auf die Möglichkeit der Verfahrensverbindung nach § 4 InsO i. V. m. § 147 ZPO[1204] äußerst

1201 So auch *Flöther/Hoffmann*, in FS Kübler, S. 147, 156, die insoweit von einem Redaktionsversehen ausgehen.

1202 Erst mit dem ESUG wurde in § 348 Abs. 2 InsO erstmals die Kooperation mit (ausländischen) Gerichten ausdrücklich in der InsO kodifiziert, dazu statt vieler *Undritz*, in HambKomm InsO, § 348 Rn. 2; insg. auch bspw. *Wiebusch*, Internationales Konzerninsolvenzrecht, S. 287 ff.; *Becker*, Kooperationspflichten in der Konzerninsolvenz, S. 198 ff.

1203 So bspw. *Wessels/Virgos*, European Communication and Cooperation Guidelines for Cross-border Insolvency 2007 (CoCo-Guidelines); ALI Guidelines Applicable to Court-to-Court Communications in Cross-Border Cases 2000 (dt. Übersetzung in KTS 2005, 121, 121 ff.); III Guidelines for Coordination of Multi-National Enterprise Group Insolvencies 2011; allg. dazu *Fletcher/Wessels*, IILR 2013, 2, 2 ff.; *Busch/Remmert/Rüntz/Vallender*, NZI 2010, 417, 417 ff.; *Mohrs*, Die konzerngebundene Kapitalgesellschaft im Anwendungsbereich der EuInsVO, S. 198 f. u. 206 ff.

1204 Kritisch zu deren Anwendung auf den Fall der einheitlichen richterlichen Zuständigkeit bei der Konzerninsolvenz *Schmollinger*, Der Konzern in der Insolvenz, S. 270 f.

selten und eine analoge Anwendung des § 269b InsO-E in jedem Fall möglich sein, gleichwohl erscheint eine Klarstellung sinnvoll.[1205]

c. *Die Kooperation zwischen Gerichten und Verwaltern*

Anders als im Rahmen der EuInsVO[1206] sieht der deutsche Entwurf eine gesonderte Regelung zur Kooperation zwischen Verwaltern und Gerichten nicht vor. Zwar findet auch im Gruppen-Zusammenhang § 58 Abs. 1 Satz 2 InsO Anwendung, wonach das Gericht befugt ist, jederzeit in Ausübung seines Aufsichtsrechts einzelne Auskünfte oder einen Bericht über den Sachstand und die Geschäftsführung vom Verwalter zu verlangen.[1207] Kommt es zur Begründung eines Gruppen-Gerichtsstandes nach § 3a Abs. 1 InsO-E und werden sämtliche gruppenzugehörige Verfahren dort gebündelt, vereint der zuständige Richter dieses Recht denn auch gegenüber allen Verfahren auf sich und es bedarf einer gesonderten Regelung nicht. Scheitert die Begründung eines Gruppen-Gerichtsstandes hingegen oder sind an diesem nur ein Teil der gruppenzugehörigen Verfahren anhängig, fehlt es an einer solchen Kompetenzbündelung.

Es stellt sich daher die Frage, ob in derartigen Fällen die mit Verfahren über gruppenzugehörige Schuldner befassten Gerichte die Rechte aus § 58 InsO auch gegenüber solchen Verwaltern geltend machen können, die sie nicht selbst bestellt haben, die aber in anderen gruppenangehörigen Verfahren eingesetzt wurden. Denkbar wäre es auch, den Informationsfluss zwischen Gerichten und Verwaltern „fremder" Verfahren über die zwischengerichtliche Kommunikationsebene zu leiten. D. h. für den Fall, dass ein Gericht Informationen von einem „fremden" Verwalter anfordern oder die eigenen Maßnahmen mit dessen Tätigkeit abstimmen möchte, hätte es die entsprechenden Anfragen an das für den jeweiligen Verwalter „zuständige" Gericht zu richten und diesem obläge es, zur Wahrung der Kooperationsverpflichtung nach § 269b InsO-E, nach entsprechender Prüfung der Voraussetzungen für die gewünschte Zusammenarbeit die Erfüllung durch den Verwalter sicherzustellen. Sofern dem Gericht angeforderte Informationen bereits selbst vorlägen, hätte es diese unmittelbar weiterzugeben. Umgekehrt hätte ein Verwalter, der Informationen von einem „fremden" Gericht für nötig erachtet, diese unter Zwischenschaltung des „eigenen" Gerichts anzufordern.

In Betracht käme insoweit u. U. eine analoge Anwendung von § 58 InsO. Ob die Voraussetzungen hierfür vorliegen, ist indes zu bezweifeln. So ist bereits unklar, ob es sich bei dem Fehlen einer entsprechenden Regelung im Gesetzesentwurf um eine planwidrige Regelungslücke handelt. Die Entwurfsentwicklung verlief – wie bereits mehrfach erwähnt – weitgehend parallel mit der Entwicklung der Neufassung der EuInsVO, die eine derartige Regelung in Art. 59 enthält. Dass vor diesem Hin-

---

1205 Siehe Formulierungsvorschlag in Anhang II (§ 269b Abs. 2).

1206 Dort Art. 59 EuInsVO n. F., dazu bereits unter Teil 7.II.4.b.cc.

1207 Vgl. allg. dazu *Vallender*, in Uhlenbruck, InsO, § 58 Rn. 9f.; *Graeber*, in MüKO InsO, § 58 Rn. 22ff.

tergrund die Schaffung einer vergleichbaren Regelung schlicht übersehen wurde, ist schwer vorstellbar, auch wenn die Entwurfsmaterialien diese Fragestellung an keiner Stelle erwähnen. Unabhängig davon scheitert eine analoge Anwendung von § 58 InsO aber jedenfalls an der Vergleichbarkeit der Interessenlagen als weiteres wesentliches Kriterium einer jeden Analogie. *Ratio legis* des § 58 InsO ist es, die Gefahren, die aus der staatlich veranlassten Übertragung der Verfügungsmacht über das schuldnerische Vermögen auf den Verwalter (§ 80 InsO) resultieren, durch eine damit korrespondiere staatliche Überwachungs- und Einschreitenspflicht zu begrenzen.[1208] Das sich daraus ergebende Auskunfts- und Informationsrecht ist somit lediglich Mittel zum Zweck. Vor diesem Hintergrund ist auch anerkannt, dass andere Verfahrensbeteiligte weder in direkter oder analoger Anwendung noch durch eine entsprechende Anregung an das Gericht eigene Informationsansprüche über § 58 InsO realisieren können.[1209] Vielmehr haben sie entsprechende Ansprüche grds.[1210] eigenständig geltend zu machen, wozu ihnen ausreichend spezifische Rechtsgrundlagen (bspw. § 175 InsO, § 299 ZPO etc.) zur Verfügung stehen. Im Gruppenkontext geht es den „fremden" Gerichten jedoch bei ihren Informationsbegehren und sonstigen Kooperationsbestrebungen nicht darum, die Tätigkeit eines Verwalters zu überwachen. Diese Aufgabe obliegt ihnen auch überhaupt nicht, soweit es um Verwalter geht, die von einem anderen Gericht eingesetzt wurden. Vielmehr geht es um die verbesserte Abstimmung eigener Entscheidungen mit einem zugrunde liegenden Gesamtkonzept oder – und hierin liegt eine gewisse Gefahr begründet – um den Versuch, die Interessen der Beteiligten des eigenen Einzelverfahrens, ggf. auch zum Nachteil der übrigen Gruppenstruktur, durchzusetzen.

Auch die geschilderte Möglichkeit einer Umleitung der Anfragen über die Gerichte erscheint im Lichte der soeben dargestellten *ratio legis* des § 58 InsO auf den ersten Blick problematisch. Grds. ist kein Gericht verpflichtet, bestimmte Aufsichtsrechte gegenüber dem eigenen Verwalter nur deshalb zu ergreifen, weil dies von einem anderen Gericht verlangt wird, geschweige denn die in diesem Zusammenhang erhaltenen Informationen weiterzuleiten. Verdeutlicht man sich jedoch das Zusammenspiel von § 58 InsO und § 269b InsO-E, könnte sich eine solche Verpflichtung im besonderen Gruppenkontext möglicherweise aus der allgemeinen Verpflichtung zur Zusammenarbeit der Gerichte selbst ergeben.

Gegenüber den eigenen Verwaltern bestehen die Rechte aus § 58 InsO unabhängig vom Gruppenkontext. Das Gericht ist jederzeit befugt, einzelne Auskünfte vom Verwalter zu verlangen. Dies stellt zugleich die Rechtsgrundlage für die „gegenläufige" Mitteilung von verfahrensrelevanten Informationen dar; einer gesonderten Regelung hierzu bedarf es nicht. Gegenüber anderen mit gruppen-

1208 *Graeber*, in MüKO InsO, § 58 Rn. 1; *Vallender*, in Uhlenbruck, InsO, § 58 Rn. 1.
1209 *Graeber*, in MüKO InsO, § 58 Rn. 23 f.; *Vallender*, in Uhlenbruck, InsO, § 58 Rn. 40 f.
1210 Sofern gesetzliche Auskunftspflichten bestehen, bspw. § 167 Abs. 1 Satz 1 InsO, können diese alternativ auch über § 58 InsO durchgesetzt werden, dazu *Vallender*, in Uhlenbruck, InsO, § 58 Rn. 40 m. w. N.

zugehörigen Verfahren befassten Gerichten wiederum besteht gemäß § 269b InsO-E die Verpflichtung zur Zusammenarbeit. Diese erschöpft sich insb. in Sachen Informationsweiterleitung, aber gerade nicht in der Zurverfügungsstellung vorhandener Informationen, sondern geht darüber hinaus. Die einzelnen Gerichte sind zur Wahrung ihrer Verpflichtungen aus § 269b InsO-E angehalten, sämtliche ihnen im Verhältnis zu den von ihnen bestellten Insolvenzverwaltern zustehenden Rechte auszuüben, soweit dies erforderlich ist. Bei der Bewertung der Erforderlichkeit muss dabei auch ein Informationsbedürfnis aus anderen gruppenzugehörigen Verfahren Berücksichtigung finden.

Im Ergebnis erweist sich daher die umgeleitete Zusammenarbeit als richtiger Ansatz. Es gibt keinen Grund dafür, durch eine neu geschaffene Regelung die Kompetenzen eines fremden Gerichts über das hinaus zu erweitern, was dem „eigenen" Gericht zusteht, und damit in der Gruppensituation weitergehende Verpflichtungen zu generieren. Zudem birgt ein derartiges Konzept den weiteren Vorteil, dass unnötiger Aufwand durch sich überschneidende doppelte Kooperationsverpflichtungen verhindert wird. Würde man bspw. einem „fremden" Gericht die Möglichkeit verschaffen, Informationen direkt bei einem fremden Verwalter anzufordern, müsste zum einen das für diesen Verwalter zuständige Gericht diese Informationen zur Wahrung seiner Aufsichtsverpflichtungen regelmäßig ebenfalls anfordern und (vorab?) prüfen, zum anderen zwischengerichtlich auf derartige Anfragen hingewiesen werden.

5. Der Gruppen-Gläubigerausschuss

Mit dem gemäß § 269c Abs. 1 InsO-E geschaffenen (vorläufigen) Gruppen-Gläubigerausschuss betritt der Entwurf Neuland.[1211] Sofern bisher eine Vertretung der unterschiedlichen Gläubigergruppen in allen Verfahren notwendig erschien, behalf sich die Praxis mit der – seitens des BGH gebilligten[1212] – personenidentischen Besetzung der einzelnen (vorläufigen) Gläubigerausschüsse.[1213] Eine solche ist auch nach den Entwurfsregelungen weiterhin grds. zulässig.[1214]

Die vorgesehene Einführung eines Gruppen-Gläubigerausschusses ist vor dem Hintergrund der praktischen Erfahrungen mit der personenidentischen Besetzung von Gläubigerausschüssen in Verfahren betreffend konzernangehörigen Unternehmen grds. zu begrüßen.[1215] Die Entwurfs-Regelungen sind allerdings von zahlreichen

---

1211 Dazu *Brünkmans*, Der Konzern 2013, 169, 176; *Harder/Lojowsky*, NZI 2013, 327, 329.

1212 S. bspw. BGH NZI 2008, 308.

1213 So bspw. im Verfahren Arcandor, Quelle, Karstadt. Dazu *Brünkmans*, Der Konzern 2013, 169, 176; *ders.*, in MüKO InsO, Konzerninsolvenzrecht, Rn. 87.

1214 *Brünkmans*, in MüKO InsO, Konzerninsolvenzrecht Rn. 87 m. w. N.

1215 So auch *Berner/Schiebe/Robert*, Stellungnahme NIVD. e. V., ZInsO 2013, 434, 437 (zum DiskE); kritisch hingegen *Pannen*, Stellungnahme DAV, S. 7; so auch bereits *ders.*, Stellungnahme DiskE, S. 6.

Unklarheiten geprägt, die vor der endgültigen Verabschiedung einer Klärung zugeführt werden müssen.

a. *Notwendigkeit einer Institutionalisierung der Zusammenarbeit der Gläubigerausschüsse*

Teilweise wird bereits grds. die Sinnhaftigkeit der Einführung eines Gruppen-Gläubigerausschusses infrage gestellt. Nach der Stellungnahme des DAV ist eine Institutionalisierung der Zusammenarbeit der Gläubigerausschüsse überflüssig. Es sei vielmehr ausreichend, in Anlehnung an die Regelungen der §§ 269a und b InsO-E, auch die grundsätzliche Kooperationspflicht der eingesetzten Gläubigerausschüsse zu begründen und die konkrete Ausgestaltung hier wie dort den Beteiligten zu überlassen.[1216]

Dies stellt sicherlich grds. eine gangbare Variante dar. Es ist jedoch zu beachten, dass die Mitglieder der Gläubigerausschüsse in Insolvenzangelegenheiten zumindest in der Regel[1217] weniger versiert sein werden, als es bei den Gerichten und Verwaltern der Fall ist. Geeignete Personen zur Wahrnehmung der Aufgaben in diesem Gremium zu finden, ist zudem im Hinblick auf die drohenden Haftungsrisiken (§ 71 InsO) bei vergleichsweise geringer Vergütung bereits jetzt nicht immer einfach.[1218] Würde man die Ausgestaltung der Kooperation mit anderen Gläubigerausschüssen in gruppenangehörigen Verfahren vollständig den Mitgliedern überantworten, erwüchse daraus ein weiteres Haftungsrisiko. Durch die Schaffung eines institutionalisierten Kooperations-Gremiums in Form des Gruppen-Gläubigerausschusses wird ein gesicherter Rahmen geschaffen, innerhalb dessen sich die Zusammenarbeit bewegen kann. Da Mehrkosten im Vergleich zu einer auf gesonderter Vereinbarung beruhenden Zusammenarbeit außerhalb eines Gruppen-Gläubigerausschusses nicht entstehen dürften und die Einsetzung insgesamt antragsabhängig ausgestaltet ist,[1219] ist die vorgesehene Einführung durch § 269c InsO-E grds. zu befürworten.

1216 *Pannen*, Stellungnahme DAV, S. 7, so auch bereits *ders.*, Stellungnahme DAV zum DiskE, S. 6.

1217 Zur Forderung einer Professionalisierung vgl. *Hesseler/Neu*, NZI 2012, 440, 440 ff.

1218 Vgl. allg. dazu *Lehmann/Rettig*, NZI 2015, 790, 792; *Stephan*, in MüKO InsO, § 17 InsVV Rn. 3.

1219 Die Forderung des NIVD e. V. zur Einführung eines Pflicht-Gruppen-Gläubigerausschuss im Falle der Eröffnung eines Koordinationsverfahrens (*Berner/Schiebe/Robert*, Stellungnahme NIVD. e. V., ZInsO 2013, 434, 437) ist abzulehnen. Die dort angesprochene gesteigerte Bedeutung beschränkt sich auf das Recht zu Stellungnahme zur Person des Koordinationsverwalters (§ 269 f Abs. 2 InsO-E) und die Zustimmung zum Koordinationsplan (§ 269 h Abs. 1 InsO-E). Dies rechtfertigt einen Pflichtausschuss jedoch nicht, vielmehr sollte es den durch die einzelnen Gläubigerausschüsse vertretenen Gläubigern überlassen bleiben, ob sie diese Rechte durch Stellung eines Antrages nach § 269c Abs. 1 InsO-E ausüben möchten.

Gleichwohl stellt sich in diesem Zusammenhang die Frage, ob und, wenn ja, wie eine Zusammenarbeit der einzelnen Gläubigerausschüsse für den Fall, dass es nicht zur Einsetzung eines Gruppen-Gläubigerausschusses kommt, sichergestellt werden muss.[1220] Dies lässt die Entwurfsbegründung bewusst offen;[1221] die Klärung dieser Frage soll vielmehr Rechtsprechung und Wissenschaft überlassen werden,[1222] was teilweise unter zutreffendem Verweis auf die diesbezügliche Zurückhaltung der Rechtsprechung bedauert wird.[1223]

Letztlich ist die gesetzgeberische Zurückhaltung jedoch zu begrüßen. Bei Eingriffen in die Souveränität der Gläubiger, bspw. durch eine Verpflichtung zur Zusammenarbeit, ist eine solche nämlich allgemein geboten. Als von der Insolvenz ihres Schuldners wirtschaftlich am stärksten Betroffenen steht es ihnen grds. frei darüber zu entscheiden, welchen Beitrag sie selbst im Einzelfall zum Verfahren leisten möchten. Auch untereinander bestehen grds. keine Ansprüche auf Verfahrensförderung bspw. in Form von Kooperationsbemühungen.[1224] Verbunden sind die Gläubiger untereinander lediglich mittelbar über ihre Beziehungen zum Schuldner. Im Gruppen-Kontext ggf. sogar nur über die Verstrickungen ihrer unterschiedlichen Schuldner untereinander. Die Frage, ob einzelne von ihnen in Ansehung widerstreitender Interessen besonders geschützt werden müssen, ist eine Frage, die erst im Rahmen geregelter Befugnisse und dort im Zusammenhang mit Mehrheitsentscheidungen zu klären ist. Dies hat jedoch auf die Frage einer Kooperationsverpflichtung keinen Einfluss, sondern ist einer darauf bezogenen Entscheidung vielmehr nachgelagert.

b. Gruppen-Gläubigerausschuss außerhalb eines Gruppen-Gerichtsstandes

Nicht nachvollziehbar ist die sich dem Wortlaut nach aus der Zuständigkeitsregelung in § 269c Abs. 1 InsO-E ergebende Beschränkung des Gruppen-Gläubigerausschusses auf Fälle, in denen ein Gruppen-Gerichtsstand nach § 3a Abs. 1 InsO-E begründet

---

1220 Dafür plädiert *Fölsing*, ZInsO 2013, 413, 419 (zum DiskE), der eine solche auch auf die Gläubigerversammlungen ausweiten möchte.

1221 BT-Drucks. 18/407, S. 35; BR-Drucks. 663/13, S. 19, 35; wortgleich bereits im DiskE, S. 41.

1222 *Leutheusser-Schnarrenberger*, ZIP 2013, 97, 101; dazu *Eidenmüller/Frobenius*, Beilage 3 zu ZIP 2013, 1, 10.

1223 *Brünkmans*, ZIP 2013, 193, 200 mit Verweis auf die Akkordstörer-Entscheidung des BGH, BGHZ 116, 319 = ZIP 1992, 191.

1224 Eine solche resultiert auch nicht etwa aus einer Treuepflicht im Rahmen der Verbindung der Gläubiger zur „Interessengemeinschaft" (zur Begriflichkeit *Henckel*, in Jaeger, InsO, § 38 Rn. 4; *Madaus*, in BeckOK InsO, § 1 Rn. 30 geht von einer echten Rechtsgemeinschaft aus). Dazu *Ehricke*, in MüKO InsO, § 74 Rn. 7 ff.; *ders.*, NZI 2000, 57, 58 f. jeweils m. w. N., der im Hinblick auf die Stellung der Gläubiger untereinander in der Gläubigerversammlung zu dem zutreffenden Ergebnis kommt, dass nicht einmal dort derartige Verpflichtungen bestehen.

wurde.[1225] Es ist keine tragfähige Begründung ersichtlich, die eine Abhängigkeit der institutionalisierten Gläubigerkooperation von einem konzentrierten Gerichtsstand zu rechtfertigen vermag. Eine solche findet sich auch in der Entwurfsbegründung nicht. Vielmehr findet sich an den entsprechenden Stellen zu dieser Einschränkung überhaupt keine Aussage.[1226] Auch die besondere Bedeutung des Gruppen-Ausschusses innerhalb des Koordinationsverfahrens[1227] rechtfertigt eine solche Beschränkung nicht. Vielmehr liegt der Schwerpunkt des Wirkungsfeldes in der Unterstützung der Einzelausschüsse und Verwalter bei der koordinierten Verfahrensabwicklung. Ein derartiges Bedürfnis besteht jedoch unabhängig von der Frage, ob ein Koordinierungsverfahren einzuleiten ist. Dies gilt umso mehr, als die Bestellung nicht von einem solchen, sondern „lediglich" von der Begründung eines Gruppen-Gerichtsstandes abhängig gemacht wird.

Aus der systematischen Stellung in Teil 7 – Erster Abschnitt und der auch grundsätzlichen Nähe zu den allgemeinen Kooperationsverpflichtungen zwischen den Gerichten und Verwaltern, die gerade außerhalb eines Koordinationsverfahrens zum Tragen kommen, ergibt sich vielmehr das zwingende Bedürfnis für die Ausweitung der Möglichkeit zur Bestellung eines Gruppen-Gläubigerausschusses über die Fälle eines Gerichtsstandes nach § 3a InsO-E hinaus. Daher ist eine entsprechende Anpassung des § 269c InsO-E notwendig. Zuständig für die Bestellung sollte jedes Gericht sein, das einen möglicherweise zur Entsendung in den Gruppen-Gläubigerausschuss verpflichteten Einzelausschuss bestellt hat. Bei mehreren Anträgen ist nach dem Prioritätsprinzip, bei Zweifeln in Anlehnung an § 3a Abs. 1 Satz 3 nach Bilanzsumme zu entscheiden.[1228]

c. *Beschlussfassung im Rahmen der Entsendungsvorschläge – Keine Notwendigkeit stärkerer Mehrheitserfordernisse*

Ebenfalls nicht beizupflichten ist dem NIVD e. V. bzgl. der in seiner Stellungnahme zum DiskE[1229] gehegten Bedenken hinsichtlich des Verfahrens zur Entsendung eines Mitgliedes in den Gruppen-Gläubigerausschuss.[1230] Angeregt wurde dort die Einführung eines 2/3-Mehrheitserfordernisses für die Entsendungsentscheidung. Die im DiskE noch fehlende Bezugnahme auf die allgemeine Regelung des § 72 InsO zur Beschlussfassung in den Gläubigerausschüssen wurde in § 269c Abs. 2 Satz 2 InsO-E zwischenzeitlich aufgenommen. Dass die Gefahr einer Umgehung einzelner Repräsentationsgruppen durch einen Beschluss mit einfacher Kopfmehrheit gefördert werden könnte und daher die Festsetzung einer 2/3-Mehrheit für die Be-

1225 Kritisch auch *Yücel*, Insolvenzrecht, S. 29f.
1226 BT-Drucks. 18/407, S. 22, 34f.
1227 Dazu *Brünkmans*, in MüKO InsO, Konzerninsolvenzrecht Rn. 86; *Specovius/Kuske*, in Gottwald, Insolvenzrechts-Handbuch, § 95 Rn. 56.
1228 Vgl. Änderungsvorschlag in Anhang II (§ 269c Abs. 1 Satz u. Abs. 2).
1229 *Berner/Schiebe/Robert*, Stellungnahme NIVD. e. V., ZInsO 2013, 434 (zum DiskE).
1230 I. d. S. auch *Andres/Möhlenkamp*, BB 2013, 579, 568.

stimmung des zu entsendenden Mitgliedes vorzusehen sei,[1231] vermag im Ergebnis nicht zu überzeugen. Zwar mag es zutreffen, dass ein gewisses Risiko besteht, dass bei den Vorschlägen versucht werden könnte, einzelne Repräsentationsgruppen zu umgehen, dies ist im Hinblick auf die fehlende Bindung des Gerichts an die Vorschläge jedoch als geringeres Übel hinzunehmen. Würde eine 2/3-Mehrheit verlangt werden, würde dies dazu führen, dass eine Einigung oftmals überhaupt nicht erzielt würde. Dies sieht der NIVD e. V. für den Fall eines Einstimmigkeitserfordernisses selbst[1232] und meint in der 2/3-Mehrheit einen gangbaren Mittelweg zu entdecken. Gerade im Hinblick auf die teilweise geringe Zahl der Mitglieder eines Gläubigerausschusses – die Sollstärke beträgt drei respektive vier (§ 67 Abs. 2 InsO),[1233] unter bestimmten Umständen ist sogar ein Zweier-Ausschuss zulässig[1234] – und die Tatsache, dass dem vorzuschlagenden Mitglied selbst kein Stimmrecht zukommt, wird eine solche Regelung jedoch auf eine unnötige Erschwerung des Beschlusses hinauszulaufen, sofern es denn überhaupt im Einzelfall zu einer Änderung gegenüber den bereits gemäß § 72 InsO geforderten Mehrheitsverhältnissen kommt. Bei einem „Standard-Ausschuss" mit drei bzw. vier Mitgliedern gäbe es nämlich überhaupt keine Änderung, da mindestens zwei bzw. drei Mitglieder (ohne Beteiligung des vorzuschlagenden Mitgliedes) abstimmen müssten und sich hierbei die Kopfmehrheit nicht von einer 2/3-Mehrheit unterscheidet. Es ist auch nicht anzunehmen, dass gerade die Vertreter der Gläubigergruppen „schwächerer" Gläubigergruppen, die nach Ansicht des NIVD e. V. zusätzlich geschützt werden sollen, einer solch wichtigen Abstimmung fernbleiben würden.

Betrachtet man vor diesem Hintergrund ergänzend die Aufgabenstellung des Gruppen-Gläubigerausschusses, die sich im Wesentlichen auf die Informationsweiterleitung und Unterstützung beschränkt, erscheint es nicht gerechtfertigt, hinsichtlich des Vorschlages für eine Entsendung derartige zusätzliche Hürden zu errichten.

d. Keine Einführung eines vorläufigen Gruppen-Gläubigerausschusses

Auch der ebenfalls vom NIVD e. V. geforderten Kodifizierung eines gesonderten vorläufigen Gruppen-Gläubigerausschusses kann nicht zugestimmt werden. Gem. § 269c Abs. 1 i. V. m. Abs. 3 InsO-E kann ein Gruppen-Gläubigerausschuss bereits auf Antrag eines vorläufigen Einzel-Gläubigerausschusses eingesetzt werden. Damit ist faktisch die Einsetzung eines Gruppen-Gläubigerausschusses in einer

---

1231 So *Berner/Schiebe/Robert*, Stellungnahme NIVD. e. V., ZInsO 2013, 434, 437 (zum DiskE).

1232 *Berner/Schiebe/Robert*, Stellungnahme NIVD. e. V., ZInsO 2013, 434, 437 (zum DiskE).

1233 Dazu statt vieler *Schmid-Burgk*, MüKO InsO, § 67 Rn. 11.

1234 BGH NZI 2009, 386 f.; *Gerhardt*, in Jaeger, InsO, § 67 Rn. 11, mit Hinweis darauf, dass dieser jedoch praktisch keine Bedeutung hat, *Klopp/Kluth/Pechartscheck*, in Gottwald, Insolvenzrechts-Handbuch, § 21 Rn. 7 m. w. N.; *Frind*, ZInsO 2013, 279, 280.

Phase, in der in den Einzelverfahren „erst“ vorläufige Gläubigerausschüsse gem. § 22a InsO eingesetzt sind, möglich. In Ansehung der Aufgaben des Gruppen-Gläubigerausschusses außerhalb eines Koordinationsverfahrens, die sich in der Unterstützung der Verwalter zur Verbesserung der abgestimmten Abwicklung der Verfahren erschöpft (§ 269c Abs. 2 Satz 1), ist gegen eine Kontinuität des Gremiums als solchem über die Verfahrenseröffnungen hinaus nichts einzuwenden. In den Einzelverfahren obliegt die Entscheidung hinsichtlich der Beibehaltung vorläufiger Gläubigerausschüsse i. S. d. § 22a InsO dem Ermessen des Gerichts und solcher i. S. d. § 67 Abs. 1 InsO gem. § 68 Abs. 1 Satz 2 InsO dem der Gläubigerversammlung.[1235] Wird ein Mitglied des Gruppen-Gläubigerausschusses im Rahmen einer derartigen Entscheidung nicht „erneut“ eingesetzt, verliert es auch seinen Posten als Vertreter im Gruppen-Gläubigerausschuss, da sich die dortige Mitgliedschaft von der Mitgliedschaft im Einzel-Gläubigerausschuss ableitet (arg. § 269c InsO-E, jedenfalls in der hier favorisierten Änderungsfassung[1236]), einer formalen Entlassung nach § 70 InsO bedarf es nicht.[1237] Ein scheidendes Mitglied kann dann durch einen neuen Vertreter ersetzt werden. Insoweit würde die diesseits vorgeschlagene Änderungsfassung des § 269c Abs. 2 greifen, da es sich dogmatisch trotz Beibehaltung aller oder zumindest einzelner Mitglieder jeweils um einen neu eingesetzten Gläubigerausschuss handelt.[1238]

e. *Keine Entsendung externer Dritter in den Gruppen-Gläubigerausschuss*

Nach derzeitiger Entwurfslage ist unklar, ob die einzelnen Gläubigerausschüsse berechtigt sind, auch externe Dritte als Vertreter in den Gruppen-Gläubigerausschuss zu entsenden. Nach dem Wortlaut des § 269c Abs. 1 InsO-E ist dies, wie bereits dargestellt[1239], durchaus denkbar, jedoch aus teleologischer Sicht nicht zu befürworten. § 269c Abs. 1 InsO-E sollte somit dahingehend konkretisiert werden, dass die Entsendung externer Dritter als Vertreter in den Gruppen-Gläubigerausschuss nicht zulässig ist. Hierzu würde sich anbieten, die Formulierung des § 269c Abs. 1 InsO-E a. E. „*durch jeweils eine Person*“ hin zu „*durch jeweils eines ihrer Mitglieder*“ zu ändern.[1240] Dadurch wird auch nicht die Möglichkeit einer Professionalisierung der Gläubigerausschüsse verhindert. Sofern zulässigerweise externe Dritte in die Einzel-Gläubigerausschüsse berufen werden konnten, ist deren Entsendung in den Gruppen-Ausschuss ohne Frage zulässig. Sofern eine weitergehende Öffnung der Gläubigerausschüsse angestrebt werden soll, hat dies im Rahmen einer Reform der

---

1235 Dazu statt vieler *Haarmeyer*, in MüKO InsO, § 22a Rn. 164ff.
1236 Vgl. dazu Anhang II (§ 269c Abs. 1).
1237 Zweifelnd *Hoffman*, in Flöther, Handbuch Konzerninsolvenz, § 4 Rn. 97.
1238 Dazu *Haarmeyer*, in MüKO InsO, § 22a Rn. 165; *Vallender*, in Uhlenbruck, InsO, § 22a Rn. 78.
1239 Vgl. dazu bereits unter Teil 8.III.4.c.
1240 Vgl. dazu Änderungsvorschlag in Anhang II (§ 269c Abs. 1 Satz 1 a. E.).

Regelungen über den Gläubigerausschuss im Allgemeinen zu erfolgen und kann nicht Teil einer spezifischen Reform zur Verbesserung der Verfahrensabwicklung bei Unternehmensgruppen und somit Gegenstand dieser Arbeit sein.

f. Das Problem der Pflichtmitgliedschaft bei nicht untergeordneter Bedeutung

Nach dem eindeutigen Wortlaut von § 269c Abs. 1 InsO-E („*vertreten sind*") sind für den Fall, dass auf Antrag eines Gläubigerausschusses ein solcher eingesetzt wird, alle Gläubigerausschüsse betreffend Gruppenmitglieder von nicht offensichtlich untergeordneter Bedeutung i. S. d. § 3a Abs. 1 InsO-E verpflichtet, einen Vertreter in den Gruppen-Gläubigerausschuss zu entsenden. Dies erscheint bereits insoweit problematisch, als der Antrag selbst aus einem Verfahren herausgestellt werden kann, das möglicherweise später überhaupt nicht im Gruppen-Gläubigerausschuss vertreten ist.[1241] Das Kriterium der nicht offensichtlichen Untergeordnetheit gilt nämlich nur für die Entsendung eines Vertreters, nicht hingegen für die Antragsbefugnis. Allerdings hat und vermag das Gericht im Rahmen pflichtgemäßer Ermessenausübung bei der Entscheidung über die Einsetzung zu verhindern, dass ein Gruppen-Gläubigerausschuss entgegen dem Willen der dort letztlich Vertretenen eingesetzt wird, da es die entsprechenden Stellungnahmen im Rahmen der Anhörung zu berücksichtigen hat. Auch § 22a Abs. 1 InsO, wonach beim Erreichen bestimmter Schwellenwerte ein vorläufiger Gläubigerausschuss im Einzelverfahren obligatorisch ist, findet hier keine Anwendung.[1242]

Von diesen eher theoretischen Extrembeispielen abgesehen sind aber durchaus Fälle denkbar, in denen zumindest einige Verfahren mit einer ungewollten Pflichtmitgliedschaft leben müssen. Ein Umstand, der insb. im Hinblick auf ggf. zusätzlich entstehende und im jeweiligen Einzelverfahren anfallende[1243] Kosten sowie zusätzliche Haftungsrisiken misslich sein kann.

Hoffmann verweist, wenn auch im Zusammenhang mit der Frage nach der Aufnahme neuer Mitglieder,[1244] darauf, dass die Mitgliedschaft im Gruppen-Gläubigerausschuss Ausfluss der Gläubigerautonomie[1245] und das Gericht daher nicht berechtigt sei, gegen den Willen eines Gläubigerausschusses einen Vertreter zu

1241 Anders sieht dies *Hoffmann*, in Flöther, Handbuch Konzerninsolvenz, § 4 Rn. 79, der eine Pflicht zur Entsendung eines Vertreters ablehnt, dazu sogleich.
1242 BT-Drucks. 18/407, S. 34.
1243 Von dieser Verteilung geht wohl auch der Gesetzgeber aus, BT-Drucks. 18/407, S. 34, wobei der dortige Verweis auf eine angeblich in Absatz 1 Satz 3 enthaltene entsprechende Regelung unklar bleibt. In keiner dem Verfasser bekannten veröffentlichten Entwurfsfassung enthielt § 269c eine solche.
1244 Dazu sogleich unter Teil 8.IV.5.g.
1245 Dazu auch statt vieler *Knof*, in Uhlenbruck, InsO, § 67 Rn. 1; *Schmid-Burgk*, MüKO InsO, § 67 Rn. 2.

bestellen.[1246] Diese Überlegung könnte einer Pflichtmitgliedschaft entgegenstehen. Ob dies jedoch tatsächlich der Fall ist, muss indes bezweifelt werden. Schon der Blick auf den bereits genannten § 22a Abs. 1 InsO zeigt, dass der InsO ein Pflichtausschuss grds. keinesfalls fremd ist, wobei dieser dort gewissen Ausnahmeregelungen insb. im Hinblick auf die Kosten-Nutzen-Relation unterliegt (§ 22a Abs. 3 InsO). Derartige Erwägungen sind ausweislich der Entwurfsbegründung, aber gerade auch bei der Frage nach der Einsetzung eines Gruppen-Gläubigerausschusses in pflichtgemäßer Ausübung des insoweit bestehenden Ermessens anzustellen.[1247]

Kommt das Gericht dabei zu dem Ergebnis, dass die Bestellung eines Gruppen-Gläubigerausschusses grds. in Betracht kommt, aber für ein oder einige wenige Gruppenmitglieder, die nicht ohnehin von untergeordneter Bedeutung sind, bspw. aus Gründen unzureichender Risiko- bzw. Kosten-Nutzen-Relation nicht sachdienlich erscheint, kommt die Frage hinzu, ob eine Einsetzung als „Teil"-Gruppen-Gläubigerausschuss zulässig ist oder nicht. Wäre ein solcher zulässig, läge darin ein probates Mittel zur Verhinderung unverhältnismäßiger Belastung durch eine grds. bestehende Pflichtmitgliedschaft.

Nach derzeitiger Fassung des Entwurfes steht jedoch der Wortlaut von § 269c Abs. 1 InsO-E einem solchen Vorgehen entgegen, sodass allenfalls zu erwägen wäre, ob ein solches durch Anpassung dieser Vorschrift ermöglicht werden sollte. Dabei ist vornehmlich die Grundintention für die Bestellung eines Gruppen-Gläubigerausschusses sowie dessen Aufgabenkreis zu betrachten. Diesbezüglich rekurriert die Entwurfsbegründung auf die *„Gewährleistung einer von den Gläubigern mitgetragenen und geförderten Koordinierung der einzelnen Verfahren"*.[1248] Hierdurch soll der Willensbildungsprozess der Gläubiger auf Konzernebene erleichtert werden.[1249] Seine Aufgabe ist es, wie bereits dargestellt, die Einzelausschüsse, Insolvenzverwalter und einen etwaigen Koordinationsverwalter bei der abgestimmten Verfahrensabwicklung zu unterstützen und dabei die Interessen sämtlicher Gläubiger wahrzunehmen.[1250] Vor diesem Hintergrund ist zu bewerten, ob diese Zielsetzungen mit einem Teil-Gruppen-Ausschuss zu vereinbaren sind. Dabei ist insb. zu berücksichtigen, dass Gruppenmitglieder von untergeordneter Bedeutung ebenfalls nicht aktiv am Gruppen-Gläubigerausschuss beteiligt werden, gleichwohl deren Interessen durch diesen ebenfalls zu berücksichtigen sind. Der hier zu Tage tretende, auf verfahrensökonomischen Erwägungen beruhende Kompromiss macht deutlich, dass zumindest seitens des Reform-Gesetzgebers davon ausgegangen wird, dass grds. auch ein nur durch einen Teil der bestehenden Einzelausschüsse repräsentierter Gruppen-Ausschuss geeignet sein kann, die koordinierte Verfahrensabwicklung

1246 *Hoffmann*, in Flöther, Handbuch Konzerninsolvenz, § 4 Rn. 102.
1247 BT-Drucks. 18/407, S. 34.
1248 BT-Drucks. 18/407, S. 34.
1249 BT-Drucks. 18/407, S. 22; *Graf-Schlicker*, AnwBl. 2013, 620, 621 (zum DiskE).
1250 BT-Drucks. 18/407, S. 34; *Brünkmans*, in MüKO InsO, Konzerninsolvenzrecht Rn. 85.

zu fördern. Zudem ist zu bedenken, dass u. U. in einigen (bedeutenden) Verfahren überhaupt (noch)[1251] keine Einzelausschüsse bestehen. Auch derartige Verfahren sind daher nur mittelbar einbezogen.

Vor diesem Hintergrund erscheint es sachgerecht, die Einsetzung auch eines Teil-Gruppen-Gläubigerausschusses grds. zuzulassen. Die Entscheidung über die Entsendung darf dabei indes nicht den Einzelausschüssen überlassen werden, da dies den Besonderheiten des Gruppen-Kontextes unzureichend Rechnung tragen würde. Einzelne Gläubigerausschüsse könnten anderenfalls versuchen, im Hinblick auf die unabhängig von der Entsendung eines Mitgliedes bestehende Verpflichtung des Gruppen-Ausschusses zur Wahrung auch der eigenen Interessen, die eigenen Risiken und Aufwendung zu Lasten anderer Verfahren zu reduzieren. Vielmehr obliegt es den Einzelausschüssen, im Rahmen des Anhörungsverfahrens nach § 269c Abs. 1 InsO ihre Bedenken gegen eine Entsendung eines ihrer Mitglieder vorzubringen, das Gericht hat dann in Ausübung pflichtgemäßen Ermessens festzustellen, ob diese geeignet sind, eine Ausnahme von der grundsätzlichen Pflichtmitgliedschaft zu rechtfertigen.

Zur Umsetzung bedarf es einer Anpassung von § 269c InsO-E dergestalt, dass dem zuständigen Gericht die Möglichkeit eingeräumt wird, hinsichtlich einzelner Verfahren auf Antrag von der Pflicht zur Entsendung abzusehen.[1252]

g. *Die Aufnahme neuer Mitglieder*

Unklar ist, wie zu verfahren ist, wenn nach Konstituierung des Gruppen-Gläubigerausschusses in einem der Einzelverfahren erstmals ein Gläubigerausschuss eingesetzt wird. Es stellt sich in dieser Situation die Frage nach einer nachträglichen Aufnahme neuer Mitglieder in den Gruppen-Gläubigerausschuss. Es sind nämlich durchaus Fälle denkbar, in denen zum Zeitpunkt des Antrags auf Einsetzung eines Gruppen-Gläubigerausschusses in einzelnen Verfahren noch kein (vorläufiger) Gläubigerausschuss eingesetzt oder ein Insolvenzverfahren überhaupt noch nicht beantragt oder eröffnet wurde.

Unproblematisch gestaltet sich dieser Fall dann, wenn einem ersten Antrag auf Einsetzung des Gruppen-Gläubigerausschusses nicht entsprochen wurde. Es besteht dann die Möglichkeit, bei späterer erneuter Antragstellung auf Basis geänderter Umstände eine abweichende Entscheidung zu treffen.[1253] Dies wäre bspw. denkbar, wenn zum Zeitpunkt der ersten Antragstellung nur in wenigen Verfahren bereits (vorläufige) Gläubigerausschüsse eingesetzt waren und daher ein Bedürfnis für einen Gruppen-Gläubigerausschuss gerade vor dem Hintergrund des entstehenden Mehraufwandes (noch) nicht gegeben war.

1251 Zur späteren Bestellung vgl. sogleich unter Teil 8.IV.5.g.

1252 Vgl. dazu Änderungsvorschlag in Anhang II (§ 269c Abs. 1 Satz 2).

1253 BR-Drucks. 663/13, S. 34f.

Auf den Fall später hinzutretender Einzelausschüsse ist das Antragserfordernis des § 269c Abs. 1 InsO-E dem Wortlaut nach jedoch nicht anwendbar. Dabei soll es sich, so *Hoffmann* unter Verweis auf eine nicht näher bezeichnete Auskunft des BMJ, um ein Redaktionsversehen handeln.[1254]

Wie dieses Versäumnis zu beseitigen ist, erscheint indes durchaus fraglich. Zum einen könne dem durch Anpassung von § 269c InsO-E dergestalt Rechnung getragen werden, dass die Möglichkeit geschaffen wird, später konstituierten Einzelausschüssen auf Antrag die Entsendung eines Mitgliedes in den Gruppen-Gläubigerausschuss zu ermöglichen, sofern diese im Falle einer erstmaligen Zusammensetzung zur Entsendung berechtigt gewesen wären, d. h. das entsprechende Verfahren nicht von offensichtlich untergeordneter Bedeutung für die gesamte Unternehmensgruppe ist.

Andererseits ist zu beachten, dass das Hinzutreten weiterer Einzelausschüsse, insb. wenn das spätere Hinzutreten auf die erst später erfolgte Verfahrensbeantragung bzw. -eröffnung zurückzuführen ist, die im Rahmen der Antragstellung nach § 269c Abs. 1 InsO-E ursprünglich angestellten Erwägungen u. U. in völlig neuem Lichte erscheinen lassen. Die Ermessenseinschätzung unter Berücksichtigung der Besonderheiten der Gruppen-Situation sowie des Kosten-Nutzen-Verhältnisses hängt maßgeblich von der Anzahl der Verfahren und Ausschüsse ab.

Vor diesem Hintergrund erscheint es vorzugswürdig, nachträglich konstituierten Einzelausschüssen lediglich das Recht zuzugestehen, erneut einen Antrag nach § 269c Abs. 1 InsO-E auf Einsetzung eines (neuen) Gruppen-Gläubigerausschusses zu stellen. Es handelt sich beim Hinzutreten eines neuen Einzelausschusses um einen „wichtigen Grund", der zur nachträglichen Änderung der ursprünglichen Entscheidung berechtigt.[1255] Im Rahmen dieses Antrages hat das Gericht dann erneut umfassend zu prüfen, ob unter Berücksichtigung der geänderten Umstände eine Einsetzung (weiterhin) sachdienlich erscheint.

Zusätzlich muss aber auch allen anderen Einzelausschüssen in einem derartigen Fall ein neuer Antrag nach § 269c Abs. 1 InsO-E möglich sein, um zu verhindern, dass sich das bereits dargestellte Risiko einer missbräuchlichen Nichtentsendung realisiert. Es handelt sich bei dem erneuten Antrag letztlich um eine Art Rechtsbehelf *sui generis* zur Überprüfung des ursprünglichen Einsetzungsbeschlusses im Hinblick auf sich verändernde Umstände.[1256]

Zur Klarstellung sollte der Wortlaut des § 269c Abs. 1 InsO-E dahingehend angepasst werden, dass auf Antrag *„über die Einsetzung eines Gruppen-Gläubigerausschusses entschieden werden"* kann.[1257] Damit ist auch eine erneute Entscheidung über die Einsetzung erfasst.

1254 *Hoffmann*, in Flöther, Handbuch Konzerninsolvenz, § 4 Rn. 102 dort Fn. 149.
1255 BR-Drucks. 663/13, S. 34.
1256 Dazu sogleich.
1257 Vgl. dazu auch Formulierungsvorschlag im Anhang II (§ 269c Abs. 1).

h. Unklarheit hinsichtlich möglicher Rechtsbehelfe

Rechtsbehelfe gegen die Entscheidungen im Zusammenhang mit dem Gruppen-Gläubigerausschuss sind nicht vorgesehen (§ 6 Abs. 1 InsO).[1258] Zwar ist in der Gesetzesbegründung die Rede davon, dass die Entscheidung über die Einsetzung aus wichtigem Grund nachträglich geändert werden können soll,[1259] der dort angesprochene § 269c Abs. 1 Satz 3 InsO-E existiert indes nicht, auch nicht in der Fassung des DiskE. Gemeint ist hier offensichtlich schlicht, dass – wie soeben erörtert – jederzeit ein neuer Antrag nach § 269c Abs. 1 InsO-E möglich sein soll und das Gericht an seine ursprüngliche Entscheidung nicht gebunden ist. Die Problematik erinnert an die bestehenden Unklarheiten und Bedenken im Zusammenhang mit § 22a InsO[1260] und betrifft die allgemeine Thematik des Rechtsschutzes innerhalb der InsO. Mangels gruppenspezifischen Zusammenhangs soll daher an dieser Stelle von einer weiteren Erörterung abgesehen werden.

i. Klarstellung der Unterstützungspflicht gegenüber einem eventuell eingesetzten Koordinationsverwalter

Zutreffend weist die Begründung zum Gesetzesentwurf darauf hin, dass die Unterstützungspflicht des § 269c Abs. 2 InsO-E sich auch auf einen möglicherweise bestellten Koordinationsverwalter bezieht.[1261] Dies sollte durch eine entsprechende Änderung des Wortlautes, der derzeit nur die *„Insolvenzverwalter und Gläubigerausschüsse in den einzelnen Verfahren“* nennt, klargestellt werden.[1262]

6. Koordinationsverfahren

a. Gründe für eine Ablehnung des Koordinationsverfahrens

Nahezu einhellig[1263] wird das Koordinationsverfahren der §§ 269d ff. InsO-E als überflüssig kritisiert. Dem ist nachdrücklich zuzustimmen. Ein Mehrwert aus dem geplanten Verfahren ist nicht, jedenfalls nicht in einem den erheblichen Aufwand

1258 *Hoffmann*, in Flöther, Handbuch Konzerninsolvenz, § 4 Rn. 103.

1259 BR-Drucks. 663/13, S. 34.

1260 Dazu *Römermann/Praß*, ZInsO 2012, 1923 ff.; *Horstkotte*, ZInsO 2012, 1930 ff.

1261 BT-Drucks. 18/407, S. 34.

1262 Vgl. Änderungsvorschlag in Anhang II (§ 269c Abs. 3).

1263 Vgl. dazu *Niering*, Stellungnahme VID; *Pannen*, Stellungnahme DAV; *Frind*, Stellungnahme; *ders.*, ZInsO 2014, 927, 936 f.; *Weiland*, Stellungnahme; ähnlich *Eidenmüller*, in MüKO InsO, Vorb. §§ 217–269 Rn. 42; *Hermann*, IILR 2015, 383, 395 f.; *Thole*, KTS 2014, 351, 354; *Verhoeven*, ZInsO 2014, 217, 221; *Madaus*, ZRP 2014, 192, 194 mit zahlreichen Nachweisen (dort Fn. 17); *Siemon/Frind*, NZI 2013, 1, 3; *Siemon*, NZI 2014, 55, 62; *Andres/Möhlenkamp*, BB 2013, 579, 586 f.; *Harder/Lojowsky*, NZI 2013, 327, 329 f. (zum DiskE); skeptisch zumindest *Telke*, Die Anforderungen an ein wettbewerbsfähiges Konzerninsolvenzrecht für den Wirtschaftsstandort (es entstehen zusätzliche Kosten, nicht nur für den Konzerninsolvenzverwalter[1264]) rechtfertigendem Umfang, zu erkennen.[1265] Es erscheint geradezu widersinnig, zur Verbesserung der Kommunikation und Koordination der ohnehin zahlreichen Beteiligten deren Zahl noch künstlich durch Einführung eines bisher völlig unbeteiligten Dritten[1266] als Koordinationsverwalter zu erhöhen.[1267]

Wesentliche Aufgabe des im Rahmen des Koordinationsverfahrens zu bestellenden Koordinationsverwalters soll es nach Vorstellung des Reform-Gesetzgebers sein, einen Koordinationsplan (§ 269h InsO-E) zu erstellen. Dabei soll es sich um einen „*kupierten*"[1268], da auf den darstellenden Teil beschränkten, Insolvenzplan handeln, der für eine Vernetzung der einzelnen Insolvenzpläne beteiligter Gruppen-Unternehmen sorgen soll.[1269]

Derartige aufeinander abgestimmte Insolvenzpläne finden sich in der Praxis jedoch bereits auf der Basis des geltenden Rechts.[1270] Durch die geplante Normierung der Kooperationspflichten der beteiligten Verwalter wird ein derartiges Vorgehen zukünftig gestärkt und erleichtert, war bisher doch eine erfolgreiche Durchführung meist nur

---

Deutschland, S. 94 f., 100; *Niering*, Stellungnahme VID, S. 7; so auch bereits *ders.*, Stellungnahme VID zum DiskE, S. 6; *Römermann*, ZRP 2013, 201, 204 f.; *Flöther*, in ders., Handbuch Konzerninsolvenz, § 1 Rn. 16; *Specovius/Kuske*, in Gottwald, Insolvenzrechts-Handbuch, § 95 Rn. 57 prophezeien dem Verfahren in der Praxis zumindest eine untergeordnete Rolle. Positiv äußert sich hingegen *Lienau*, Der Konzern 2013, 157, 161; *Pleister*, ZIP 2013, 1013, 1013 ff. jeweils zum DiskE; *Yücel*, Insolvenzrecht, S. 40 und ursprünglich (zum DiskE) auch *Brünkmans*, Der Konzern 2013, 169, 182, allerdings ablehnend inzwischen *ders.*, in MüKO InsO, Konzerninsolvenzrecht, Rn. 118.

1264 Dazu *Madaus*, ZRP 2014, 192, 195; *Harder/Lojowsky*, NZI 2013, 327, 329 f. (zum DiskE); *Thole*, in Flöther, Handbuch Konzerninsolvenz, § 2 Rn. 69; BR-Drucks. 663/13(B), S. 2 f. fordert zumindest die Reduzierung der Vergütung des Koordinationsverwalters.

1265 I. d. S. auch *Schmollinger*, Der Konzern in der Insolvenz, S. 281 f.

1266 Im DiskE war noch vorgesehen, dass der Koordinationsverwalter zwingend aus dem Kreis der Gruppen-Verwalter zu bestellen sei, dazu *Brünkmans*, in MüKO InsO, Konzerninsolvenzrecht Rn. 98 m. w. N., inzwischen verlangt § 269e Abs. 1 InsO-E dessen strikte Unabhängigkeit, vgl. dazu bereits unter Teil 8.III.5.b.

1267 So auch *Madaus*, ZRP 2014, 192, 195 und *Verhoeven*, ZInsO 2014, 217, 221, der den Kooperationsverwalter angesichts fehlender Durchsetzungsmacht zutreffend als „*Papiertiger*" bezeichnet; a. A. *Pleister*, ZIP 2013, 1013, 1014, der jedoch verkennt, dass sich im Hinblick auf die Kooperationsverpflichtungen die einzelnen Verwalter ohnehin zumindest grundlegend in die Gruppenstruktur einarbeiten müssen und diese Aufgabe für einen unabhängigen Dritten damit durchaus mit höherem Aufwand verbunden ist.

1268 BT-Drucks. 18/407, S. 39.

1269 Vgl. dazu bereits unter Teil 8.III.5.c.

1270 Dazu ausführlich *Eidenmüller*, in MüKO InsO, Vorb. §§ 217–269 Rn. 39 m. w. N.; *Verhoeven*, ZInsO 2014, 217, 221; *Dellit*, Der Konzern 2013, 190, 192 f.; *Ehricke*, ZInsO 2002, 393, 394 m. w. N.; *Schmollinger*, Der Konzern in der Insolvenz, S. 235 ff.

im Zusammenspiel mit Anträgen auf Eigenverwaltung möglich.[1271] Das geplante Koordinationsverfahren kann nur eröffnet werden, wenn abgestimmte Insolvenzpläne überhaupt im Interesse der Gläubigergesamtheit sinnvoll und durchführbar erscheinen.[1272] Sofern diese Voraussetzungen jedoch vorliegen, werden die beteiligten Verwalter ohnehin – nicht zuletzt zur Verhinderung persönlicher Haftung (§ 60 InsO)[1273] – entsprechend aufeinander abgestimmte Insolvenzpläne vorschlagen und ausarbeiten.[1274] Eines gesonderten Verfahrens hierfür bedarf es somit nicht.[1275] Dies gilt umso mehr, als der geplante Koordinationsplan – von dem Sonderfall des Gläubigerversammlungsbeschlusses nach § 269i Abs. 2 InsO-E abgesehen[1276] keine rechtliche Verbindlichkeit in den Einzelverfahren entfalten soll.[1277] Die in der Entwurfsbegründung beschworenen durchsetzungsunabhängigen Koordinationsleistungen[1278] sind nicht erkennbar.

b. Anpassungsbedarf für den Fall einer Einführung

Soll das Koordinationsverfahren und insb. der Koordinationsplan trotz dieser grundlegenden Bedenken eingeführt werden, bedarf es in jedem Falle erheblicher Nachbesserungen der entsprechenden Entwurfsregelungen, insb. im Hinblick auf den Anwendungsbereich und das zuständige Gericht sowie die Antragsbefugnisse.[1279]

1271 Vgl. dazu *Ehricke*, ZInsO 2002, 393, 395; so durchgeführt bspw. in den Verfahren Philipp Holzmann, Kirch Media, Babcock Borsing.

1272 BT-Drucks. 18/407, S. 35.

1273 Vgl. dazu Begründung zum DiskE, S. 48; ausführlich *Thole*, Der Konzern 2013, 182, 182 f.

1274 Gem. § 269h Abs. 1 Satz 1 InsO-E wären auch die Verwalter gemeinsam zur Vorlage eines Koordinationsplanes berechtigt, sofern (noch) kein Kooperationsverwalter bestellt wurde. In jedem Fall ist die frühzeitige und umfassende Einbeziehung der Einzelverwalter in die Ausarbeitung des Kooperationsplans notwendig. So auch *Dellit*, Der Konzern 2013, 190, 196. Auch insoweit erscheint die Existenzberechtigung eines zusätzlichen Koordinationsverwalters fraglich.

1275 So auch *Verhoeven*, ZInsO 2014, 217, 222.

1276 Dazu *Brünkmans*, MüKO InsO, Konzerninsolvenzrecht, Rn. 117. Die Möglichkeit, dem Verwalter die Ziele eines Insolvenzplanes vorzugeben, hat die Gläubigerversammlung überdies bereits *de lege lata* gem. § 157 S. 2 InsO, dazu *Zipperer*, in Uhlenbruck, InsO, § 157 Rn. 12; *Görg/Janssen*, MüKO InsO, § 157 Rn. 18 f.; *Esser*, in Braun, InsO, § 157 Rn. 6; *Theiselmann*, in BeckOK InsO, § 157 Rn. 4; sie macht davon jedoch eher selten Gebrauch, dazu *Dellit*, Der Konzern 2013, 190, 193 (insb. Fn. 34).

1277 *Verhoeven* weißt zutreffend darauf hin, dass überhaupt keine der geplanten Vorschriften der § 269d-i InsO-E verbindliche Regelungen aufweist, ZInsO 2014, 217, 221; s. auch *Madaus*, ZRP 2014, 192, 194 f.; *Wimmer* sieht in DB 2013, 1343, 1349 hingegen eine gewisse (indirekte) Bindungswirkung durch mögliche Haftungsrisiken gegeben. Diese erscheint jedoch insb. vor dem Hintergrund einer möglichen Zustimmungseinholung der Gläubigerversammlung (§ 160 InsO) denkbar schwach.

1278 BT-Drucks. 18/407, S. 22.

1279 Weiter wäre insb. eine bessere Verzahnung mit den Regelungen zur Eigenverwaltung notwendig, so auch *Pleister*, ZIP 2013, 1013, 1014. Wie ein Koordinationsver-

aa. Anwendungsbereich und zuständiges Gericht

So ist bereits nicht nachvollziehbar, warum ein Koordinationsverfahren zwingend an die Begründung eines Gruppen-Gerichtsstandes geknüpft ist. Dieses Erfordernis ergibt sich derzeit jedoch aus der Anknüpfung an das für Gruppen-Folgeverfahren zuständige Gericht;[1280] ein Gruppen-Folgeverfahren gibt es nämlich denknotwendigerweise nur, wenn zuvor ein Gruppen-Gerichtsstand begründet worden ist.[1281] § 269d Abs. 1 InsO-E begrenzt den Anwendungsbereich insoweit unnötig. Aller Voraussicht nach dürfte das Koordinationsverfahren – wenn überhaupt – vielmehr gerade dann Wirkung entfalten, wenn kein Gruppen-Gerichtsstand begründet wurde. Maßgeblich muss daher allein die Bestellung mehrerer Verwalter in mehreren gruppenzugehörigen Verfahren sein. Denn nur bei einem einheitlichen Verwalter bedarf es *per se* keines Koordinationsverfahrens, da dieser insb. in jedem Verfahren „seinen" Plan vorlegen kann. In einem derartigen Fall wird ein gleichwohl gestellter Antrag auf Eröffnung eines Koordinationsverfahrens mangels Gläubigerinteresses abzulehnen, ggf. sogar rechtsmissbräuchlich sein.

Die sich anschließende Frage, welches Gericht für die Eröffnung des Koordinationsverfahrens zuständig sein soll, muss ebenfalls unabhängig von der Begründung eines Gruppen-Gerichtsstandes geklärt werden. Erscheint doch ein nur zum Zweck der „Schaffung" eines für das Koordinationsverfahren zuständigen Gerichts erfolgter Antrag nach § 3a Abs. 1 InsO-E denkbar ungeeignet,[1282] da in diesem Fall eine umfangreiche Prüfung der Voraussetzungen durch das angerufene Gericht notwendig wird, auch wenn bereits klar ist, dass mit Verweisungsanträgen nicht zu rechnen ist. Notwendig erscheint es hier vielmehr, eine subsidiäre isolierte Zuständigkeitsbestimmung nach dem Prioritätsprinzip, wie sie bereits im Zusammenhang mit der Zuständigkeit für die Einsetzung des Gruppen-Gläubigerausschusses diesseits befürwortet wird, vorzunehmen.[1283] D. h. für den Fall, dass ein Gerichtsstand nach § 3a Abs. 1 InsO-E nicht begründet wurde, kann jedes für ein Verfahren der gruppenangehörigen Schuldner zuständige Gericht auf entsprechenden Antrag ein Koordinationsverfahren eröffnen und schließt damit alle anderen Gerichte aus (§ 3 Abs. 2 InsO entsprechend). Da der Koordinationsverwalter ohnehin an allen Verfahrensorten zum Einsatz kommt und die Tätigkeit des Koordinationsgerichts im Rahmen

---

fahren bei partieller Eigenverwaltung innerhalb der Gruppenstruktur ausgestaltet werden kann, ist derzeit unklar. Vgl. dazu *Dellit*, Der Konzern 2013, 190, 195 ff. Zudem bedarf es auch insoweit einer Aufnahme in § 65 InsO, um Regelungen zur Vergütung im InsVV aufnehmen zu können, vgl. dazu Änderungsvorschlag in Anhang II (§ 65 InsO).

1280 A. A. allerdings ohne Begründung *Specovius/Kuske*, in Gottwald, Insolvenzrechts-Handbuch, § 95 Rn. 60.

1281 I. d. S. auch *Brünkmans*, MüKO InsO, Konzerninsolvenzrecht, Rn. 94.; *Rühlemann*, Verfahrenskonzentration in der Konzerninsolvenz, S. 516 (noch zum DiskE).

1282 So aber wohl *Brünkmans*, MüKO InsO, Konzerninsolvenzrecht, Rn. 94.

1283 Vgl. dazu unter Teil 8.IV.5.b.

des Gruppenverfahrens von untergeordneter Bedeutung ist,[1284] ist der konkrete Ort der Verwalterbestellung letztlich unerheblich und lässt somit die Prioritätslösung außerhalb eines bestehenden Gruppen-Gerichtsstandes angemessen erscheinen.[1285]

bb. Antragsbefugnis für Gruppen-Gläubigerausschuss

Ebenfalls zu überarbeiten wäre die Regelung zur Antragsbefugnis. Nach derzeitiger Fassung des § 269d Abs. 2 Satz 3 InsO-E ist ein eventuell existierender Gruppen-Gläubigerausschuss dem Wortlaut nach nicht antragsbefugt.[1286] Dies überzeugt bereits im Hinblick auf die *„exponierte Stellung“*[1287], die dem Gruppen-Gläubigerausschuss gerade auch im Koordinationsverfahren zukommt (§§ 269e Abs. 2, 269f Abs. 3 InsO-E i. V. m. § 56a Abs. 2 Satz 1 InsO;[1288] § 269h Abs. 1 Satz 2 InsO-E), nicht. Nach derzeitiger Entwurfsfassung wäre der Gruppen-Gläubigerausschuss vielmehr gezwungen, die Antragstellung durch einen der Einzelausschüsse anzuregen, sollte er ein Koordinationsverfahren für sachdienlich erachten. Dies widerspricht erkennbar dem „Mehr“ an Gläubigerlegitimation, das dem Gruppen-Gläubigerausschuss im Vergleich zum Einzelausschuss zukommt, und dessen besserer Übersicht über die gesamte Gruppenstruktur.[1289] Letztere verleiht ihm eine erheblich bessere Einschätzungsmöglichkeit im Hinblick auf die Notwendigkeit eines Koordinationsverfahrens.[1290]

Praktisch könnte eine „Anregung“ im vorgenannten Sinne zudem auch an einem sehr profanen Punkt scheitern. Der Grund hierfür liegt in einem weiteren anpassungsbedürftigen Regelungskomplex; den Kosten des Kooperationsverfahrens und deren Verteilung. Gemäß § 23 Abs. 3 GKG-E trägt der antragstellende Schuldner, respektive das Verfahren, dem der Antragsteller zuzuordnen ist, die (gerichtlichen) Kosten des Koordinationsverfahrens. Auch wenn diese mit 500,00 Euro bzw. im Falle eines Koordinationsplans 1.000,00 Euro vergleichsweise überschaubar sind, dürfte es dem Gruppen-Gläubigerausschuss schwerfallen, einen „Freiwilligen“ für diese „mittelbare Antragstellung“ zu finden. Die Entwurfsbegründung zu § 23 Abs. 3 GKG-E führt aus, dass zwar eine Kostenaufteilung auf die verschiedenen Massen

---

1284 Anders sieht dies wohl *Wimmer*, DB 2013, 1343, 1349 der – leider ohne weitere Begründung – einen Vorteil darin sieht, dass am Koordinationsgericht mehrere Verfahren anhängig sind.

1285 Vgl. Formulierungsvorschlag in Anhang II (§ 269d Abs. 1).

1286 Dies kritisierend auch *Brünkmans*, in MüKO InsO, Konzerninsolvenzrecht Rn. 93; *Yücel*, Insolvenzrecht, S. 36; *Berner/Schiebe/Robert*, Stellungnahme NIVD. e. V., ZInsO 2013, 434, 438 (noch zum DiskE).

1287 BT-Drucks. 18/407 S. 36.

1288 Vgl. dazu *Brünkmans*, in MüKO InsO, Konzerninsolvenzrecht Rn. 100 mit der Forderung eines Abrückens vom Einstimmigkeitspostulat des § 56a Abs. 2 InsO in Ansehung des Gruppen-Gläubigerausschusses.

1289 So auch *Yücel*, Insolvenzrecht, S. 37.

1290 *Brünkmans*, spricht in MüKO InsO, Konzerninsolvenzrecht, Rn. 93 zutreffend vom *„geborenen Organ für die Förderung einer Gesamtverwertungsstrategie“*.

sachgerechter, im Hinblick auf die Vielzahl der beteiligten Schuldner allerdings ein derartiges Vorgehen mit unverhältnismäßigem Aufwand verbunden sei. Diese Argumentation überzeugt jedoch bereits deshalb nicht, weil eine entsprechende Berechnung in Ansehung der Vergütung des Koordinators gemäß § 269g Abs. 2 InsO-E ohnehin erforderlich wird, wenn auch ggf. zeitlich nachgelagert. Gewissermaßen als Mittelweg erscheint es im Zusammenhang mit dem Antrag eines Gruppen-Gläubigerausschusses daher vertretbar, in derartigen Fällen eine Verteilung nach Köpfen zwischen den im Gruppen-Gläubigerausschuss vertretenen Verfahren vorzusehen, wobei später hinzutretende Verfahren unberücksichtigt bleiben.[1291]

Zusammenfassend ist daher zu konstatieren, dass die Notwendigkeit der Aufnahme des Gruppen-Gläubigerausschusses in den Kreis der Antragsberechtigten nach § 269d Abs. 2 InsO-E offenkundig ist.[1292]

V. Zusammenfassung der wesentlichen Erkenntnisse

Die Untersuchung des aktuellen Entwurfs des Gesetzes zur Erleichterung der Bewältigung von Konzerninsolvenzen hat bestätigt, dass das übergeordnete Prinzip der verfahrensmäßigen Koordinierung sich als einzig geeignetes Grundkonzept für eine erfolgreiche Bewältigung der Problemstellungen im Zusammenhang mit der Insolvenz innerhalb einer Unternehmensgruppe darstellt. Auch der deutsche Entwurf folgt daher dieser Maxime und versucht dieser durch weitreichende Neuregelungen innerhalb der InsO Geltung zu verschaffen.

Ausgehend von einer eigenständigen Definition der Unternehmensgruppe in § 3e InsO-E wird die zentralisierte Eröffnung sämtlicher Verfahren über das Vermögen von Mitgliedern einer Unternehmensgruppe an ein und demselben Gericht angestrebt. Hierzu wird die antragsgebundene Möglichkeit der Begründung eines Gruppen-Gerichtsstandes geschaffen. An diesem können auch evtl. später hinzutretende sog. Gruppen-Folgeverfahren geführt werden. Um der besonderen Bedeutung der Verfahrenskonzentration Nachdruck zu verleihen, ist in diesem Zusammenhang vorgesehen, an anderen Gerichtsständen beantragte Verfahren nach Möglichkeit an den Gruppen-Gerichtsstand zu verweisen. Funktional ist für alle zusammengehörigen Verfahren am Gruppen-Gericht ein und derselbe Richter zuständig.

Auf Verwalterebene besinnt sich der Entwurf auf die zutreffende Erkenntnis der Praxis, dass es auf nationaler Ebene unbedingt erstrebenswert ist, für alle oder doch zumindest möglichst viele gruppenzugehörige Verfahren einen einheitlichen Insolvenzverwalter zu bestellen. Hierdurch soll der eintretende Verlust einer Konzernleitungsmacht mit Verfahrenseröffnung kompensiert werden, um insb. im Hinblick auf Sanierungsbemühungen die Gruppenstruktur auch hierarchisch aufrechterhalten zu können.

1291 Vorschlag für eine geänderte Fassung des § 23 Abs. 3 GKG-E in Anhang II.
1292 Vgl. Änderungsvorschlag in Anhang II (§ 269d Abs. 2).

Besonderes Augenmerk legt der Entwurf auf die Flexibilität der Maßnahmen. In diesem Angebotscharakter zeigt sich das besondere Feingefühl, mit dem auf die unterschiedlichen Gruppenstrukturen reagiert wird, deren Besonderheiten einzig die Beteiligten im Einzelfall ausreichend Rechnung tragen können.

Wo eine Konzentration der Zuständigkeit, sei es auf Ebene der Gerichte und/oder der Verwalter, im Einzelfall nicht sachdienlich erscheint, greift der Entwurf auf die bereits aus den UNCITRAL-Überlegungen und der neuen EuInsVO bekannten Kooperationsverpflichtungen zurück.

Vorgesehen ist sowohl eine zwischengerichtliche Zusammenarbeit als auch eine solche zwischen den verschiedenen Verwaltern. Regelungen zur Kommunikation zwischen den Gläubigern werden indes nicht ausdrücklich aufgenommen, sie ist deswegen jedoch keinesfalls ausgeschlossen, in Inhalt und Ausgestaltung jedoch Rechtsprechung und Wissenschaft überantwortet. Lediglich durch die Einführung des auf Stärkung der Gläubigerzusammenarbeit gerichteten Gruppen-Gläubigerausschuss wird insoweit eine grobe Richtung vorgegeben, wobei die Entwurfsregelungen in diesem Bereich noch erhebliche Schwächen aufweisen.

Sämtliche Kooperationsregelungen nehmen in besonderem Maße auf die Besonderheiten des Einzelfalls Rücksicht, indem sie die konkrete Ausgestaltung der Zusammenarbeit nicht antizipieren, sondern lediglich die grundsätzliche Verpflichtung zur selbigen festlegen. Im Wesentlichen wird die Zusammenarbeit auf einen weitreichenden Informationsaustausch und die Abstimmung wesentlicher Verfahrensentscheidungen hinauslaufen.

Wie auch die Neufassung der EuInsVO enthält der deutsche Entwurf darüber hinaus in den §§ 269d ff. InsO-E ein besonderes, antragsabhängiges Koordinationsverfahren. Durch die Bestellung eines von den übrigen Beteiligten unabhängigen Koordinationsverwalters soll die Möglichkeit geschaffen werden, die Zusammenarbeit effizienter zu gestalten. Der Koordinationsverwalter hat dazu insb. die Möglichkeit, einen Koordinationsplan aufzustellen (§ 269h InsO-E). Hierbei handelt es sich um einen kupierten Insolvenzplan ohne gestaltenden Teil, der als Grundlage für abgestimmte Insolvenzpläne, wie sie bereits in der Praxis *de lege lata* umgesetzt werden, dienen soll. Wie bereits im Rahmen der Untersuchung der Parallelregelungen in der neuen EuInsVO kritisiert, fehlt es dem Koordinationsplan auch nach dem deutschen Entwurf an der Verbindlichkeit für die Einzelverfahren. Lediglich durch einen Beschluss einzelner Gläubigerversammlungen kann er eine Bindungswirkung für den Verwalter des Einzelverfahrens entfalten; im Übrigen sieht auch der deutsche Entwurf lediglich die Verpflichtung zur Begründung vorgesehener Abweichungen vor. Vor diesem Hintergrund ist auch das deutsche Koordinationsverfahren als unnötig abzulehnen und von einer tatsächlichen Einführung dringend abzuraten. Sofern die Voraussetzungen und der Wille zur Umsetzung abgestimmter Insolvenzplanverfahren vorhanden sind, werden die beteiligten Verwalter diesen Weg auch ohne kostenintensives Zusatzverfahren gehen. Ein darüber hinaus beschworener Koordinationsmehrwert ist nicht zu erkennen.

Im Ergebnis ist der deutsche Entwurf zu begrüßen, da er die Zeichen der Zeit erkannt hat und durch eine weitreichende Zuständigkeitskonzentration bei gleichzeitig weitem Anwendungsbereich und hoher Flexibilität des Maßnahmenkatalogs die Möglichkeit eröffnet, auf die Besonderheiten des Einzelfalls einzugehen und damit der Vielfältigkeit bestehender und denkbarer Gruppenstrukturen gerecht zu werden.

Vertan wurde jedoch die Chance, durch eine verbindliche Konzentration der Verfahren an einem „großen Insolvenzgericht", bspw. am Amtsgericht am Sitz eines Oberlandesgerichtes, die dringend notwendige Spezialisierung der befassten Gerichte zu ermöglichen. An dieser Stelle sei daher erneut die Umsetzung einer zwingenden Regelung zur Begrenzung der potentiell zuständigen Gruppen-Gerichte angemahnt. Diese und weitere Probleme wurden erörtert und konnten entsprechenden Lösungsvorschlägen zugeführt werden. Soweit ein Änderungsbedarf erkannt wurde, ist dieser in Anhang II mit entsprechenden Formulierungsvorschlägen zusammengefasst.

Teil 9. Vorschlag einer ergänzenden europäischen Richtlinie

Das Konzept der Zuständigkeitskonzentration auf nationaler Ebene, wie es der deutsche Entwurf vorsieht, fügt sich nahezu friktionsfrei an die Regelungen der neuen EuInsVO an. Da dies jedoch in Ansehung anderer nationaler Insolvenzgesetze innerhalb der Europäischen Union (noch) nicht der Fall ist, bedarf es zur Etablierung einer europaweit funktionsfähigen Gesamtkonzeption weiterer Maßnahmen.[1293] In Betracht kommt insoweit eine Harmonisierung durch eine europäische Richtlinie. Mittels einer *„Richtlinie zur Konzentration der Zuständigkeit zur Eröffnung von Insolvenzverfahren über das Vermögen von Mitgliedern einer Unternehmensgruppe"* (InsZuK-RL) könnte ein an den deutschen Entwurf angelehntes Zuständigkeitskonzept europaweit[1294] in die nationalen Insolvenzordnungen integriert werden. Damit wäre sichergestellt, dass die angestrebte Verbindung von nationaler Zuständigkeitskonzentration und grenzüberschreitender Koordination und Kooperation unabhängig von der „Belegenheit" der einzelnen Mitglieder einer Unternehmensgruppe innerhalb der Europäischen Union eingreifen würde.

Ähnliche Bestrebungen finden derzeit auf europäischer Ebene bereits im Bereich präventiver Sanierungsverfahren und Restschuldbefreiung für redliche Schuldner statt.[1295] Die Europäische Kommission hat am 12. März 2014 eine Empfehlung für einen neuen Ansatz im Umgang mit unternehmerischem Scheitern und Unternehmensinsolvenzen abgegeben.[1296] Für den Fall, dass eine Reaktion der Mitgliedstaaten auf diese grds. unverbindliche Empfehlung ausbleibe, kündigte die Kommission an, zu bewerten, ob zusätzliche Maßnahmen vorgeschlagen werden sollten; sprich die Harmonisierung durch den Erlass einer Richtlinie gezielt umgesetzt wird.[1297] Da die Empfehlung in der Folgezeit keine bzw. keine befriedigenden Maßnahmen der Mitgliedstaaten hervorrief, startete die Kommission am 23. März 2016 eine *„Kon-*

1293 Allg. dazu *Graf-Schlicker*, in FS Kübler, S. 195, 201f.

1294 Gem. Art. 3 des Protokoll Nr. 21 über die Position des Vereinigten Königsreichs und Irlands hinsichtlich des Raums der Freiheit, der Sicherheit und des Rechts bedürfte es seitens dieser Mitgliedstaaten einer konstitutiven Beteiligungserklärung. Da eine Beitrittserklärung zur EuInsVO n. F. erfolgte (s. Erwägungsgrund 87), kann mit einer solchen gerechnet werden; in Dänemark würde, da bereits eine Beteiligung an der EuInsVO nicht erfolgt (s. Erwägungsgrund 88), die Richtlinie gem. Art. 1 des Protokolls Nr. 22 über die Position Dänemarks nicht zur Umsetzung kommen.

1295 Dazu *Schlegel*, DB 2016, 819, 819ff.

1296 Empfehlung der Kommission vom 12.03.2014 C(2014), 1500 final.

1297 Dazu *Prager/Keller*, WM 2015, 805, 811f.

sultation über einen wirksamen Insolvenzrahmen in der EU"[1298] zur Vorbereitung einer gesetzgeberischen Initiative entsprechend dem Aktionsplan für die Kapitalmarktunion[1299].

Es steht zu erwarten, dass die legislativen Maßnahmen über die in der Empfehlung angesprochenen Aspekte hinausgehen. So lässt sich aus den Fragen der Konsultation ableiten, dass u. a. über eine Mindestharmonisierung bzgl. Geschäftsführerpflichten in der Krise, die Rangfolgen von Insolvenzforderungen, das Anfechtungsrecht, vereinfachte Verfahren für KMUs und Mindeststandards für die Qualifikation von Insolvenzverwaltern nachgedacht wird.[1300] Die Frage einer Zuständigkeitskonzentration bei Verfahren über das Vermögen von Mitgliedern einer Unternehmensgruppe könnte diesen Kanon ergänzen. Im Hinblick auf die besondere Spezifität dieser Problematik erscheint indes eine eigenständige Richtlinie ebenfalls denkbar, wenn nicht sogar vorzugswürdig.

Im Folgenden sollen daher Vorschläge für eine derartige Richtlinie erarbeitet und anschließend dargelegt werden, dass eine solche auch aus kompetenzrechtlicher Sicht zulässig wäre.

I. Möglicher Inhalt einer „Richtlinie zur Konzentration der Zuständigkeit zur Eröffnung von Insolvenzverfahren über das Vermögen von Mitgliedern einer Unternehmensgruppe" (InsZuK-RL)

Eine bestmögliche Situation im Zusammenhang mit der Insolvenz innerhalb europäischer Grenzen überschreitender Unternehmensgruppen wäre erreicht, wenn die nationalen Verfahren jeweils an einem zentralen nationalen Gruppen-Gerichtsstand gebündelt werden könnten. In Ansehung des grenzüberschreitenden Bezuges würden die dort zuständigen Richter und (Gruppen-)Verwalter den Kooperationsverpflichtungen der Artt. 56 ff. EuInsVO n. F. unterliegen und somit eine effektive Verfahrenskoordination auch über die Staatsgrenzen hinweg ermöglichen. Gleichzeitig könnte so sichergestellt werden, dass die entsprechenden Stellen über den notwendigen Sachverstand zur Bewältigung der Insolvenzen innerhalb grenzüberschreitender Unternehmensgruppen verfügen.

Ziel einer entsprechenden Richtlinie sollte es daher sein, das Prinzip der Zuständigkeitskonzentration im weiteren Sinne, wie es der Verfasser als Schlüsselelement zur Bewältigung von Insolvenzen innerhalb einer Unternehmensgruppe herausgearbeitet hat, als Grundmodell in den Insolvenzordnungen sämtlicher Mitgliedstaaten zu verankern. Wie noch zu zeigen sein wird, dürfte eine uneingeschränkte Verpflichtung der Mitgliedstaaten zur Umsetzung dieses Konzepts kompetenzrechtlich

1298 Abrufbar unter http://ec.europa.eu/justice/newsroom/civil/opinion/160321_de.htm (zuletzt abgerufen am 08.05.2016).

1299 Mitteilung der Kommission vom 30.09.2015 COM(2015), 468 final.

1300 *Schlegel*, Der Betrieb 2016, 819, 820.

unzulässig sein, es verbleibt jedoch die Möglichkeit, die Anwendung auf Fälle mit grenzüberschreitendem Bezug und damit auf den Anwendungsbereich der EuInsVO zu begrenzen.

Eine derart begrenzte Zuständigkeitsharmonisierung ist gleichwohl sinnvoll. Denn gerade im Anwendungsbereich der EuInsVO, in welchem die Kooperations- und Koordinationsverpflichtungen das Rückgrat des gesamten Insolvenzbewältigungskonzepts bilden, bedarf es einer unionsweit einheitlichen Ausgestaltung der nationalen Zuständigkeitsregelungen. Nur durch eine nationale Konzentration der Zuständigkeiten lässt sich erreichen, dass sich nationale Gerichte und Verwalter zur Erfüllung ihrer Verpflichtungen aus den Artt. 56ff. EuInsVO – abhängig von der Belegenheit der einzelnen Gruppenmitglieder – jeweils nur einigen wenigen einzelnen, nicht aber einem unüberschaubaren Heer von Amtskollegen gegenübergestellt sehen. Bei rein nationalen Sachverhalten bedarf es einer Anbindung an die neuen EuInsVO-Regelungen hingegen nicht zwangsläufig.

Im Rahmen der VO (EG) Nr. 805/2004 zur Einführung eines europäischen Vollstreckungstitels für unbestrittene Forderungen, der VO (EG) Nr. 1896/2006 zur Einführung eines Europäischen Mahnverfahrens sowie der VO (EG) Nr. 861/2007 zur Einführung eines europäischen Verfahrens für geringfügige Forderungen hat sich zudem gezeigt, dass auch auf grenzüberschreitende Sachverhalte begrenzte Maßnahmen einen weit über ihren eigentlichen Anwendungsbereich hinausgehenden „*Anpassungsdruck*" auf die nationalen Gesetzgeber ausüben können.[1301] Somit scheint es vertretbar, zu hoffen, dass die nationalen Gesetzgeber bei der Richtlinienumsetzung vielfach auf das Kriterium des grenzüberschreitenden Bezugs für die Anwendbarkeit der nationalen Zuständigkeitskonzentrationsvorschriften verzichten und es somit zu einer weitergehenden Harmonisierung kommt.

1. Zuständigkeitskonzentration als Primär-Ziel

Um eine optimale Verknüpfung von nationalem und europäischem Insolvenzrecht im Kontext grenzüberschreitender Unternehmensgruppen sicherzustellen, ist eine an der Zuständigkeitskonzentration nach dem deutschen InsO-Entwurf orientierte Regelung in den Insolvenzgesetzen aller Mitgliedstaaten zu implementieren.[1302] So wäre die Begründung eines nationalen einheitlichen Insolvenzgerichtsstandes, zumindest für die Fälle, in denen dies seitens der Beteiligten für sachdienlich erachtet würde,[1303] vorzusehen. An diesem sollte dann eine Konzentration der Zuständigkeit auf ein und denselben Richter für alle Verfahren erfolgen. Auf Verwalterebene sollte die Bestellung eines einheitlichen Verwalters durch die Gerichte möglich sein. Um Interessenkonflikte in diesem Zusammenhang zu beseitigen, ist die Bestellung von Sonderinsolvenzverwaltern vorzusehen, deren Tätigkeitsbereich auf die konflikt-

1301 *Leible*, in Streinz, EUV/AEUV, Art. 81 AEUV Rn. 37.
1302 I. d. S. auch *Wiebusch*, Internationales Konzerninsolvenzrecht, S. 205.
1303 Auch der dt. Entwurf sieht keine zwingende Begründung des Gruppen-Gerichtsstandes vor. Vgl. dazu Teil 8.III.2.a.

auslösenden Bereiche beschränkt ist. Ihre Bestellung muss dabei unter dem Vorbehalt der wirtschaftlichen Vertretbarkeit stehen.

2. Verbesserung der Leistungsfähigkeit der befassten Stellen

Im Rahmen der Untersuchung des deutschen Reformentwurfes wurde bereits herausgearbeitet, dass die angestrebte Zuständigkeitskonzentration, insb. gepaart mit der Begrenzung der Zahl möglicher Gruppen-Gerichtsstände, dazu beiträgt, dass die zuständigen Stellen das dringend erforderliche Know-how in Ansehung der besonderen Schwierigkeiten im Zusammenhang mit der Insolvenz innerhalb einer Unternehmensgruppe bereitstellen können. Die Notwendigkeit entsprechender Spezialkenntnisse vergrößert sich im Kontext grenzüberschreitend tätiger Unternehmensgruppen zusätzlich, insb. wenn in mehreren Mitgliedstaaten Insolvenzverfahren eröffnet werden. Daher ist es zwingend erforderlich, durch die angestrebte Zuständigkeitskonzentration unionseinheitlich die Voraussetzung dafür zu schaffen, dass die mit entsprechenden Gruppenverfahren befassten Stellen die notwendige Leistungsfähigkeit zur effizienten Bewältigung der anfallenden Aufgaben mit sich bringen. Ob die einzelnen Mitgliedstaaten dies – wie diesseits im Hinblick auf die Rechtslage in der Bundesrepublik empfohlen wird – durch eine Begrenzung der möglichen Gruppen-Gerichtsstände oder aber durch andere Maßnahmen verwirklichen, sollte diesen indes selbst überlassen bleiben. Zu denken wäre alternativ bspw. an die Einführung spezifischer Besetzungsvoraussetzungen (bspw. einer Forderung nach konzerninsolvenzspezifischen Ausbildungs- oder Erfahrungsnachweisen) oder bestimmter Fortbildungsmaßnahmen.

3. Kein Kooperationsorgan bei fehlender Zuständigkeitskonzentration im Einzelfall

Sofern die Begründung eines nationalen Gruppen-Gerichtsstandes oder die Bestellung eines Gruppen-Verwalters im Einzelfall nicht erfolgt, wäre in Ansehung des Bedürfnisses nach einer effizienten Anknüpfung an die europäischen Kooperations- und Kommunikationsverpflichtungen auf den ersten Blick naheliegend, eine Regelung zur Bestimmung eines „Koordinationsorgans" – sowohl auf Gerichts- wie auch auf Verwalterebene – zu schaffen. Durch die Bestimmung eines einzelnen von mehreren Gerichten bzw. eines einzelnen von mehreren Verwaltern zum Kommunikationsgericht bzw. Kommunikationsverwalter könnte der im Hinblick auf die Verpflichtungen aus den Artt. 56 ff. EuInsVO n. F. bereits geschilderten Gefahren, die mit einer hohen Zahl von Kooperationspartnern verbunden sind, begegnet werden.

Die Kommunikationsorgane würden eine Doppelstellung bekleiden und gewissermaßen als „Schaltstelle" zwischen den Mitgliedstaaten agieren. Die Kommunikation mit den Verfahrensbeteiligten im eigenen Mitgliedstaat würde sich nach nationalen Regelungen richten, die grenzüberschreitende Zusammenarbeit hingegen ausschließlich zwischen den Kommunikationsorganen, die insoweit die Verpflichtungen aus den Artt. 56 ff. EuInsVO n. F. wahrnehmen, ablaufen. Letztere wären *de lege ferenda* gegenüber den übrigen Beteiligten zu suspendieren. Informationen von anderen Gerichten/Verwaltern als den Kommunikationsgerichten/Verwaltern müssten demzufolge über diese umgeleitet werden.

Ein derartiges Konzept überzeugt bei genauerer Betrachtung jedoch nicht. Mag es noch auf gerichtlicher Ebene umsetzbar sein, scheitert es auf Verwalterebene spätestens an der in jedem Fall zu wahrenden Vertraulichkeit. Wie bereits im Rahmen der Erörterung der europäischen und deutschen Kommunikationsregelungen[1304] dargelegt, ist bei der Frage nach der Zulässigkeit einer Informationsweitergabe und darauf ausgerichteter Zusammenarbeit darauf zu achten, dass bspw. keine anfechtungsrelevanten Umstände bekannt gemacht werden. Dies kann in einer Zweierbeziehung bereits zu Schwierigkeiten führen. Wird jedoch von einem einzelner Verwalter verlangt, die Kommunikation des gesamten nationalen Gruppen-Teils umzuleiten, bedürfte es regelmäßig spätestens an dieser Stelle der Einsetzung eines Sonderverwalters. Das Konzept liefe damit auf die Einsetzung eines „nationalen Koordinators“[1305] hinaus. Der mit der Konzentration angestrebte Effizienzvorteil verringert sich jedoch erheblich, wenn extra für die Übernahme der grenzüberschreitenden Zusammenarbeit ein zusätzliches unabhängiges Organ geschaffen und zwischengeschaltet wird. Dies gilt insb. auch im Hinblick auf die dadurch zusätzlich entstehenden Kosten. Insoweit kann auf die im Zusammenhang mit der Frage, ob es sich bei dem Koordinationsverwalter nach deutschem Entwurf oder dem Koordinator i. S. d. Art. 61 Abs. 3 lit. a) EuInsVO n. F. notwendigerweise um eine von den übrigen Verwaltern unabhängige Person handeln muss, angestellten Überlegungen verwiesen werden.[1306]

Zudem darf folgender Aspekt nicht unberücksichtigt bleiben: In den Fällen, in denen ein Gruppen-Gerichtsstand nicht begründet wird, macht die (nationale) Gruppenstruktur dies offensichtlich nicht erforderlich bzw. wird es von den Beteiligten nicht gewünscht. Entweder, weil es sich um ein dezentral strukturiertes Gruppen-Konstrukt handelt, dessen Mitglieder weitgehend autonom in unterschiedlichen Bereichen tätig sind, oder weil nur einige wenige, ihrerseits unterschiedlichen ausländischen Akteuren zuzuordnende Gruppenmitglieder, überhaupt in die Insolvenz geraten sind. Dies macht deutlich, dass es in all diesen Fällen auch in Ansehung der Artt. 56ff. EuInsVO n. F. regelmäßig keiner weitergehenden Zuständigkeitskonzentration bedarf. Eine solche würde in diesen Fällen nur zu einer unnötigen Bürokratisierung führen. Um gleichwohl auch hier eine möglichst reibungslose Zusammenarbeit in direkter Anwendung der Artt. 56ff. EuInsVO n. F. zu ermöglichen, genügt es, die bereits empfohlene Einführung entsprechender technischer Systeme auf Basis der Vernetzung elektronischer Insolvenzregister und des Europäischen Justizportals zügig voranzutreiben.[1307]

1304 Vgl. dazu unter Teil 7.III.3 bzw. Teil 8.IV.4.

1305 In Anlehnung an die Begrifflichkeit des Art. 71 EuInsVO n. F., der ebenfalls eine von den beteiligten Verwaltern unabhängige Person sein muss.

1306 Vgl. dazu unter Teil 7.II.4.d und Teil 8.III.5.b.

1307 Vgl. dazu bereits unter Teil 7.III.3.a und Teil 8.IV.4.a.

4. Zwischenergebnis

Zusammengefasst sollte eine Richtlinie zur Konzentration der Zuständigkeit zur Eröffnung von Insolvenzverfahren über das Vermögen von Mitgliedern einer Unternehmensgruppe zu einer Harmonisierung europäischer Insolvenzgesetze im Hinblick auf die Möglichkeit einer Konzentration der Verfahren gruppenzugehöriger Schuldner an einem einheitlichen nationalen Gerichtsstand führen. Zudem sollte auch eine personelle Konzentration sowohl auf gerichtlicher als auch auf Verwalterebene ermöglicht werden. Um insb. auf Seiten der Gerichte das notwendige Know-how bereitstellen zu können, sollten die nationalen Gesetzgeber angehalten werden, entsprechende Maßnahmen zu ergreifen. Eine grenzüberschreitende Verfahrenskonzentration hingegen sollte nicht angestrebt werden, vielmehr ist hier auf eine Kooperation der Verfahrensbeteiligten in Anwendung der Art. 56ff. EuInsVO n. F. zu setzen.

II. Kompetenzrechtliche Grundlage

An die Überlegungen über den möglichen Inhalt einer Richtlinie schließt sich die Frage an, ob die dargestellten Zielsetzungen auch unter Berücksichtigung der Kompetenzverteilung zwischen der Europäischen Union und den Mitgliedstaaten erreicht werden können.

Für die europäische Rechtsetzung gilt das Prinzip der begrenzten Einzelermächtigung (Art. 5 Abs. 1 Satz 1 EUV). Danach darf die Union nur innerhalb der Grenzen der ihr durch die Mitgliedstaaten zur Verwirklichung der in den Verträgen niedergelegten Ziele übertragenen Zuständigkeiten tätig werden (Art. 5 Abs. 2 EUV). Überdies sind die Grundsätze der Subsidiarität und der Verhältnismäßigkeit zu beachten (Art. 5 Abs. 1 Satz 2, Abs. 3 und Abs. 4 EUV).

1. Vorliegen einer Einzelermächtigung – Art. 81 AEUV

Die kompetenzrechtliche Grundlage für eine „*Richtlinie zur Konzentration der Zuständigkeit zur Eröffnung von Insolvenzverfahren über das Vermögen von Mitgliedern einer Unternehmensgruppe*“ könnte in Art. 81 AEUV zu finden sein. Danach obliegt es der Europäischen Union eine justizielle Zusammenarbeit in Zivilsachen mit grenzüberschreitendem Bezug zu entwickeln. Derartige Maßnahmen (Verordnungen, Richtlinien oder Beschlüsse i. S. d. Art. 288 AEUV)[1308] können gemäß Art. 81 Abs. 1 Satz 2 AEUV auch auf die Angleichung nationaler Rechtsvorschriften gerichtet sein. Dass durch derartige Rechtsakte nationale Zuständigkeitsbestimmungen überlagert werden, ist unerheblich.[1309]

1308 Aber bspw. auch internationale Verträge, dazu *Ruffert*, in Calliess/Ruffert, EUV/AEUV, Art. 81 AEUV Rn. 16.

1309 Vgl. dazu bspw. Artt. 3ff. EuUntVO, die ein vollständig abgeschlossenes Zuständigkeitssystem bereithalten und nationale Gerichtsstandsregelungen in ihrem Anwendungsbereich verdrängen.

a. *Maßnahme auf dem Gebiet des Verfahrensrechts*

Maßnahmen auf Grundlage des Art. 81 AEUV können sich nur auf das Zivilverfahrensrecht, nicht auf das materielle Recht erstrecken.[1310] Der Begriff des Zivilverfahrens ist hier im weiten Sinne zu begreifen und umfasst auch das Insolvenzverfahrensrecht.[1311] Durch die geplante Richtlinie würde jedoch nicht in das materielle Insolvenzrecht der einzelnen Mitgliedstaaten, sondern lediglich in deren Insolvenzverfahrensrecht eingegriffen. Dies gilt auch in Ansehung der vorgeschlagenen Maßnahmen zur Verbesserung der Leistungsfähigkeit befasster Stellen, sowohl soweit diese sich als Konsequenz einer Begrenzung möglicher Gerichtsstände oder besonderer Besetzungsanforderungen darstellen[1312] als auch im Hinblick auf bestimmte Fortbildungsmaßnahmen der Richter (Art. 81 Abs. 2 lit. h) AEUV).

Die Maßnahmen müssen sich weiter einem der abschließend aufgezählten Kompetenztitel des Art. 81 Abs. 2 lit. a)–h) AEUV zuordnen lassen.

In Betracht kommt insoweit ein Rückgriff auf Art. 81 Abs. 2 lit. f) AEUV. Danach sind Maßnahmen möglich, die

> *„die Beseitigung von Hindernissen für die reibungslose Abwicklung von Zivilverfahren, erforderlichenfalls durch Förderung der Vereinbarkeit der in den Mitgliedstaaten geltenden zivilrechtlichen Verfahrensvorschriften"*

sicherstellen sollen. Diese Vorschrift ist bereits Grundlage für die EuInsVO. Für die Stärkung der Leistungsfähigkeit befasster Stellen kann zudem auf Art. 81 Abs. 2 lit. h) AEUV zurückgegriffen werden.[1313]

b. *Erfordernis eines grenzüberschreitender Bezugs*

Voraussetzung dafür, dass von dem Kompetenztitel des Art. 81 Abs. 2 lit. f) AEUV überhaupt Gebrauch gemacht werden kann, ist das Vorliegen eines grenzüberschreitenden Bezuges, wie er sich aus dem Verweis auf die Aufgabenbeschreibung des Abs. 1 ergibt. Diese Begrifflichkeit ist zwar grds. weit auszulegen und bereits erfüllt, wenn ein wie auch immer gearteter Bezug zu Personen oder Sachen in einem

---

1310 *Rossi*, in Calliess/Ruffert, EUV/AEUV, Art. 81 AEUV Rn. 15f. m. w. N.; teils a. A. *Lenzing*, in von der Groeben/Schwarze/Hatje, Europäisches Unionsrecht, Art. 91 AEUV Rn. 5.

1311 *Rossi*, in Calliess/Ruffert, EUV/AEUV, Art. 81 AEUV Rn. 28.

1312 Die Frage der Einstufung derartiger Maßnahmen als materielle oder verfahrensrechtliche Regelung dürfte allerdings im Einzelfall durchaus Schwierigkeiten bereiten.

1313 Dazu allg. *Hess*, in Grabitz/Hilf/Nettesheim, Das Recht der Europäischen Union, Art. 81 AEUV Rn. 51ff.

anderen Staat (ausreichend ist auch ein Drittstaat)[1314] gegeben ist,[1315] jedoch weist *Leible* zutreffend darauf hin, dass auf diese Vorschrift nicht etwa eine unionsweite und umfassende Vereinheitlichung der Zivilverfahrensrechte oder gar eine *„europäische ZPO"* gestützt werden könne.[1316]

Die Kommission vertrat im Zusammenhang mit der VO (EG) Nr. 861/2007 zur Einführung eines europäischen Verfahrens für geringfügige Forderungen insoweit die Auffassung, dass Maßnahmen gestützt auf Art. 81 Abs. 2 lit. f) AEUV auch auf rein nationale Sachverhalte Anwendung finden würden, sofern sie nur generell auf die Erleichterung grenzüberschreitender Verfahren gerichtet seien.[1317] Legt man diese Einschätzung zugrunde, wäre im Hinblick auf die primäre Förderlichkeit der Zuständigkeitskonzentration im Zusammenhang mit grenzüberschreitenden Insolvenzen innerhalb einer Unternehmensgruppe auch eine Kompetenz in Ansehung rein nationaler Sachverhalte denkbar. Die Kommission konnte sich jedoch bereits seinerzeit mit ihrer Auslegung des Kriteriums des grenzüberschreitenden Bezuges zu Recht nicht gegen den Rat und das Parlament durchsetzen.[1318] Ein derart weites Verständnis würde zu einer unbeschränkten Ausweitung der Rechtsetzungskompetenz auch auf rein nationale Sachverhalte führen. Daher finden denn auch die Regelungen der VO (EG) Nr. 861/2007 gemäß deren Art. 2 Abs. 1 nur auf grenzüberschreitende Rechtssachen (Art. 3 Abs. 1) Anwendung.

Damit ist spätestens an dieser Stelle klar, dass eine uneingeschränkte Verpflichtung der Mitgliedstaaten zur Einführung einer nationalen Zuständigkeitskonzentration im Zusammenhang mit der Insolvenz innerhalb einer Unternehmensgruppe am Erfordernis des grenzüberschreitenden Bezugs scheitern würde.

Denkbar bleibt jedoch eine Anpassungsmaßnahme gerade beschränkt auf Fälle mit grenzüberschreitendem Bezug.[1319]

c. *Binnenmarktbezug*

Weitere Voraussetzung für eine Maßnahme nach Art. 81 AEUV ist die sog. Binnenmarktfinalität. Der Einfluss dieses Kriteriums auf den Umfang der Kompetenz wurde bereits im Rahmen der strengeren Vorgängervorschrift des Art. 65 EGV, wonach eine Maßnahme überhaupt nur zulässig sein sollte, sofern sie für das reibungs-

---

1314 *Lenzing*, in von der Groeben/Schwarze/Hatje, Europäisches Unionsrecht, Art. 81 AEUV Rn. 4 mit Verweis auf EuGH – Owusu, Rs. C-281/02 – Urt. v. 1.3.2005, Rn. 26;

1315 *Rossi*, in Calliess/Ruffert, EUV/AEUV, Art. 81 AEUV Rn. 10 f. m. w. N.; vertiefend zu den unterschiedlichen Auslegungen des Kriteriums siehe *Hess*, in Grabitz/Hilf/Nettesheim, Das Recht der Europäischen Union, Art. 81 AEUV Rn. 26 ff.

1316 *Leible*, in Streinz, EUV/AEUV, Art. 81 AEUV Rn. 36; in diesem Sinne auch *Hess*, in Grabitz/Hilf/Nettesheim, Das Recht der Europäischen Union, Art. 81 AEUV Rn. 48.

1317 KOM(2005) 87 final, S. 6.

1318 Dazu *Lenzing*, in von der Groeben/Schwarze/Hatje, Europäisches Unionsrecht, Art. 81 AEUV Rn. 4.

1319 So auch *Wiebusch*, Internationales Konzerninsolvenzrecht, S. 205.

lose Funktionieren des Binnenmarktes erforderlich war, unterschiedlich bewertet. Eine tatsächliche Begrenzung der Kompetenznorm ergab sich daraus in der Praxis jedoch letztlich nie.[1320] Durch die Absenkung auf ein Regelbeispiel („*insbesondere*") in Art. 81 Abs. 2 AEUV dürfte sich daran auch nichts geändert haben, im Gegenteil ist sogar von einer weiteren Lockerung auszugehen.[1321] *Leible* spricht insoweit zutreffend davon, dass die Binnenmarktfinalität im Sinne des Art. 81 AEUV keine *conditio sine qua non* für den Erlass entsprechender Maßnahmen sei, sondern nur ein prominentes Beispiel für mögliche Zielsetzungen.[1322]

Vor diesem Hintergrund ist es nicht verwunderlich, dass die Begründungen der auf Art. 81 AEUV gestützten Maßnahmen regelmäßig lediglich pauschal die Erforderlichkeit der jeweiligen Maßnahme für das Funktionieren des Binnenmarktes feststellen bzw. teilweise sogar davon ausgegangen wird, dass die in Art. 81 AEUV (ex. Art. 65 EGV) explizit genannten Kompetenztitel diese Erforderlichkeit bereits indizieren.[1323] Schließlich wurde vereinzelt bereits der Umstand, dass die entsprechende Maßnahme Wettbewerbsverzerrungen zu verhindern vermag, als ausreichend für die Bejahung der Binnenmarktfinalität angesehen.[1324]

Eine auf Einführung eines insolvenzrechtlichen Gruppen-Gerichtsstandes gerichtete Maßnahme ist vor diesem Hintergrund eindeutig als für das Funktionieren des Binnenmarktes zumindest förderlich einzustufen. Für das Funktionieren des Binnenmarktes ist es erforderlich, effiziente und wirksame grenzüberschreitende Insolvenzverfahren zu ermöglichen.[1325] Dies gilt insb. auch im Hinblick auf die Insolvenz innerhalb von Unternehmensgruppen. Nur wenn das angestrebte Zusammenspiel von nationalem Gruppen-Gerichtsstand und grenzüberschreitender Kommunikation und Kooperation unionsweit einheitlich umgesetzt werden kann, können schädliche Auswirkungen auf den Binnenmarkt sowie Nachteile für die einzelnen Betroffenen wirksam verhindert werden.

Somit bleibt festzuhalten, dass die Einführung einer Richtlinie zur Etablierung eines nationalen insolvenzrechtlichen Gruppen-Gerichtsstandes, vorbehaltlich der Anknüpfung des Anwendungsbereichs an einen grenzüberschreitenden Bezug auch in Ansehung des Kriteriums der Binnenmarktfinalität möglich ist.

1320 Vgl. dazu *Leible*, in Streinz, EUV/AEUV, Art. 81 AEUV Rn. 11 f.; *Rossi*, in Callies/Ruffert, EUV/AEUV, Art. 81 AEUV Rn. 13 f.; *Lenzing*, in von der Groeben/Schwarze/Hatje, Europäisches Unionsrecht, Art. 81 AEUV Rn. 6 jeweils mit zahlreichen weiteren Nachweisen.

1321 So auch *Lenzing*, in von der Groeben/Schwarze/Hatje, Europäisches Unionsrecht, Art. 81 AEUV Rn. 6.

1322 *Leible*, in Streinz, EUV/AEUV, Art. 81 AEUV Rn. 11.

1323 Vgl. bspw. Vorschlag der Kommission zur Brüssel I VO, KOM(1999), 348 final, S. 3 und Brüssel II VO, KOM(1999), 220 final, S. 3; aber auch die Erwägungsgründe 3 und 4 EuInsVO n. F.

1324 *Lenzing*, in von der Groeben/Schwarze/Hatje, Europäisches Unionsrecht, Art. 81 AEUV Rn. 6 m. w. N., insb. Fn. 21.

1325 Vgl. dazu Erwägungsgrund 3 und 8 EuInsVO n. F.

2. Subsidiarität

Die geplante Maßnahme (Richtlinie) müsste sich zudem am Subsidiaritätsprinzip des Art. 5 Abs. 3 UA 1 AEUV messen lassen können. Danach wird die Union in den Bereichen, in denen ihr keine ausschließliche Zuständigkeit zusteht,[1326] nur dann und soweit tätig, als die Ziele der in Betracht gezogenen Maßnahme von den Mitgliedstaaten weder auf zentraler noch auf regionaler oder lokaler Ebene ausreichend verwirklicht werden können, sondern vielmehr wegen ihres Umfangs oder ihrer Wirkungen auf Unionsebene besser zu verwirklichen sind.

Um sicherzustellen, dass die geplante Maßnahme dem Grundsatz der Subsidiarität gerecht wird, ist zunächst die mit der Maßnahme angestrebte Zielsetzung auf ihre Vereinbarkeit mit den Kompetenznormen der Verträge zu überprüfen.[1327] Wie bereits mehrfach dargelegt, zielt die Maßnahme darauf ab, das Zusammenspiel von nationalem Insolvenz-Gruppen-Gerichtsstand und grenzüberschreitender Kommunikation und Kooperation unionsweit einheitlich umzusetzen, um damit nachteilige Auswirkungen auf den Binnenmarkt zu verhindern. Damit steht die Zielsetzung im Einklang mit dem Kompetenztitel des Art. 81 Abs. 2 lit. f) AEUV.

In einem weiteren Schritt ist nunmehr zu klären, ob diese Zielsetzung auf mitgliedstaatlicher Ebene nicht ausreichend oder sogar überhaupt nicht erreicht werden kann (sog. Insuffizienzkriterium) und inwieweit daher eine Tätigkeit der Union möglich ist.[1328] Gemäß Art. 5 Satz 4 des Subsidiaritäts-Protokolls (SubsProt)[1329] hat diese Einschätzung auf qualitativen und, soweit möglich, quantitativen Kriterien zu beruhen und ist zunächst eine gerichtlich nur eingeschränkt überprüfbare politische Aufgabe.[1330] Gerade in Bereichen, die – wie hier – einen unionsweiten Zuschnitt haben und letztlich der Errichtung des Binnenmarktes i. w. S. zu dienen bestimmt sind, wird regelmäßig davon auszugehen sein, dass einzelstaatliches Handeln allein nicht ausreichend ist.[1331] Damit ist festzuhalten, dass die mit der Richtlinie angestrebten Ziele durch die Mitgliedstaaten allein nicht ausreichend i. S. d. Insuffizienzkriteriums erreicht werden können.

1326 Vgl. dazu *Kadelbach*, in von der Groeben/Schwarze/Hatje, Europäisches Unionsrecht, Art. 5 EUV Rn. 31.

1327 *Kadelbach*, in von der Groeben/Schwarze/Hatje, Europäisches Unionsrecht, Art. 5 EUV Rn. 33.

1328 *Kadelbach*, in von der Groeben/Schwarze/Hatje, Europäisches Unionsrecht, Art. 5 EUV Rn. 35.

1329 Protokoll über die Anwendung der Grundsätze der Subsidiarität und der Verhältnismäßigkeit vom 13.12.2007, ABl. Nr. C 306, S. 150.

1330 So auch *Müller-Graff*, ZHR 159 (1995), 34, 61 f. (noch zum EGV).

1331 In diesem Sinne auch *Kadelbach*, in von der Groeben/Schwarze/Hatje, Europäisches Unionsrecht, Art. 5 EUV Rn. 35 m. w. N.

Auch eine fehlende Leistungsfähigkeit der Mitgliedstaaten zur Umsetzung[1332] der vorgeschlagenen Richtlinie steht nicht entgegen. Die Richtlinie zielt auf die Etablierung eines einheitlichen Gerichtsstandes sowie die Ermöglichung eines einheitlichen Verwalters und die Verbesserung der Leistungsfähigkeit befasster Gerichte ab. All diese Maßnahmen lassen sich ohne große Schwierigkeiten auf bestehende Systeme des nationalen Verfahrensrechts „aufpfropfen".

Zusätzlich ist zu prüfen, ob die Zielsetzungen der geplanten Maßnahme auf Unionsebene besser verwirklicht werden können (sog. Effizienzkriterium). Hierbei kommt es im Wesentlichen darauf an, dass durch eine europäische Maßnahme ein Mehrwert gegenüber einzelstaatlichem Vorgehen entsteht.[1333]

Dieses Kriterium erfüllt die vorgeschlagene „*Richtlinie zur Konzentration der Zuständigkeit zur Eröffnung von Insolvenzverfahren über das Vermögen von Mitgliedern einer Unternehmensgruppe*". Um eine bestmögliche Verknüpfung der nationalen Regelungen zur Begründung eines Gruppen-Gerichtsstandes an die grenzüberschreitenden Kommunikations- und Kooperationsregelungen der EuInsVO zu gewährleisten, bedarf es eines unionsweiten Mindeststandards in Bezug auf die Ausgestaltung der nationalen Zuständigkeitskonzentration. Nur so kann sichergestellt werden, dass die Abwicklung von Insolvenzverfahren innerhalb grenzüberschreitend agierender Unternehmensgruppen unabhängig von der Belegenheit der einzelnen insolventen Gruppenmitglieder mit der angestrebten Effizienz erfolgt und in ihrer Ausgestaltung vorhersehbar bleibt. Eine entsprechende Richtlinie generiert daher zweifelsohne einen Mehrwert gegenüber einzelnen, unkoordinierten Rechtsetzungen der Mitgliedstaaten, die – wie dargelegt – bereits als solche für nicht ausreichend erachtet werden müssen.

Das Effizienzkriterium und damit die Anforderungen an die Subsidiarität unionsrechtlichen Handelns insgesamt sind somit erfüllt.

3. Verhältnismäßigkeit

Nach Art. 5 Abs. 4 EUV gilt für alle Maßnahmen der Union weiter der Grundsatz der Verhältnismäßigkeit. Er ist als wesentliche Ausprägung der Rechtsstaatlichkeit auch Grundlage deutschen Verfassungsrechts und weiten Teilen des Völkerrechts.[1334] Hier wie dort setzt er voraus, dass die geplante Maßnahme geeignet, erforderlich und angemessen sein muss, das mit ihr angestrebte Ziel zu verwirklichen.[1335] Den

---

1332 Dazu *Kadelbach*, in von der Groeben/Schwarze/Hatje, Europäisches Unionsrecht, Art. 5 EUV Rn. 36 m. w. N.

1333 *Bast*, in Grabitz/Hilf/Nettesheim, Das Recht der Europäischen Union, Art. 5 EUV Rn. 57; *Kadelbach*, in von der Groeben/Schwarze/Hatje, Europäisches Unionsrecht, Art. 5 EUV Rn. 39 f.

1334 Dazu allg. *Kadelbach*, in von der Groeben/Schwarze/Hatje, Europäisches Unionsrecht, Art. 5 EUV Rn. 49.

1335 Trotz des etwas missverständlichen Wortlautes geht es nicht um die Ziele i. S. d. Art. 3 EUV, sondern um diejenigen der konkreten Maßnahme, *Bast*, in Grabitz/

Organen der Union steht nach ständiger Rechtsprechung des EUGH jedoch insoweit eine weitreichende Einschätzungsprärogative zu.[1336]

a. *Geeignetheit der Maßnahme*

Hinsichtlich der Geeignetheit gilt dieser weite Ermessensspielraum insb. („*inhaltlich wie formal*") auch für die Wahl des geeigneten Rechtsaktes, sofern dieser nicht ausnahmsweise durch die Verträge konkret vorgegeben ist (Art. 296 UA 1 AEUV). Die hier vorgeschlagene Richtlinie als möglicher Akt der Rechtssetzung i. S. d. Art. 288 AEUV ist jedenfalls geeignet, das Ziel der Vereinheitlichung nationaler Zuständigkeitskonzentrationen im Anwendungsbereich der EuInsVO zur Verbesserung der Verknüpfung von nationaler Konzentrationswirkung und grenzüberschreitender Kommunikation und Kooperation zu erreichen.

b. *Erforderlichkeit der Maßnahme*

Das Kriterium der Erforderlichkeit setzt voraus, dass die Maßnahme unter mehreren gleichermaßen effektiven Regelungsalternativen diejenige ist, die die Handlungsspielräume der Mitgliedstaaten am wenigsten einschränkt, und dass die ggf. durch sie verursachten Nachteile nicht außer Verhältnis zum angestrebten Ziel stehen.[1337] Beim Vergleich mehrerer denkbarer Ansätze sind dabei Wirkungsintensität, Regelungsdichte, Harmonisierungsniveau, finanzielle Folgen, Verwaltungsaufwand und die Auswirkungen auf die Autonomie der Mitgliedstaaten in Abwägung zu bringen.[1338] Eine (gerichtliche) Kontrolle der hierauf gestützten Entscheidung erfolgt letztlich dann auch nur sehr eingeschränkt. Sie wird nur dann zu einer Aufhebung der Maßnahme führen, wenn diese bereits *ex-ante* offensichtlich ungeeignet war oder aber offensichtlich nicht ausreichend auf die Autonomie der Mitgliedstaaten Rücksicht genommen wurde.[1339]

Alternativ zu der hier angedachten Schaffung einer fakultativen Konzentration der Zuständigkeit im Anwendungsbereich der EuInsVO auf nationaler Ebene durch eine entsprechende Richtlinie könnte erwogen werden, durch entsprechende An-

---

Hilf/Nettesheim, Das Recht der Europäischen Union, Art. 5 EUV Rn. 70; *Kadelbach*, in von der Groeben/Schwarze/Hatje, Europäisches Unionsrecht, Art. 5 EUV Rn. 51.

1336 Dazu bspw. EuGH, Urt. v. 12.11.1996 – C-84/94, Großbritannien/Rat, Slg. 1996, I-5755 Rdnr. 58; Urt. v. 10.12.2002 – C-491/01, BAT, Slg. 2002, I-11 453 Rdnr. 123; EuG, Rs. T-420/05, Vischim/Kommission, Slg. 2009, II-3841 Rdnr. 203.

1337 *Bast*, in Grabitz/Hilf/Nettesheim, Das Recht der Europäischen Union, Art. 5 EUV Rn. 71 m. w. N.; *Kadelbach*, in von der Groeben/Schwarze/Hatje, Europäisches Unionsrecht, Art. 5 EUV Rn. 52.

1338 *Bast*, in Grabitz/Hilf/Nettesheim, Das Recht der Europäischen Union, Art. 5 EUV Rn. 71 m. w. N.; *Kadelbach*, in von der Groeben/Schwarze/Hatje, Europäisches Unionsrecht, Art. 5 EUV Rn. 52.

1339 Vgl. dazu *Bast*, in Grabitz/Hilf/Nettesheim, Das Recht der Europäischen Union, Art. 5 EUV Rn. 73 mit zahlreichen Nachweisen aus der Rechtsprechung.

passungen der EuInsVO einen nationalen Gruppen-Gerichtsstand zu erzwingen.[1340] Durch die unmittelbare Wirkung der Verordnung würde dies jedoch erheblich weiter in die Rechte der einzelnen Mitgliedstaaten eingreifen, insb. da mangels Umsetzungsakt eine Berücksichtigung der nationalen Besonderheiten nicht im selben Maße gewährleistet werden könnte. Abgeschwächtere Maßnahmen andererseits wie bspw. eine bloße Empfehlung (Art. 288 Abs. 1 Var. 4 AEUV) oder aber die bereits skizzierte Einführung von Koordinationsorganen wären erkennbar nicht in gleicher Weise geeignet, das Ziel einer möglichst effizienten Verknüpfung nationaler und europäischer Regelungen im Zusammenhang mit der Insolvenz innerhalb einer Unternehmensgruppe zu erreichen.

c. *Angemessenheit der Maßnahme*

Schließlich müsste die Maßnahme angemessen sein. Für die Mitgliedstaaten entsteht durch die Umsetzung der geplanten Richtlinie nur sehr geringer Nachteil. Dieser erschöpft sich im Ergebnis in den ggf. erforderlichen Kosten einer Umstrukturierung an den Gerichten und den aus einer Zuständigkeitskonzentration ggf. resultierenden mittelbaren Auswirkungen auf die justizielle Infrastruktur im weiteren Sinne, wobei davon auszugehen ist, dass derartige Auswirkungen kurzfristiger Natur sein werden und langfristig keine negativen Folgen zu erwarten sind. Dazu steht das angestrebte Ziel einer effizienten Abwicklung grenzüberschreitender Insolvenzverfahren innerhalb von Unternehmensgruppen in einem jedenfalls angemessenen Verhältnis. Insb., da diese Zielsetzung auch regelmäßig den Interessen der nationalen und europäischen Wirtschaft und damit der Funktionalität des Binnenmarktes Rechnung trägt.

4. Ergebnis

Zusammenfassend ist festzustellen, dass auf Grundlage von Art. 81 Abs. 1, Abs. 2 lit. f) AEUV eine Richtlinie zur Konzentration der Zuständigkeit zur Eröffnung von Insolvenzverfahren über das Vermögen von Mitgliedern einer Unternehmensgruppe mit dem vorgesehenen Inhalt als Maßnahme der Angleichung der Rechtsvorschriften in den Mitgliedstaaten i. S. d. Art. 81 Abs. 1 Satz 2 AEUV insgesamt zulässig ist.

III. Plädoyer für eine europäische Richtlinie

Durchweg konnte durch die vorliegende Arbeit gezeigt werden, dass das Konzept der nationalen Zuständigkeitskonzentration im weiteren Sinne, gepaart mit einer umfassenden Kooperations- und Kommunikationsverpflichtung aller Beteiligten, den Schlüssel zur Bewältigung der Insolvenzen innerhalb einer Unternehmensgruppe darstellt. Um zu gewährleisten, dass die auf europäischer Ebene geschaffenen

---

1340 Zu den Gründen, die gegen einen solchen sprechen, vgl. bereits unter Teil 7.III.2.

Chancen nicht an nationalen Unterschieden scheitern, bedarf es einer unionsweiten Harmonisierung einzelner Aspekte der Gruppen-Insolvenz. Hierzu ist die Einführung einer Richtlinie zu empfehlen, deren Grundintention die Etablierung der Möglichkeit zur gebündelten Zuständigkeit im Falle von Gruppenverfahren im Anwendungsbereich der EuInsVO sein sollte.

Da sich gezeigt hat, dass eine Verbesserung der Leistungsfähigkeit der befassten Stellen durch eine Begrenzung der potentiellen Zuständigkeiten weiter gestärkt werden kann, sollten die Mitgliedstaaten zumindest dazu angeregt werden, eine solche bei der Umsetzung durch die Schaffung von Spezialgerichten zu realisieren.

Da kompetenzrechtliche Probleme nicht bestehen, ist die Einführung einer entsprechenden *„Richtlinie zur Konzentration der Zuständigkeit zur Eröffnung von Insolvenzverfahren über das Vermögen von Mitgliedern einer Unternehmensgruppe“* zu empfehlen.

Teil 10. Zusammenfassung der Erkenntnisse

Betrachtet man die vorausgegangenen Untersuchungen, hat sich im Ergebnis die eingangs aufgestellte Hypothese bestätigt, dass der Schlüssel zur Bewältigung von Insolvenzen innerhalb einer Unternehmensgruppe in einer Zuständigkeitskonzentration, gestärkt durch flankierende Kooperationsverpflichtungen, liegt. Insb. die Vielfältigkeit existenter und vorstellbarer Gruppenstrukturen führt dazu, dass andere Konzepte sich letztlich als zu unflexibel, zu einzelfallspezifisch und damit als ungeeignet zur Bewältigung der auftretenden Probleme erwiesen haben.

Dieser Vielfältigkeit ist es auch geschuldet, dass der Anwendungsbereich der (zu schaffenden) Regelungen sehr weit gefasst sein muss. Insoweit sollten die europäischen Vorschriften Vorbildcharakter haben und nationale Regelungen nicht hinter diesen zurückbleiben. Sämtliche Vorschriften müssen überdies einen expliziten Angebotscharakter aufweisen. Die Entscheidung, ob in Ansehung des Einzelfalls unter Berücksichtigung der Gruppenstruktur eine Zuständigkeitskonzentration geeignet ist, einen Mehrwert bei der Abwicklung der gruppenzugehörigen Insolvenzverfahren zu realisieren, kann durch den Gesetzgeber nicht antizipiert werden. Sie ist daher den Beteiligten im konkreten Einzelfall zu überlassen. Es konnte jedoch gezeigt werden, dass eine Konzentration der örtlichen Zuständigkeit auf Ebene der Gerichte und die damit verbundene funktionale Zuständigkeit ein und desselben Richters grds. die Realisierung eines gruppenspezifischen Mehrwerts innerhalb der Insolvenz fördern kann und daher ein taugliches Grundkonzept für eine gruppenspezifische Insolvenzgesetzgebung darstellt.

Um dieses Grundkonzept, das im Ergebnis auf dem Leitgedanken fußt, dass hochspezialisierte Verfahrensorgane am besten in der Lage sind, auch komplexer Verfahren über eine Vielzahl gruppenangehöriger Schuldner Herr zu werden, effizient fortzuentwickeln, bedarf es einer zusätzlichen Konzentration der potentiell zuständigen Gerichte. Dies gilt unabhängig von den nationalen Besonderheiten des jeweiligen Insolvenzregimes.

Am Beispiel Deutschlands hat sich gezeigt, dass eine Zuständigkeit für alle gruppenangehörigen Schuldner bei ein und demselben Amtsgericht als Insolvenzgericht bei aktuell 191 möglichen Gerichtsstandorten unzureichend ist. Vielmehr bedarf es einer drastischen Reduzierung potentiell zuständiger Gerichte für die Eröffnung der Gruppenverfahrens. Dies hätte automatisch die dringend notwendige Spezialisierung des befassten Personals und gleichzeitig eine faktische Reduktion nationalen Forum Shoppings zur Folge. Zudem wird die Ausbildung einer einheitlichen Rechtsanwendung durch vereinheitlichte Rechtsprechung gefördert.

Um diese Zielsetzungen zu erreichen, ist daher eine Konzentration von Gruppen-Gerichtsständen anzustreben. Mit Blick auf die deutsche Gerichtslandschaft bedeutet dies, dass maximal ein Amtsgericht als Insolvenzgericht je Bezirk eines Oberlandesgerichtes zuständig sein sollte. Die auf diese Konzentration gerichtete Entscheidung darf dabei nicht den Landesgesetzgebern überlassen werden, sondern ist durch Bundesrecht sicherzustellen, um die Entstehung zusätzlicher Anreize zu missbräuchlichem Forum Shopping zu verhindern.

Sämtliche gegen die Zuständigkeitskonzentration vorgebrachten Bedenken sind entweder bereits unbegründet oder jedenfalls nicht geeignet, die damit einhergehenden Vorteile zu überwiegen. Weder im Verlust der Ortsnähe, in den Bedenken hinsichtlich einer Qualitätssteigerung noch den anfallenden Kosten kann ein durchgreifendes Argument gegen eine solche Zuständigkeitskonzentration am „großen Gruppen-Insolvenzgericht" gesehen werden. Im Rahmen konzentrierter Gruppenverfahren tritt zwangsläufig eine räumliche Distanzierung ein, die jedoch durch eine gesteigerte Effektivität kompensiert wird. Auch konnte in anderen Bereichen bereits die Erfahrung gemacht werden, dass eine Zuständigkeitskonzentration zu Qualitätssteigerungen führt. Eine solche ist zudem im Falle weniger Gerichte einfacher zu fördern. Das Kostenargument erwies sich bei genauerer Betrachtung schließlich ebenfalls als nicht stichhaltig, da gegenüber normalen Verfahren erhöhte Kosten im Gruppen-Kontext unabhängig von einer Verringerung der Zahl potentiell zuständiger Insolvenzgerichte auftreten und durch eine solche nicht entscheidend beeinflusst werden.

Jenseits der gerichtlichen Ebene hat sich gezeigt, dass auch auf Seiten der Verwalter eine Zuständigkeitskonzentration in Form der (weitgehenden) Personenidentität trotz des Risikos eines Interessenkonflikts erstrebenswert ist, um wertvernichtende Reibungsverluste insb. im Rahmen des Informationsaustausches zu eliminieren. Die Grenzen der Bestellung eines einheitlichen Verwalters sind jedoch erreicht, wenn die Interessenkollisionen nicht mehr in vertretbarer Weise (insb. nicht innerhalb eines akzeptablen Kostenrahmens) durch den Einsatz zusätzlicher Sonderverwalter beseitigt werden können. Das Regel-Ausnahme-Prinzip von Bestellung eines einheitlichen Gruppen-Verwalters und Einzelbestellungen als Ausfluss der allgemeinen Pflichten der Gerichte, ihre Entscheidungen an den Zielen der Insolvenzordnung, allem voran dem Prinzip der bestmöglichen Gläubigerbefriedigung auszurichten, ist vor diesem Hintergrund durch entsprechende gesetzliche Regelung herauszustellen.

Soweit eine örtliche und ggf. personelle Konzentration im Einzelfall nicht erreicht werden kann, ist dieser Mangel durch eine möglichst enge Zusammenarbeit aller Beteiligten aufzufangen. Bereits im Rahmen der Ausarbeitungen der UNCITRAL wurde festgestellt, dass Zusammenarbeit oftmals der einzig gangbare Weg ist, um (insbesondere grenzüberschreitende) Verfahren effizient und masseoptimiert durchzuführen. Komplexe Rechtshilfeverfahren und andere kostentreibende Hürden bei der Zusammenarbeit sind – und dies gilt nicht nur für grenzüberschreitende Sachverhalte – schnellstmöglich abzubauen.

Als überflüssig hat sich in diesem Zusammenhang gleichwohl die Einführung eines speziellen Verfahrens zur (vermeintlichen) Steigerung des Koordinationserfolgs erwiesen. Sowohl das Gruppen-Koordinationsverfahren nach Vorstellung des europäischen Gesetzgebers als auch das im deutschen Entwurf vorgesehene Koordinationsverfahren ist nicht geeignet, den angestrebten zusätzlichen Koordinationserfolg herbeizuführen. Dies liegt allem voran an der Einführung eines weiteren Verfahrensorgans in Form des Koordinators/Koordinationsverwalters.

Dieser darf zur Vermeidung von Interessenkollisionen nicht aus dem Kreis der bestellten Verwalter gewählt werden. Damit bedarf es zwangsläufig einer vollständig neuen Einarbeitung dieser Person in die gesamte Gruppenstruktur, und zwar zu einem Zeitpunkt, in dem wesentliche Entscheidungen bereits getroffen sein dürften. Überdies verursacht nicht nur der zusätzliche Verwalter, sondern auch das gerichtliche Verfahren selbst Zusatzkosten, deren Umfang und Verteilung zudem weitgehend ungeklärt sind. Diesen gravierenden Nachteilen steht im Ergebnis lediglich ein mit äußerst geringen, im Wesentlichen auf Anhörungs- und Informationsrechte beschränkten Kompetenzen ausgestattetes Verfahrensorgan gegenüber. Auch die vorgesehenen Koordinationspläne erweisen sich im Hinblick auf ihre fehlende Verbindlichkeit in den Einzelverfahren nicht etwa als *scharfes Schwert,* sondern vielmehr als *zahnlos*, womit sich die teilweise gewählte Beschreibung des Koordinationsorgans als *„Papiertiger"* bestätigt. Im Ergebnis setzt die Durchführung der Verfahrenskoordination in wie außerhalb eines gesonderten Verfahrens die uneingeschränkte Bereitschaft sämtlicher Beteiligten zur Zusammenarbeit voraus. Besteht eine solche, bedarf es eines gesonderten Verfahrens nicht. Zusätzliche Koordinationsleistungen, die den erweiterten (Kosten-)Aufwand zu rechtfertigen vermögen, konnten nicht erkannt werden. Fehlt eine entsprechende Bereitschaft, kann diese Lücke auch nicht durch reine *„Comply or Explain"*-Lösungen in einem zusätzlichen Verfahren gefüllt werden. Die Einführung des entsprechenden Verfahrens in die neue EuInsVO ist daher zu bedauern; es bleibt zu vermuten, dass dieses in der Praxis ein Schattendasein fristen wird. Für den deutschen Entwurf ist eine Streichung vor diesem Hintergrund dringend zu empfehlen, um keine unnötigen *normativen Karteileichen* zu schaffen, die schlimmstenfalls zu rechtsmissbräuchlichen Zwecken herangezogen werden.

Überdies hat sich im Zusammenhang mit der Verpflichtung zur umfassenden Kooperation und Kommunikation aller Beteiligter gezeigt, dass insbesondere im Hinblick auf die Notwendigkeit eines umfassenden Informationsaustausches erhebliche Unklarheiten bestehen. Sowohl auf deutscher als auch auf europäischer Ebene ist vorgesehen, dass wesentliches Element der Zusammenarbeit die Weitergabe *sämtlicher Informationen* ist, die für das jeweils andere Verfahren von Bedeutung sein *können.* Damit diese Verpflichtung keine dauerhafte Beobachtung der fremden Verfahren notwendig macht, sieht der deutsche Entwurf in § 269a Satz 2 InsO-E zu Recht vor, dass Informationen erst, dann aber unverzüglich, auf Anforderung zu übermitteln sind. Auf europäischer Ebene hingegen sind – zumindest dem reinen Wortlaut des Art. 56 Abs. 2 lit. a) EuInsVO n. F. nach – sämtliche möglicherweise relevanten Informationen unaufgefordert mitzuteilen. Dies führt zu einer unnötigen Informationsflut und weitreichenden Haftungsrisiken. Damit wirkt die europäische Regelung der Verfahrenseffizienz, die durch die entsprechende Regelung gerade gesteigert werden soll, elementar entgegen. Mit einer vollständigen Abhängigkeit der Informationserteilung von einer entsprechenden Anforderung schießt der deutsche Entwurfsgesetzgeber andererseits über das Ziel hinaus. Sachdienlich ist in diesem Zusammenhang einzig eine Zwischenlösung, wonach die Informationsübermittlung zweistufig zu erfolgen hat. So sind sämtliche Informationen, die sich auf wesentliche Teile der Insolvenzmasse oder grundlegende Verfahrensentscheidungen beziehen und damit allgemein ohne Weiteres erkennbar im fremden Verfahren von Bedeutung sein können, unaufgefordert zur Verfügung zu stellen. Alle weiteren Informationen sind lediglich auf Anfrage des anderen Verwalters mitzuteilen, wobei sich durch derartige Anfragen die Grundlage für die Beurteilung der Wesentlichkeit von Informationen über die konkrete Informationsanfrage hinaus erweitern kann. Dieses Ergebnis lässt sich auf europäischer Ebene durch eine teleologische Reduktion von Art. 56 Abs. 2 lit. a) EuInsVO n. F. erreichen; gleichwohl bietet sich eine Klarstellung *de lege ferenda* an. Auf Ebene des deutschen Entwurfs sollte eine entsprechende Anpassung erfolgen. Dabei ist hervorzuheben, dass der Umfang der im Einzelfall geschuldeten unaufgeforderten Informationsweiterleitung insb. durch entsprechende Vereinbarungen (Insolvenzverwalterverträge/Protokolle) geregelt werden sollte.

Wie sich gezeigt hat, fügt sich das Konzept der Zuständigkeitskonzentration auf nationaler Ebene, wie es der deutsche Entwurf vorsieht, nahezu friktionsfrei an die Regelungen der neuen EuInsVO an. Da dies jedoch in Ansehung anderer nationaler Insolvenzgesetze innerhalb der Europäischen Union nicht der Fall ist, bedarf es zur Einführung einer europaweit funktionsfähigen Gesamtkonzeption weiterer Maßnahmen. Vor dem Hintergrund, dass sich das Konzept der nationalen Zuständigkeitskonzentration im weiteren Sinne, gepaart mit einer umfassenden Kooperations- und Kommunikationsverpflichtung aller Beteiligten, als Schlüssel zur Bewältigung der Insolvenzen innerhalb einer Unternehmensgruppe darstellt, ist die Einführung einer Richtlinie zu empfehlen, deren Grundintention die Einführung der Möglichkeit zur gebündelten Zuständigkeit im Falle von Gruppenverfahren im Anwendungsbereich der EuInsVO sein sollte und die gleichzeitig eine Verbesserung der Leistungsfähigkeit der befassten Stellen durch eine Begrenzung der potentiellen Zuständigkeiten durch die Mitgliedstaaten zumindest anregt.

Die Einführung des Grundprinzips der Zuständigkeitskonzentration als Schlüsselelement zur Bewältigung von Insolvenzverfahren innerhalb einer Unternehmensgruppe kann dazu beitragen, den Akteuren dieser nicht nur rechtlich schwierigen Krisenszenarien einen tragfähigen Rahmen zu bieten, innerhalb dessen durch die Auswahl der richtigen Werkzeuge das Risiko eines Verlusts des Konzernmehrwerts zumindest erheblich verringert werden kann und durch umfangreiche Kooperation die Verfahren effizient und damit im Sinne einer größtmöglichen Gläubigerbefriedigung zu führen.

Erst in einem zeitlich nachgelagerten Schritt wird ist es möglich sein, Modifikationen des materiellen Rechts und ggf. einer weiteren europäischen Harmonisierung in Angriff zu nehmen. Es gilt, weder den zweiten Schritt vor dem ersten zu gehen noch durch ausufernde Regelungsbestrebungen und rechtsdogmatischen Perfektionismus bestehende Chancen zu vergeben; Insolvenz(verfahrens)recht ist und bleibt Wirtschaftsrecht und muss sich daher allem voran als praktikabel erweisen.

Teil 11. Abschließende Thesen

Die bisherigen Überlegungen zur erleichterten Bewältigung von Insolvenzverfahren im Zusammenhang mit Gruppenstrukturen lassen sich in folgenden zehn Thesen, die Basis weiterer Reform- und Anpassungsüberlegungen sowohl auf nationaler wie auch auf europäischer Basis sein müssen, zusammenfassen:

1. Das Insolvenzrecht darf sich der Existenz von Unternehmensgruppen und der in diesem Zusammenhang auftretenden besonderen Problemstellungen nicht verschließen. Die Einführung besonderer, auf diese Fälle zugeschnittener Regelungen ist daher zwingend erforderlich. Soweit mit der Neufassung der EuInsVO bereits derartige Vorschriften eingeführt wurden, besteht insoweit teils noch Nachbesserungsbedarf.
2. Aus der Gruppe der denkbaren Lösungsansätze (Durchführung isolierter Verfahren; Materielle Konsolidierung; Verfahrensmäßige Konsolidierung; Verfahrensmäßige Koordinierung) kann einzig das Konzept der verfahrensmäßigen Koordinierung überzeugen. Dabei ist der Begriff der Koordinierung im weiteren Sinne zu verstehen und umfasst im Wesentlichen die nationale Zuständigkeitskonzentration (dazu These 4) gepaart mit weitreichenden Kooperationsverpflichtungen aller Beteiligten auf nationaler und europäischer Ebene.
3. Regelungen zur erleichterten Bewältigung von Insolvenzen innerhalb von Unternehmensgruppen müssen geeignet sein, der Vielfalt denkbarer Gruppenstrukturen adäquat Rechnung zu tragen. Dies ist nur dadurch möglich, dass entsprechende Regelungskonzepte unterschiedliche Maßnahmen anbieten, die abschließende Entscheidung über deren Ergreifung aber den Beteiligten im konkreten Einzelfall überlassen bleibt. Dieser Angebotscharakter muss durch die größtmögliche Öffnung des Anwendungsbereiches zusätzlich gestärkt werden. Dieser sollte durch die Einführung eines neuen, insolvenzspezifischen Gruppenbegriffes definiert werden, um Probleme im Zusammenhang mit der uneinheitlichen Definition des Konzernbegriffes zu umgehen. Diese neue Begrifflichkeit sollte sich an europäischen Vorgaben orientieren, um eine unionsweit einheitliche Klassifizierung zu ermöglichen.
4. Unter der anzustrebenden Zuständigkeitskonzentration im Sinne von These 2 ist zum einen eine Konzentration der nationalen örtlichen Zuständigkeit auf Ebene der Gerichte, kombiniert mit einer funktional-personellen Konzentration bei einem einzelnen Insolvenzrichter, und zum anderen eine weitere personelle Konzentration in Gestalt eines einheitlichen Insolvenzverwalters auf nationalen Ebene zu verstehen, sofern diese dem Gesamtinteresse der Gläubiger nicht widerspricht und entstehende Interessenkonflikte durch den Einsatz von Sonderverwaltern überwunden werden können.
5. Die Konzentration der örtlichen Zuständigkeit sollte durch die Schaffung spezieller Insolvenzgerichte für Gruppenverfahren ergänzt werden, um eine weitere

Steigerung der Verfahrenseffektivität durch eine Spezialisierung der Richter im Hinblick auf die besonderen Anforderungen an das juristische, aber vor allem auch betriebswirtschaftliche Know-how, zu fördern. Eine solche Zuständigkeitskonzentration erhöht dabei entgegen den vielfach geäußerten Bedenken die Gefahr schädlichen Forum Shoppings nicht, zumindest nicht in einem Maße, welches nicht durch die damit einhergehenden Vorteile kompensiert würde. Schädliches Forum Shopping ist, sowohl auf nationaler wie auch auf internationaler Ebene, eine Form des Rechtsmissbrauches; diesem ist mit den klassischen Mitteln zur Bekämpfung von Rechtsmissbräuchen, d. h. mittels Haftungsandrohung und -durchsetzung sowie strafrechtlicher Sanktionierung zu begegnen.

6. Staatsgrenzen müssen weiterhin auch die Grenzen für eine örtliche Zuständigkeitskonzentration bilden. Die Einführung eines internationalen, auch eines europäischen Gruppeninsolvenzgerichtsstandes, ist abzulehnen. Weder ist im Hinblick auf die Verzahnung des Insolvenz-, Gesellschafts- und Steuerrechts eine Anwendung ausländischen materiellen Insolvenzrechts auf selbstständige nationale Gruppenunternehmen zu befürworten noch vermag ein einzelnes Gericht grenzüberschreitend effektiv tätig zu werden, sodass nationale Sekundärverfahren unumgänglich wären. Vorteile, die nicht auch im Rahmen entsprechender Kooperationsregelungen zu erzielen sind, erwachsen aus einem derartigen grenzüberschreitenden Gruppeninsolvenzgerichtsstand nicht. Die Möglichkeit der Begründung einer einheitlichen internationalen Zuständigkeit für den Fall, dass sich der Mittelpunkt der hauptsächlichen Interessen (COMI) verschiedener Gruppenunternehmen tatsächlich an einem einheitlichen Ort befindet, bleibt davon selbstverständlich unberührt. Um das Konzept der nationalen Zuständigkeitskonzentration jedoch unionsweit zu etablieren, sollte eine auf den Anwendungsbereich der EuInsVO begrenzte europäische Richtlinie zur Konzentration der Zuständigkeit zur Eröffnung von Insolvenzverfahren über das Vermögen von Mitgliedern einer Unternehmensgruppe (InsZuK-RL) auf den Weg gebracht werden.
7. Die Ernennung eines Verwalters für mehrere oder alle Gruppenverfahren sollte – auf nationaler Ebene – das primär angestrebte Ziel bei der koordinierten Verwalterbestellung darstellen, solange auftretende Interessenkollisionen mit vertretbarem Aufwand durch den Einsatz von Sonderverwaltern überwunden werden können. Ist dies nicht der Fall, müssen dem beteiligten Verwalter spezifische Kooperationspflichten auferlegt werden, um eine bestmögliche Koordination der Verfahren zu ermöglichen. Bei grenzüberschreitenden Sachverhalten ist hingegen nur die effektive Zusammenarbeit der verschiedenen Verwalter anzustreben, da ein einheitlicher Verwalter regelmäßig nicht in der Lage sein dürfte, grenzüberschreitend effektiv tätig zu werden. Davon unberührt bleibt die Bestrebung, für die nationalen Gruppen-Teile einen einheitlichen Verwalter zu bestellen.
8. Die Einführung eines übergeordneten Koordinationsverfahrens ist sowohl auf nationaler als auch auf europäischer/internationaler Ebene abzulehnen. Da sich Kooperationsverpflichtungen bereits im Hinblick auf den erheblichen Zeitdruck

faktisch nicht gegen den Willen der Betroffenen durchsetzen lassen, steht und fällt die koordinierte Abwicklung bei einem Zusammentreffen mehrerer Verwalter mit deren Bereitschaft zur Zusammenarbeit. Sind alle Verwalter zu einer solchen bereit, bedarf es keines speziellen Koordinationsverfahrens. Dies gilt umso mehr, als die Einführung derartiger Verfahren mit einer erheblichen Bürokratisierung und zusätzlichen Kosten verbunden ist. Sollen entsprechende Regelungen nicht zum reinen Programmsatz verkommen, sind sie überdies nicht in der Lage, den Besonderheiten des Einzelfalls gerecht zu werden. Die konkrete Ausgestaltung der Kooperation im Einzelfall hat vielmehr durch den Abschluss entsprechender Vereinbarungen auf Basis von freiwilligen Kooperationsrichtlinien zu erfolgen.

9. Die Kosten der Zusammenarbeit zwischen den Beteiligten sind grds. jeweils dem Verfahren zuzuordnen, das sie auslöst.
10. Änderungen bzgl. des materiellen nationalen Insolvenzrechts (insb. des Anfechtungsrechts) sollten in Bezug auf die Situation der Insolvenz innerhalb einer Unternehmensgruppe erst ins Auge gefasst werden, wenn auf Basis der vorstehenden Grundsätze ein funktionierendes Verfahrenssystem geschaffen wurde. Dies gilt unabhängig davon, dass zur umfassenden Bewältigung aller durch die Gruppenzugehörigkeit auftretenden Probleme am Ende Anpassungen notwendig sein werden. Diese sind dann auf eine weitergehende innereuropäische Harmonisierung auszurichten. Es gilt jedoch der Versuchung zu widerstehen, den zweiten oder gar dritten Schritt vor dem ersten zu gehen.

Anhang I – Änderungsvorschläge zur EuInsVO

Neufassung EuInsVO	**Änderungsfassung**
Artikel 56 **Zusammenarbeit und Kommunikation der Verwalter** (...) (2) Bei der Durchführung der Zusammenarbeit nach Absatz 1 obliegt es den Verwaltern, *a)* einander so bald wie möglich alle Informationen mitzuteilen, die für das jeweilige andere Verfahren von Bedeutung sein können, vorausgesetzt, es bestehen geeignete Vorkehrungen zum Schutz vertraulicher Informationen; *b)* (...)	**Artikel 56** **Zusammenarbeit und Kommunikation der Verwalter** (...) (2) Bei der Durchführung der Zusammenarbeit nach Absatz 1 obliegt es den Verwaltern, *a)* einander so bald wie möglich alle **wesentlichen** Informationen mitzuteilen, die für das jeweilige andere Verfahren von Bedeutung sein können, vorausgesetzt, es bestehen geeignete Vorkehrungen zum Schutz vertraulicher Informationen; **weitere Informationen sind unter denselben Voraussetzungen auf Anfrage zu erteilen.** *b)* (...)
Artikel 57 **Zusammenarbeit und Kommunikation der Gerichte** (1) Bei Insolvenzverfahren über das Vermögen von zwei oder mehr Mitgliedern derselben Unternehmensgruppe arbeitet ein Gericht, das ein solches Verfahren eröffnet hat, mit Gerichten, die mit einem Antrag auf Eröffnung eines Insolvenzverfahrens über das Vermögen eines anderen Mitglieds derselben Unternehmensgruppe befasst sind oder die ein solches Verfahren eröffnet haben, zusammen, soweit diese Zusammenarbeit eine wirksame Verfahrensführung erleichtern kann, mit den für die einzelnen Verfahren geltenden Vorschriften vereinbar ist und keine Interessenkonflikte nach sich zieht. Die Gerichte können hierzu bei Bedarf eine unabhängige Person oder Stelle bestellen bzw. bestimmen, die auf ihre Weisungen hin tätig wird, sofern dies mit den für sie geltenden Vorschriften vereinbar ist. (...)	**Artikel 57** **Zusammenarbeit und Kommunikation der Gerichte** (1) Bei Insolvenzverfahren über das Vermögen von zwei oder mehr Mitgliedern derselben Unternehmensgruppe arbeitet ein Gericht, das ein solches Verfahren eröffnet hat **oder mit einem Antrag auf Eröffnung eines solchen befasst ist**, mit Gerichten, die mit einem Antrag auf Eröffnung eines Insolvenzverfahrens über das Vermögen eines anderen Mitglieds derselben Unternehmensgruppe befasst sind oder die ein solches Verfahren eröffnet haben, zusammen, soweit diese Zusammenarbeit eine wirksame Verfahrensführung erleichtern kann, mit den für die einzelnen Verfahren geltenden Vorschriften vereinbar ist und keine Interessenkonflikte nach sich zieht. Die Gerichte können hierzu bei Bedarf eine unabhängige Person oder Stelle bestellen bzw. bestimmen, die auf ihre Weisungen hin tätig wird, sofern dies mit den für sie geltenden Vorschriften vereinbar ist. (...)

Neufassung EuInsVO	Änderungsfassung
Artikel 61 **Antrag auf Eröffnung eines Gruppen-Koordinationsverfahrens** (...) (2) Der Antrag nach Absatz 1 erfolgt gemäß dem für das Verfahren, in dem der Verwalter bestellt wurde, geltenden Recht. (...)	**Artikel 61** **Antrag auf Eröffnung eines Gruppen-Koordinationsverfahrens** (...) (2) Der Antrag nach Absatz 1 erfolgt gemäß dem **im Zuständigkeitsbereich des angerufenen Gerichts geltenden Recht.** (...)
Artikel 66 **Wahl des Gerichts für ein Gruppen-Koordinationsverfahren** (1) Sind sich mindestens zwei Drittel aller Verwalter, die für Insolvenzverfahren über das Vermögen der Mitglieder der Gruppe bestellt wurden, darüber einig, dass ein zuständiges Gericht eines anderen Mitgliedstaats am besten für die Eröffnung eines Gruppen-Koordinationsverfahrens geeignet ist, so ist dieses Gericht ausschließlich zuständig. (2) Die Wahl des Gerichts erfolgt als gemeinsame Vereinbarung in Schriftform oder wird schriftlich festgehalten. Sie kann bis zum Zeitpunkt der Eröffnung des Gruppen-Koordinationsverfahrens gemäß Artikel 68 erfolgen. (3) Jedes andere als das gemäß Absatz 1 befasste Gericht erklärt sich zugunsten dieses Gerichts für unzuständig. (4) Der Antrag auf Eröffnung eines Gruppen-Koordinationsverfahrens wird bei dem vereinbarten Gericht gemäß Artikel 61 eingereicht.	~~**Artikel 66**~~ ~~**Wahl des Gerichts für ein Gruppen-Koordinationsverfahren**~~ ~~(1) Sind sich mindestens zwei Drittel aller Verwalter, die für Insolvenzverfahren über das Vermögen der Mitglieder der Gruppe bestellt wurden, darüber einig, dass ein zuständiges Gericht eines anderen Mitgliedstaats am besten für die Eröffnung eines Gruppen-Koordinationsverfahrens geeignet ist, so ist dieses Gericht ausschließlich zuständig.~~ ~~(2) Die Wahl des Gerichts erfolgt als gemeinsame Vereinbarung in Schriftform oder wird schriftlich festgehalten. Sie kann bis zum Zeitpunkt der Eröffnung des Gruppen-Koordinationsverfahrens gemäß Artikel 68 erfolgen.~~ ~~(3) Jedes andere als das gemäß Absatz 1 befasste Gericht erklärt sich zugunsten dieses Gerichts für unzuständig.~~ ~~(4) Der Antrag auf Eröffnung eines Gruppen-Koordinationsverfahrens wird bei dem vereinbarten Gericht gemäß Artikel 61 eingereicht.~~
Artikel 72 **Aufgaben und Rechte des Koordinators** (...) (2) Der Koordinator hat zudem das Recht *a)* (...) *d)* von jedem Verwalter Informationen in Bezug auf jedes Gruppenmitglied anzufordern, wenn diese Informationen bei der Festlegung und Darstellung von Strategien und Maßnahmen zur Koordinierung der Verfahren von Nutzen sind oder sein könnten, und (...)	**Artikel 72** **Aufgaben und Rechte des Koordinators** *(...)* (2) Der Koordinator hat zudem das Recht *a)* (...) *d)* von jedem Verwalter Informationen in Bezug **auf das von diesem verwaltete Verfahren anzufordern**, wenn diese Informationen bei der Festlegung und Darstellung von Strategien und Maßnahmen zur Koordinierung der Verfahren von Nutzen ~~sind oder~~ sein könnten, und (...)

Neufassung EuInsVO	Änderungsfassung
Artikel 74 **Zusammenarbeit zwischen Verwaltern und dem Koordinator** (1) Die für die Mitglieder der Gruppe bestellten Verwalter und der Koordinator arbeiten soweit zusammen, wie diese Zusammenarbeit mit den für das betreffende Verfahren geltenden Vorschriften vereinbar ist. (2) Insbesondere übermitteln die Verwalter jede Information, die für den Koordinator zur Wahrnehmung seiner Aufgaben von Belang ist.	**Artikel 74** **Zusammenarbeit zwischen Verwaltern und dem Koordinator** ~~(1)~~ Die für die Mitglieder der Gruppe bestellten Verwalter und der Koordinator arbeiten soweit zusammen, wie diese Zusammenarbeit mit den für das betreffende Verfahren geltenden Vorschriften vereinbar ist. ~~(2) Insbesondere übermitteln die Verwalter jede Information, die für den Koordinator zur Wahrnehmung seiner Aufgaben von Belang ist.~~

Anhang II – Änderungsvorschläge zum InsO-E

Aktuelle Entwurfsfassung	Änderungsfassung
§ 2 Amtsgericht als Insolvenzgericht (...) *(2) Die Landesregierungen werden ermächtigt, zur sachdienlichen Förderung oder schnelleren Erledigung der Verfahren durch Rechtsverordnung andere oder zusätzliche Amtsgerichte zu Insolvenzgerichten zu bestimmen und die Bezirke der Insolvenzgerichte abweichend festzulegen. Die Landesregierungen können die Ermächtigung auf die Landesjustizverwaltung übertragen.* (3) Rechtsverordnungen nach Absatz 2 sollen je Bezirk eines Oberlandesgerichts ein Insolvenzgericht bestimmen, an dem ein Gruppen-Gerichtsstand nach § 3a begründet werden kann. Die Zuständigkeit des bestimmten Insolvenzgerichts kann innerhalb eines Landes auch über den Bezirk eines Oberlandesgerichts erstreckt werden.	**§ 2 Amtsgericht als Insolvenzgericht** *(...)* **(2) Für die Begründung eines Gruppen-Gerichtsstandes nach § 3a ist das Amtsgericht am Sitz des für den Bezirk zuständigen Oberlandesgerichts ausschließlich zuständig.** (3) Die Landesregierungen werden ermächtigt, zur sachdienlichen Förderung oder schnelleren Erledigung der Verfahren durch Rechtsverordnung andere oder zusätzliche Amtsgerichte zu Insolvenzgerichten **im Sinne des Absatz 1** zu bestimmen und die Bezirke der Insolvenzgerichte **insoweit** abweichend festzulegen. **Die Zuständigkeit des für Gruppen-Verfahren zuständigen Insolvenzgerichts kann einem anderen Amtsgericht zugewiesen und innerhalb eines Landes auch über den Bezirk eines Oberlandesgerichts hinaus erstreckt werden.** Die Landesregierungen können die Ermächtigung auf die Landesjustizverwaltung übertragen.
§ 13a Antrag zur Begründung eines Gruppen-Gerichtsstandes (...)	**§ 13a Antrag zur Begründung eines Gruppen-Gerichtsstandes** (...) **(3) Mit Freiheitsstrafe bis zu drei Jahren oder mit Geldstrafe wird bestraft, wer entgegen der Absätze 1 und 2 einen Antrag auf Begründung eines Gruppen-Gerichtsstands nicht richtigstellt. § 15a Absatz 4 gilt entsprechend.**

Aktuelle Entwurfsfassung	Änderungsfassung
§ 15a Antragspflicht bei juristischen Personen und Gesellschaften ohne Rechtspersönlichkeit (...)	**§ 15a Antragspflicht bei juristischen Personen und Gesellschaften ohne Rechtspersönlichkeit** (...) (4) Mit Freiheitsstrafe bis zu drei Jahren oder mit Geldstrafe wird bestraft, wer entgegen Absatz 1 Satz 1, auch in Verbindung mit Satz 2 oder Absatz 2 oder Absatz 3, einen Eröffnungsantrag nicht, nicht richtig oder nicht rechtzeitig stellt. **Ein in Verbindung mit einem nicht offensichtlich unzulässigen Antrag nach § 3a gestellter Eröffnungsantrag gilt als richtiggestellt.**
§ 56b Verwalterbestellung bei Schuldnern derselben Unternehmensgruppe (1) Wird über das Vermögen von gruppenangehörigen Schuldnern die Eröffnung eines Insolvenzverfahrens beantragt, so haben die angegangenen Insolvenzgerichte sich darüber abzustimmen, ob es im Interesse der Gläubiger liegt, lediglich eine Person zum Insolvenzverwalter zu bestellen. Bei der Abstimmung ist insbesondere zu erörtern, ob diese Person alle Verfahren über die gruppenangehörigen Schuldner mit der gebotenen Unabhängigkeit wahrnehmen kann und ob mögliche Interessenkonflikte durch die Bestellung von Sonderinsolvenzverwaltern ausgeräumt werden können. (2) Von dem Vorschlag oder den Vorgaben eines vorläufigen Gläubigerausschusses nach § 56a kann das Gericht abweichen, wenn der für einen anderen gruppenangehörigen Schuldner bestellte vorläufige Gläubigerausschuss eine andere Person einstimmig vorschlägt, die sich für eine Tätigkeit nach Absatz 1 Satz 1 eignet. Vor der Bestellung dieser Person ist der vorläufige Gläubigerausschuss anzuhören. Ist zur Auflösung von Interessenkonflikten ein Sonderinsolvenzverwalter zu bestellen, findet § 56a entsprechende Anwendung.	**§ 56b Verwalterbestellung bei Schuldnern derselben Unternehmensgruppe** (1) Wird über das Vermögen von gruppenangehörigen Schuldnern die Eröffnung eines Insolvenzverfahrens beantragt, so haben die angegangenen Insolvenzgerichte sich darüber abzustimmen, ob es **dem Interesse der betroffenen Gläubiger widerspricht**, lediglich eine Person zum Insolvenzverwalter **in mehreren oder allen Verfahren** zu bestellen. Bei der Abstimmung ist insbesondere zu erörtern, ob diese Person **die** Verfahren über die gruppenangehörigen Schuldner, **in denen sie bestellt werden soll,** mit der gebotenen Unabhängigkeit wahrnehmen kann und ob mögliche Interessenkonflikte durch die Bestellung von Sonderinsolvenzverwaltern ausgeräumt werden können. (2) Von dem Vorschlag oder den Vorgaben eines vorläufigen Gläubigerausschusses nach § 56a kann das Gericht abweichen, wenn der für einen anderen gruppenangehörigen Schuldner bestellte vorläufige Gläubigerausschuss eine andere Person einstimmig **vorgeschlagen hat**, die sich für eine Tätigkeit nach Absatz 1 Satz 1 eignet. Vor der Bestellung dieser Person ist der vorläufige Gläubigerausschuss anzuhören. **(3) Auf die Bestellung eines Sonderinsolvenzverwalters finden die Absätze 1 und 2 sowie §§ 56 und 56a entsprechende Anwendung.**

Aktuelle Entwurfsfassung	**Änderungsfassung**
§ 65 Verordnungsermächtigung (...)	**§ 65 Verordnungsermächtigung** Das Bundesministerium der Justiz wird ermächtigt, die Vergütung und die Erstattung der Auslagen des vorläufigen Insolvenzverwalters, des Insolvenzverwalters, **der Sonderverwalter und des Koordinationsverwalters** sowie das hierfür maßgebliche Verfahren durch Rechtsverordnung zu regeln.
§ 269a Zusammenarbeit der Insolvenzverwalter Die Insolvenzverwalter gruppenangehöriger Schuldner sind untereinander zur Unterrichtung und Zusammenarbeit verpflichtet, soweit hierdurch nicht die Interessen der Beteiligten des Verfahrens beeinträchtigt werden, für das sie bestellt sind. Insbesondere haben sie auf Aufforderung unverzüglich alle Informationen mitzuteilen, die für das andere Verfahren von Bedeutung sein können.	**§ 269a Zusammenarbeit der Insolvenzverwalter** (1) Die Insolvenzverwalter gruppenangehöriger Schuldner sind untereinander zur Unterrichtung und Zusammenarbeit verpflichtet, soweit hierdurch nicht die Interessen der Beteiligten des Verfahrens beeinträchtigt werden, für das sie bestellt sind. **(2) Zur Erfüllung der Verpflichtungen aus Absatz 1 haben die Verwalter unverzüglich folgende Informationen unaufgefordert zu übermitteln:** **Nr. 1: Informationen zum Stand des Verfahrens, insbesondere zum Stand der Forderungsanmeldungen, dem Stand der Insolvenzmasse und zu deren Anreicherung geplanter oder eingereichter Klagen.** **Nr. 2: Jede Entscheidung über die grundlegende Verwertungsstrategie.** **Nr. 3: Sämtliche Informationen, zu deren unaufgeforderter Übermittlung sie sich in gesonderten Vereinbarungen verpflichtet haben.** **Zur Erfüllung dieser Verpflichtungen genügt die Einstellung der Informationen in ein dafür vorgesehenes elektronisches Datenbanksystem.** **(3) Weitere Informationen, die für das andere Verfahren von Bedeutung sein können, haben die Verwalter auf Aufforderung unverzüglich mitzuteilen.**

Aktuelle Entwurfsfassung	Änderungsfassung
§ 269b Zusammenarbeit der Gerichte Werden die Insolvenzverfahren über das Vermögen von gruppenangehörigen Schuldnern bei verschiedenen Insolvenzgerichten geführt, sind die Gerichte zur Zusammenarbeit und insbesondere zum Austausch der Informationen verpflichtet, die für das andere Verfahren von Bedeutung sein können. Dies gilt insbesondere für: 1. die Anordnung von Sicherungsmaßnahmen, 2. die Eröffnung des Verfahrens, 3. die Bestellung eines Insolvenzverwalters, 4. wesentliche verfahrensleitende Entscheidungen, 5. den Umfang der Insolvenzmasse und 6. die Vorlage von Insolvenzplänen sowie sonstige Maßnahmen zur Beendigung des Insolvenzverfahrens.	**§ 269b Zusammenarbeit der Gerichte** **(1)** Werden die Insolvenzverfahren über das Vermögen von gruppenangehörigen Schuldnern bei verschiedenen Insolvenzgerichten geführt, sind die Gerichte zur Zusammenarbeit und insbesondere zum Austausch der Informationen verpflichtet, die für das andere Verfahren von Bedeutung sein können. Dies gilt insbesondere für: 1. die Anordnung von Sicherungsmaßnahmen, 2. die Eröffnung des Verfahrens, 3. die Bestellung eines Insolvenzverwalters, 4. wesentliche verfahrensleitende Entscheidungen, 5. den Umfang der Insolvenzmasse und 6. die Vorlage von Insolvenzplänen sowie sonstige Maßnahmen zur Beendigung des Insolvenzverfahrens. **(2) Dieselbe Verpflichtung trifft verschiedene Richter am selben Gericht, sofern diese mit unterschiedlichen Verfahren über das Vermögen von gruppenangehörigen Schuldnern betraut sind.**
§ 269c Zusammenarbeit der Gläubigerausschüsse (1) Auf Antrag eines Gläubigerausschusses, der in einem Verfahren über das Vermögen eines gruppenangehörigen Schuldners bestellt ist, kann das Gericht des Gruppen-Gerichtsstands nach Anhörung der anderen Gläubigerausschüsse einen Gruppen-Gläubigerausschuss einsetzen, in dem die Gläubigerausschüsse der gruppenangehörigen Schuldner, die nicht offensichtlich von untergeordneter Bedeutung für die gesamte Unternehmensgruppe sind, durch jeweils eine Person vertreten sind.	**§ 269c Zusammenarbeit der Gläubigerausschüsse** (1) Auf Antrag eines Gläubigerausschusses, der in einem Verfahren über das Vermögen eines gruppenangehörigen Schuldners bestellt ist, kann ~~das Gericht des Gruppen-Gerichtsstands~~ nach Anhörung **aller** anderen Gläubigerausschüsse **über die Einsetzung eines Gruppen-Gläubigerausschusses entschieden werden**, in dem die Gläubigerausschüsse der gruppenangehörigen Schuldner, die nicht offensichtlich von untergeordneter Bedeutung für die gesamte Unternehmensgruppe sind, durch jeweils **eines ihrer Mitglieder** vertreten sind. **Auf Antrag eines zur Entsendung verpflichteten Gläubigerausschusses kann von dieser Verpflichtung befreit werden.**

Aktuelle Entwurfsfassung	Änderungsfassung
(2) Der Gruppen-Gläubigerausschuss unterstützt die Insolvenzverwalter und die Gläubigerausschüsse in den einzelnen Verfahren, um eine abgestimmte Abwicklung dieser Verfahren zu erleichtern. Die §§ 70 bis 73 gelten entsprechend. Hinsichtlich der Vergütung gilt die Tätigkeit als Mitglied im Gruppen-Gläubigerausschuss als Tätigkeit in dem Gläubigerausschuss, den das Mitglied im Gruppen-Gläubigerausschuss vertritt. (3) Dem Gläubigerausschuss steht in den Fällen der Absätze 1 und 2 ein vorläufiger Gläubigerausschuss gleich.	(2) **Zuständig für die Einsetzung eines Gruppen-Gläubigerausschusses ist das Gericht, das einen im Fall der Bestellung zur Entsendung verpflichteten Gläubigerausschuss bestellt hat und bei dem zuerst ein entsprechender Antrag eingeht. § 3a Abs. 1 Satz 3 gilt entsprechend.** (3) Der Gruppen-Gläubigerausschuss unterstützt die Insolvenzverwalter, **den Koordinationsverwalter** und die Gläubigerausschüsse in den einzelnen Verfahren, um eine abgestimmte Abwicklung dieser Verfahren zu erleichtern. Die §§ 70 bis 73 gelten entsprechend. Hinsichtlich der Vergütung gilt die Tätigkeit als Mitglied im Gruppen-Gläubigerausschuss als Tätigkeit in dem Gläubigerausschuss, den das Mitglied im Gruppen-Gläubigerausschuss vertritt. (4) Dem Gläubigerausschuss steht in den Fällen der Absätze 1 **bis 3** ein vorläufiger Gläubigerausschuss gleich.
§ 269d Koordinationsgericht (1) Wird über die Vermögen von gruppenangehörigen Schuldnern die Eröffnung von Insolvenzverfahren beantragt oder wurden solche Verfahren eröffnet, kann das für die Eröffnung von Gruppen-Folgeverfahren zuständige Gericht (Koordinationsgericht) auf Antrag ein Koordinationsverfahren einleiten. (2) Antragsberechtigt ist jeder gruppenangehörige Schuldner. § 3a Absatz 3 findet entsprechende Anwendung. Antragsberechtigt ist auch jeder Gläubigerausschuss oder vorläufige Gläubigerausschuss eines gruppenangehörigen Schuldners auf der Grundlage eines einstimmigen Beschlusses.	**§ 269d Koordinationsgericht** (1) Wird über die Vermögen von gruppenangehörigen Schuldnern die Eröffnung von Insolvenzverfahren beantragt oder wurden solche Verfahren eröffnet, kann das für die Eröffnung von Gruppen-Folgeverfahren zuständige Gericht **oder, sofern ein solcher nicht begründet wurde, jedes für den Eröffnungsantrag eines gruppenangehörigen Schuldners zuständige Gericht** (Koordinationsgericht) auf Antrag ein Koordinationsverfahren einleiten. § 3 Abs. 2 InsO gilt entsprechend. (2) Antragsberechtigt ist jeder gruppenangehörige Schuldner. § 3a Absatz 3 findet entsprechende Anwendung. Antragsberechtigt ist auch jeder Gläubigerausschuss oder vorläufige Gläubigerausschuss eines gruppenangehörigen Schuldners **sowie der Gruppen-Gläubigerausschuss jeweils** auf der Grundlage eines einstimmigen Beschlusses.

Aktuelle Entwurfsfassung	**Änderungsfassung**
Änderungsvorschläge GKG	
§ 23 GKG Insolvenzverfahren (...) (3) Die Kosten des Koordinationsverfahrens trägt der Schuldner, der die Einleitung des Verfahrens beantragt hat. Dieser Schuldner trägt die Kosten auch, wenn der Antrag von dem Insolvenzverwalter, dem vorläufigen Insolvenzverwalter, dem Gläubigerausschuss oder dem vorläufigen Gläubigerausschuss gestellt wird.	**§ 23 GKG** Insolvenzverfahren (...) (3) Die Kosten des Koordinationsverfahrens trägt der Schuldner, der die Einleitung des Verfahrens beantragt hat. Dieser Schuldner trägt die Kosten auch, wenn der Antrag von dem Insolvenzverwalter, dem vorläufigen Insolvenzverwalter, dem Gläubigerausschuss oder dem vorläufigen Gläubigerausschuss gestellt wird. **Wird der Antrag durch einen Gruppen-Gläubigerausschuss gestellt, sind die Kosten zu gleichen Teilen von den dort vertretenen Gruppen-Verfahren zu tragen.**

Anhang III – Übersicht über den Optimalfall der Abwicklung grenzüberschreitender Insolvenzen innerhalb einer Unternehmensgruppe

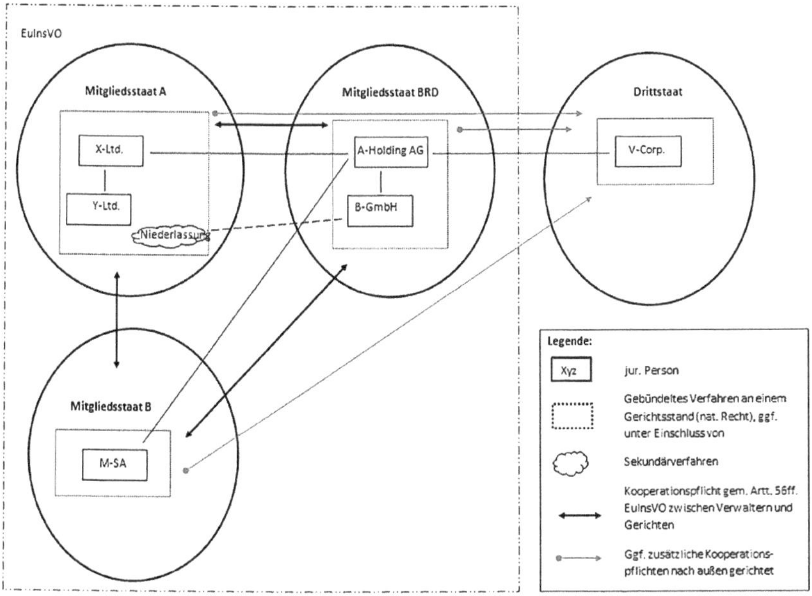

Literaturverzeichnis

Adam, Dietmar: Zuständigkeitsfragen bei der Insolvenz internationaler Unternehmensverbindungen, Köln 2006

Adam, Dietmar/Poertzgen, Christoph: Überlegungen zum Europäischen Konzerninsolvenzrecht (Teil 1), ZInsO 2008, S. 281 ff.

–: Überlegungen zum Europäischen Konzerninsolvenzrecht (Teil 2), ZInsO 2008, S. 347 ff.

Albach, Horst: Betriebswirtschaftliche Überlegungen zur rechtlichen Neugestaltung bei Insolvenz von Konzernen, ZfB (54) 1984, S. 773 ff.

Albrecht, Achim: Die Reform der EuInsVO ist abgeschlossen – eine Übersicht, ZInsO 2015, S. 1077 ff.

–: Die Reform der EuInsVO nimmt Fahrt auf – der Änderungsvorschlag der Europäischen Kommission in der Übersicht, ZInsO 2013, S. 1876 ff.

Altmeppen, Holger: Abschied vom „Durchgriff" im Kapitalgesellschaftsrecht, NJW 2007, S. 2657 ff.

Andres, Dirk/Grund, Andreas: Die Flucht vor deutschen Insolvenzgerichten nach England – Die Entscheidungen in dem Insolvenzverfahren Hans Brochier Holdings Ltd., NZI 2007, S. 137 ff.

Andres, Dirk/Leithaus, Rolf (Hrsg.): Insolvenzordnung, 3. Auflage, München 2014 (zitiert: *Bearbeiter*, in Andres/Leithaus, InsO)

Andres, Dirk/Möhlenkamp, Andreas: Konzerne in der Insolvenz – Chance auf Sanierung? Zum Diskussionsentwurf des BMJ für ein Gesetz zur Erleichterung der Bewältigung von Konzerninsolvenzen, BB 2013, S. 579 ff.

Arbeitskreis für Insolvenzwesen Köln e. V. (Hrsg.): Kölner Schrift zur Insolvenzordnung, 3. Auflage, Köln 2009 (zitiert: Bearbeiter, in Kölner Schrift zur Insolvenzordnung)

Assmann, Heinz-Dieter/Kirchner, Christian/Schanze, Erich: Ökonomische Analyse des Rechts, Frankfurt am Main 1978

Ayotte, Kenneth/Skeel Jr., David A.: Why Do Distressed Companies Choose Delaware? An Empirical Analysis of Venue Choice in Bankruptcy, University of Pennsylvania Institute for Law & Economics, Research Paper No. 03–29 (2004), abrufbar im Internet: <http://ssrn.com/abstract=463001> (Stand: 08.05.2016) (zitiert: *Ayotte/Skeel*, Why Do Distressed Companies Choose Delaware?)

Baird, Douglas G.: Substantive Consolidation Today, Boston College Law Review, Volume 47, Issue 1, Article 2, S. 5 ff.

Bälz, Ulrich: Einheit und Vielheit im Konzern, in Baur, Fritz/Esser, Josef/Kübler, Friedrich/Steindorff, Ernst (Hrsg.): Funktionswandel der Privatrechtsinstitutionen, Festschrift für Ludwig Raiser zum 70. Geburtstag, Tübingen 1974, S. 287 ff. (zitiert: *Bälz*, in FS Raiser)

Balz, Manfred: Das neue Europäische Insolvenzübereinkommen, ZIP 1996, S. 948 ff.

–: Insolvenzverfahren für Verbraucher?, ZRP 1986, S. 12 ff.

–: The European Union Convention on Insolvency Proceedings, American Bankruptcy Law Journal, Volume 70 (1996), S. 485 ff.

Bauer, Andreas/Dimmling, Andreas: Endlich im Gesetz(entwurf): Der Debt-Equity-Swap, NZI 2011, S. 517 ff.

Baumann, Wolfgang: Ökonomie und Recht – Ökonomische Effizienzjurisprudenz, RNotZ 2007, S. 297 ff.

Baumbach, Adolf/Hopt, Klaus J.: Handelsgesetzbuch mit GmbH & Co., Handelsklauseln, Bank- und Börsenrecht, Transportrecht (ohne Seerecht), 36. Auflage, München 2014 (zitiert: *Bearbeiter*, in Baumbach/Hopt, HGB)

Bebchuck, Lucian Arye: A New Approach to Corporate Reorganizations, Harvard Law Review Vol. 101 (1988), S. 775 ff.

Beck, Lukas: Das Konzernverständnis im Gesetzesentwurf zum Konzerninsolvenzrecht, DStR 2013, S. 2468 ff.

–: Perspektiven eines Konzerninsolvenzrecht, DZWiR 2014, S. 381 ff.

Beck, Siegfried: Verwertungsfragen im Verhältnis von Haupt- und Sekundärinsolvenzverfahren nach der EuInsVO, NZI 2006, S. 609 ff.

Beck, Siegfried/Depré, Peter: Praxis der Insolvenz: ein Handbuch für die Beteiligten und ihre Berater, 2. Auflage, München 2010 (zitiert: *Bearbeiter*, in Beck/Depré, Praxis der Insolvenz)

Becker, Christoph: Ausführung der Reform des Insolvenzrechts durch die Länder, KTS 2000, S. 157 ff.

Becker, Moritz: Kooperationspflichten in der Konzerninsolvenz, Köln 2012

Benning, Olaf/Wehling, Axel: Das „Model Law on Cross-Border-Insolvency“ der Vereinten Nationen – Ein Regelungsmodell für internationale Insolvenzfälle, EuZW 1997, S. 618 ff.

„Berliner Erklärung zu Sanierung und Insolvenz“, ZInsO 2011, S. 2077 f.

Berner, Susanne/Bartelheimer, Hubertus/Schiebe, Robert: Stellungnahme der Neuen Insolvenzverwaltervereinigung Deutschlands e. V. (NIVD e. V.) zum Diskussionsentwurf des BMJ für ein Gesetz zur Erleichterung der Bewältigung von Konzerninsolvenzen (DisKE-Stand 3.1.2013), ZInsO 2013, S. 434 ff. (zitiert: *Berner/Schiebe/Robert*, Stellungnahme NIVD. e. V., ZInsO 2013, 434)

Bezelgues, Sarkis: Konzerninsolvenzen in der Europäischen Union, Hamburg 2008

Bilgery, Wolfgang: Die Eigenverwaltung in der Konzerninsolvenz – Zugleich einige kritische Anmerkungen zu § 276a InsO, ZInsO 2014, S. 1694 ff.

Bitter, Georg/Röder, Sebastian: Insolvenz und Sanierung in Zeiten der Finanz- und Wirtschaftskrise – Ergebnisse einer Befragung von Unternehmensinsolvenzverwaltern, ZInsO 2009, S. 1283 ff.

Böcker, Philipp: Insolvenz im GmbH-Konzern (II), GmbHR 2004, S. 1314 ff.

Böttcher, Lars: Depotgesetz, Baden-Baden 2012

Bous, Ulrich: Die Konzernleitungsmacht im Insolvenzverfahren konzernverbundener Kapitalgesellschaften, Köln 2001

Braun, Eberhard (Hrsg.): Insolvenzordnung, 6. Auflage, München 2014 (zitiert: *Bearbeiter*, in Braun, InsO)

Braun, Eberhard/Uhlenbruck, Wilhelm: Unternehmensinsolvenz: Grundlagen, Gestaltungsmöglich- keiten, Sanierung mit der Insolvenzordnung, Düsseldorf 1997 (zitiert: *Bearbeiter*, in Braun/Uhlenbruck, Unternehmensinsolvenz)

Brehm, Wolfgang: Der Bereicherungsanspruch im Insolvenzverfahren – Gedanken zum Gleichbehandlungsgrundsatz, in: Simotta, Daphne-Ariane (Hrsg.): Der Zivilprozess zu Beginn des 21. Jahrhunderts – Vergangenheit, Gegenwart und Perspektiven, Festschrift für Wolfgang Jelinek zum 60. Geburtstag, Wien 2002, S. 15 ff. (zitiert: *Brehm*, in FS Jelinek)

Breiter, Birgitt/George, Michael/Hingerl, Josef/Klöckner, Thomas/Müller, Jürgen/Nordhausen, Raik/Pirkl, Ernest/Ponzer, Alfred/Sperling, Rolf/Von Bullion, Barbara: Konzentration zum „großen“ Insolvenzgericht – Der richtige Weg?, ZInsO 2011, S. 860 ff.

Bremen, Michael: Das Leitbild des sanierten Unternehmens im Schutzschirmverfahren, NZI 2014, S. 137 ff.

Brinkmann, Moritz: Der Referentenentwurf zur Reform des Insolvenzanfechtungsrechts – Neuer Wein in alten Schläuchen?, NZG 2015, S. 697 ff.

Brinkmann, Moritz/Jacoby, Florian/Thole, Christoph: Überprüfung des Insolvenzanfechtungsrechts durch Bundesregierung ergibt: Es fehlt an Fiskusprivilegien!, ZIP 2015, S. 2001 ff.

Brünkmans, Christian: Auf dem Weg zu einem europäischen Konzerninsolvenzrecht – Zum Vorschlag der Europäischen Kommission zur Änderung der EuInsVO, ZInsO 2013, S. 797 ff.

–: Die Koordinierung von Insolvenzverfahren konzernverbundener Unternehmen nach deutschem und europäischem Insolvenzrecht, Berlin 2009 (zitiert: *Brünkman*, Die Koordinierung von Insolvenzverfahren)

–: Entwurf eines Gesetzes zur Erleichterung der Bewältigung von Konzerninsolvenzen: Kritische Analyse und Anregungen aus der Praxis, ZIP 2013, S. 193 ff.

–: Die koordinierte Verfahrensbewältigung von Insolvenzverfahren gruppenangehöriger Schuldner nach dem Diskussionsentwurf zur Konzerninsolvenz, Der Konzern 2013, S. 169 ff.

–: Die Sanierung von Konzernen in Europa – Zur Sanierung von Konzernen im Lichte der Europäischen Insolvenzverordnung und des aktuellen Reformvorschlags der Europäischen Kommission, Der Konzern 2013, S. 234 ff.

Buchholz, Christoph: Der Regierungsentwurf für ein Gesetz zur Verkürzung des Restschuldbefreiungsverfahrens und zur Stärkung der Gläubigerrechte, NZI 2012, S. 655 ff.

Bufford, Samuel L.: Revision of the European Union Regulation on Insolvency Proceedings – Recommendations, IILR 2012, S. 341 ff.

Bundesrechtsanwaltskammer: Stellungnahme Nr. 10/2014 März 2014 – Regierungsentwurf eines Gesetzes zur Erleichterung der Bewältigung von Konzerninsolvenzen (BT-Drucks. 18/407), abrufbar im Internet: <http://www.brak.de/zur-rechtspolitik/stellungnahmen-pdf/stellungnahmen-deutschland/2014/maerz/stellungnahme-der-brak-2014–10.pdf> (Stand: 08.05.2016) (zitiert: *BRAK*, Stellungnahme)

Bundesministerium der Justiz (Hrsg.): Erster Bericht der Kommission für Insolvenzrecht, Band 1, Köln 1985 (zitiert: Erster Bericht der Kommission für Insolvenzrecht)

Bürgel Wirtschaftsinformationen: Firmeninsolvenzen sinken 2015 um 5,4 %, verursachen aber Milliardenschäden – Männer führen Firmen doppelt so oft in eine Insolvenz wie Frauen, Pressemitteilung vom 14.1.2016, ZInsO, Heft 4, S. III.

Busch, Peter/Remmert, Andreas/Rüntz, Stefanie/Vallender, Heinz: Kommunikation zwischen Gerichten in grenzüberschreitenden Insolvenzen – Was geht und was nicht geht, NZI 2010, S. 417 ff.

Calliess, Christian/Ruffert, Matthias (Hrsg.): EUV/AEUV, Das Verfassungsrecht der Europäischen Union mit Europäischer Grundrechtecharta, 4. Auflage, München 2011 (zitiert: *Bearbeiter*, in Calliess/Ruffert, EUV/AEUV)

Cherubini, Giorgio/Cooper, Neil/Fritz, Daniel/Inacio, Emmanuelle/Ingielewicz, Katarzyna/Lofalk, Guy/Mailly, Miriam/Marks, David Q.C./Pukszto, Anna Maria/Scheltema, Barbara F. H. Rumora/Van Falen, Robert/Virgos, Miquel/Wessels, Bob/Wouters, Nora: Harmonisation of Insolvency Law at EU Level, IILR 2010, S. 87 ff.

Commandeur, Anja/Römer, Alexander: Aktuelle Entwicklungen im Insolvenzrecht im Konzernverbund – Drittschuldnerzahlung, NZG 2014, S. 1414 ff.

–: Aktuelle Entwicklungen im Insolvenzrecht – Neufassung der Europäischen Insolvenzordnung, NZG 2015, S. 988 ff.

Dähnert, Alexander: Der Eiserne Vorhang der Gesellschaft – Zum Haftungsdurchgriff im englischen Recht, NZG 2015, S. 258 ff.

Dauses, Manfred A. (Hrsg.): Handbuch des EU-Wirtschaftsrechts, 38. Ergänzungslieferung, München 2015 (zitiert: *Bearbeiter*, in Dauses, EU-Wirtschaftsrecht)

Degenhardt, Ernst: Die Reform des französischen Insolvenzrechts vom 12.3.2014 – Stärkung der Prävention und Einführung eines Schuldenbefreiungsverfahrens ohne vorgeschaltetes Insolvenzverfahren, NZI 2014, S. 433 ff.

Dellit, Kai: Entwurf eines Gesetzes zur Erleichterung der Bewältigung von Konzerninsolvenzen: Der Konzerninsolvenzplan, Der Konzern 2013, S. 190 ff.

Deutscher Franchise Verband e. V.: Deutsche Franchisewirtschaft weiter auf stabilem Wachstumskurs trotz sinkender Franchisenehmerzahlen, Pressemitteilung vom 29.04.2015, abrufbar im Internet: <http://www.franchiseverband.com/presse-und-information/presse/franchise-pressemitteilungen/pressemitteilungen-detailseite/artikel//deutsche-franchisewirtschaft-weiter> (Stand: 08.05.2016)

Deutscher Juristentag e. V. (Hrsg.): 70. Deutscher Juristentag Hannover 2014 – Thesen der Gutachter und Referenten, abrufbar im Internet: <http://www.djt.de/fileadmin/downloads/70/djt_70_Thesen_140804.pdf> (Stand: 08.05.2016)

Deyda, Stephan: Der Konzern im europäischen internationalen Insolvenzrecht, Baden-Baden 2008

Duursma-Kepplinger, Henriette-Christine/Duursma, Dieter/Chalupsky, Ernst: Europäische Insolvenzverordnung, Wien 2002 (zitiert: *Bearbeiter*, in Duursma-Kepplinger/Duursma/Chalupsky, EuInsVO)

Eble, Maximilian J.: Auf dem Weg zu einem europäischen Konzerninsolvenzrecht – Die „Unternehmensgruppe" in der EuInsVO 2017, NZI 2016, S. 115 ff.

Ehlers, Harald: Die 2. Stufe der Insolvenzrechtsreform – Gesetz zur Verkürzung des Restschuldbefreiungsverfahrens und zur Stärkung der Gläubigerrechte, DStR 2013, S. 1338 ff.

Ehricke, Ulrich: Beschlüsse einer Gläubigerversammlung bei mangelnder Teilnahme der Gläubiger, NZI 2000, S. 57 ff.

–: Das abhängige Konzernunternehmen in der Insolvenz: Wege zur Vergrößerung der Haftungsmasse abhängiger Konzernunternehmen im Konkurs und Verfahrensfragen; eine rechtsvergleichende Analyse, Tübingen 1998 (zitiert: *Ehricke*, Das abhängige Konzernunternehmen in der Insolvenz)

–: Das Verhältnis des Hauptinsolvenzverwalters zum Sekundärinsolvenzverwalter bei grenzüberschreitenden Insolvenzen nach der EuInsVO, ZIP 2005, S. 1104 ff.

–: Die neue Europäische Insolvenzverordnung und grenzüberschreitende Konzerninsolvenzen, EWS 2002, S. 101 ff.

–: Die Rückforderung gemeinschaftsrechtswidriger Beihilfen in der Insolvenz des Beihilfe- empfängers, ZIP 2000, S. 1656 ff.

–: Die Zusammenarbeit der Insolvenzverwalter bei grenzüberschreitenden Insolvenzen nach der EuInsVO, WM 2005, S. 397 ff.

–: Die Zusammenfassung von Insolvenzverfahren mehrerer Unternehmen desselben Konzerns, DZWiR 1999, S. 353 ff.

–: Gedanken zu einem allgemeinen Konzernorganisationsrecht zwischen Markt und Regulierung, ZGR 1996, S. 300 ff.

–: Probleme der Verfahrenskoordination – Eine Analyse der Kooperation von Insolvenzverwaltern und Insolvenzgerichten bei grenzüberschreitenden Insolvenzverfahren im Anwendungsbereich der EuInsVO, in Gottwald, Peter (Hrsg.): Europäisches Insolvenzrecht – Kollektiver Rechtsschutz, Bielefeld 2008, S. 127 ff. (zitiert: *Ehricke*, in Gottwald, Europäisches Insolvenzrecht – Kollektiver Rechtsschutz)

–: Rückzahlung gemeinschaftsrechtswidriger Beihilfen in der Insolvenz des Beihilfeempfängers – Zur Konkretisierung der von der EG-Kommission herangezogenen Kriterien für eine vermutete Umgehung der Rückzahlungspflicht, ZIP 2001, S. 489 ff.

–: Spezialisierung als Rechtsprinzip für die Zuständigkeit im deutschen Zivilverfahrensrecht?, NJW 1996, S. 812 ff.

–: Verfahrenskoordination bei grenzüberschreitenden Unternehmensinsolvenzen, in: Basedow, Jürgen/Drobnig, Ulrich/Ellger, Reinhard (Hrsg.): Aufbruch nach Europa – 75 Jahre Max-Planck-Institut für Privatrecht, S. 337 ff. (zitiert: *Ehricke*, in FS Max-Plank-Institut)

–: Zur gemeinschaftlichen Sanierung insolventer Unternehmen eines Konzerns, ZInsO 2002, S. 393 ff.

–: Zur Begründbarkeit der Durchgriffshaftung in der GmbH, insbesondere aus methodischer Sicht, AcP 199 (1999), S. 257 ff.

Eidenmüller, Horst: Der Markt für internationale Konzerninsolvenzen: Zuständigkeitskonflikte unter der EuInsVO, NJW 2004, S. 3455 ff.

–: Der nationale und internationale Insolvenzverwaltervertrag, ZZP 114 (2001) S. 3 ff.

–: Unternehmenssanierung zwischen Markt und Gesetz: Mechanismen der Unternehmensreorganisation und Kooperationspflichten im Reorganisationsrecht, Köln 1999 (zitiert: *Eidenmüller*, Unternehmenssanierung zwischen Markt und Gesetz)

–: Verfahrenskoordination bei Konzerninsolvenzen, ZHR 169 (2005), S. 528 ff.

Eidenmüller, Horst/Frobenius, Tilmann: Ein Regulierungskonzept zur Bewältigung von Gruppen- insolvenzen: Verfahrenskonsolidierung im Kontext nationaler und internationaler Reformvorhaben, Beilage 3 zu ZIP 2013, S. 1 ff.

Eidenmüller, Horst/Frobenius, Tilmann/Prusko, Wolfram: Regulierungswettbewerb im Unter- nehmensinsolvenzrecht: Ergebnisse einer empirischen Untersuchung, NZI 2010, S. 545 ff.

Emmerich, Volker/Habersack, Mathias: Aktien- und GmbH-Konzernrecht, 7. Auflage, München 2013

–: Konzernrecht, 10. Auflage, München 2013

Fezer, Karl-Heinz: Ausschließliche Zuständigkeit der Kennzeichengerichte und der Gemeinschaftsmarkengerichte, NJW 1997, S. 2915 ff.

Fichtner, Frank: Die Anfechtung mittelbarer Zahlungen als unentgeltliche Leistungen in der Konzerninsolvenz, KSzW 03.2012, S. 278 ff.

Fleischer, Holger/Goette, Wulf (Hrsg.): Münchener Kommentar zum GmbHG – Band 1, §§ 1–34, 2. Auflage, München 2015 (zitiert: *Bearbeiter*, in MüKO GmbHG)

Flessner, Axel: Grundsätze des europäischen Insolvenzrechts, ZEuP 2004, S. 887 ff.

Fletcher, Ian: Global Principles for Cooperation in International Insolvency Cases, IILR 2013, S. 2 ff.

Fletcher, Ian/Wessels, Bob: Global Principles for Cooperation in International Insolvency Cases, IILR 2013, S. 2 ff.

Flöther, Lucas F.: Die Kommune als Konzern im zukünftigen Konzerninsolvenzrecht, NVwZ 2014, S. 1497 ff.

Ders. (Hrsg.): Handbuch zum Konzerninsolvenzrecht, München 2015 (zitiert: *Bearbeiter*, in Flöther, Handbuch Konzerninsolvenz)

Flöther, Lucas F./Hoffmann, Stefan: Die Eigenverwaltung in der Konzerninsolvenz, in: Bork, Reinhard/Kayser, Godehard/Kebekus, Frank (Hrsg.): Festschrift für Bruno M. Kübler zum 70. Geburtstag, München 2015, S. 633 ff. (zitiert: *Flöther/ Hoffmann*, in FS Kübler)

Flume, Werner: Allgemeiner Teil des Bürgerlichen Rechts, Zweiter Teil: Die juristische Person, Berlin 1983

Fölsing, Philipp: Konzerninsolvenz: Gruppen-Gerichtsstand, Kooperation und Koordination, ZInsO 2013, S. 413 ff.

Förster, Karsten: Effizienzthese, politischer Faktor und Gläubigerautonomie, in: Gerhardt, Walter (Hrsg.): Insolvenzrecht im Wandel der Zeit – Festschrift für Hans-Peter Kirchhof zum 65. Geburtstag, Recklinghausen 2003, S. 85 ff. (zitiert: *Förster*, in FS Kirchhof)

Frege, Michael C.: Der Sonderinsolvenzverwalter, Köln 2008

–: Der Streit ist selten eine Alternative, INDAT-Report 4/2013, S. 18 ff.

Frege, Michael C./Keller, Ulrich/Riedel, Ernst: Handbuch der Rechtspraxis Band 3, Insolvenzrecht, 8. Auflage, München 2015 (zitiert: Frege/Keller/Riedel, Insolvenzrecht)

Fridgen, Alexander/Geiwitz, Arndt/Göpfert, Burkard (Hrsg.): Beck'scher Online-Kommentar InsO, 1. Edition, München 2016 (zitiert: *Bearbeiter*, in BeckOK InsO)

Frind, Frank: Aktuelle Anwendungsprobleme beim „ESUG" – Teil II – Zu den Kompetenzen des Insolvenzgerichts bei der Bildung des vorläufigen Gläubigerausschusses und der Veröffentlichung der vorläufigen Sachwaltung, ZInsO 2013, S. 279 ff.

–: Die Überregulierung der „Konzern“insolvenz – Anmerkungen zum Diskussionsentwurf eines „Gesetzes zur Erleichterung der Bewältigung von Konzerninsolvenzen“, ZInsO 2013, S. 429 ff.

–: Forum PINning? Anm. zu AG Köln, Beschl. v. 19.2.2008–73 IE 1/08, ZInsO 2008, S. 363 ff.

–: Forum shopping – made in Germany? Anmerkung zu AG Köln, Beschl. v. 1.2.2008–73 IN 682/07, ZInsO 2008, S. 261 ff.

–: Gefahren und Probleme bei der insolvenzgesetzlichen Regelung der Insolvenz der „Unternehmensgruppe“, ZInsO 2014, S. 927 ff.

–: Referentenentwurf Anfechtungsrecht – Vom Schein der Feinjustierung zur Steigerung der Rechtsunsicherheit, ZInsO 2015, S. 1001 ff.

–: Stellungnahme für den Ausschuss für Recht und Verbraucherschutz des Deutschen Bundestages (Anhörung am 2.4.2014) zum Regierungsentwurf (BT-Drs. 18/407) „Entwurf eines Gesetzes zur Erleichterung der Bewältigung von Konzerninsolvenzen“, abrufbar im Internet: <http://www.bundestag.de/blob/195818/b61bfd3752249068dadfce73368ee5de/stellungnahme_frind-data.pdf> (Stand: 08.05.2016) (zitiert: *Frind*, Stellungnahme)

–: Insolvenzgerichtliche Konzentration und Verfahrenskontrolle – Plädoyer zur Beachtung einer Wechselwirkung, ZInsO 2009, S. 952 ff.

–: Wenn der Satellit keine Niederlassung ist, Anmerkung zu OLG Köln, Beschl. v. 27.3.2015–7 VA 4/14, ZInsO 2015, S. 798 ff.

–: Zum Diskussionsentwurf für ein „Gesetz zur weiteren Erleichterung der Sanierung von Unternehmen“ – Teil 1: Nur Artikel 1 ohne Regelungen zum Insolvenzplanverfahren, ZInsO 2010, S. 1473 ff.

Frind, Frank/Haarmeyer, Hans/Heyrath, Michael/Schmerbach, Ulrich/Schmidt, Andreas: Ausbau und Erhalt der Sanierungs- und Ordnungsfunktion des Insolvenzrechts – „Hamburger Thesen“ v. 8./9.2005, ZInsO 2005, S. 982 ff.

Frind, Frank/Pannen, Klaus: Einschränkung der Manipulation der insolvenzrechtlichen Zuständigkeiten durch Sperrfristen – Ein Ende des Forum Shopping in Sicht? ZIP 2016, S. 398 ff.

Fröhlich, Andreas: Insolvenzmonitor 2014: Großverfahren im Überblick, ZInsO 9/2015 S. III ff.

Galen, Robert van: International groups of insolvent companies in the European Community, IILR 2012, S. 376 ff.

Gaul, Hans Friedhelm/Schilken, Eberhard/Becker-Eberhard, Ekkehard: Zwangsvollstreckungsrecht, 12. Auflage, München 2010

Germelmann, Claas-Hinrich/Matthes, Hans-Christoph/Prütting, Hanns: Arbeitsgerichtsgesetz, 8. Auflage, München 2013 (zitiert: *Bearbeiter*, in Germelmann/Matthes/Prütting, ArbGG)

Gilles, Peter (Hrsg.): Anwaltsberuf und Richterberuf in der heutigen Gesellschaft, Baden-Baden 1991 (zitiert: *Bearbeiter*, in Gilles, Anwaltsberuf und Richterberuf)

Gleichenstein, Hans von: Par condicio creditorum: Subsidiäre Verteilungsregel oder abstrakte Ausprägung des verfassungsrechtlichen allgemeinen Gleichheitssatzes?, NZI 2015, S. 49 ff.

Goette, Wulf/Habersack, Mathias (Hrsg.): Münchener Kommentar zum Aktiengesetz
- Band 1, §§ 1–75 AktG, 4. Auflage, München 2016
- Band 2, §§ 76–117 AktG, MitbestG, DrittelbG, 4. Auflage, München 2014
- Band 5, §§ 278–328 AktG, SpruchG, ÖGesAusG, Österreichisches Konzernrecht, 4. Auflage, München 2015
- Band 7, Europäisches Aktienrecht, SE-VO, SEBG, Europäische Niederlassungsfreiheit, 3. Auflage, München 2012

(zitiert: *Bearbeiter*, in MüKO AktG)

Göpfert, Burkard: In re Maxwell Communications – ein Beispiel einer „koordinierten" Insolvenzverwaltung in parallelen Verfahren, ZZPInt 1 (1996), S. 269 ff.

Görling, Helmut: Die Verbreitung zwei- und mehrstufiger Unternehmensverbindungen – Ergebnisse einer empirischen Untersuchung, AG 1993, S. 538 ff.

Gottwald, Peter: Grenzüberschreitende Insolvenzen: europäische und weltweite Tendenzen und Lösungen, München 1997 (zitiert: *Gottwald*, Grenzüberschreitende Insolvenzen)

–: Haltung deutscher Gerichte und Anwälte gegenüber „komplexen" Verfahren, in Gilles, Peter (Hrsg.), Anwaltsberuf und Richterberuf in der heutigen Gesellschaft, Deutsche Landesberichte zur IX. Weltkonferenz für Prozessrecht in Coimbra und Lissabon, 1991, S. 225 ff. (zitiert: *Gottwald*, in Gilles, Anwaltsberuf und Richterberuf)

Ders. (Hrsg.): Insolvenzrechts-Handbuch, 5. Auflage, München 2015 (zitiert: *Bearbeiter*, in Gottwald, Insolvenzrechts-Handbuch)

Grabitz, Eberhard/Hilf, Meinhard/Nettesheim, Martin (Hrsg.): Das Recht der Europäischen Union: EUV/AEUV, 57. Ergänzungslieferung, München 2015 (zitiert: *Bearbeiter*, in Grabitz/Hilf/Nettesheim, Das Recht der Europäischen Union)

Graeber, Thorsten: Das Konzerninsolvenzverfahren des Diskussionsentwurfs 2013, ZInsO 2013, S. 409 ff.

–: Der Konzerninsolvenzverwalter – Pragmatische Überlegungen zu Möglichkeiten eines Konzerninsolvenzverfahrens, NZI 2007, S. 265 ff.

Graf-Schlicker, Marie Luise: Das europäische Insolvenzpaket – Aufbruch zu einem europäischen Insolvenzrecht?, in: Bork, Reinhard/Kayser, Godehard/Kebekus, Frank (Hrsg.): Festschrift für Bruno M. Kübler zum 70. Geburtstag, München 2015, S. 633 ff. (zitiert: *Graf-Schlicker*, in FS Kübler)

–: Die Entwicklung des ESUG und die Fortentwicklung des Insolvenzrechts, ZInsO 2013, S. 1765 ff.

Dies. (Hrsg.): InsO – Kommentar zur Insolvenzordnung, 4. Auflage, Köln 2014 (zitiert: *Bearbeiter*, in Graf-Schlicker, InsO)

–: Mit Blick auf Europa: Ein Konzerninsolvenzrecht schaffen – Regelungen zum Konzerninsolvenzrecht – eine wirtschaftliche und rechtliche Notwendigkeit, AnwBl 2013, S. 620 ff.

Grau, Conrad: Konsolidierung von Rechtsträgern einer Unternehmensgruppe in der Sanierung – Überlegungen zur Einführung einer insolvenzrechtlichen Konsolidierung in Deutschland mit rechtsvergleichendem Bezug zum neuseeländischen und US-amerikanischen Recht, Hamburg 2007 (zitiert: *Grau*, Konsolidierung von Rechtsträgern)

Gräwe, Daniel: Der Ablauf des US-amerikanischen Chapter 11-Verfahrens, ZInsO 2012, S. 158 ff.

Groeben, Hans von der/Schwarze, Jürgen/Hatje, Armin (Hrsg.): Europäisches Unionsrecht, Vertrag über die Europäische Union, Vertrag über die Arbeitsweise der Europäischen Union, Charta der Grundrechte der Europäischen Union

- Band 1, Art. 1–55 EUV, Art. 1–54 GRC, Art. 1–66 AEUV, 7. Auflage, Baden-Baden 2015
- Band 2, Art. 67–105 AEUV, 7. Auflage, Baden-Baden 2015

(zitiert: *Bearbeiter*, in von der Groeben/Schwarze/Hatje, Europäisches Unionsrecht)

Grottel, Bernd/Schmidt, Stefan/Schubert, Wolfgang J./Weinkeljohann, Norbert (Hrsg.): Beck'scher Bilanz-Kommentar, 10. Auflage, München 2016 (zitiert: *Bearbeiter*, in Beck BilKO)

Gruber, Urs Peter: Die europäische Insolvenzzuständigkeit und der Einwand des Rechtsmissbrauchs, in: Becker-Eberhard, Ekkehard/Gaul, Hans Friedhelm/Haertlein, Lutz/Meller-Hannich, Caroline (Hrsg.): Rechtslage – Rechtserkenntnis – Rechtsdurchsetzung, Festschrift für Eberhard Schilken zum 70. Geburtstag, München 2015, S. 681 ff. (zitiert: *Gruber*, in FS Schilken)

Grundmann, Stefan: Europäisches Gesellschaftsrecht, 2. Auflage, Heidelberg 2011

Gummert, Hans/Weipert, Lutz (Hrsg.): Münchener Handbuch des Gesellschaftsrechts

- Band 2, Kommanditgesellschaft, GmbH & Co. KG, Publikums-KG, Stille Gesellschaft, 4. Auflage, München 2014
- Band 3, Gesellschaft mit beschränkter Haftung, 4. Auflage, München 2012
- Band 4, Aktiengesellschaft, 4. Auflage, München 2015

(zitiert: *Bearbeiter*, in Münchener Handbuch des Gesellschaftsrechts, Bd.)

Haberlandt, Helmut: Zur Problematik der Durchgriffshaftung – Identität und Durchgriff, BB 1980, S. 847 ff.

Habersack, Mathias: Die Konzernmitbestimmung nach § 5 MitbestG und § 2 DrittelbG, AG 2007, S. 641 ff.

Hanisch, Hans: Einheit oder Pluralität oder ein kombiniertes Modell beim grenzüberschreitenden Insolvenzverfahren?, ZIP 1994, S. 1 ff.

Harder, Phillip-Boie/Lojowsky, Michael: Der Diskussionsentwurf für ein Gesetz zur Erleichterung der Bewältigung von Konzerninsolvenzen – Verfahrensoptimierung zur Sanierung von Unternehmensverbänden?, NZI 2013, S. 327 ff.

Haß, Detlef/Huber, Peter/Gruber, Urs/Heiderhoff, Bettina: EU-Insolvenzverordnung (EuInsVO), München 2005 (zitiert: *Bearbeiter*, in Haß/Huber/Gruber/Heiderhoff, EuInsVO)

Heitmann, Steffen: Insolvenzordnung: Die Justiz als Betreuungsbetrieb, NJW 1998, S. 2649 ff.

Henckel, Wolfram: Die letzten Vorrechte im Insolvenzverfahren, in: Prütting, Hanns/Vallender, Heinz (Hrsg.): Insolvenzrecht in Wissenschaft und Praxis, Festschrift für Wilhelm Uhlenbruck zum 70. Geburtstag, Köln 2000, S. 19 ff. (zitiert: *Henckel*, in FS Uhlenbruck)

Henssler, Martin/Strohn, Lutz (Hrsg.): Gesellschaftsrecht, 2. Auflage, München 2014 (zitiert: *Bearbeiter*, in Henssler/Strohn, Gesellschaftsrecht)

Herchen, Axel: Das Übereinkommen über Insolvenzverfahren der Mitgliedstaaten der Europäischen Union vom 23.11.1995 – Eine Analyse zentraler Fragen des Internationalen Insolvenzrechts unter besonderer Berücksichtigung dinglicher Sicherungsrechte, Würzburg 2000 (zitiert: *Herchen*, Das Übereinkommen über Insolvenzverfahren)

Hergenröder, Curt Wolfgang: Die ewige Reform – Der Entwurf eines Gesetzes zur Entschuldung mitteloser Personen, zur Stärkung der Gläubigerrechte sowie zur Regelung der Insolvenzfestigkeit von Insolvenzen, DZWiR 2009, S. 221 ff.

Hermann, Ottmar: The corporate group in insolvency – today and tomorrow, chances and risks, IILR 2015, S. 383 ff.

Hess, Burkhard/Oberhammer, Paul/Pfeiffer, Thomas (Hrsg.): European Insolvency Law, The Heidelberg-Luxembourg-Vienna Report on the Application of Regulation No. 1346/2000/EV on Insolvency Proceedings (External Evaluation JUST/2011/JCIV/PR/0049/A4), München 2014 (zitiert: *Bearbeiter*, in Hess/Oberhammer/Pfeiffer, Heidelberg-Vienna Report)

Hesseler, Markus/Neu, Peter: Plädoyer für die Professionalisierung des Gläubigerausschusses, NZI 2012, S. 440 ff.

Heyer, Hans-Ulrich: Insolvenzverfahren zu den Kammern für Handelssachen?, ZInsO 2011, S. 1495 ff.

Hirte, Heribert: Die Tochtergesellschaft in der Insolvenz der Muttergesellschaft als Verpfändung von „Konzern"-Aktiva an Dritte – Überlegungen zur Entwicklung eines Konzerninsolvenzrechts, in Bitter, Georg/Lutter, Marcus/Priester, Hans-

Joachim/Schön, Wolfgang/Ulmer, Peter (Hrsg.): Festschrift für Karsten Schmidt zum 70. Geburtstag, Köln 2009, S. 641 ff. (zitiert: *Hirte*, in FS K. Schmidt)

–: Kapitalgesellschaftsrecht, 8. Auflage, Köln 2016

–: Sechs Thesen zur Kodifikation der Konzerninsolvenz in der EuInsVO, ZInsO 2011, S. 1788 ff.

–: Towards a Framework for the Regulation of Corporate Groups' Insolvencies, ECFR 2008, S. 213 ff.

–: Vorschläge für die Kodifikation eines Konzerninsolvenzrechts, ZIP 2008, S. 444 ff.

Hofmann, Matthias: Die Eigenverwaltung insolventer Kapitalgesellschaften im Konflikt zwischen Gesetzeszweck und Insolvenzpraxis, ZIP 2007, S. 260 ff.

Hölters, Wolfgang: Aktiengesetz, 2. Auflage, München 2014 (zitiert: *Bearbeiter*, in Hölters, AktG)

Holzer, Johannes: Die Empfehlungen der UNICTRAL zum nationalen und internationalen Konzerninsolvenzrecht, ZIP 2011, S. 1894 ff.

–: Die Verbindung von Insolvenzverfahren, NZI 2007, S. 432 ff.

Hölzle, Gerrit: Abtretung des aus einer Insolvenzanfechtung folgenden streitigen Rückgewähranspruchs, Anm. zu BGH, Versäumnisurt. v. 10.01.2013 – IX ZR 172/11, NZI 2013, S. 347 ff.

–: GeVAR in Verzug? – Zur Reform des Insolvenzanfechtungsrechts – Moderate Justierung oder Systemeingriff?, ZIP 2015, S. 662 ff.

Horstkotte, Martin: Effektiver Rechtsschutz im Verfahren über die Einsetzung eines vorläufigen Gläubigerausschusses, ZInsO 2012, S. 1930 ff.

Hüffer, Uwe/Koch, Jens: Aktiengesetz, 12. Auflage, München 2016

Humbeck, Jochen: Plädoyer für ein materielles Konzerninsolvenzrecht, NZI 2013, S. 957 ff.

INSOL Europe: Revision of the European Insolvency Regulation – Proposals by INSOL Europe, abrufbar im Internet: <http://www.insol-europe.org/technical-content/revision-of-the-european-insolvency-regulation-proposals-by-insol-europe> (Stand: 08.05.2016 – zugangsbeschränkt)

International Insolvency Institute (III): Judicial Guidelines for Coordination of Multi-National Enterprise Group Insolvencies, Working Draft June 9, 2009, abrufbar im Internet: <http://www.iiiglobal.org/sites/default/files/12_Judicial_Guidelines_(Mabey_Garrity_Mevorach_Johnston)_113.PDF> (Stand: 08.05.2016)

Ipsen, Knut: Völkerrecht, 6. Auflage, München 2014

Isensee, Josef/Kirchhof, Paul: Handbuch des Staatsrechts der Bundesrepublik Deutschland, Band V: Rechtsquellen, Organisation, Finanzen, 3. Auflage, Heidelberg 2007 (zitiert: *Bearbeiter*, in Isensee/Kirchhof, HStR V)

Jaeger, Ernst: Insolvenzordnung

- Band 1, §§ 1–55, Berlin 2004

- Band 2, §§ 56–102, Berlin 2004
(zitiert: *Bearbeiter*, in Jaeger, InsO)

Jaffé, Michael/Friedrich, Andreas: Verbesserung der Wettbewerbsfähigkeit des Insolvenzstandorts Deutschland, ZIP 2008, S. 1849 ff.

Joecks, Wolfgang/Miebach, Klaus (Hrsg.): Münchener Kommentar zum StGB – Band 5, §§ 263–358 StGB, 2. Auflage, München 2014 (zitiert: *Bearbeiter*, in MüKO StGB)

Kahlert, Günter: Stellungnahme zum Gesetzentwurf der Bundesregierung zur Erleichterung der Bewältigung von Konzerninsolvenzen vom 30. Januar 2014, BT-Drs. 18/407 zur Vorbereitung der öffentlichen Anhörung des Rechtsausschusses des Deutschen Bundestages am 2. April 2014, abrufbar im Internet: <https://www.bundestag.de/blob/195902/aefa2143fe82c9404aa1c8a26310d150/stellungnahme_kahlert-data.pdf> (Stand: 08.05.2016) (zitiert: *Kahlert*, Stellungnahme)

Kammel, Volker: Die Bestimmung der zuständigen Gerichte bei grenzüberschreitenden Konzerninsolvenzen, NZI 2006, S. 334 ff.

Kayser, Godehard/Thole, Christoph (Hrsg.): Heidelberger Kommentar, Insolvenzordnung, 8. Auflage, Heidelberg 2016 (zitiert: *Bearbeiter*, HK-InsO)

Kegel, Gerhard/Thieme, Jürgen: Vorschläge und Gutachten zum Entwurf eines EG-Konkursübereinkommens, Tübingen 1988 (zitiert: *Kegel/Thieme*, Vorschläge und Gutachten)

Kilger, Joachim: Der Konkurs des Konkurses, KTS 1975, S. 142 ff.

Kim, Jin Yong: Konzernbegriff und Konzernhaftung bei Konzerninsolvenzen aus koreanischer Sicht, in Adolphsen, Jens/Goebel, Joachim/Haas, Ulrich u. a. (Hrsg.): Festschrift für Peter Gottwald, München 2014, S. 327 ff. (zitiert: *Kim*, in FS Gottwald)

Kindler, Peter: Hauptfragen der Reform des Europäischen Internationalen Insolvenzrechts, KTS 2014, S. 25 ff.

Kindler, Peter/Nachmann, Josef (Hrsg.): Handbuch Insolvenzrecht in Europa, 4. Ergänzungslieferung, München 2014 (zitiert: *Bearbeiter*, in Kindler/Nachmann, Handbuch Insolvenzrecht in Europa)

Kindler, Peter/Sakka, Samy: Die Neufassung der Europäischen Insolvenzverordnung, EuZW 2015, S. 460 ff.

Kirchhof, Hans-Peter: Von Denkmälern und Dauerbaustellen, ZInsO 2008, S. 395 ff.

Kirchhof, Hans-Peter/Eidenmüller, Horst/Stürner, Rolf (Hrsg.): Münchener Kommentar zur Insolvenzordnung

- Band 1, §§ 1–79 InsO, InsVV, 3. Auflage, München 2013
- Band 2, §§ 80–216 InsO, 3. Auflage, München 2013
- Band 3, §§ 270–359 InsO, Internationales Insolvenzrecht, Insolvenzsteuerrecht, 2. Auflage, München 2008

– Band 3, §§ 217–359 InsO, Art. 103a-110 EGInsO, Konzerninsolvenzrecht, Insolvenzsteuerrecht, 3. Auflage, München 2014
(zitiert: *Bearbeiter*, in MüKO InsO, Auflage – sofern nicht neueste Auflage)

Kirchner, Christian: Ökonomische Überlegungen zum Konzernrecht, ZGR 1985, S. 214 ff.

Kissel, Otto Rudolf/Mayer, Herbert: Gerichtsverfassungsgesetz, 8. Auflage, München 2015 (zitiert: *Bearbeiter*, in Kissel/Mayer, GVG)

Klöhn, Lars: Gesellschaftsrecht in der Eigenverwaltung: Die Grenzen des Einflusses auf die Geschäftsführung gemäß § 276a Satz 1 InsO, NZG 2013, S. 81 ff.

–: Verlegung des Mittelpunkts der hauptsächlichen Interessen i. S. d. Art. 3 Abs. 1 S. 1 EuInsVO vor Stellung des Insolvenzantrags, KTS 2006, S. 259 ff.

–: Wettbewerb der Gerichte im US-amerikanischen Unternehmensinsolvenzrecht, RIW 2006, S. 568 ff.

Knof, Béla/Mock, Sebastian: Innerstaatliches Forum Shopping in der Konzerninsolvenz – Cologne Calling? Zugleich eine Anmerkung zu AG Köln, Beschl. v. 1.2.2008–73 INI 682/07, ZInsO 2008, S. 253 ff.

–: Noch einmal: Forumshopping in der Konzerninsolvenz, ZInsO 2008, S. 499 ff.

Knospe, Armin: Scharfes Schwert oder harmlose Gerechtigkeitsregel? – Die insolvenzrechtliche Monstranz der Gläubigergleichbehandlung, ZInsO 2014, S. 861 ff.

Koch, Harald: Europäisches Insolvenzrecht und Schuldbefreiungs-Tourismus, in Mansel, Heinz- Peter/Pfeiffer, Thomas/Kronke, Herbert (Hrsg.): Festschrift für Erik Jayme, Band 1, München 2004, S. 437 ff. (zitiert: *Koch*, in FS Jayme, Bd. 1)

Kodek, Georg E.: Der insolvenzrechtliche Gleichbehandlungsgrundsatz in vergleichender Perspektive – eine Skizze, KTS 2014, S. 216 ff.

Kolmann, Stephan: Kooperationsmodelle im internationalen Insolvenzrecht: empfiehlt sich für das deutsche internationale Insolvenzrecht eine Neuorientierung?, Bielefeld 2001 (zitiert: *Kolmann*, Kooperationsmodelle)

Kort, Michael: Die konzerngebundene GmbH in der Insolvenz, ZIP 1988, S. 681 ff.

Kübler, Bruno M.: Konzern und Insolvenz – Zur Durchsetzung konzernmäßiger Sanierungsziele an den Beispielsfällen AEG und Korf, ZGR 1984, S. 560 ff.

Kübler, Friedrich: Effizienz als Rechtsprinzip? – Überlegungen zum rechtspraktischen Gebrauch ökonomischer Argumente, in Bauer, Jürgen F./Hopt, Klaus J./ Mailänder, K. Peter (Hrsg.): Festschrift für Ernst Steindorff zum 70. Geburtstag am 13. März 1990, Berlin 1990, S. 687 ff. (zitiert: *F. Kübler*, in FS Steindorff)

Kuhn, Georg/Uhlenbruck, Wilhelm (Hrsg.): Konkursordnung, 9. Auflage, München 1994 (zitiert: *Bearbeiter*, in Kuhn/Uhlenbruck, KO)

Laroche, Peter/Sieber, Volker: Neuerungen bei Versagung und Erteilung der Restschuldbefreiung, NZI 2014, S. 541 ff.

Laughton, Chris: The European Insolvency Regulation: Ammendment proposals from the European Commission and the European Parliament – What next?, Eurofenix Spring 2014, S. 20 ff.

Lehmann, Jochen/Rettig, Sören: Die Auswahl der Gläubigerausschussversicherung – von der Haftpflicht in die Haftung?, NZI 2015, S. 790 ff.

Leible, Stefan/Staudinger, Ansgar: Die europäische Verordnung über Insolvenzverfahren, KTS 2000, S. 533 ff.

Leithaus, Rolf/Schäfer, Thiemo: Konzerninsolvenzrecht in Deutschland und Europa, KSzW 03.2012, S. 272 ff.

Leutheusser-Schnarrenberger, Sabine: Dritte Stufe der Insolvenzrechtsreform – Entwurf eines Gesetzes zur Erleichterung der Bewältigung von Konzerninsolvenzen, ZIP 2013, S. 97 ff.

–: Erleichterte Sanierung mit neuem Konzerninsolvenzrecht, Börsenzeitung vom 08.01.2013

–: Rede auf dem 9. Deutschen Insolvenzrechtstag der Arbeitsgemeinschaft im DAV am 22.12.2012 in Berlin, abgedruckt bei ZInsO 2012, S. 637 ff.

–: Rede beim Deutschen Insolvenzverwalterkongress 2011 am 28.10.2011, abgedruckt bei ZInsO 2011, S. 2078 ff.

Lienau, Marc D.: Der Diskussionsentwurf eines Gesetzes zur Erleichterung der Bewältigung von Konzerninsolvenzen, Der Konzern 2013, S. 157 ff.

Lissner, Stefan: Das Gesetz zur Verkürzung des Restschuldbefreiungsverfahrens und zur Stärkung der Gläubigerrechte – Stärkung der Gläubigerrechte oder nur Verkürzung des Restschuldbefreiungsverfahrens?, JurBüro 2014, S. 342 ff.

–: Die Insolvenzrechtsreform – Eine Betrachtung der Entwicklung, DZWiR 2014, S. 59 ff.

LoPucki, Lynn M.: Courting Failure: Das Versagen der Kontrollinstanz in der Konzerninsolvenz – Zu den Auswirkungen eines Wahlgerichtsstands im US-Konzerninsolvenzrecht, ZInsO 2013, S. 420 ff.

Lüer, Hans-Jochem: Art. 3 Abs. 1 EuInsVO – Grundlage für ein europäisches Konzerninsolvenzrecht oder Instrumentarium eines „Insolvenz-Imperialismus"?, in Piepenburg, Horst (Hrsg.): Festschrift für Günter Greiner zum 70. Geburtstag am 19. März 2005, Köln 2005, S. 201 ff. (zitiert: *Lüer*, in FS Greiner)

Lüke, Wolfgang: Der Sonderinsolvenzverwalter, ZIP 2004, S. 1693 ff.

Lutter, Marcus: Der Konzern in der Insolvenz, ZfB (54) 1984, S. 781 ff.

–: Europäisches Unternehmensrecht – Grundlagen, Stand und Entwicklung nebst Texten und Materialien zur Rechtsangleichung, ZGR Sonderheft 1, 3. Auflage, Berlin 1991 (zitiert: *Lutter*, Europäisches Unternehmensrecht)

–: Stand und Entwicklung des Konzernrechts in Europa, ZGR 1987, S. 324 ff.

Ders. (Hrsg.): Konzernrecht im Ausland, Berlin 1994 (zitiert: *Bearbeiter*, in Lutter, Konzernrecht im Ausland)

Lutter, Marcus/Scheffler, Eberhard/Schneider, Uwe H. (Hrsg.): Handbuch der Konzernfinanzierung, Köln 1998

Madaus, Stephan: Das Insolvenzverfahren der Lehman Brothers Holding Inc. – ein in jeder Hinsicht besonderes Reorganisationsverfahren, NZI 2008, S. 715 ff.

–: Der Insolvenzplan, Von seiner dogmatischen Deutung als Vertrag und seiner Fortentwicklung in eine Bestätigungsinsolvenz, Tübingen 2011 (zitiert: *Madaus*, Der Insolvenzplan)

–: Insolvency proceedings for corporate groups under the new Insolvency Regulation, IILR 2015, S. 235 ff.

–: Koordination ohne Koordinationsverfahren? Reformvorschläge aus Berlin und Brüssel zu Konzerninsolvenzen, ZRP 2014, S. 192 ff.

Mankowski, Peter: Gerichtliche Zuständigkeit bei Erweiterung des Insolvenzverfahrens auf eine in anderem Mitgliedstaat ansässige Gesellschaft, Anm. zu EuGH, Urt. v. 15.12.2011 – C 191/10 (Rastelli Davide e C. Snc/Jean-Charles Hidoux in seiner Eigenschaft als Insolvenzverwalter der Gesellschaft Mediasucre international), NZI 2012, S. 147 ff.

–: Lässt sich eine Konzerninsolvenz durch Insolvency Planning erreichen?, NZI 2008, S. 355 ff.

–: Mittelpunkt der hauptsächlichen Interessen bei Verlegung des Wohnsitzes nach Antragstellung, Anm. zu EuGH, Urt. v. 17.01.2006 – C-1/02 (Staubitz-Schreiber), NZI 2006, S. 153 ff.

–: Zu kollidierenden Insolvenzverfahren in Europa, Anm. zu Cour d'Appel Versailles Urt. v. 4.9.2003–05038/03, EWiR 2003, S. 1239 ff.

–: Zum Begriff „Mittelpunkt der hauptsächlichen Interessen des Schuldners", Anm. zu EuGH, Urt. v. 20.10.2011 – C 396/09 (Interedil Srl. i.L./Fallimento Interedill Srl. u. a.), NZI 2011, S. 990 ff.

–: Zuständigkeit des Insolvenzgerichts am Sitz der Konzernmutter bei Leitung der Schuldnerin – Hettlage (Anm. zu AG München, Beschluss vom 4.5.2004–1501 IE 1276/04), NZI 2004, S. 450 ff.

Mann, Thomas: Buddenbrooks – Verfall einer Familie, 64. Auflage, Frankfurt 2013

Marbler, Michael/Oser, Peter: Zur Konzernrechnungslegungspflicht der GmbH & Co. KG, DStR 2014, S. 2474 ff.

Marotzke, Wolfgang: Formulierungsvorschläge für eine „kleine" Reform des Insolvenzanfechtungs- rechts, ZInsO 2014, S. 745 ff.

–: Vertrauensschutz kontra Gesamtgläubigerinteresse – Gedanken zu Auslegung und Reform des Insolvenzanfechtungsrechts, ZInsO 2014, S. 417 ff.

Martens, Joachim: Der Rechtsweg zu den Gerichten, LKV 1991, S. 295 ff.

Martini, Ulf: Die Europäische Insolvenzverordnung über Insolvenzverfahren v. 29.5.2000 und die Rechtsfolgen für die Praxis, ZInsO 2002, S. 905 ff.

Maunz, Theodor/Dürig, Günter: Grundgesetz
- Band 3, Art. 16–22, 75. Ergänzungslieferung, München 2015
- Band 5, Art. 54–85, 75. Ergänzungslieferung, München 2015
- Band 6, Art. 86–106b, 75. Ergänzungslieferung, München 2015

(zitiert: *Bearbeiter*, in Maunz/Dürig, GG)

McCormack, Gerard: Time to Revise the Insolvency Regulation, IILR 2011, S. 121 ff.

Meier, Anke: Die Geschichte des deutschen Konkursrechts, insbesondere die Entstehung der Reichskonkursordnung von 1877, Frankfurt am Main 2003 (zitiert: *Meier*, Die Geschichte des deutschen Konkursrechts)

Meller-Hannich, Caroline: Das Kapitalanleger-Musterverfahrensgesetz (KapMuG) – Eine Zwischenbilanz, ZZB 2011, S. 180 ff.

Mertens, Hans-Joachim: Empfiehlt sich die Einführung eines konzernbezogenen Reorganisationsverfahrens?, ZGR 1984, S. 542 ff.

Mestmäcker, Ernst-Joachim/Behrens, Peter (Hrsg.): Das Gesellschaftsrecht der Konzerne im internationalen Vergleich: ein Symposium des Max-Planck-Instituts für ausländisches und internationales Privatrecht, Baden-Baden 1991 (zitiert: *Bearbeiter*, in Mestmäcker/Behrens, Gesellschaftsrecht der Konzerne)

Mevorach, Irit: The Road to a Suitable and Comprehensive Global Approach to Insolvencies Within Multinational Corporate Groups, Presented by the Committee on International Insolvency Research on June 6, 2005, abrufbar im Internet: <http://www.iiiglobal.org/sites/default/files/Irit Mevorach_0.pdf> (Stand: 08.05.2016)

Meyer, Justus: Die GmbH und andere Handelsgesellschaften im Spiegel empirischer Forschung (I), GmbHR 2002, S. 177 ff.

Meyer-Löwy/Poertzgen, Christoph: Eigenverwaltung (§§ 270 ff. InsO) löst Kompetenzkonflikt nach der EuInsVO, Zugleich Anmerkung zu AG Köln, Beschl. v. 23.1.2004–71 IN 01/04, ZInsO 2004, S. 195 ff.

Michalski, Lutz (Hrsg.): Kommentar zum Gesetz betreffend die Gesellschaften mit beschränkter Haftung (GmbH-Gesetz), Band 1, §§ 1–34 GmbHG, 2. Auflage, München 2010 (zitiert: *Bearbeiter*, in Michalski, GmbHG)

Mohrbutter, Harro/Ringstmeier, Andreas (Hrsg.): Handbuch Insolvenzverwaltung, 9. Auflage, Köln 2015 (zitiert: *Bearbeiter*, in Mohrbutter/Ringstmeier, Handbuch Insolvenzverwaltung)

Mohrs, Sebastian: Die konzerngebundene Kapitalgesellschaft im Anwendungsbereich der EuInsVO, Koblenz/Saarbrücken 2011

Möllers, Thomas M. J./Weichert, Tilmann: Das Kapitalanleger-Musterverfahrensgesetz, NJW 2005, S. 2737 ff.

Montag, Jerzy: Kollektiver Rechtsschutz in Europa und der Gesetzentwurf zur Einführung von Gruppenklagen, ZRP 2013, S. 172 ff.

Müller, Hans-Friedrich: Abfindungsansprüche außenstehender Aktionäre in der Insolvenz des herrschenden Unternehmens, ZIP 2008, S. 1701 ff.

Müller-Glöge, Rudi/Preis, Ulrich/Schmidt, Ingrid (Hrsg.): Erfurter Kommentar zum Arbeitsrecht, 16. Auflage, München 2016 (zitiert: *Bearbeiter*, in Erfurter Kommentar zum Arbeitsrecht)

Müller-Graff, Peter-Christian: Binnenmarktauftrag und Subsidiaritätsprinzip?, ZHR 159 (1995), S. 34 ff.

Müller-Teckhoff, Alexander: Gesetz zur Förderung des elektronischen Rechtsverkehrs mit den Gerichten – Harmonisierung der Formerfordernisse mit Möglichkeiten moderner Kommunikation, MMR 2014, S. 95 ff.

Müller-York, Christina: Dezentralisierung der Verbraucherinsolvenzverfahren in Berlin, Anm. zu LG Berlin, Beschl. v. 29.06.1999–1 AR 72/99a, DZWiR 1999, S. 517 ff.

Munzinger, Peter J.A./Traub, Florian: Weniger ist Mehr – oder: Deutscher Sonderweg bei Gemeinschaftsgerichten?, GRUR 2006, S. 33 ff.

Musielak, Hans-Joachim/Voit, Wolfgang (Hrsg.): Zivilprozessordnung mit Gerichtsverfassungsgesetz, 13. Auflage, München 2016 (zitiert: *Bearbeiter*, in Musielak/Voit, ZPO)

Nagel, Bernhard/Riess, Birgit/Theis, Gisela: Der faktische Just-in-Time-Konzern – Unternehmensübergreifende Rationalisierungskonzepte und Konzernrecht am Beispiel der Automobilindustrie, DB 1989, S. 1505 ff.

Nagel, Heinrich/Gottwald, Peter: Internationales Zivilprozessrecht, 7. Auflage, Köln 2013

Nahm, Matthias/Söllner, René: Die wirtschaftliche Bedeutung auslandskontrollierter Unternehmen in Deutschland 2012, WISTA – Wirtschaft und Statistik, Dezember 2014, S. 754 ff., abrufbar im Internet: <https://www.destatis.de/DE/Publikationen/WirtschaftStatistik/Unternehmen Gewerbeanzeigen/BedeutungAuslandskontrollierterUnternehmen2012_122014.pdf> (Stand: 08.05.2016)

Nerlich, Jörg/Römermann, Volker (Hrsg.): Insolvenzordnung (InsO), 29. Ergänzungslieferung, München 2016 (zitiert: *Bearbeiter*, in Nerlich/Römermann, InsO)

Nicklisch, Fritz/Weick, Günter: VOB, Verdingungsordnung für Bauleistungen, Teil B, 3. Auflage, München 2001 (zitiert: *Nicklisch/Weick*, VOB B)

Niering, Christoph: Stellungnahme des Verbandes der Insolvenzverwalter Deutschlands zum Diskussionsentwurf des Bundesministeriums der Justiz für ein Gesetz zur Erleichterung der Bewältigung von Konzerninsolvenzen, abrufbar im Internet: <http://www.vid.de/images/stories/pdf_stellungnahmen-vid/vid-stellungnahme_zum diske_gesetz zur erleichterung der bewltigung von konzerninsolvenzen.pdf> (Stand: 08.05.2016) (zitiert: *Niering*, Stellungnahme VID zum DiskE)

–: Stellungnahme zum Gesetzentwurf zur „Erleichterung der Bewältigung von Konzerninsolvenzen“, BT-Drucks. 18/407, abrufbar im Internet: <http://www.vid.de/images/stories/pdf_stellungnahmen-vid/stellungnahme zum gesetz zur erleichterung der bewltigung von konzerninsolvenzen stand 03_2014 verband insolvenzverwalter deutschlands.pdf> (Stand: 08.05.2016) (zitiert: *Niering*, Stellungnahme VID)

Niesert, Burkhard/Stöckel, Eva: Aktuelle Entwicklungen im Europäischen Zivilprozessrecht – Das Europäische Mahnverfahren und das Europäische Bagatellverfahren in der (insolvenzrechtlichen) Praxis, NZI 2010, S. 638 ff.

Oberhammer, Paul: Europäisches Insolvenzrecht in praxi – Was bisher geschah, ZInsO 2004, S. 761 ff.

–: Von der EuInsVO zum europäischen Insolvenzrecht – Eine Zwischenbilanz über rechtspolitische Gestaltungsmittel und Ziele, KTS 2009, S. 27 ff.

Obermüller, Manfred: Der Gläubigerausschuss nach dem „ESUG“, ZInsO 2012, S. 18 ff.

Oechsler, Jürgen: Die Anwendung des Konzernrechts auf Austauschverträge mit organisationsrechtlichem Bezug, ZGR 1997, S. 464 ff.

Oppenländer, Frank/Trölitzsch, Thomas (Hrsg.): Praxishandbuch der GmbH-Geschäftsführung, 2. Auflage, München 2011 (zitiert: *Bearbeiter*, in Oppenländer/Trölitzsch, GmbH-Geschäftsführung)

Pannen, Klaus: Aspekte der europäischen Konzerninsolvenz, ZInsO 2014, S. 222 ff.

Ders. (Hrsg.): Europäische Insolvenzverordnung, Berlin 2007 (zitiert: *Bearbeiter*, in Pannen, EuInsVO)

–: Stellungnahme des Deutschen Anwaltvereins durch den Ausschuss Insolvenzrecht zum Diskussionsentwurf des Bundesministeriums der Justiz für ein Gesetz zur Erleichterung der Bewältigung von Konzerninsolvenzen, abrufbar im Internet: <http://anwaltverein.de/de/newsroom/id-2013–09?file=files/anwaltverein.de/downloads/newsroom/stellungnahmen/2013/DAV-SN-09–13.pdf> (Stand: 08.05.2016) (zitiert: *Pannen*, Stellungnahme DAV zum DiskE)

–: Stellungnahme des Deutschen Anwaltvereins durch den Ausschuss Insolvenzrecht zum Gesetzentwurf der Bundesregierung zur Erleichterung der Bewältigung von Konzerninsolvenzen (BT-Drs. 18/407 vom 30.01.2014) aus Anlass der Öffentlichen Anhörung des Ausschusses für Recht und Verbraucherschutz des Deutschen Bundestages am 2. April 2014, abrufbar im Internet: <https://www.bundestag.de/blob/195930/6f43842ae03d79b931d71df0cb271e7e/stellungnahme_pannen-data.pdf> (Stand: 08.05.2016) (zitiert: *Pannen*, Stellungnahme DAV)

Pannen, Klaus/Riedemann, Susanne: Der Begriff des „centre of main interests“ i. S. des Art. 3 I 1 EuInsVO im Spiegel aktueller Fälle aus der Rechtsprechung, NZI 2004, S. 646 ff.

Pape, Gerhard: 2016 – das Jahr der Entscheidungen, ZInsO 2016, S. 125 ff.

Pape, Gerhard/Uhlenbruck, Wilhelm/Voigt-Salus, Joachim: Insolvenzrecht, 2. Auflage, München 2010

Parzinger, Josef: Die neue EuInsVO auf einen Blick, NZI 2016, S. 63 ff.

Paulus, Christoph G.: Anmerkung zu EuGH, Urteil vom 15.12.2011 – Rs C-191/10, EWiR 2012, S. 87 f.

–: Anmerkung zu OLG Wien, Beschluss vom 9.11.2004–28 R 225/04w, NZI 2005, S. 62 ff.

–: Änderungen des deutschen Insolvenzrechts durch die Europäische Insolvenzverordnung, ZIP 2002, S. 729 ff.

–: Das inländische Parallelverfahren nach der Europäischen Insolvenzverordnung, EWS 2002, S. 497 ff.

–: Die europäische Insolvenzverordnung und der deutsche Insolvenzverwalter, NZI 2001, S. 505 ff.

–: EuInsVO: Änderungen am Horizont und ihre Auswirkungen, NZI 2012, S. 297 ff.

–: Europäische Insolvenzverordnung, 4. Auflage, Frankfurt am Main 2013 (zitiert: *Paulus*, EuInsVO)

–: Gemeinden und Insolvenzrecht: eine nützliche Allianz, ZInsO 2014, S. 2465 ff.

–: Kein Verstoß gegen Ordre Public bei fehlender Begründung der internationalen Zuständigkeit durch Insolvenzgericht – Niederlassung, Anm. zu OLG Wien, Beschl. v. 09.11.2004–28 R 225/04w, NZI 2005, S. 56 ff.

–: „Protokolle" – ein anderer Zugang zur Abwicklung grenzüberschreitender Insolvenzen, ZIP 1998, S. 977 ff.

–: Überlegungen zu einem modernen Konzerninsolvenzrecht, ZIP 2005, S. 1948 ff.

–: Vom Nutzen und Nachteil einer vis attractiva concursus für das heutige Insolvenzrecht, in Adolphsen, Jens/Goebel, Joachim/Haas, Ulrich u. a. (Hrsg.): Festschrift für Peter Gottwald, München 2014, S. 485 ff. (zitiert: *Paulus*, in FS Gottwald)

–: Wege zu einem Konzerninsolvenzrecht, ZGR 2010, S. 270 ff.

Peltzer, Martin: Die Haftung der Konzernmutter für die Schulden ihrer Tochter, mit der sie durch Ergebnisabführungs- und/oder Beherrschungsvertrag verbunden ist, insbesondere im Falle der Insolvenz der Tochter, AG 1985, S. 309 ff.

Peter, Henry/Jeandin, Nicolas/Kiborn, Jason: The Challenges of Insolvency Law Reform in the 21st Century, Zürich 2006 (zitiert: *Bearbeiter*, in Peter/Jeandin/Kirborn, The Challenges of Insolvency Law Reform in the 21st Century)

Piepenburg, Horst: Faktisches Konzerninsolvenzrecht am Beispiel Babcock Borsig, NZI 2004, S. 231 ff.

Plaßmeier, Heiko: Brauchen wir ein Kapitalanleger-Musterverfahren? – Eine Inventur des KapMuG, NZG 2005, S. 609 ff.

Pleister, Christian: Das besondere Koordinationsverfahren nach dem Diskussionsentwurf für ein Gesetz zur Erleichterung der Bewältigung von Konzerninsolvenzen, ZIP 2013, S. 1013 ff.

Pogacar, Barbara: Rechte und Pflichten des Hauptverwalters im Sekundärverfahren, NZI 2011, S. 46 ff.

Prager, Martin/Keller, Christoph: Der Entwicklungsstand des Europäischen Insolvenzrechts, WM 2015, S. 805 ff.

–: Der Vorschlag der Europäischen Kommission zur Reform der EuInsVO, NZI 2013, S. 57 ff.

Prütting, Hanns: Entwicklungslinien eines modernen Insolvenzrechts, KSzW 03.2012, S. 255 ff.

Raiser, Ludwig/Sauermann, Heinz/Schneider, Erich: Das Verhältnis der Wirtschaftswissenschaft zur Rechtswissenschaft, Soziologie und Statistik, Berlin 1964 (zitiert: *Bearbeiter*, in Raiser/Sauermann/Schneider, Das Verhältnis der Wirtschaftswissenschaft zur Rechtswissenschaft, Soziologie und Statistik)

Rasehorn, Theo: Ein Plädoyer für das kleine Amtsgericht, JZ 1969, S. 651 ff.

Rauscher, Thomas/Krüger, Wolfgang (Hrsg.): Münchener Kommentar zur Zivilprozessordnung mit Gerichtsverfassungsgesetz und Nebengesetzen

- Band 1, §§ 1–354 ZPO, 4. Auflage, München 2013
- Band 3, §§ 1025–1109 ZPO, EGZP, GVG, EGGVG, UKlaG, Internationales und Europäisches Zivilprozessrecht, 4. Auflage, München 2013

(zitiert: *Bearbeiter*, in MüKO ZPO)

Reichert, Jochem (Hrsg.): GmbH & Co. KG, 7. Auflage, München 2015 (zitiert: *Bearbeiter*, in Reichert, GmbH & Co. KG)

Reiners, Stephan: Referentenentwurf Anfechtungsrecht: derzeit keine Rechtsunsicherheit?, ZInsO 2015, S. 1192 ff.

Reinhart, Stefan: Die Überarbeitung der EuInsVO, NZI 2012, S. 304 ff.

Rellermeyer, Klaus: Grundzüge des Europäischen Mahnverfahrens, RPfleger 2009, S. 11 ff.

Rennert-Bergenthal, Corinne: Konzerninsolvenz in der Praxis am Beispiel von Babcock Borsig, ZInsO 2008, S. 1316 ff.

Reuß, Philipp M.: Europäisches Insolvenzrecht 3.0 oder doch nur Version 1.1? – Der Vorschlag der Kommission vom 12.12.2013 zur Reform der Europäischen Insolvenzverordnung, EuZW 2013, S. 165 ff.

–: „Forum Shopping“ in der Insolvenz – Missbräuchliche Dimension der Wahrnehmung unionsrechtlicher Gestaltungsmöglichkeiten, Tübingen 2011 (zitiert: *Reuß*, Forum Shopping in der Insolvenz)

Rittscher, Hauke: Cash-Management-Systeme in der Insolvenz, Baden-Baden 2007

Robbe-Grillet, Alain: Planmäßige Sanierung nach französischem und nach deutschem Insolvenzrecht, München 2007

Rolfs, Christian/Giesen, Richard/Kreikebohm, Ralf u. a. (Hrsg.): Beck'scher Online-Kommentar Arbeitsrecht, 39. Edition, München 2016 (zitiert: *Bearbeiter*, in Beck-OK ArbR)

Römermann, Volker: Die Konzerninsolvenz auf der Agenda des Gesetzgebers – Der Regierungsentwurf eines Gesetzes zur Erleichterung der Bewältigung von Konzerninsolvenzen, ZRP 2013, S. 201 ff.

–: Die „Unabhängigkeit" des Insolvenzverwalters: Endlich Schluss mit der uferlosen Auslegung?, ZInsO 2013, S. 218 ff.

Ders. (Hrsg.): Münchener Anwaltshandbuch GmbH-Recht, 3. Auflage, München 2014 (zitiert: *Bearbeiter*, in Römermann, Münchener Anwaltshandbuch GmbH-Recht)

–: Wehe dem, der einen „nicht richtigen" Insolvenzantrag stellt! – Für eine Anwendung des vergessenen § 15a Abs. 4 InsO – Oder: Wie eine geeignete Informationsgrundlage für die Verwalterauswahl erreicht werden kann, ZInsO 2010, S. 353 ff.

Römermann, Volker/Praß, Jan-Philipp: Rechtsschutz bei Ablehnung eines vorläufigen Gläubigerausschusses, ZInsO 2012, S. 1923 ff.

Rönnau, Thomas/Wegner, Kilian: Wann ist ein Eröffnungsantrag „nicht richtig" gestellt i. S. v. § 15a Abs. 4, 2. Var. InsO? – eine strafrechtliche Analyse nach dem ESUG, ZInsO 2014, S. 1025 ff.

Rosenberg, Leo/Schwab, Karl Heinz/Gottwald, Peter: Zivilprozessrecht, 17. Auflage, München 2010 *Roth, Günter H./Altmeppen, Holger*: Gesetz betreffend die Gesellschaften mit beschränkter Haftung (GmbHG), 8. Auflage, München 2015 (zitiert: *Bearbeiter*, in Roth/Altmeppen, GmbHG)

Rotstegge, Jochen P.: Konzerninsolvenz: die verfahrensrechtliche Behandlung von verbundenen Unternehmen nach der Insolvenzordnung, Baden-Baden 2007 (zitiert: *Rotstegge*, Konzerninsolvenz)

–: Zuständigkeitsfragen bei der Insolvenz in- und ausländischer Konzerngesellschaften, ZIP 2008, S. 955 ff.

Rühlemann, Sebastian: Verfahrenskonzentration in der Konzerninsolvenz, Jena 2014

Säcker, Franz Jürgen/Rixecker, Roland/Oetker, Hartmut (Hrsg.): Münchener Kommentar zum Bürgerlichen Gesetzbuch – Band 11, Internationales Privatrecht II, Internationales Wirtschaftsrecht, Einführungsgesetz zum Bürgerlichen Gesetzbuch (Art. 25–248), 6. Auflage München 2015 (zitiert: *Bearbeiter*, in MüKO BGB)

Saenger, Ingo: Gesellschaftsrecht, 3. Auflage, München 2015

Saxinger, Andreas: Zulieferverträge im deutschen Recht, Baden-Baden 1993

Schäfer, Hans-Bernd/Ott, Claus: Lehrbuch der ökonomischen Analyse des Zivilrechts, 5. Auflage, Berlin 2012

Scheel, Hansjörg: Konzerninsolvenzrecht: eine rechtsvergleichende Darstellung des US-amerikanischen und des deutschen Rechts, Köln 1995 (zitiert: *Scheel*, Konzerninsolvenzrecht)

Schilken, Eberhard: Gerichtsverfassungsrecht, 4. Auflage, Köln 2007

Schlegel, Ursula: Harmonisierung des Rechtsrahmens für effiziente (vorinsolvenzliche) Unternehmenssanierung – EU-Kommission arbeitet an Richtlinienvorschlag, DB 2016, S. 819 ff.

Schmahl, Hermannjosef: Subsidiäres Insolvenzantragsrecht bei führungslosen juristischen Personen nach dem Regierungsentwurf des MoMiG – Versuch einer rechtzeitigen begrifflichen und sachlichen Klärung, NZI 2008, S. 6 ff.

Schmerbach, Ulrich: Das „große" Insolvenzgericht – zugleich eine Anmerkung zum DiskE des BMJ für ein Gesetz zur weiteren Erleichterung der Sanierung von Unternehmen v. 30.6.2010, ZInsO 2010, S. 1670 ff.

Schmidt, Jessica: Das Prinzip „eine Person, ein Vermögen, eine Insolvenz" und seine Durchbrechungen vor dem Hintergrund der aktuellen Reformen im europäischen und deutschen Recht, KTS 2015, S. 19 ff.

Schmidt, Karsten: Das „Gruppenbild" im Konzerninsolvenzrecht – Ein Ausblick auf den geplanten § 3e InsO – in: Bork, Reinhard/Kayser, Godehard/Kebekus, Frank (Hrsg.): Festschrift für Bruno M. Kübler zum 70. Geburtstag, München 2015, S. 633 ff. (zitiert: *K. Schmidt*, in FS Kübler)

–: Die konzernrechtliche Verlustübernahmepflicht als gesetzliches Dauerschuldverhältnis – Eine rechtsdogmatische Problemskizze zu § 302 AktG, ZGR 1983, S. 513 ff.

–: Ein gesetzlicher „Konzerngerichtsstand" im Insolvenzrecht?, in: Berger, Christian/Kayser, Godehard/Pannen, Klaus (Hrsg.): Sanierung, Insolvenz, Berufsrecht der Rechtsanwälte und Notware, Festschrift für Hans Gerhard Ganter zum 65. Geburtstag, München 2010, S. 351 ff. (zitiert: *K. Schmidt*, in FS Ganter)

–: Flexibilität und Praktikabilität im Konzerninsolvenzrecht – Die Zuständigkeitsfrage als Beispiel, ZIP 2012, S. 1053 ff.

–: Gesellschaftsrecht, 4. Auflage, Köln 2002

–: Gleichordnung im Konzern – terra incognita?, ZHR 155 (1991), S. 417 ff.

–: Konzern-Insolvenzrecht – Entwicklungsstand und Perspektiven, KTS 2010, S. 1 ff.

–: Möglichkeiten der Sanierung von Unternehmen durch Maßnahmen im Unternehmens-, Arbeits-, Sozial- und Insolvenzrecht, in Ständige Deputation des Deutschen Juristentages (Hrsg.): Verhandlungen des vierundfünfzigsten Deutschen Juristentages, Band I, München 1982, S. D1 ff.

–: Wege zum Insolvenzrecht der Unternehmen: Befunde, Kritik, Perspektiven, Köln 1990 (zitiert: *K. Schmidt*, Wege zum Insolvenzrecht der Unternehmen)

Schmidt, Karsten/Ebke, Werner F. (Hrsg.): Münchener Kommentar zum Handelsgesetzbuch – Band 4, §§ 238–342e HGB, 3. Auflage, München 2013 (zitiert: *Bearbeiter*, in MüKO HGB)

Schmidt, Nikolaus M.: Die Bestellung des Insolvenzverwalters und die Ortsnähe, ZInsO 2015, S. 672 ff.

Schmollinger, Christian: Der Konzern in der Insolvenz, Berlin 2013

Schneider, Steffen/Höpfner, Alexander: Die Sanierung von Konzernen durch Eigenverwaltung und Insolvenzplan – Insovenzrechtliche und steuerrechtliche Aspekte nach heutiger Rechtslage und nach RegE-ESUG, BB 2012, S. 87 ff.

Schreiner, Manja: Stellungnahme des Zentralverbandes des Deutschen Handwerks e. V., Entwurf eines Gesetzes zur Erleichterung der Bewältigung von Konzerninsolvenzen, abrufbar im Internet: <https://www.bundestag.de/blob/195932/d3e0c8edf5f2c885165e0d17325af81f/stellungnahme_schreiner-data.pdf> (Stand: 08.05.2016) (zitiert: *Schreiner*, Stellungnahme ZDH)

Schulz, Patrick: Anmerkung zu High Court London, Entscheidung vom 22.1.2015–2015 EWHC 121 (Ch) (Re Nothsea Base Investment), NZI 2015, S. 338 ff.

Schwarz, Christian: Europäisches Gesellschaftsrecht – Ein Handbuch für Wissenschaft und Praxis, Baden-Baden 2000 (zitiert: *Schwarz*, Europäisches Gesellschaftsrecht)

Serick, Rolf: Rechtsform und Realität juristischer Personen: ein rechtsvergleichender Beitrag zur Frage des Durchgriffs auf die Personen oder Gegenstände hinter der juristischen Person, 1. Auflage, Berlin 1955 (zitiert: *Serick*, Rechtsform und Realität juristischer Personen)

Sester, Peter: Plädoyer gegen ein materielles Konzerninsolvenzrecht, ZIP 2005, S. 2099 ff.

Siemon, Klaus: Konzerninsolvenzverfahren – wird jetzt alles besser?, NZI 2014, S. 55 ff.

Siemon, Klaus/Frind, Frank: Der Konzern in der Insolvenz – Zur Überwindung des Dominoeffekts in der (internationalen) Konzerninsolvenz, NZI 2013, S. 1 ff.

Smid, Stefan: Ausschließliche Zuständigkeit der AG Charlottenburg in ganz Berlin auch für Verbraucherinsolvenzverfahren, Anm. zu AG Neukölln, Verf. v. 01.04.1999–36 JK 13/99, DZWiR 1999, S. 371 ff.

–: Der Erhalt von Arbeitsplätzen in der Insolvenz des Arbeitgebers nach neuem Recht, NZA 2000, S. 113 ff.

Spahlinger, Andreas/Wegen, Gerhard (Hrsg.): Internationales Gesellschaftsrecht in der Praxis, Kollisions- und Sachrecht wesentlicher Fälle mit Auslandsberührung, Europäisches Unternehmensrecht, Wahl der Gesellschaftsform, Corporate Governance, Wichtige ausländische Reformen, München 2005 (zitiert: *Bearbeiter*, in Spahlinger/Wegen, Internationales Gesellschaftsrecht)

Spindler, Gerald/Stilz, Eberhard (Hrsg.): Kommentar zum Aktiengesetz

- Band 1, §§ 1–149 AktG, 3. Auflage, München 2015
- Band 2, §§ 150–410 AktG, IntGesR, SpruchG, SE-VO, 3. Auflage, München 2015

(zitiert: *Bearbeiter*, in Spindler/Stilz, AktG)

Sporré, Oliver: Stellungnahme des Deutschen Richterbundes zum Diskussionsentwurf eines Gesetzes zur Erleichterung der Bewältigung von Konzerninsolvenzen, Nr. 02/103 Februar 2013, abrufbar im Internet: <http://www.bundesgerichtshof.de/SharedDocs/Downloads/DE/Bibliothek/Gesetzesmaterialien/18_wp/Konzerninsolvenzen/stellung_drb_diske.pdf?__blob=publicationFile> (Stand: 08.05.2016) (zitiert: *Sporré*, Stellungnahme Deutscher Richterbund zum DiskE)

Staak, Kai S.: Mögliche Probleme im Rahmen der Koordination von Haupt- und Sekundärinsolvenzverfahren nach der Europäischen Insolvenzverordnung (EuInsVO), NZI 2004, S. 480 ff.

Stackmann, Nikolaus: Kein Kindergeburtstag – Fünf Jahre Kapitalanleger-Musterverfahrensgesetz, NJW 2010, S. 3185 ff.

Steering Committee Forum Europaeum Konzernrecht, Konzernrecht für Europa, ZGR 1998, S. 672 ff.

Steffek, Felix: Der subjektive Tatbestand der Gesellschafterhaftung im Recht der GmbH – zugleich ein Beitrag zum Haftungsdurchgriff, JZ 2009, S. 77 ff.

Stein, Friedrich/Jonas, Martin (Hrsg.): Kommentar zur Zivilprozessordnung

- Band 1: Einleitung, §§ 1–77 ZPO, 23. Auflage, Tübingen 2014
- Band 9: §§ 916–1024 ZPO, EGZPO, GVG, 22. Auflage, Tübingen 2002

(zitiert: *Bearbeiter*, in Stein/Jonas, ZPO)

Steinbeck, Friederike Madeleine: Die vorsätzliche Insolvenzverschleppung – Eine normentheoretische Untersuchung zu § 15a Abs. 1 i. V. m. Abs. 4 InsO, Baden-Baden 2013 (zitiert: *Steinbeck*, Die vorsätzliche Insolvenzverschleppung)

Streinz, Rudolf (Hrsg.): EUV/AUEV, Vertrag über die Europäische Union und Vertrag über die Arbeitsweise der Europäischen Union, 2. Auflage, München 2012 (zitiert: *Bearbeiter*, in Streinz, EUV/AEUV)

Strub, Andreas: Insolvenzverfahren im Binnenmarkt – Zwischen Universalität und Territorialität, EuZW 1994, S. 424 ff.

Stürner, Rolf: Der Abschied von der „klassenlosen" Insolvenz, NZI 2005, S. 597 ff.

Telke, Janine: Die Anforderungen an ein wettbewerbsfähiges Konzerninsolvenzrecht für den Wirtschaftsstandort Deutschland, Hamburg 2014

Theisen, Manuel René: Der Konzern, Betriebswirtschaftliche und rechtliche Grundlagen der Konzernunternehmung, 2. Auflage, Stuttgart 2000 (zitiert: *Theisen*, Der Konzern)

Thole, Christoph: Das neue Konzerninsolvenzrecht in Deutschland und Europa, KTS 2014, S. 351 ff.

–: Die Haftung des Koordinationsverwalters und der Einzelverwalter bei der koordinierten Konzerninsolvenz – zu den haftungsrechtlichen Auswirkungen des DiskE zur Konzerninsolvenz vom 3.1.2013, Der Konzern 2013, S. 182 ff.

Thole, Christoph/Swierczok, Arthur: Der Kommissionsvorschlag zur Reform der EuInsVO, ZIP 2013, S. 550 ff.

Timm, Wolfram: Die Sanierung von Unternehmen – Eine Bestandsaufnahme nach dem 54. DJT, ZIP 1983, S. 225 ff.

Tirado, Ingnacio: Die Anwendung der Europäischen Insolvenzverordnung durch die Gerichte der Mitgliedstaaten, GPR 2005, S. 39 ff.

Tollenaar, Nicolaes W. A.: Proposal for Reform: Improving the ability to rescue multinational Enterprises under the European Insolvency Regulation, IILR 2011, S. 252 ff.

Trams, Kai: Gesetz zur weiteren Erleichterung der Sanierung von Unternehmen, NJW-Spezial 2011, S. 149 ff.

Trendelenburg, Hortense: Der Gewinnabführungs- und Beherrschungsvertrag in der Krise der Obergesellschaft, NJW 2002, S. 647 ff.

Trunk, Alexander: Grenzüberschreitende Insolvenz von Gesellschaften im Verhältnis EG-Schweiz: Folgerungen aus Centros, Überseering und Inspire Art, SZIER 2004, S. 531 ff.

Tschernig, Klaus: Haftungsrechtliche Probleme der Konzerninsolvenz: eine Untersuchung nach deutschem und US-amerikanischem Recht unter besonderer Berücksichtigung der Problematik grenzüberschreitender Konzerninsolvenzen, Frankfurt am Main 1995 (zitiert: *Tschernig*, Haftungsrechtliche Probleme der Konzerninsolvenz)

Uhlenbruck, Wilhelm: 5 Jahre InsO – Kein Grund zum Feiern, ZIP 2004, S. 1 f.

–: Die Bedeutung des Diskussionsentwurfs eines Gesetzes zur Reform des Insolvenzrechts für das Gesellschafts- und Unternehmensrecht, GmbHR 1989, S. 101 ff.

–: Die Insolvenzordnung – ein Jahrhundertgesetz?, NJW 2000, S. 1386 ff.

–: Einhundert Jahre Konkursordnung, in Klasmeyer, Bernd/Kübler, Bruno M./ Uhlenbruck, Wilhelm (Hrsg.): Einhundert Jahre Konkursordnung, 1877–1977: Festschrift des Arbeitskreises für Insolvenz- und Schiedsgerichtswesen e. V. Köln zum 100jährigen Bestehen der Konkursordnung vom 10. Februar 1877, S. 3 ff. (zitiert: *Uhlenbruck*, in FS Einhundert Jahre Konkursordnung)

Ders. (Hrsg.): Insolvenzordnung, 14. Auflage, München 2015 (zitiert: *Bearbeiter*, in Uhlenbruck, InsO)

–: Konzerninsolvenzrecht als Problem der Insolvenzrechtsreform, KTS 1986, S. 419 ff.

–: Konzerninsolvenzrecht über einen Insolvenzplan?, NZI 1999, S. 41 ff.

–: Mit der Insolvenzordnung 1999 in das neue Jahrtausend – Kritisches und Unkritisches zu einem „Jahrhundertgesetz“, NZI 1998, S. 1 ff.

–: Qualitätssicherung auch für Insolvenzrichter?, ZInsO 2008, S. 396 ff.

–: Von der Notwendigkeit richterlicher „Augenhöhe“ im Insolvenzverfahren, in: Bork, Reinhard/Kayser, Godehard/Kebekus, Frank (Hrsg.): Festschrift für Bruno M. Kübler zum 70. Geburtstag, München 2015, S. 709 ff. (zitiert: *Uhlenbruck*, in FS Kübler)

–: Wiedereinführung der Vorrechte durch die Hintertür?, ZInsO 2005, S. 505 ff.

Uhlenbruck, Wilhelm/Vallender, Heinz: Zehn Jahre Insolvenzordnung – eine kritische Zwischenbilanz, NZI 2009, S. 1 ff.

Utsch, Guido: Das internationale Insolvenzrecht der USA, ZInsO 2006, S. 1305 ff.

United Nations Commission on International Trade Law (UNCITRAL): Legislative Guide on Insolvency Law – Part three: Treatment of enterprise groups in insolvency, abrufbar im Internet: <http://www.uncitral.org/pdf/english/texts/insolven/Leg-Guide-Insol-Part3-ebook-E.pdf> (Stand: 08.05.2016) (zitiert: UNCITRAL Legislative Guide Part Three)

–: Model Law on Cross-Border Insolvency with Guide to Enactment and Interpretation, abrufbar im Internet: <https://www.uncitral.org/pdf/english/texts/insolven/1997-Model-Law-Insol-2013-Guide-Enactment-e.pdf> (Stand: 08.05.2016)

–: Practice Guide on Cross-Border Insolvency Cooperation, abrufbar im Internet: <http://www.uncitral.org/pdf/english/texts/insolven/Practice_Guide_Ebook_eng.pdf> (Stand: 08.05.2016)

–: Report of Working Group V (Insolvency Law) on the work of its thirty-second sessions (New York, 14–18 May 2007, A/CN.9/622, abrufbar im Internet: <https://documents-dds-ny.un.org/doc/UNDOC/GEN/V07/839/70/PDF/V0783970.pdf> (Stand: 08.05.2016)

–: Report of Working Group V (Insolvency Law) on the work of its thirty-third sessions (Vienna, 5–9 November 2007, A/CN.9/643, abrufbar im Internet: <https://documents-dds-ny.un.org/doc/UNDOC/GEN/V07/881/65/PDF/V0788165.pdf> (Stand: 08.05.2016)

–: Report of Working Group V (Insolvency Law) on the work of its thirty-fourth sessions (New York, 3–7 March 2008, A/CN.9/647, abrufbar im Internet: <https://documents-dds-ny.un.org/doc/UNDOC/GEN/V08/520/42/PDF/V0852042.pdf> (Stand: 08.05.2016)

–: Report of Working Group V (Insolvency Law) on the work of its thirty-fifth sessions (Vienna, 17–21 November 2008, A/CN.9/666, abrufbar im Internet: <https://documents-dds-ny.un.org/doc/UNDOC/GEN/V08/585/80/PDF/V0858580.pdf> (Stand: 08.05.2016)

–: WorkingPaper 37th session, 9–13 November 2009, Wien, A/CN.9/WG.V/WP.90 – Treatment of enterprise groups in insolvency, abrufbar im Internet: <https://documents-dds-ny.un.org/doc/UNDOC/LTD/V09/860/81/PDF/V0986081.pdf> (Stand: 08.05.2016) (zitiert: UNCITRAL WorkingPaper A/CN.9/WG.V/WP.90)

Vallender, Heinz: Aufgaben und Befugnisse des deutschen Insolvenzrichters in Verfahren nach der EuInsVO, KTS 2005, S. 283 ff.

–: Baustelle InsO, NZI 2003, Heft 3 (Editorial), S. V f.

–: Der deutsche Motor stockt, aber Europa drückt aufs Gas – Europäisches Konzerninsolvenzrecht vor der Verabschiedung, ZInsO 2015, S. 57 ff.

–: Die Zusammenarbeit von Richtern in grenzüberschreitenden Insolvenzverfahren nach der EuInsVO, in Moll, Wilhelm (Hrsg.), Festschrift für Hans-Jochem Lüer zum 70. Geburtstag, München 2008, S. 479 ff.

–: Einführung eines Gruppen-Gerichtsstands – ein sachgerechter Ansatz zur Bewältigung von Konzerninsolvenzen, Der Konzern 2013, S. 162 ff.

–: Europaparlament gibt den Weg frei für eine neue Europäische Insolvenzverordnung, ZIP 2015, S. 1513 ff.

–: Gerichtliche Kommunikation und Kooperation bei grenzüberschreitenden Insolvenzverfahren im Anwendungsbereich der EuInsVO – eine neue Herausforderung für Insolvenzgerichte, KTS 2008, S. 59 ff.

–: Gesetz zur weiteren Erleichterung der Sanierung von Unternehmen (ESUG) – Änderungen des Insolvenzeröffnungsverfahrens, MDR 2012, S. 61 ff.

–: Gesetz zur weiteren Erleichterung der Sanierung von Unternehmen (ESUG) – Das reformierte Plan- und Eigenverwaltungsverfahren, MDR 2012, S. 125 ff.

–: Insolvenzkultur gestern, heute und morgen, NZI 2010, S. 838 ff.

–: Judicial cooperation within the EC Insolvency Regulation, IILR 2011, S. 309 ff.

–: Par conditio creditorum ade?, NZI 2005, S. 599 ff.

–: Plädoyer für einen Konzerninsolvenzgerichtsstand, in Schmidt, Jens M./Weber, Norbert (Hrsg.):

Festschrift für Hans P. Runkel, Köln 2009, S. 373 ff. (zitiert: *Vallender*, in FS Runkel)

–: Reparatur- und Verschönerungsarbeiten auf der „Baustelle Insolvenzordnung“ schreiten voran, NJW 2003, S. 3605 ff.

Vallender, Heinz/Deyda, Stephan: Brauchen wir einen Konzerninsolvenzgerichtsstand?, NZI 2009, S. 825 ff.

Verband Insolvenzverwalter Deutschlands e. V. (VID): Anstieg der Arbeitslosenzahlen: Weiter hohe Arbeitsplatzverluste durch Insolvenzen. Fast jeder zehnte Arbeitsplatzverlust ist insolvenzbedingt, Pressemitteilung vom 29.01.2015, abrufbar im Internet: <http://www.vid.de/images/stories/pdf_presse/2015/pressemitteilung arbeitslosenzahlen 29012014.pdf> (Stand: 08.05.2016)

Verhoeven, Alexander: Die Konzerninsolvenz: eine Lanze für ein modernes Insolvenzrecht, Köln 2011 (zitiert: *Verhoeven*, Die Konzerninsolvenz)

–: Ein Konzerninsolvenzrecht für Europa – Was lange währt, wird endlich gut?, ZInsO 2012, S. 2369 ff.

–: Eine Lanze für ein modernes und wettbewerbsfähiges deutsches Insolvenzrecht – Teil I, ZInsO 2012, S. 1689 ff.

–: Konzerne in der Insolvenz nach dem Regierungsentwurf zur Erleichterung der Bewältigung von Konzerninsolvenzen (RegE) – Ende gut, alles gut ... und wenn es nicht gut ist, dann ist es noch nicht das Ende!, ZInsO 2014, S. 217 ff.

–: Konzerninsolvenz: Die Büchse der Pandora geöffnet – Teil II, ZInsO 2012, S. 1757 ff.

Viefhues, Wolfram: Das Gesetz über die Verwendung elektronischer Kommunikationsformen in der Justiz, NJW 2005, S. 1009 ff.

Virgos, Miguel/Schmit, Etienne: Erläuternder Bericht zu den EU-Übereinkommen über Insolvenzverfahren, Deutsche Fassung nach Überarbeitung durch die Gruppe der Rechts- und Sprachsachverständigen, Der Rat der Europäischen Union, Doc. 6500/1/96 REV 1, in: Stoll, Hans (Vorschläge und Gutachten zur Umsetzung des EU-Übereinkommens über Insolvenzverfahren im deutschen Recht, Tübingen 1997, S. 32 ff. (zitiert: *Virgos/Schmit*, Erläuternder Bericht)

Vormstein, Frank: Zuständigkeit bei Konzerninsolvenzen, München 2005

Wassermann, Rudolf: Spezialisierung nutzt der Justiz!, ZRP 1970, S. 5 ff.

Weidmüller, Juliane: Die Rückschlagsperre als Instrument zur gemeinschaftlichen Haftungsverwirklichung: eine Analyse im Spannungsfeld zwischen Einzel- und Gesamtvollstreckung, Baden-Baden 2012 (zitiert: *Weidmüller*, Die Rückschlagsperre als Instrument zur gemeinschaftlichen Haftungsverwirklichung)

Weiland, Nils G.: Stellungnahme zum Gesetzentwurf der Bundesregierung für ein Gesetz zur Erleichterung der Bewältigung von Konzerninsolvenzen vom 30. Januar 2014 zur Vorbereitung der öffentlichen Anhörung des Rechtsausschusses des Deutschen Bundestages am 02. April 2014, abrufbar im Internet: <https://www.bundestag.de/blob/195954/ fb98f62cc2db2 45653a71d57a2b5c6b7/stellungnahme_weiland-data.pdf> (Stand: 29.01.2016) (zitiert: *Weiland*, Stellungnahme)

Weiß, Udo: Der unzureichend begründete Insolvenzantrag einer GmbH aus strafrechtlicher Sicht, ZInsO 2009, S. 1520 ff.

Weller, Marc-Philippe: Inländische Gläubigerinteressen bei internationalen Konzerninsolvenzen, ZHR 169 (2005), S. 570 ff.

Wessels, Bob: Will UNCITRAL Bring Changes to Insolvency Proceedings Outside the USA and Great Britain? It Certainly Will!, International Corporate Rescue Vol. 3 (2006), S. 200 ff.

Westphal, Lars/Götker, Uwe/Wilkens, Jochen: Grenzüberschreitende Insolvenzen, Köln 2008

Westphal, Lars/Janjuah, Riaz K.: Zur Modernisierung des deutschen Sanierungsrechts – Ein Beitrag zur aktuellen Diskussion über die Reformbedürftigkeit des deutschen Insolvenzrechts, Beilage 3 zu ZIP 2008, S. 1 ff.

Weyand, Raimund: Strafbarkeit wegen „nicht richtiger" Insolvenzantragstellung – strafrechtlicher Flankenschutz für Insolvenzgerichte und Verwalter? ZInsO 2010, S. 359 ff.

Wiebusch, Arnd: Internationales Konzerninsolvenzrecht, Jena 2014

Wimmer, Klaus: Anmerkungen zum Vorlagebeschluss des irischen Supreme Court in Sachen Parmalat – Bemerkung anlässlich der deutschen Stellungnahme gegenüber dem EuGH zu dem Vorabentscheidungsersuchen des Supreme Court (Irland) RS C-341/04, ZInsO 2005, S. 119 ff.

–: Die Besonderheiten von Sekundärinsolvenzverfahren unter besonderer Berücksichtigung des Europäischen Insolvenzübereinkommens, ZIP 1998, S. 982 ff.

–: Die EU-Verordnung zur Regelung grenzüberschreitender Insolvenzverfahren, NJW 2002, S. 2427 ff.

–: Die Reform der EuInsVO, jurisPR-InsR 13/2012 Anm. 1

–: Die UNCITRAL-Modellbestimmungen über grenzüberschreitende Insolvenzverfahren, ZIP 1997, S. 2220 ff.

–: Die Verordnung (EG) Nr. 1346/2000 über Insolvenzverfahren, ZInsO 2001, S. 97 ff.

Ders. (Hrsg.): Frankfurter Kommentar zu Insolvenzordnung, mit EuInsVO, InsVV und weiteren Nebengesetzen, 8. Auflage, Köln 2015 (zitiert: *Bearbeiter*, in FK-InsO)

–: Konzerninsolvenzen im Rahmen der EuInsVO – Ausblick auf die Schaffung eines deutschen Konzerninsolvenzrechts, DB 2013, S. 1343 ff.

–: Übersicht zur Neufassung der EuInsVO, jurisPR-InsR 7/2015 Anm. 1

–: Vom Diskussionsentwurf zum Regierungsentwurf eines Gesetzes zur Erleichterung der Bewältigung von Konzerninsolvenzen, jurisRP-InsR 20/2013 Anm. 1

Wimmer, Klaus/Dauernheim, Jörg/Wagner, Martin/Gietl, Josef (Hrsg.): Handbuch des Fachanwalts Insolvenzrecht, 7. Auflage, Köln 2015 (zitiert: *Bearbeiter*, in Wimmer/Dauernheim/Wagner/Gietl, Handbuch des Fachanwalts Insolvenzrecht)

Wiórek, Piotr Marcin: Das Prinzip der Gläubigergleichbehandlung im europäischen Insolvenzrecht, Baden-Baden 2005

Wolf, Christian/Lange, Sonja: Wie neu ist das neue Kapitalanleger-Musterverfahrensgesetz?, NJW 2012, S. 3751 ff.

Wolf, Manfred: Gerichtsverfassungsrecht aller Verfahrenszweige, 6. Auflage, München 1987

Wolf, Ulrich M.: Der europäische Gerichtsstand bei Konzerninsolvenzen, Tübingen 2012

Wormser, I. Maurice: Piercing the Veil of Corporate Entity, Columbia Law Review, Vol. 12 (1912), S. 496 ff.

Wroblewski, Andrej: IG Metall Frankfurt am Main – Stellungnahme für den Ausschuss für Recht und Verbraucherschutz des Deutschen Bundestages zum Regierungsentwurf eines Gesetzes zur Erleichterung der Bewältigung von Konzerninsolvenzen (BT-Drucks. 18/407), Anhörung am 02. April 2014, abrufbar im Internet: <https://www.bundestag.de/blob/195936/e4fd614627775 f30143e19a249db6433/stellungnahme_wroblewski-data.pdf> (Stand: 08.05.2016) (zitiert: *Wroblewski*, Stellungnahme IG Metall)

Wunsch, Irene/Graf, Ulrich: Bestellung eines Sonderverwalters bei drohendem Interessenkonflikt des Insolvenzverwalters, DZWiR 2002, S. 177 ff.

Würdinger, Markus: Reform und Rechtssicherheit im Recht der Insolvenzanfechtung, KTS 2015, S. 315 ff.

Wuschek, Thomas: Dept-Equity-Swap – Gestaltung von Anteilsrechten im Insolvenzplanverfahren, ZInsO 2012, S. 1768 ff.

Wymeersch, Eddy: Groups of Companies in the EEC: a survey report to the European Commission on the law relating to corporate groups in various member states, Berlin 1993 (zitiert: *Wymeersch*, Groups of Companies in the EEC)

Yücel, Erden: Insolvenzrecht – Kritische Analyse des Gesetzesentwurfs zum nationalen Konzerninsolvenzrecht, Hamburg 2015

Ziemons, Hildegard/Jaeger, Carsten (Hrsg.): Beck'scher Online-Kommentar GmbHG, 25. Edition, München 2015 (zitiert: *Bearbeiter*, in BeckOK GmbHG)

Zipperer, Helmut: Die einheitliche Verwalterbestellung nach dem Diskussionsentwurf für ein Gesetz zur Erleichterung der Bewältigung von Konzerninsolvenzen, ZIP 2013, S. 1007 ff.

Wormser, I. Maurice: Piercing the Veil of Corporate Entity, Columbia Law Review Vol. 12 (1912), S. 496 ff.

Wöhlert, Andrea: RA, Frankfurt am Main: Stellungnahme für den Ausschuss für Recht und Verbraucherschutz des Deutschen Bundestages zum Gesetzentwurf eines Gesetzes zur Erleichterung der Bewältigung von Konzerninsolvenzen (BT-Drucks. 18/407), Sitzung am 02. April 2014, abrufbar im Internet: [illegible]

[illegible]

Schriften zum Verfahrensrecht

Herausgegeben von Jens Adolphsen, Christoph Althammer, Peter Gottwald und Ulrich Haas

Band 1 Matthias Rauscher: Die neue Berufung in Zivilsachen. 2002.

Band 2 Jörn-Christian Schulze: Grenzen der objektiven Schiedsfähigkeit im Rahmen des § 1030 ZPO. Eine Betrachtung des Rechts der Schiedsfähigkeit nach der Schiedsverfahrensrechtsform. 2003.

Band 3 Roman Rodloff: Das vereinfachte Verfahren zur Festsetzung von Kindesunterhalt nach §§ 654 ff. ZPO. Zugleich ein Beitrag zur Unterhaltsannexklage nach § 653 ZPO und zum vereinfachten Abänderungsverfahren nach § 656 ZPO. 2003.

Band 4 Helia-Verena Daubach: Kammer oder Einzelrichter? Ist die Kammer ein Qualitätselement des Zivilprozesses? 2003.

Band 5 Thomas Gemmeke: Beweisverwertungsverbote im arbeitsgerichtlichen Verfahren. 2003.

Band 6 Wolfgang Kreißig: Der Sportverein in Krise und Insolvenz. 2004.

Band 7 Alexander M. Krämer: Leasingverträge in der Insolvenz. 2005.

Band 8 Timo Christian Walther: Das Verfahren bei Masseunzulänglichkeit nach den §§ 208 ff. InsO. 2005.

Band 9 Henning Müller: Die Lebensversicherung in der Zwangsvollstreckung. 2005.

Band 10 Oliver Hilsbos: Die Mitwirkungspflicht von Personenstandsbehörden in Nachlassverfahren. 2006.

Band 11 Matthias Holla: Der Einsatz von Schiedsgerichten im organisierten Sport. 2006.

Band 12 Matthias Hofmann: Die Eigenverwaltung in der Insolvenz. Darstellung eines Rechtsinstituts unter besonderer Berücksichtigung der Gesellschaftsinsolvenz. 2006.

Band 13 Christian Schindler: Rechtskraft und Innenbindung von Beschlüssen nach der ZPO-Reform. 2006.

Band 14 Carola Reimann-Dittrich: Die Finanzierungsfolgenverantwortung des Gesellschafters. 2006.

Band 15 Viktoria Kress: Internationale Zuständigkeit für elterliche Verantwortung in der Europäischen Union. Das neue europäische Familienverfahrensrecht in Fragen der elterlichen Verantwortung im Kontext der Haager Abkommen. 2006.

Band 16 Frank Martin Herget: Die internationale Zuständigkeit im Electronic Commerce in der Europäischen Union. 2006.

Band 17 Cornelia Drenckhahn: Urkundsvorlagepflichten im Zivilprozess und im arbeitsgerichtlichen Verfahren nach der ZPO-Reform unter besonderer Berücksichtigung der Neufassung des § 142 ZPO. 2007.

Band 18 Walter Boeckh: Beschwerde und Rechtsbeschwerde im Zivilverfahren. 2007.

Band 19 Gökçe Nazar Uzar: Rechtsmittel gegen Schiedssprüche nach dem neuen deutschen und türkischen Schiedsverfahrensrecht. 2007.

Band 20 Christa Kraemer: Eigenkapitalersatz und Insolvenz. Klassische und moderne Fallgruppen. 2007.

Band 21 Martin Beckmann: Statutarische Schiedsklauseln im deutschen Recht und internationalen Kontext. 2008.

Band 22 Ulf Pechartscheck: Entgeltansprüche aus Altersteilzeitarbeit in der Arbeitgeberinsolvenz. Analyse gegenwärtiger Sicherungsmodelle in Deutschland. 2008.

Band 23 Thomas Baumann: Patentstreitigkeiten vor Schiedsgerichten. Eine rechtsvergleichende Betrachtung ausgewählter Probleme nach deutschem und schweizerischem Recht. 2008.

Band 24 Désirée Cimmino: Das UNCITRAL-Modellgesetz über internationale ADR-Verfahren in Wirtschaftsstreitigkeiten. 2008.

Band 25 Ralf Burkhard: Der Einfluss der Schuldrechtsreform auf von § 103 InsO erfasste Kaufverträge. 2010.

Band 26 Stefan Roßkopf: Die Aufrechnung im deutschen und englischen Insolvenzrecht. Eine rechtsvergleichende Untersuchung. 2008.

Band 27 Thomas Rothammer: Die insolvenzrechtliche Restschuldbefreiung – Probleme und Lösungen. 2008.

Band 28 Franziska Schmalenberg: Anerkennung von Patenten in Europa. 2009.

Band 29 Michael Schaumann: Reform des Eigenkapitalersatzrechts im System der Gesellschafterhaftung. Unter Berücksichtigung der Änderungen durch das MoMiG. 2009.

Band 30 Hengliang Shen: Das Absonderungsrecht in der Insolvenz. Erfahrungen aus Deutschland und die Praxis in China. 2009.

Band 31 Alexander Panier: Der Grundsatz der Schadenseinheit. 2009.

Band 32 Ming-Sheng Liu: Die richterliche Hinweispflicht. Dogmatik und Rechtskultur. 2009.

Band 33 Lothar Czaja: Umsetzung der Kooperationsvorgaben durch die Europäische Insolvenzverordnung im deutschen Insolvenzverfahren. 2009.

Band 34 Stefanie Reiche: Die prozessualen Folgen eines Betriebsübergangs nach § 613a BGB. 2009.

Band 35 Christoph Stieber: Der gesicherte Geld- und Warenkredit in der Insolvenz. Das Insolvenzverwalterwahlrecht nach § 103 InsO und dessen Wirkungen auf die Sicherungsübereignung und den Eigentumsvorbehalt. 2009.

Band 36 Miguel Teixeira de Sousa: Die Zulässigkeitsprüfung im Zivilprozess. 2010.

Band 37 Michael Schulze: Das Besteuerungsverfahren der Personengesellschaft bei Insolvenz. 2010.

Band 38 Ulrich Hönle: Die deliktische Grundanknüpfung im IPR und IZVR. Auswirkungen der Kollisionsrechtsvereinheitlichung auf europäischer Ebene. 2011.

Band 39 Hilke Schapp: Die Präklusion von Gestaltungsrechten nach § 767 Abs. 2 ZPO. Eine kritische Untersuchung der Rechtsprechung unter besonderer Berücksichtigung der Rechtskraft und der materiellen Rechtslage. 2011.

Band 40 Moritz Büchele: Eingriff in Gesellschafterrechte im Insolvenzplan. 2011.

Band 41 Markus Wimmer: Unternehmenssanierung mittels Transfergesellschaften. 2011.

Band 42 Christoffer Bortz: Urheberrechtliche Lizenzen in nationaler und internationaler Insolvenz. 2012.

Band 43 Martin Wigand: Verzicht, Vergleich und sonstige Haftungsbeschränkungen im Gesellschaftsrecht. 2012.

Band 44 Michael Schick: Die Zwischenfeststellungsklage des § 256 Abs. 2 ZPO. 2013.

Band 45 Olaf Benning: Internationale Prinzipien für grenzüberschreitende Insolvenzverfahren. 2013.

Band 46 Gero von Jhering: Die Wirkung von Schiedsvereinbarungen, Schiedsklauseln und Schiedssprüchen im Gesellschaftsrecht. Eine Zusammenführung von Schiedsverfahrens- und Gesellschaftsrecht. 2013.

Band 47 Anne Hoßfeld: Die Abtretung schieds- und gerichtsstandsgebundener Forderungen. 2013.

Band 48 Fabian Camek: Das Schutzschirmverfahren nach § 270b InsO und seine Funktionalität im internationalen Rechtsvergleich. 2014.

Band 49 Silvio Kupsch: Grenzüberschreitende Insolvenzverfahren in Südafrika. 2014.

Band 50 Martina Daus: Die insolvenzrechtliche Einordnung der betrieblichen Altersversorgung in der Insolvenz des Arbeitgebers. 2014.

Band 51 Fabian J. Hohl: Die richterliche Unabhängigkeit bei der Auswahl des (vorläufigen) Insolvenzverwalters nach dem ESUG. Vereinbarkeit mit Art. 97 GG und Auswirkung auf die Justiziabilität der Auswahlentscheidung. 2015.

Band 52 Carmen Schauberger: Die Partizipation Minderjähriger im Verfahren der freiwilligen Gerichtsbarkeit. Eine Analyse der Beteiligung und der Verfahrensfähigkeit in Familien- und Erbrechtsverfahren. 2015.

Band 53 Tobias Waldmann: Annexverfahren im Europäischen Insolvenzrecht. 2015.

Band 54 Maximilian Riedel: Insolvenz in nationalen und internationalen Schiedsverfahren. 2016.

Band 55 Konrad-Tassilo Heßel: Das vorinsolvenzliche Sanierungsverfahren. Bedarf und Ausgestaltungsmöglichkeiten eines vorinsolvenzlichen Sanierungsmechanismus. 2016.

Band 56 Dominik Pauw: Sanierung geschlossener Publikumsfonds. 2016.

Band 57 Sebastian Fuchs: Die Auflösung und Abwicklung gesetzlicher Krankenkassen im Spannungsfeld zwischen dem SGB V und der Insolvenzordnung. 2016.

Band 58 Sebastian Dirmeier: Der Konzern in der Insolvenz. Aktuelle Rechtslage und Reformüberlegungen auf nationaler und europäischer Ebene. 2016.

Band 59 Mark A. Lye: Der gutgläubige Erwerb der streitbefangenen Sache. Inhalt und Auslegung des § 325 Abs. 2 ZPO. 2017.

Band 60 Felix Konold: Konzerninsolvenz. Zuständigkeitskonzentration zur Bewältigung von Insolvenzen innerhalb einer Unternehmensgruppe. 2018.

www.peterlang.com

www.ingramcontent.com/pod-product-compliance
Ingram Content Group UK Ltd.
Pitfield, Milton Keynes, MK11 3LW, UK
UKHW021836290926
8980IPUK00004B/495

9 783631 736012